面向21世纪本科应用型经管规划教材

经济管理专业基础课系列

商法

杜忠连 主编

李浩楠 方 岩 何 欢 副主编

電子工業出版社

Publishing House of Electronics Industry

北京 · BEIJING

内 容 简 介

随着社会主义市场经济不断推向纵深，商事交易日益频繁，商法的发展也日新月异。本教材力求将商法基本理论和现实中所涉及的主要商法问题纳入其中。教材采用总分体例。第 1 章为商法总论，介绍了商法概述、商主体、商行为、商事登记、商事名称和商事账簿。第 2～10 章是分论，按照商主体和商行为的逻辑展开。第 2～5 章为商主体法，介绍商主体从“生”到“死”的全过程，分别为个人独资企业法、合伙企业法、公司法和破产法。第 6～10 章按照商行为的逻辑展开，除介绍了传统商法的主要内容（如票据法、证券法、保险法、海商法）外，还将新兴的电子商务法也收入其中。

本教材体例新颖，栏目多样，注重实践性和应用型，兼顾不同层级学生的需求，融合了近几年司法考试、会计师考试中涉及的主要难点和考点，并结合最新的法律法规、司法解释，准确度高。

图书在版编目（CIP）数据

商法/杜忠连主编. —北京：电子工业出版社，2015.6

面向 21 世纪本科应用型经管规划教材

ISBN 978-7-121-26086-5

Ⅰ. ①商… Ⅱ. ①杜… Ⅲ. ①商法－中国－高等学校－教材 Ⅳ. ①D923.99

中国版本图书馆 CIP 数据核字（2015）第 103802 号

策划编辑：姜淑晶
责任编辑：张 京
印 刷：三河市双峰印刷装订有限公司
装 订：三河市双峰印刷装订有限公司
出版发行：电子工业出版社
北京市海淀区万寿路 173 信箱 邮编 100036
开 本：787×1092 1/16 印张：17.75 字数：454.4 千字
版 次：2015 年 6 月第 1 版
印 次：2015 年 6 月第 1 次印刷
定 价：46.00 元

凡所购买电子工业出版社图书有缺损问题，请向购买书店调换。若书店售缺，请与本社发行部联系，联系及邮购电话：（010）88254888。

质量投诉请发邮件至 zlts@phei.com.cn，盗版侵权举报请发邮件至 dbqq@phei.com.cn。

服务热线：（010）88258888。

前　言

商法与民法虽同属私法范畴，但商法中所规定的事项不限于私法，还包括商事登记等公法事项。商法学是法学专业核心课程之一，是法科学生必修课程。本教材主要介绍商法总论和商法分论，第 1 章为商法总论，介绍了商法概述、商主体、商行为、商事登记、商事名称与商事账簿。第 2～10 章是分论，按照商主体和商行为的逻辑展开。第 2～5 章为典型的商主体法，介绍个人独资企业法、合伙企业法和公司法。从逻辑上讲，公司法实际上也属于企业法，但公司这种现代企业组织形式，内容比较庞杂，故单列成章。第 5 章也属于商主体法，介绍商主体的消灭——破产。第 6～10 章，则按照商行为的逻辑展开，分别介绍了票据法、证券法、保险法、海商法和电子商务法的相关内容。

通过本教材的讲授和学习，学生可以比较全面、系统地掌握商法学的基本理论与基本知识，了解中国的商事立法和商事司法现状；提高分析和解决法律问题的能力，利用所学知识去解决实践中的法律问题，能够在商事生活中具备充分的法律素养；深化对商事私法原理的理解和领悟。

本教材设置如下栏目。

引导案例：通过引导案例，引发学生对本章内容的感性认识，激发学生的学习兴趣。

引导案例分析：在介绍完一章或者一节的知识以后，会在“引导案例分析”中进行案例分析，既给学生思考空间，又确保答案的确定性前后呼应。

学习目标：学习目标是分析教材和指导学生行为的依据；对学生了解预期结果，具有明确的导向和激励作用，是教学活动的出发点与归宿；学习目标的达成与否是对教师教学评价的主要内容和标准之一，也是对学生学习评价的主要内容和标准之一。

经典案例：本教材根据各章节特点不同，或每章导入经典案例，或者每节设置案例。通过案例设置具体问题，培养分析问题和解决问题的技能。

经典案例分析：在前述“经典案例”提出问题后，在后面的“经典案例分析”中附有参考答案，使学生能够获得一个明确的指引，采用“案例—思考讨论—答案—反思”的教学模式，比较适合应用型本科院校的教学。

理论知识：每章的单元内容主要阐述基本理论知识，并与本章实践技能操作相对应，学生可以以最短的时间掌握“三基”，即基本理论、基本知识、基本技能。并能将所学的知识转化到实践领域。

概念提示：针对比较容易混淆和不好理解的概念，专门进行概念提示，设置“概念提示”栏目，简明清晰。

相关知识：针对相关的知识点进行必要的链接，使学生的学科知识能由点到面，再到立体贯通。

前沿：对本学科的前沿领域进行必要拓展，使学生可以有选择地进行深入阅读，也可以使学有余力的同学进行知识深度的扩充。

自测题：本教材每章均设“自测题”。学生可以通过自测检测学习效果，查缺补漏，巩固复习。

本教材分工：杜忠连（哈尔滨学院）担任主编，负责第 1 章和第 3 章的编写；李浩楠（哈尔滨学院）担任副主编，负责第 5 章和第 8 章的编写；方岩（哈尔滨理工大学）担任副主编，负责第 2 章和第 7 章的编写；何欢（白城师范学院）担任副主编，负责第 6 章的编写；丁巍（东北农业大学）负责第 4 章的编写；孙畅（哈尔滨学院）负责第 9 章的编写；张贺斌（东北农业大学）负责第 10 章的编写。全书由杜忠连、孔令秋统稿。

本教材比较适合应用型本科和高职院校的经管类、法学类专业使用，另外，对于想系统把握商法基本知识体系的法学初学者也比较适用。

编　者

目　　录

第 1 章　商法总论……1

1.1　商法概述……1
- 1.1.1　商法的概念……1
- 1.1.2　商法的特征……2
- 1.1.3　商法的分类……3
- 1.1.4　商法的地位……3
- 1.1.5　商法与其他法律部门的关系……5
- 1.1.6　商法的基本原则……6

1.2　商主体……9
- 1.2.1　商主体概述……9
- 1.2.2　商法人……11
- 1.2.3　商个人……13
- 1.2.4　商辅助人……13

1.3　商行为……16
- 1.3.1　商行为概述……16
- 1.3.2　一般商行为……18
- 1.3.3　特殊商行为……20

1.4　商事登记、商事名称与商事账簿……21
- 1.4.1　商事登记……21
- 1.4.2　商事名称……22
- 1.4.3　商事账簿……24

自测题……26

第 2 章　商主体法（一）：企业法……28

2.1　个人独资企业法……28
- 2.1.1　个人独资企业法概述……28
- 2.1.2　个人独资企业的设立……29
- 2.1.3　个人独资企业的投资人及责任承担……30
- 2.1.4　个人独资企业事务管理……30
- 2.1.5　个人独资企业的解散和清算……31

2.2　合伙企业法……32
- 2.2.1　合伙企业法概述……32
- 2.2.2　普通合伙企业……33
- 2.2.3　有限合伙企业……42
- 2.2.4　合伙企业的解散和清算……47

自测题……48

第 3 章　商主体法（二）：公司法……52

3.1　公司法概述……52
- 3.1.1　公司的概念与特征……52
- 3.1.2　公司的分类……54
- 3.1.3　公司法……56

3.2　公司的登记……56
- 3.2.1　公司登记概述……56
- 3.2.2　公司登记的种类……57

3.3　有限责任公司的设立与组织机构……58
- 3.3.1　有限责任公司的含义……58
- 3.3.2　有限责任公司的设立……59
- 3.3.3　有限责任公司的组织机构……61
- 3.3.4　一人有限责任公司……66
- 3.3.5　国有独资公司……68

3.4　有限责任公司的股权转让……69
- 3.4.1　股权转让……70
- 3.4.2　退股……71

3.5　股份有限公司的设立和组织机构……71
- 3.5.1　股份有限公司的概念和特征……71
- 3.5.2　股份有限公司的设立……72
- 3.5.3　股份公司的组织机构……74

3.5.4 上市公司组织机构的特别规定 ……77
3.6 股份有限公司的股份发行和转让 ……79
3.6.1 股份的发行 ……79
3.6.2 股份的转让 ……82
3.7 公司董事、监事、高级管理人员的资格和义务 ……83
3.7.1 董事、监事、高级管理人员的资格 ……83
3.7.2 公司董事、高级管理人员的义务 ……84
3.7.3 公司诉讼 ……85
3.8 公司的财务、会计概述 ……87
3.8.1 公司财务、会计基本要求 ……87
3.8.2 利润分配 ……88
3.9 公司合并、分立、增资、减资 ……90
3.9.1 公司合并 ……90
3.9.2 公司分立 ……91
3.9.3 公司注册资本的减少和增加 ……92
自测题 ……93

第4章 商主体法（三）：商业银行法 ……96

4.1 商业银行概述 ……97
4.1.1 商业银行的概念和特征 ……97
4.1.2 商业银行的职能与业务范围 ……97
4.1.3 商业银行的经营原则与资产负债比例管理 ……99
4.2 商业银行法 ……100
4.2.1 商业银行法的概念 ……100
4.2.2 商业银行法的性质 ……100
4.2.3 商业银行相关立法 ……100
4.3 商业银行的设立——市场准入机制 ……101
4.3.1 商业银行的设立模式 ……101
4.3.2 商业银行的设立条件和组织形式 ……101
4.4 资产负债比例管理 ……102
4.5 商业银行的接管和终止——市场退出机制 ……103
4.5.1 商业银行的接管制度 ……103
4.5.2 商业银行的终止 ……104
4.6 法律责任 ……104
4.6.1 民事责任 ……104
4.6.2 行政及刑事责任 ……104
自测题 ……106

第5章 企业破产法律制度 ……108

5.1 破产法概述 ……109
5.1.1 破产的含义 ……109
5.1.2 企业破产法 ……110
5.2 申请和受理 ……110
5.2.1 破产案件的申请 ……110
5.2.2 破产案件的受理 ……111
5.3 管理人 ……112
5.3.1 管理人的含义 ……112
5.3.2 管理人的职责 ……112
5.3.3 管理人的权利和义务 ……113
5.4 债务人财产、破产费用与债权申报 ……113
5.4.1 债务人财产 ……113
5.4.2 破产费用 ……114
5.4.3 破产财产的分配 ……115
5.4.4 债权申报 ……116
5.4.5 债权人会议 ……117
5.5 和解、重整与破产清算 ……119
5.5.1 和解程序 ……119
5.5.2 重整程序 ……120
5.5.3 破产清算 ……121
自测题 ……123

第6章 票据法 ……126

6.1 票据法概述 ……126
6.1.1 票据的概念 ……126
6.1.2 票据法的概念与特征 ……128
6.2 与票据有关的法律关系 ……129
6.2.1 票据关系 ……129
6.2.2 非票据关系 ……131

6.2.3 票据关系与其基础关系的关系……133
6.3 票据行为……134
6.3.1 票据行为的概念和特征……135
6.3.2 票据行为有效成立的要件……136
6.3.3 票据行为代理……137
6.4 票据当事人的权利……139
6.4.1 票据权利的概述……139
6.4.2 利益偿还请求权……141
6.4.3 票据抗辩权……142
6.5 票据的更改、伪造、变造与涂销……147
6.5.1 票据的更改……147
6.5.2 票据的伪造……147
6.5.3 票据的变造……149
6.5.4 票据的涂销……150
6.6 票据的丧失与补救……150
6.6.1 票据丧失与补救概述……151
6.6.2 挂失止付……152
6.6.3 公示催告……152
6.6.4 票据诉讼……153
6.7 汇票制度……154
6.7.1 汇票概述……154
6.7.2 汇票的出票……155
6.7.3 汇票的背书……156
6.7.4 汇票的承兑……160
6.7.5 汇票的保证……162
6.7.6 汇票的付款……164
6.7.7 汇票的追索权……165
6.8 本票制度……167
6.8.1 本票概述……167
6.8.2 本票不同于汇票的法律规定……168
6.9 支票制度……170
6.9.1 支票概述……170
6.9.2 支票不同于汇票的制度……171
自测题……174

第 7 章 证券法……177

7.1 证券与证券法概述……177
7.1.1 证券概述……177
7.1.2 证券法概述……179
7.1.3 证券市场及其主体……180
7.2 证券的发行和上市……183
7.2.1 证券发行……183
7.2.2 证券的承销……186
7.2.3 证券上市……187
7.3 信息公开制度……189
7.3.1 信息公开制度概述……189
7.3.2 证券欺诈及其他禁止的交易行为……191
7.4 证券交易……193
7.4.1 证券交易概述……193
7.4.2 证券交易的场所……194
7.4.3 禁止交易行为……194
7.5 上市公司的收购……197
7.5.1 公司收购概述……197
7.5.2 上市公司收购的种类……200
7.6 证券投资基金……201
自测题……203

第 8 章 保险法……205

8.1 保险法概述……205
8.1.1 保险的概念与特征……205
8.1.2 保险法的概念与立法特点……207
8.1.3 保险法的基本原则……207
8.2 保险合同……213
8.2.1 保险合同概述……213
8.2.2 保险合同的主体……215
8.2.3 保险合同的订立……216
8.2.4 保险合同的内容……217
8.2.5 保险合同的效力……220
8.2.6 保险索赔与理赔……222
8.3 财产保险合同……224
8.3.1 财产保险合同的概念和特征……224
8.3.2 财产保险合同的主要种类……225
8.4 人身保险合同……226

8.4.1 人身保险合同的概念与特征 ··········226
8.4.2 人身保险合同的分类 ··········227
8.4.3 人身保险合同的常见条款 ··········227
8.4.4 人身保险合同的主要种类 ··········231
自测题 ··········233

第 9 章 海商法 ··········235

9.1 海商法概述 ··········235
9.1.1 海商法的界定 ··········235
9.1.2 海事法律规范 ··········236
9.1.3 海事法律关系 ··········237
9.2 船舶物权 ··········238
9.2.1 概述 ··········238
9.2.2 船舶所有权 ··········238
9.2.3 船舶抵押权 ··········239
9.2.4 船舶优先权 ··········240
9.2.5 船舶留置权 ··········242
9.3 船舶碰撞 ··········243
9.3.1 船舶碰撞的概念与种类 ··········243
9.3.2 过失碰撞 ··········244
9.3.3 船舶碰撞损害赔偿 ··········246
9.3.4 船舶碰撞造成油污损害的赔偿问题 ··········247
9.4 海难救助 ··········248
9.4.1 海难救助概述 ··········248
9.4.2 海难救助成立的要件 ··········248
9.4.3 救助报酬 ··········249
9.4.4 有关海难救助的国际公约 ··········249
9.5 共同海损 ··········251
9.5.1 共同海损概述 ··········251
9.5.2 共同海损的表现形式 ··········251
9.5.3 共同海损与当事人过失的关系 ··········252
9.5.4 共同海损时限与担保 ··········252
9.5.5 共同海损理算 ··········253
9.5.6 共同海损理算规则与共同海损制度的发展趋势 ··········254
自测题 ··········256

第 10 章 电子商务法律法规 ··········258

10.1 电子商务法概述 ··········258
10.1.1 电子商务法（E-Commerce Law）的基本内涵 ··········259
10.1.2 电子商务法的性质 ··········260
10.1.3 电子商务法律关系 ··········261
10.2 数据电文与电子签名法律制度 ··········263
10.2.1 数据电文与电子签名概述 ··········263
10.2.2 数据电文的法律效力 ··········264
10.2.3 电子签名的法律效力 ··········267
10.2.4 电子认证法律制度 ··········268
10.3 电子合同法律制度 ··········270
10.3.1 电子合同的概念与特征 ··········270
10.3.2 电子合同的订立 ··········271
自测题 ··········274

参考文献 ··········276

第 1 章 商法总论

引导案例

甲、乙是战友，两人退役后，甲准备结婚购并买商品房，于是甲向乙借款 5000 元，期限为一年，乙不要求甲支付利息。一年以后，由于甲所在单位经济效益不好，甲辞职，然后向其所在地工商局申请了个体户营业执照，从事服装业务。经营期间，为了扩大业务，甲向某商业银行贷款 3 万元，期限一年，年利率为 2.5%。

问题：

（1）甲和乙之间的借款关系应由《民法》还是《商法》调整？

（2）甲和某商业银行之间的借款关系是民事法律关系还是商事法律关系？

（3）民法的调整对象和商法的调整对象有哪些区别？

（4）民法和商法有哪些区别？

学习目标：

重点掌握商法的地位、商法的基本原则、商事法律关系与民事法律关系的区别、商事行为与民事行为的区别；

掌握商法的概念、调整对象、调整方法、商主体的种类；

理解商辅助人、商事登记、商业名称；

了解商法的历史演进与现状、商事账簿。

1.1 商法概述

1.1.1 商法的概念

从一般常识而言，“商”即为买卖；从经济学而言，“商”是指供需媒介（介于生产者与消费者之间）；从社会学而言，“商”是指与工、农、兵、学并列的一种社会分工；从文化意义而言，“商”是作为人的一种基本生存方式进行综合的。从文化意义上考察商，主要是从哲学观入手。各国历史文明中，对于商是以财为主还是以德为主，是以索取（需求）为本还是以奉献（服务）为本，经商是荣耀还是罪恶等，都有过哲学文化意义上的争论；从法学而言，商是一种营利性活动。

商法（Commercial Law），这里指大陆法系的商法，以法国为代表的客观主义认为商法是规范商事行为的法律，而以德国为代表的主观主义则认为商法是适用于商人的特别私法。我国台湾地区商法是指调整商事活动的法律规范的总称。

概言之，商法，亦称商事法，是指调整商事交易主体在其商行为过程中所形成的商事法律关系的法律规范的总称。

1.1.2 商法的特征

商法作为伴随商事交易关系的萌生而建立、发展起来的独立的法律部门，其自身的特点也较为明显。

1．国际性

商法的国际性是商法区别于其他部门法的重要特征。商法，就是市场交易的行为规则，是规范现代市场主体和现代市场行为法律规范的总称。而调整现代市场主体和现代市场行为法律规范具有国际性。在商事部门法领域，世界各国也制定了一系列统一规则，如 1988 年起生效的《联合国国际货物销售合同公约》、《国际贸易术语解释通则 1990 年修订本》等。入世以后我国已经把商事立法尽快与国际接轨、与 WTO 规则接轨提上了日程。

2．营利性

营利性是指经济主体通过经营活动而获取经济利益的特性。商法主要规范的是商事主体的营利行为。其实商人总是与营利联系在一起的，商事主体从事商事活动，其直接和主要目的就在于营利，这是被各国商法所确认的。从这一角度而言，商法也可称为营利法。

商法的营利性还反映了商法与民法的区别。商法只调整经济关系即财产关系，而民法除调整财产关系外还调整人身关系；商法调整的财产关系直接发生于商事领域，都是有偿的、营利的，而民法调整的财产关系并不都是有偿的、以营利为目的的；商法调整的财产关系集中发生在若干特殊的商事领域，如公司、海商、保险等，而民法调整的财产关系是一般状态的财产所有关系和流转关系。

3．技术性

商法是一个实践性极强的法律，它对商行为中的行为方式、行为环节、行为规则都有具体的规定，具有可操作性和技术性，与民法中偏重于理性规范的特点颇不一样。例如，我国《公司法》中关于有限责任公司和股份有限公司法定注册资本、股东大会与董事会的议事方式与表决程序、股份有限公司的发起设立与募集设立、公司财务制度等，均为与现代公司的设立密切相关的技术性规范。又如，我国《票据法》中关于票据的设权性、文义性、票据行为的独立性、票据的抗辩等，均为与票据的功能密切相关的技术性规范。再如，我国《保险法》中关于保险价值的测定、保险费的计算、理赔程序等。

4．公法性

总体上看，商法与民法均为私法，实行意思自治原则，商法最大限度地为人们从事社会经济活动的自由提供法律空间。然而随着市场经济的发展，商人基于意思自治、契约自由等原则而实施的行为极有可能侵害他人利益及社会公共利益，如不正当竞争、垄断、侵害消费者利益等行为。因此，需要国家对商事活动进行控制和调节，以维护经济秩序的正常运行，由此带来了“法律社会化”和“私法公法化”的倾向。私法公法化在很大程度上表现在商法领域，即商事立法中越来越多地体现政府的经济职权和国家意志的干预，越来越多地规定了调整个人与政府和社会间经济关系、维护社会公共利益的内容，这些内容当然体现了明显的公法属性。

1.1.3　商法的分类

1. 形式商法和实质商法

依据商法的表现形式可以将商法分为形式商法和实质商法。形式商法是以商法典为表现形式，而实质商法没有具体的商法典，但在其法律体系中存在调整商事关系的法律规范，这些法律规范的总称即为实质商法。一个国家可能没有形式意义上的商法，但不可能没有实质意义上的商法。据不完全统计，世界上大约有 40 多个国家拥有形式意义上的商法典。我国实际上已经基本构筑了实质意义上的商法体系。

2. 广义商法和狭义商法

依据商法的内容范围，可以将商法分为广义商法和狭义商法。狭义商法即国内商法中的商事私法。广义商法包括国际商法和国内商法，国内商法又分为商公法、商私法两种。

1.1.4　商法的地位

1. 商法的地位概述

学界关于民法的地位在经历了 20 世纪 80 年代的“大经济法”与“大民法”大讨论之后，民法从“大经济法”中脱离出来，日益凸显其法学的优势地位。而商法的地位则需要特别强调。这里主要是指商法和民法的关系，涉及商法和民法采取怎样的立法体系，这就是学界经常探讨的民商分立与民商合一问题。

民商分立是指一个成文法国家在私法制度的建构方面，除了拥有民法典外还拥有商法典，因此能够使民商两法并驾齐驱、相互照应的立法格局。

民商合一是指一个成文法国家仅通过民法典的制定而总揽其全部的民商事生活，因此既无商法典，亦无名为“特别民事单行法”的法源结构与立法模式。

2. 民商分立的理由

采用民商分立的国家主要有法国、德国、日本及以它们为模板的许多大陆法系国家，理由如下。

（1）由于商人阶层的存在和特殊利益，商人团体的自治规则和私法中的商事规范逐渐发展起来。

（2）从法典化的进程来看，在不少国家，商法典要比民法典颁布得早。

（3）民商分立也是由商法规范与民法规范的特殊差别决定的。民法规范是平等地保护一切民事主体，而不是保护某一特殊阶层的利益的法律。尽管商法与民法同属私法范畴，但它主要表现为商人阶层的法律，这就使得商法规范与民法规范具有一些重大的差别。

（4）在中世纪的商业关系中，由于贸易倾向于采取严格的特许主义，因此商法的自立及与民法的分立便成为一种自然的历史现象。

（5）商法有其特殊性，如讲究行为之快速、交易之安全等这些特征，与民事法之力求稳重性与保守性都不相同。由于商事法则有上述特性，其有关的证据法则是重实质，与民事证据法则重形式亦不相同。

3. 民商合一的理由

目前坚持民商分立的观点的人已经很少，而持民商合一观点的人则很多，如梁慧星、王利明等。持民商合一的主要论点如下。

（1）民商分立只是一个历史问题，中国则向来没有商人阶级。

商法之于民法以外，成为特别法典者，实始于法皇路易十四。维时承阶级制度之后，商人鉴于它种阶级，各有其身份法，亦遂组织团体，成为商人阶级。而商法法典渐相因而成，是商法之与民法对立，乃基于历史上商人之特殊阶级也。(我国历来没有民商之分，没必要加以歧视。）推行民商分立实乃非将人民平等看待。

（2）反对民商合一的人认为，商法所定重在进步，民法所定多属固定。这种情况在以往也许有，但是只要修改法律，都应该采取进步主义，立法者认为应该修改就修改，与民商合一与否无关。

（3）反对民商合一的人认为，商法具有国际性，民法则不然。认为这是旧见解，民商合一对于商事法规是否应趋于大同，立法者尽可以酌量规定，与合一与否无关。

（4）法国原采商人主义，德国也是这样，法国大革命以后，改采商行为主义，但是什么是商行为，什么不是商行为，很难确定。

（5）各国商法的内容极不一致，且也不成体系。不像民法那样有着总则加分则的体系性，或者说在编订体例上，商法不能以总则贯穿其全体。

（6）一般在民商分立的国家，基本上也将商法作为民法的特别法，如日本、德国。同时如果一方是商人，另一方不是商人，如何适用法律也很困难。

（7）因立法趋势，英美两国均无特别商法典，却能称雄于世界。

4. 构建和谐的民商合一法律体系

在承认民商合一又尊重民商的区别的前提下，私法体系基本模式包括如下几个层次。

第一层：总体上民商合一，即在私法领域只制定民法典一部基础性的法律，公司、票据、保险、海商等则以单行法的形式加以规定。

第二层：商法与民法共有的且易于合并立法的制度，寓于民法典之中，如公平、平等、诚实信用、合法性等民商法共有的价值取向，商事代理、行纪、居间等制度；

第三层：在民法典之外就民法典无法融合而又对其他商事单行法有着统率作用的商事一般性规定制订《商事通例》,《商事通例》主要就制订《通例》的根据、任务、商法特有的基本原则、商主体、商事权利、商行为、商号、商事登记、商业账簿、商事法律渊源等加以规定。由此就构成了民商法的民法典——民事单行法、商事通例——民事特别法、商事特别法的三级层次。

相关知识

《美国统一商法典》的性质

人们关于立法发展趋势的分歧，在很大程度上与对《美国统一商法典》的不同看法有关。赞成民商分立的学者一般承认其法典的地位，而反对民商分立的学者则否定其法典的地位。因此这里要特别说明。事实上，《美国统一商法典》虽然名为商法典，但是实际上与大陆法系的法典根本无法可比。人们评价道：“在美国，《统一商法典》取得的成绩导致英美学理重新讨论民商法这个问题。主张《统一商法典》代表英美法体系内商法的再生，未免过分。这是因为这部商法典不是大陆法系学理所称的商法典，这部法典是过去的一系列统一法的重新组合、编排和现代化，不是系统的构造。它的内容是混杂的，是完全按照经验主义选定的。按照该法典第 1-102 条，法典的目的是把管辖商事行为的法律简单化、明朗化和现代化。法典没有说明何谓商事行为（交易）。……法典虽有总则篇，但其内容涉及证据、期限、各种救济，而不是商事行为固有的一般原则，唯一的例外是关于善意义务的第 1-203 条的规定。……德国人 Rabel 曾指出，该法典比以前的普通法更关注非商人。他说该法典与瑞士法相似，瑞士法有适用于所有合同的共同一般规则，加上商事的例外规定。”

1.1.5　商法与其他法律部门的关系

1．商法与民法的关系

商法和民法的关系，论者甚多，详见表 1-1。

表 1-1　商法与民法的关系比较

<table>
<tr><th colspan="2"></th><th>商　法</th><th>民　法</th></tr>
<tr><td rowspan="6">区别</td><td>立法价值取向</td><td>商法属于营利法、技术法，重效益</td><td>民法属于伦理法、道德法，重公平</td></tr>
<tr><td rowspan="2">调整对象</td><td>商事关系：主体的平等性和行为的营利性</td><td>平等主体之间的财产和人身关系：平权关系。</td></tr>
<tr><td colspan="2">商事关系与民事关系的区别：
① 在经营活动上（商事关系中必有经营活动，民事关系中未必有）；
② 在人身关系上（商事关系更加注重财产关系，即便是人身关系也与财产利益密切相连，而民事关系有人身关系和财产关系两大分支）；
③ 在商品交换和财产支配上（商事关系不仅注重商品交换，还注重商品的生产和经营；民事关系注重对财产的控制，商事关系注重发挥财产的效用）；
④ 在权利的归属上（商事关系中的商事权利有私法性质亦有公法性质，而民事权利唯有私法性质）；
市场交易过程中的商事关系及国家商事交易的管理关系：即平权和不平权兼有的关系</td></tr>
<tr><td>主体范围</td><td>从事商事经营活动，商人所从事的行为</td><td>各类民事主体</td></tr>
<tr><td>就法律适用来看</td><td>商法则是社会商品经济专业化和技术化，即市场经济的法律体现，属于特别法，优先适用</td><td>民法是社会商品经济一般性的法律体现，民法中关于人身关系的规定，对商法基本不适用，相反，某些制度只适用于商事关系，如破产制度。另外，民事关系中有些情况下并不适用等价有偿原则，如婚姻家庭关系、继承关系等</td></tr>
<tr><td>性质和特征</td><td>有国际性和相对速变性</td><td>民族性（固有性）和相对稳定性</td></tr>
</table>

续表

	商　法	民　法
联系	（1）都属于私法范畴，是调整民商事行为的法律，都是以民法的法律规范为主构成的法律，在调整的实践中需要二者的结合。 （2）民法的主体制度是对商品经济活动主体资格的一般规定，商事主体制度实际上是对民事主体制度的具体化。 （3）民法中的物权、债权制度是对商品经济活动的正常条件的一般规定，商法中的物权、债权制度则是对商事交易制度中物权制度和商品交换流通活动作出的补充性规定与特殊规定，其适用必须以民法物权制度、债权制度为基础。 （4）商法的短期时效制度是对民法诉讼时效制度的补充与变更，其适用以民法的时效为前提和基础	

2．商法与经济法的关系

与商法相比，经济法是一个较新的概念，至今尚无权威性统一的定义。关于其规定性，有诸多说法。经济法能否独立？经济法这一范畴主要适用于欧洲大陆，在普通法系，这个概念至今没有得到学术界的承认，人们宁可选择使用商事法（Commercial Law）这一术语。在我国，学者一般认为，经济法实质上是“经济行政法”，属于公法范畴。商法与经济法的关系基本上类似于私法与公法的关系。在实践中商法和经济法研究的对象也存在大量重合，所不同的是，商法更多地从横向的视角进行调整，而经济法更多地从纵向的视角进行调整。

1.1.6　商法的基本原则

1．商主体法定原则

商主体[①]制度的健全与否，不仅涉及交易相对人的利益、商事活动的繁荣，而且关系到市场秩序的稳定，因此，商法应以大量的强行法规则对商事主体的市场准入加以严格的控制。市场准入严格法定原则应主要包括如下三个方面的内容。

（1）类型法定。商主体的种类严格有法律规定，在我国商主体的种类主要有公司、合伙企业、个人独资企业，还有个体工商户、农村土地承包户，这些能否称为真正意义上的商主体，近来很多学者存疑。一般的教材都认为“两户”属于商个人，而有些学者认为“两户”为必要的生计进行生产经营，不具有“资本增值性”，因而不属于商主体。

（2）内容法定。即商主体所为的具体商行为法定。商主体应当在其营业许可的范围内从事生产经营。当事人超越经营范围订立合同，人民法院不因此认定合同无效。但违反国家限制经营、特许经营及法律、行政法规禁止经营规定的应当认定为无效。

（3）公示法定。商主体应当进行工商登记，商主体进行商事行为时也要进行必要的公示，未经公示，不得对抗善意第三人。

2．维护公平交易原则

商事交易活动追求营利，商法为了维护正常的交易秩序，反映价值规律的内在要求，必须贯彻维护交易公平原则。所谓维护交易公平原则，就是以利益均衡作为价值判断标准来协调商

① 本书所用商主体也称商事主体、商事法律关系主体；商行为也称商事行为。

事交易活动，确定商事交易主体之间的权利和义务的原则。商法维护交易公平原则主要包括以下两个方面的内容。

（1）平等互利原则。商法中的平等互利原则包括两个含义：一是各商事交易主体在法律地位上要平等，在权利和义务方面要对等；二是各商事主体在商事交易活动中都要有利可图。其中，平等和互利是密不可分、相辅相成的。平等是基础，互利则是平等的必然要求，不平等就不会有互利，只有互利才是真正的、实质上的平等。按照平等互利原则的要求，各商事主体签订的商事合同必须公平合理，而不允许附带不平等的条件和过分的要求，显示公平、损害他方利益的商事合同都不具有其当然的法律约束力。

（2）诚实信用原则。诚实信用原则是指商事交易主体应依诚实和信用理念，互为交易，以维护交易公平。商法奉行诚实信用原则，在许多场合规定了当事人披露有关事实的义务和忠实履行商事合同的义务，禁止尔虞我诈、巧取豪夺、坑蒙拐骗等背信行为。如我国《保险法》中的保险人的说明义务和投保人的告知义务，都体现了最大限度的诚实信用原则。

3. 交易便捷

商事交易的目标在于充分利用现有资源以追求最大经济效益，而资金与商品的流转频率与其所获得的效益成正比。由此，商品流转规律客观上要求法律应充分保证商品交易之简便、迅捷。各国立法都将交易简便、迅捷作为商事立法的一个重要原则，并将其贯穿于各具体商事法规和商事惯例的全部内容之中。

它主要体现在三个方面。

（1）交易简便。各国商法在商事行为方面一般采取要式行为方式和文义行为方式，并通过强行法和推定法对其内容预先予以确定。

（2）短期时效。商法对于各类商事请求权普遍采取不同于民事上时效期间的短期时效。短期时效制的目的在于促使当事人迅速行使权利，以保证交易的迅捷。

（3）定型化交易规则。权利证券化和权利义务格式化是商法的又一个重要特点，它使法律行为标准化、定型化，从而简化了权利转让和权利认定的程序。

4. 鼓励交易

虽然现代商法具有很强的公法色彩，加强了国家对商事活动的干预，但这种干预的根本目的不是限制交易、妨碍交易，而是通过建立良好的交易秩序保障交易、促成交易。商法以鼓励交易为其基本原则之一，目的在于通过最大化地优化和利用资源，最大可能地促成社会经济的交往。鼓励交易原则充分体现在商法的其他一系列原则和制度之中。主要表现在以下几个方面。

（1）通过确立商法的其他基本原则，如短期时效、交易简便、迅捷、交易自由、意思自治，在合法前提之下最大限度地尊重当事人的交易意愿等，促进交易。

（2）最大可能维护交易的有效性，如合同法中的可撤销制度、效力待定的合同制度等。

（3）对于有过错或失误的交易行为，最大可能地为交易行为人提供补救机会，如破产重整制度等。

5. 交易安全

商事交易固然要求便捷，但是，商事交易更需要安全，如果没有安全性，交易的便捷将变得毫无意义。所以，维护交易安全构成了商法的一项基本原则。维护交易安全就是要减少和消除商事交易活动中的不安全因素。商法上对于交易安全之维护主要表现为：

（1）在商事交易活动中，交易各方有义务充分提示交易内容，并将交易活动的进展和变更情况及时通知，以使相对人或第三人完全、及时地知晓交易实情；

（2）禁止欺诈和不正当竞争行为；

（3）通过对商事交易条件采取强制主义、公示主义、外观主义、严格责任主义等法律规制，通过法律的积极干预以确保交易的安全。

① 强制主义是指国家通过商法公法化手段对于商事关系施以强行法规则；

② 公示主义是指商事主体应当依照商法的规定，公开交易中公众所必须知道的重要事项；

③ 外观主义是指交易行为的效果以交易当事人的外观为准；

④ 严格责任主义是指在商事交易中，债务人无论是否有过错，均应对债权人负责。

相关知识

商法的历史发展

商法的历史大致经历了如下几个时代。

一、古代商法

有关商事的规定散见于民法、刑法、行政法等法律中。

二、中世纪（476—1640）的商法

一般认为，欧洲中世纪的商法是近代商法的起源。中世纪的商人习惯法具有自律性、地域性和不成文性的特征。

三、近代商法

16世纪以后，随着资本主义商品经济关系的萌芽及欧洲一些国家封建割据势力的衰落，统一的民族国家逐步形成。与此相适应，中世纪占统治地位的寺院法开始被废弃，民族国家纷纷进行商事立法使商人习惯法向成文法转变。

四、现代商法

从19世纪开始，欧洲大陆国家相继开始了大规模的法典制定活动。尽管在英美法中不存在类似于大陆法那样的统一的商法典，但是“商法”或“商业法”的观念却深入人心。19世纪以后，英美国家相继制定的大量以“商事条例”、“商法典”命名的法律，这不过是此种商法观念的一部分反映。

五、商法产生的原因及现代商法的发展趋势

（一）商法产生的原因

（1）商法的产生是商品经济进一步发展的内在要求；

（2）商法的产生是国家推行重商主义政策的结果。

（二）现代商法的发展趋势

（1）动态化的趋向（各国商法典频繁修改；制定众多商事单行法，并废除商法典的有关条款）；

（2）两大法系的相互渗透（在公司法领域表现得最为明显）；

（3）国际化与统一的趋向（这种工作是在20世纪初全面展开的，一些地区性的商事公约、商事组织、商事规则先后出现）。

六、商务电子化的趋向

电子商务法本质上是21世纪的商人法，以商人的行业惯例为其规范标准，具有跨越任何国界和地域的、全球化的天然特性。电子商务对商法的影响是极大的，尤以合同法为甚。

1.2　商主体

【经典案例：商主体辨析】

下面有十个主体，用你所学的商法知识，回答后面所提出的问题。

（1）从事餐饮经营的某有限责任公司；

（2）股票在深圳证券交易所上市交易的某股份有限责任公司；

（3）服装城从事服装经营的个体户赵某；

（4）甲乙丙合伙创办的某“独角兽工作室”；

（5）龙江银行；

（6）林某创办的个人独资企业；

（7）中国公民王某；

（8）黑龙江省财政厅；

（9）哈尔滨商业大学；

（10）中国红十字学会。

问题：

（1）上述主体哪些属于商主体？

（2）上述主体哪些属于商法人？

（3）构成商人的条件有哪些？

（4）商人的分类方法有哪些？

1.2.1　商主体概述

1．确定商事主体概念的三种立法体例

（1）主观主义

主观主义也称商人主义、形式主义，是指商主体的确定，主要着眼于商主体本身的法律要求及其行为的形式，先确定商事主体的概念再确定商行为的概念。如德国1900年商法典第一条：本法典所称的商人是指经营营业的人；第二条：企业主有权依关于商人商号登记的规定促成登记，但无此义务；第三条：农林业经营者可以但不是必须进行登记（自由登记商人）。

（2）客观主义

客观注意又称商事行为主义、实质主义原则，着眼于商行为自身的性质并将行为主体确定为商事主体，如法国1807年商法典、西班牙1885年商法典。西班牙商法典第一条：本法典所谓的商人是指：①具有合法的经商能力，并惯常从事商业活动的个人；②依本法典设立的工商业公司。

（3）折中主义

折中主义是对以上两原则的修改融合，即同时将商人概念和商行为概念作为其基础，既注意商行为的客观性质、强调商行为的外在表现形式，又在一定程度上承认商人概念的独立存在价值，以商人规定商行为的范围。法国现行商法、1899 年日本商法即为其例。如日本商法典第四条：本法所称商人，指以自己名义，以实施商行为为业者。依店铺或其他类似设施，以出卖物品为业者，或经营矿业者，虽不以实施商行为为业，也视为商人。将商人概念和商行为概念作为商法的基础，即在规定商事主体时既以商行为概念作为规定商事主体即商人的基础，又在一定程度上以商人来规定商行为范围。

2. 商主体的概念

以上三种立法体例都会限入商主体、商行为的循环论证。但就商主体的实质都没有给予清晰的界定。鉴于我国学界比较一致的观点是我国采民商合一的立法模式，商主体的概念可借鉴民事主体概念的界定方式做如下规定，即商主体也称商事法律关系主体、商事主体，是指按照商法的规定具有商事权利能力和商事行为能力，能够以自己的名义独立从事商行为，在商事法律关系中享有商事权利和承担义务的个人和组织。在传统商法中，有的国家称其为商人。商主体是一种特殊的法律人格体，它既关系到商法的调整范围和法律的适用，又关系到商主体的专门保护和商法的价值取向。

【概念提示：企业与商人、商主体】

商主体即为商人。企业是现代市场经济中最重要的商事主体。企业是商人的下位概念，作为一种社会经济组织体，它具有较商人概念更为丰富的内涵，而商人的外延范围中则包含了企业之外的商个人，如摊商、流动商等。如果以企业概念取代以往的商个人和商法人概念，那么可以说商人包括普通商人（纯粹的商个人）和商事企业（独资、合伙和公司）。

3. 商主体的特征

（1）从本质上说，商主体是一种法律拟制的主体，它所享有的权利能力和行为能力具有特殊性。这种特殊性从能力的形成上说，商主体的形成一般须经过国家的特别授权程序。

（2）商主体是从事以营利为目的的营业活动的主体。商主体能力的存在与其所实施的营业活动密切相连。

（3）商主体是商事法律关系中的当事人，即在商法上享有权利并承担义务。

4. 商主体与民事主体的区别

（1）主体的权利能力与行为能力的相互依存程度不同。民事主体一般以权利能力和行为能力统一为基础。但是，权利能力是民事主体构成之必备要件，行为能力则是非必备要件，权利能力可以独立于行为能力而存在，如未成年人，虽不具有行为能力，但已有权利能力，他就可以在特定的民事法律关系中成为民事主体。与其不同，商主体之构成必须同时具有权利能力和行为能力，有权利能力而无行为能力者，所实施的行为在商法上应属无效。因此，权利能力与行为能力互为依存。

（2）主体的权利能力和行为能力的产生时间要求不同。一般情况下，就自然人而言，权利能力产生在先，行为能力在后，但商事主体的权利能力和行为能力总是同时产生的。

（3）主体的范围不同。许多公法上的主体，如政府及其部门，作为财产的所有者，可以成为民事主体，但其不得成为商主体，不得从事商事经营活动，这就是各国法律所奉行的政府部门不得成为商事主体、不得直接经商办企业的原则。

（4）行为人的积极程度不同。特定法律关系中的民事主体的构成，既有行为人的积极行为，更有行为人消极行为的结果，如财产的继承关系、赡养、抚养关系等之中主体的形成。而商主体之构成，一般必须是行为人积极法律行为的结果。这是因为商行为是行为人积极的、有意识的行为，非行为人自愿的、有意识的行为将导致商行为无效。

（5）主体资格的取得程序不同。商事主体的资格的取得一般需要在国家指定机关进行登记注册。因此，其主体资格有取得与丧失的规定。而民事主体的自然人不存在此种情况。其主体资格与生俱来。

【概念提示：商事、经营】

商事，是指以营利为目的的法律行为。大陆法系的代表国家均把商事行为分为三类：普通商业、介绍商业、辅助商业。经营，是指以营利为目的的、独立的、持续的、不间断的职业性经济活动。这种活动的特点有营利性、持续性、独立性、公开性、正当性。

总之，根据大陆法系商事立法的一般立场，谁从事商事经营，谁就是商主体。

5．商主体的分类

在当代各国商法中，商主体表现为多种形式，不同国家的商事立法和不同的商法理论中，常常依照不同的标准对商主体予以分类。一般说来，主要有以下几种分类。

（1）依照商主体的组织结构形态或特征，即是自然人还是组织体及组织形态等形式状况，商主体可分为商个人、商法人、商合伙。

（2）依照法律授权或法律设定的要件、程序和方式，商主体可分为法定商人、注册商人、任意商人；或称必然商人、应登记商人、自由登记商人。

（3）依照经营者的法律状态和事实状态，商主体可分为形式商人或固定商人、拟制商人、表见商人。

（4）照经营者的经营规模，商主体又可分为大商人或完全商人和小商人。

（5）依照经营种类，商主体可分为制造商、加工承揽商、销售商、供应商、租赁商、运输仓储商、餐旅服务商、金融证券商、保险商、代理商、行纪商、居间商、信托商等。

（6）依照商主体资产的权利状态，还有学者将商主体分为个体经营者、企业、商业使用人等。在我国，商主体的种类没有以商法典的形式明确划分。可以从事商事经营活动的主体颇多，它主要表现在民法、企业法、涉外企业法、工商登记法规及税法等之中。根据上述法律、法规的规定，在我国，商主体主要表现为商法人、商个人、商合伙人、商中间人、商辅助人等类型。

【概念提示：企业与商人、商主体】

商主体即为商人，企业是现代市场经济中最重要的商事主体。企业是商人的下位概念，作为一种社会经济组织体，它具有较商人概念更为丰富的内涵，而商人的外延范围中，则包含了企业之外的商个人，如摊商、流动商等。如果以企业概念取代以往的商个人和商法人概念，那么就可以说商人包括普通商人（纯粹的商个人）和商事企业（独资、合伙和公司）。

1.2.2　商法人

1．商法人的概念

商法人也称商事法人，是按照法定构成要件和程序设立的，拥有法人资格，参与商事法律关系，依法独立享有权利和承担义务的组织，如股份公司、有限责任公司等。中国《民法通则》中称之为“企业法人”，但不包括消费者。

【概念提示：商法人与一般法人】

商法人是商法赋予一定社会组织以法律上的人格，这种人格，使商法人成为商业法律关系的主体，使它具有了主体所有的权利能力和行为能力。具体地讲，商法人与一般法人相比具有以下特点：

第一，依照法律不同，商法人是依照商法规定而成立的社会组织；

第二，依据法定程序不同，商法人是依据商事登记而成立的；

第三，活动的内容不同，商法人是仅限于以自己的名义从事以营利为目的的商业行为的集合体。在中国因没有公布商法典，现实中没有对商法人与一般法人加以区别。

2．商法人的特征

商法人具有如下四个方面的特征。

（1）商法人具有独立的人格。商法人经特殊登记程序而取得拟制主体资格，它具有登记核准的特殊权利能力，能够以自己的名义从事生产经营活动和诉讼活动，因而具有不同于法人成员的法律人格。

（2）商法人具有独立的财产和财产权。法人财产独立是指财产分离于法人成员（所有权人）的其他财产；法人具有独立的财产权是指商法人能够依据其章程规定在经营范围内独立地占有、使用和处分其财产，这是法人经营行为的基础。

（3）商法人具有统一的组织机构。商法人作为拟制主体，对外具有统一的法律资格；对内应具有统一的代表机构、执行机构和其他组织机构。这是形成统一的法人意思和法人行为的组织基础。

（4）商法人责任独立。不能简单地说商法人承担有限责任，“法人有限责任”是对于其出资者而言的。法人的责任分两个方面：一方面，法人以其全部经营财产独立承担民事责任；另一方面，法人的出资者仅就其出资额对法人债务承担有限责任。

3．商法人的分类

（1）国有商法人。是指根据我国民法、企业法、公司法的规定，由国家投资设立的、从事生产经营活动的，具有独立的权利能力和行为能力，并获得法人资格的企业或公司。

（2）集体商法人。指根据我国民法、集体企业法和其他法律、法规的规定，由公民或集体单位组合而成、从事生产和经营活动的、具有独立权利能力和行为能力、能够独立承担法律责任并获得法人资格的集体商事组织。

（3）合营或合资商法人。由两个以上的投资主体共同出资，经工商登记注册而成立的商事组织。如中外合资经营企业、中外合作企业（中外合作经营企业可以采取公司组织形式，也可以采取合伙组织形式；可以依法取得法人资格，也可以不取得法人资格）。

（4）私营商法人。由私人投资经营而取得法人资格，投资者以其出资额为限，商法人以全部资产对外承担责任的商事组织。

（5）外商投资商法人。由外商投资经营并取得法人资格的，投资者以出资为限，商法人以其全部财产对外承担责任的商事组织，如外商独资企业。

1.2.3　商个人

1. 商个人的概念

商个人是指具有商事权利能力和商事行为能力，独立从事商行为，依法承担商事权利商事和义务的自然人。

2. 商个人的特征

商个人具有如下两个方面的特征：

（1）商个人与自然人的个人属性密切相关；

（2）商个人的财产与自然人或家庭户的财产密切相关。

3. 商个人与自然人的区别

（1）商个人是商事主体，自然人是民事主体。

（2）商个人从事的是商事行为，自然人从事的是民事行为。

（3）商个人须有自己的商事名称，亦可以在自然人姓名上设定商事名称。

4. 自然人成为商个人所需的条件

（1）必须从事营利性活动。这种营利性应当具有持续性，以从事营利性商行为为业。如果是偶尔的为生活消费而进行的交易，不应认定为商行为，其也不能认定为商个人。

（2）获得法律授权。即需要经过必要的登记备案手续。

（3）符合人员条件与资本条件。商个人如果进行营业活动，需要具备必要的人员和资本条件，否则应考虑其为民事主体之自然人。

5. 我国商个人表现的类型

我国商个人包括个体工商户、农村承包经营户和个人独资企业。其中“两户”能否成为商主体，即能否成为商个人存在争议。但我们有必要了解个人独资企业与个体工商户的区别，详见表 1-2。

表 1-2　个人独资企业与个体工商户的区别

	个体工商户	个人独资企业
名称	可以有名称	需要有合法的企业名称
从业人数和雇工人数	少于 7 人	人数超过 7 人
雇佣关系	以个体劳动为基础	以雇佣关系为基础
生产经营场所	较为随意	必须有个人场所

注意：这种划分只能作为参考标准。个体工商户规定在民法通则当中的自然人一章，而个人独资企业是在民法通则出台之后新生的一种企业主体，介于自然人与法人之间。个体工商户侧重自然人属性，而个人独资企业侧重其企业“组织”（社团）属性。

1.2.4　商辅助人

1. 商辅助人的概念

商辅助人有广义和狭义两种界定，广义的商辅助人是指辅助商主体从事经营的人。包括独立商辅助人（又称中间人）和非独立的商辅助人（又称商业使用人或商使用人）。狭义的商辅助人仅指非独立的商辅助人，是指在商事交易过程中，从属于商主体，受商主体委任或支配，辅助商主体开展商事经营活动的人。商辅助人本身不是商人，也不是独立对外的法律关系主体，但是在对外经济交往过程中，以商主体的名义为法律行为，并且其行为的全部后果由商主体承担。由于独立性的商辅助人如代理商、居间商在现代市场经济中已经成为一个很独立和自主的一个商主体类型，已经失去了“辅助”之意，故学理上讲狭义的商辅助人的概念更具合理性。但就从知识的完整性考虑，本教材采广义的商辅助人概念。

【概念提示：商辅助人（狭义）与商主体】

其一，商辅助人（狭义）只是在其同商人签订的雇佣或委任合同的授权范围内履行义务、享受权利，受到合同而非商法的制约。商主体是商事法律关系中的当事人，即在商法上享有权利并承担义务。

其二，商辅助人（狭义）是为了获得佣金而为商人提供服务的，其行为本身不能视为经营性活动。而商主体是从事以营利为目的的经营性活动的主体。商主体只能是特定商行为的主体，商主体能力的存在与其所实施的经营性活动密切相连。

其三，商辅助人（狭义）在商事活动中的能力范围基于商人的授权。而商主体是一种法律拟制的主体，它所享有的权利能力和行为能力具有特殊性，该特殊性首先表现在能力的形成上，即商主体的形成一般须经过国家的特别授权程序。

2．独立辅助人（中间人）的类型

（1）代理商：非经理人而受商号之委托，于一定处所或一定区域内，以该商号之名义，办理其事务之全部，伙一部分营业之谓。

（2）居间商：一种以居间行为为营业的独立的商人。居间人与代理人的区别：代理人有缔结合同的代理权，可代委托人订立合同；而居间人无代理权，不得代委托人订立合同。

（3）行纪商：是一种以行纪行为为营业的独立的商人。属于一种独立的商人，其业务包括以自己的名义为他人（即委托人）买卖不动产或证券，并据此收取佣金。

行纪合同：指一方根据他方的委托，以自己的名义为他方实施民事法律行为，并获取报酬的合同。

【概念提示：行纪与代理】

行记与代理的区别如下：

其一，行纪人以自己的名义进行一定的活动，而不以委托人的名义进行；

其二，行纪人直接与第三人产生一定的权利和义务关系；

其三，经委托人同意，或双方事先约定，经纪机构可以以低于（高于）委托人指定的价格买进（卖出），并因此而增加报酬；

其四，除非委托人不同意，对具有市场定价的商品，经纪机构自己可以作为买受人或出卖人；

其五，行纪人进行活动的后果不是直接归属于委托人，而是通过转让的方式归于委托人。

【概念提示：行纪与居间】

行纪和居间本质上的区别是：行纪合同中行纪人为委托人提供的服务不是一般的劳务，而是行纪人与第三人发生的法律关系，为一定的法律行为，该法律行为的实施是委托人与行纪人订立行纪合同的目的所在，故行纪合同的标的是行纪人为委托人进行一定的法律行为。居间合同的标的是居间人为委托人进行一定的事实行为，居间人为委托人提供特定的劳务（即报告订约机会或提供订立合同的媒介服务），居间人所办理的事务本身并不具有法律意义，而行纪合同中行纪人受托的事务是法律行为。

3. 非独立辅助人（商业使用人）的类型

（1）经理人

按照大陆法系国家商法的规定，经理人及其所享有的经理权具有以下特点。

① 经理人是被商人通过特殊方式授予经理权的人，是典型的直接代理人，以被代理商的名义为法律行为。

② 经理人在行使权利时，最重要的形式是其必须将自己的签名附加在商号上，并在这个签名上附有标明经理权权限的标记，以使经理人的代理行为与个人行为相区别。

③ 经理人的主要权限在于为商主体管理事务，并为商号签名。

④ 只有完全商人才可以授予被代理人代理权；小商人不可以授予他人经理权，即不可以任用经理人。

⑤ 在商事登记部门履行登记并不是经理人被授予经理权这一法律行为生效的唯一前提条件，经理人必须由商人通过“明确意思表示”方式授予经理权。只有明示与登记相结合，经理权授予才能生效。因此，不存在隐示经理权或容忍经理权。

⑥ 经理人所享有的经理权受到权限范围的限制。

⑦ 经理人所享有的经理权不具有单一性和排他性，一位商人可以同时聘用几位经理人。

（2）代办人

在法律性质上，代办权属于代理权，与经理权相比，两者存在着颇为明显的差异，这些差异主要表现在以下几个方面。

① 经理权的权限范围比代办权广泛。

② 只有商人才可以聘用经理人，授予其经理权，小商人不可以聘用经理人，不可以授予经理权；但小商人可以聘用代办人，可以授予代办权。

③ 经理权必须由商人亲自授予；代办权不需要由商人亲自授予，商人的代理人也可以授予代办权。

④ 经理权必须通过明示来授予；代办权可以通过默示来授予。因而，在商事代办权中，可以存在容忍代办权和表见代办权。

⑤ 在商事交往中，第三人可以相信，经理人对于他所经营的商事拥有除法律另有规定外的所有代理权；第三人则不可以相信代办人也拥有同样的权限，除非代办人能够提供自己拥有如此权限的证明，这是因为，代办人的代理权通常在法律上已经被严格局限于一定的业务范围之中。

⑥ 经理人的签字可以附有标明经理权的附加标记；而代办人的签字只能附有表明代理关系的附加标记。

⑦ 由于经理权涉及的范围相当广泛，它必须履行工商登记；但代办权已经被规定在一定范围以内，一些国家商法规定其不必履行工商登记。

⑧ 经理权与代办权在种类划分上不同。共同经理权—分经理权；全权代办权—种类代办权—特种代办权—总代办权。

⑨ 代办权的转让与经理权的转让也不完全一样。

【经典案例分析：商主体辨析】

（1）本节经典案例中的主体属于商主体的有：从事餐饮经营的某有限责任公司、股票在深圳证券交易所上市交易的某股份有限责任公司、服装城从事服装经营的个体户赵某、甲乙丙合伙创办的某“独角兽工作室”、龙江银行和林某创办的个人独资企业。

（2）上述主体属于商法人的有：从事餐饮经营的某有限责任公司、股票在深圳证券交易所上市交易的某股份有限责任公司和龙江银行。

（3）构成商人的条件有：第一，从本质上说，商主体是一种法律拟制的主体，它所享有的权利能力和行为能力具有特殊性，这种特殊性从能力的形成上说，商主体的形成一般须经过国家的特别授权程序；第二，商主体是从事以营利为目的的营业活动，具有经常性，也就是说，偶尔有一次或少数几次的以营利为目的的交易行为并不能称之为商人；第三，商主体是商事法律关系中的当事人，即在商法上享有权利并承担义务。

（4）商人的分类方法参见商事主体的分类一节。

1.3 商行为

【经典案例：商行为】

自然人甲于2012年7月从乙银行借款4000元，约定在2013年5月1日前归还，到期后，甲因某种原因未能偿还，便向乙银行提出推迟两个月归还，乙银行表示同意。但是，在推迟的时间届满后仍未归还，于是乙银行在2013年12月1日向人民法院起诉，要求甲归还欠款。

问题：

（1）本案诉讼时效应从何日开始？

（2）若诉讼时效届满后，甲履行义务后又以诉讼时效届满不保护为由要求返还的，法院是否予以支持？

1.3.1 商行为概述

1．商行为的概念

大陆法系国家对商行为的认定有不同的标准。以法国商法为代表的商行为主义认为，应根据客观行为的内容和形式来判定是否属于商行为；以德国商法为代表的商主体主义则认为，判断商行为应根据行为主体的身份，即主体中是否双方或一方是商人；以日本商法为代表的折中主义综合二者的主张，认为判定商行为既应根据行为的内容和形式，也应结合考虑行为人的身份。

在中国，商行为不是立法上使用的概念，而是商法理论研究中所使用的概念，人们对商行为的概念也没有一个统一的看法。结合上述立法，我们不妨给商行为下如下定义：商行为，又称商事法律行为，是指具有特定商行为能力的主体从事的、以营利为目的的营业行为。

2．商行为的性质（商事法律行为）

对于商行为究竟属于法律行为还是事实行为，抑或是法律行为与事实行为之总和，这在民商法理论中是有不同认识的。诚然，商行为是在商事活动中存在的不以当事人意志为转移、由法律直接拟定并确认的事实行为，但并不能说明商行为中包含事实行为，因为：

（1）对商行为的分类中，每一类商行为都依赖于主体的意思表示；

（2）在转向市场经济的过程中出现的阶段性的事实行为，侧重于法定主义调整，不大注重当事人意思自治的倾向，不足以成为商行为中包含商事性事实行为的依据。

（3）若商行为是法律行为与事实行为的结合体，则可能导致在判断某一行为时，按照法定要件确定和探求当事人内心真意之间的无所适从，从而造成法定方式与法律行为方式调整的混淆与误用。从本质上说，使商行为概念成为包含商事法律关系的事实行为的上位概念，就像民法中只有民事行为而无民事法律行为一样，只有造成混乱的可能。应当说，商行为是民事法律行为的延伸，即商事法律行为，其独特之处仅在于商事法律行为的营利性和经营属性。

综上，我们认为商行为是以意思表示为要素的商事法律行为。

3．商行为的特征

（1）商行为是以营利为目的的行为；

（2）商行为是经营性行为；

（3）商行为是商主体所从事的行为；

（4）商行为是体现商事交易特点的行为。

首先，商行为是与风险和风险防范紧密相连的行为；其次，商行为是保密性与公开性并存的行为；再次，商行为是注重商事效率的行为。

4．商行为的种类

（1）单方商行为与双方商行为

这是以行为当事人是否均为商主体为标准进行的划分。

① 单方商行为。也有的称之为“混合交易行为”，是指行为人一方为商主体而另一方为非商主体所从事的交易行为。最常见的例子：如商店与消费者之间的商品买卖行为、银行与顾客之间的存贷行为。对于单方商行为的法律适用问题，各国商法的规定不尽相同。大陆法系的一些国家认为，单方商行为本质上仍属于商行为，应当受到商法的统一调整。如《德国商法典》和《日本商法典》均规定，当事人一方实施商行为时，本法适用于双方。而法国、英美法系国家则认为，单方商行为是商行为与一般民事法律行为的结合，商法中有关商行为的规定只适用于商主体一方，其相对人则适用民法中的规定。

② 双方商行为。是指行为人双方均为商主体所从事的营利性营业行为，如批发商与零售商之间的商品销售行为。双方商主体是商自然人还是商法人不影响该商行为的成立。双方商行为直接适用商法，各国法律和实践中在此基本不存在争议。

对单方商行为与双方商行为进行区分的意义在于使商法对不同商行为区别规定。如果当事人的一方不属于商人，那么，商法的立法和实践中应适当考虑其在交易中的弱势地位，从而给予一定的倾向性保护，实现双方当事人在实质意义上的公平。

（2）基本商行为与辅助商行为

这是以商行为在同一营业活动内所起的作用和所处的地位的不同进行划分的。

① 基本商行为。指直接从事营利性经营活动的商行为。基本商行为包括绝对商行为和相对商行为。由于绝对商行为和相对商行为在整个商事交易行为中属于基本形式，且符合商事交易行为的基本要求，故称其为基本商行为。

② 附属商行为。又称“辅助商行为”，是相对基本商行为而言的，指在同一商事营业内虽不具有直接营利性的内容，但能起到协助基本商行为实现营利目的的辅助行为，如广告行为、代理行为等。但对此概念，近年来有新的解释和理解，即不把附属商行为固定化，而根据特定商事主体的经营内容确定其行为的附属性，把主营业务理解为基本商行为，把兼营业务理解为附属商行为。例如，对于零售商来说，销售是基本商行为，而仓储和运送则是其附属商行为。而对于承运商来说，运送为其基本商行为，而原材料购买则是附属商行为。

（3）绝对商行为与相对商行为

这是以行为的客观性质和是否附加条件为标准进行划分的。

① 绝对商行为。又称“客观商行为”，它是指依照行为的客观性和法律的规定当然属于商行为的行为，而不必考虑实施该行为的主体是否是商人。它具有客观性和无条件性，不以行为主体是商人和行为采用营业方式为条件，凡是商法明文规定的一律认定为商行为。它是确立商人概念的基础。按照大多数国家商法的规定，票据行为、商业证券行为、保险行为和海商行为等均属于绝对商行为。绝对商行为通常是由法律列举限定的，不能作推定解释。

② 相对商行为。又称“主观商行为”、“营业商行为”，是指依行为人的主观性和行为自身的性质而认定的商行为。它以行为主体是否为商人及行为是否具有营利特性为认定要件，只有在行为主体是商人或行为具有营利性时，才能认定为商行为。当行为主体或行为目的不符合法定条件时，其行为仅构成一般民事行为，适用民法的一般规定。

绝对商行为和相对商行为将同类行为中的营利性商行为与非营利性民事行为区别开来，体现了商法的特别法属性。

（4）固有商行为与推定商行为

这是以法律对商行为的不同确认方式为标准进行划分的。

① 固有商行为。也称作“传统商行为”、“完全商行为”或“纯然商行为”，是指依据法律规定或法律列举可以直接认定的商行为，它包括绝对商行为和固有商人的营业商行为。

② 推定商行为。也称“准商行为”、“非固有商行为”，是指拟制商主体所实施的经营性商事行为。这种商事行为往往不能直接根据法律的规定来加以确认，而必须通过事实推定或法律推定来确认其行为性质，如非商事主体所从事的信息咨询服务等。

1.3.2 一般商行为

1．一般商行为的概念

一般商行为与特殊商行为是大陆法系国家商法学理论研究中使用的一对概念，它并不是严格意义上的商行为的分类。根据大陆法系国家商法学理论占主导地位的观点，一般商行为和特殊商行为并不是从商行为本身提出来的问题，而是从商法对商行为特别调整的共性和个性的角度提出来的问题。一般商行为是指在商事交易中广泛存在的并受商法规则所调整的行为。其中有些行为不仅是商事领域共有的，在民事领域也存在，但它们均受商法规则调整。

2. 一般商行为的范围

对一般商行为的范围，学者们意见纷纭，差异较大。有的学者认为其包括商法上的物权行为、商法上的债权行为、商事交互计算；有的学者将其概括为四个方面，即以缄默形式所为的意思表示、商事留置权、善意取得和约定利息的请求等；也有的学者认为一般商行为包括要约与承诺行为、给付行为、交互计算等。

一般而言，一般商行为是指商事活动中具有共性并受商法规范所调整的行为，主要包括商事代理行为、商事债权行为、商事物权行为及商事交互计算等方面。

（1）商事代理行为

商事代理以民事代理关系为其法律关系的构成基础，但在主体、客体和内容上都存在着一定的差异。商事代理行为是最基本的商行为之一，不同国家对其又有不同的规定。在采用主观主义（商人法主义）原则的国家，特别强调代理商的资格；而在采用客观主义（商行为法主义）原则的国家，则尤其强调行为的营利性。在民商分立国家，除了在《民法典》中对民事代理制度做出具体规定外，通常还在《商法典》中对商事代理制度做出特别的规定，如德国、日本等。中国在立法上没有区分民事代理和商事代理，在实践中，有关商事代理问题适用中国《民法通则》和《合同法》的相关规定。

【概念提示：民法上的代理与商法上的代理】

第一，商事代理采非显名主义。在商事活动中，商行为的代理人在实施其行为时，虽然没有明确表示是为本人（即委任人或被代理人）进行，但其行为对本人和相对人仍然发生法律效力。非显名主义作为商事代理的一个特征在一些国家的商法中得到了承认。但是，当本人的对方当事人不知道代理人的行为是为本人所进行时，也可以请求其代理人履行。中国《合同法》第 403 条的规定即反映了这一特点。

第二，商事代理本人的死亡不影响代理权的存续。根据民法的规则，被代理人（本人）的死亡将引起代理权的终止。商法的规定与之有所区别。一些国家的商法规定，商行为的代理不因本人的死亡而消灭。在大多数情况下，就如个体工商户一样，即使其本人死亡，其营业也并不马上消灭，而是让其商业使用人的代理权继续存在。这样，一方面可以避免由于停止营业而造成的经济损失，另一方面也符合商法保护交易安全的要求。

第三，商事代理人的权限范围较广。在民法上，代理人应在代理权限内，以被代理人的名义实施民事法律行为。代理人超出授权的行为，只有经过被代理人的追认，才能免除其民事责任。但是，在商行为的代理中，代理人的权限范围要比民事代理的广。许多国家的商法都承认：商行为的代理人在不违背被代理人授权本意的范围内可以实施未被直接授权的行为。

（2）商事债权行为

商事债权行为作为民事法律行为的特殊形态，表现为一种特殊形式的债权行为。债的关系首先表现为一种民事法律关系，因此，商事债权行为的构成要件以民事法律行为的构成要件为基础，同时适用商法的特殊规定，这些特殊的规定在法律效力上优先于民法的规定。在西方国家的商法典和商法学理论中，商事债权的特殊性主要表现在商事合同缔结过程中要约和承诺的特殊性上，具体涉及对意思表示之缄默和缄默之错误的特殊性规定等内容。一般来说，缄默作为一种消极的行为或不作为的行为，不具有意思表示的效果，如我国《合同法》第 20 条的规定。

但在例外情况下，如果双方已有约定或法律有明确规定，则缄默可当作对要约的承诺。

（3）商事物权行为

物权首先是民法中的一个基本范畴，规定在民法典之中。在商事活动中，涉及物权问题，可以适用民法中的有关规定。但是，对于一些特殊商行为，在民法之外，商法中有特殊的补充性规定，这些特殊规定对商行为具有规范性意义，由此，它们在一定程度上构成了商事物权与民事物权在法律上的差异。

① 商事“流质预约”的认可。

“流质预约”又称“流质契约”，在民法上，流质预约被禁止。出质人和质权人不得在合同中约定，质权人未受清偿时，质物的所有权转移为质权人所有。此项规定的目的在于防止债权人利用其有利的地位损害债务人的利益。

但在商事活动中，由于商人自己能够计算其经济利益的得失，同时，也为保障商事交易的顺利进行，维护信用交易的公平，多数国家的商法都承认商事交易中的流质预约。例如，《日本商法典》的515条即规定，民法关于禁止流质预约的规定不适用于因商行为债权而设定的质权。《韩国商法典》亦有类似的规定。

② 商事留置权。

商事留置权是指在双方商行为情况下，债权人为实现其债权，占有债务人的标的物，在其不履行义务时，变卖或对标的物折价以受偿其债权的权利。商事留置权起源于中世纪意大利商业城市的商业习惯，并在德国商法典中得到明文规定。

商事留置权与民事留置权不同，它不强调留置的标的物与被担保债权的个别关联性，而只要求二者之间的一般关联性，即在商人之间，因双方商行为发生的债权在未受偿之前，债权人可以留置其因商行为已经占有的债务人的财产，而不要求该财产属于被担保债权本身的标的物，不要求二者之间有直接的关系。商事留置权与民事留置权的这一区别在许多大陆法国家的商法中都有所体现。

（4）商事交互计算

商事交互计算，是指把在一定期间内由商事交易所产生的债权债务进行一次性结算的特殊商事合同。它实际上是一种活期账务结算。它通过双方的约定，以结算结果和结算后所产生的余额的确定来实现债务了结。在这种债务了结方式中，借助于定期结算，交易双方当事人在商事业务往来中形成的债权和债务不断得以清算，从而避免了单方面独立的债权和债务的生效。

商事交互计算的特征在于：①当事人中至少有一方是商人；②交互计算合同属于诺成合同；③当事人双方之间必须有经常性、持续性的交易关系，如运输业者之间、保险公司与其代理商之间在一定期间内存在持续性交易时，交互计算就得到承认；④就一定期间内由交易产生的债权债务总额进行抵消，对余额进行支付；⑤商事交互计算根据合同、特别是持续性合同的终了而停止，但当事人随时可以就在将来对交互计算合同的解约告知对方。

1.3.3 特殊商行为

1. 特殊商行为的概念

特殊商行为是与一般商行为相比较而言的一个概念，它是指在商事交易中具有个性，并受商法中的特别法规所调整的商行为。特殊商行为产生的基础是商事交易内部的特殊性及商法对不同类型商事交易法律调整的特别需求。

2．特殊商行为的立法模式

纵观各国商事立法，对特殊商行为的法律调整在立法技术上一般采取两种方法。在制定有商法典的国家，一方面在商法典中规定了一部分调整特殊商行为的规则，这些规则主要以传统的特殊商行为为调整对象；另有相当多的特殊商行为则由商事单行立法予以调整，这些立法主要以现代商事交易中出现的新的特殊商行为为调整对象。而在制定有商法典的国家中，特殊商行为基本由商事特别立法或商事专门立法予以调整。

3．特殊商行为的范围

特殊商行为通常包括：商事买卖、商事运输、商事仓储、商事居间、商事行纪、商事期货、商事信托、商事票据、商事保险、海商等内容。中国对商事票据、商事信托、商事保险和海商等特殊商行为已有单独立法。

【经典案例分析：商行为】

（1）本案诉讼时效应从 2013 年 7 月 2 日开始计算，因为之前出现了中断的事由（债务人的承认）。

（2）若诉讼时效届满后，甲履行义务后又以诉讼时效届满不保护为由要求返还的，法院不予支持。

1.4　商事登记、商事名称与商事账簿

【经典案例：商事登记】

赵某于 2012 年 2 月 5 日退休，退休之前在某县工商局工作。2012 年 5 月 10 日，赵某向工商局申请设立个人独资企业，该企业取名为“吉祥公司”，并提交了设立申请书、身份证明、生产经营场所使用证明等规定的文件。工商局在经过审查后认为，赵某虽然退休，但是，在退休之前为国家机关工作人员，不能从事营利性活动。据此，工商局做出不予登记的决定。赵某对工商局的决定不服，提起诉讼，要求撤销工商部门的决定，并要求工商局予以登记。

问题：

（1）该企业的名称是否符合我国法律规定?

（2）如果赵某以其姓名为企业名称，是否允许?

（3）工商局不予登记的理由是否成立?

1.4.1　商事登记

1．商事登记的概念

商事登记是指商主体或商主体的筹办人，为了设立、变更或终止其主体资格，依照商事登记法规的内容和程序，向登记机关提出申请，经登记主管机关审查核准，并将登记事项记载于登记薄的法律行为。

2．商事登记意义

（1）确认商事主体的商事活动资格，保护商事主体的合法经营活动。

（2）公示在于确认登记事项的效力，向社会公开经营性主体的信用、能力和责任。

（3）有利于国家的监督管理，维护良好的社会经济秩序。

1.4.2 商事名称

1．商事名称与商事名称权的概念

商事名称又称商业名称、商号，它是指商主体从事商行为时所使用的名称，即商主体在商市交易中进行法律行为时用以署名或让其代理人用其与他人进行商事交往的名称。商号分广义和狭义两种解释：广义商号等同于商事名称，它包括工商企业的名称，也包括个体工商户的字号；狭义商号仅指字号。商事名称一般由“行政区划＋字号＋行业＋组织形式”组成。个人独资企业和一般的普通合伙企业名称中不得使用“有限”、“有限责任”或“公司”，公司名称应标明公司的种类，如有限责任公司或股份有限公司。联营企业可以使用联营成员的字号，但不得使用联营成员的名称。联营企业应当在其名称中表明“联营”或“联合”字样。除了全国性公司外，公司名称中不能有“中华”、“中国”的字样。企业不得使用下列名称：对国家社会或公共利益有损害的名称；外国国家（地区）名称（如“哈尔滨市日本有限公司”）；国际组织名称；以外国文字或汉语拼音字母组成的名称（如“哈尔滨市 ABC 公司”）；以数字组成的名称（如“哈尔滨市 120 公司”）。在一般情况下，企业不得冠以党政机关（如“北京市国税有限公司”）、军队（如“保定市 113 师有限公司”）和社会团体（如“哈尔滨市妇联有限公司”）的名称，不得使用其他法人已经注册的著名的商标名称。企业只准使用一个名称，企业名称由登记主管机关核定，未经核准登记的名称不准使用。企业公章、银行账户所使用的名称应与核准登记的名称相符。

商事名称权即商事名称专用权，是指商事名称经登记，商事主体取得该商事名称的专有使用的权利。

2．商事名称权的特征

商事名称权是知识产权的一种，具有工业产权的一般特征，同时也与工业产权存在差别。商事名称权有以下特征。

（1）地域性。各国法律普遍规定，商事名称权的效力只限于一定的地域范围内。《企业名称登记管理规定》第 6 条规定，企业只准使用一个名称，在登记主管机关辖区内不得与已登记注册的同行业企业名称相同或近似。

（2）公开性。商事名称权经登记才能取得，而登记是公示的一种方式，因此，商事名称具有公开性。必须经过公开，商事名称才能为公众知晓。商事名称的创设、变更、废止、转让和继承都应当进行登记，否则不发生对外效力。

（3）可转让性。商事名称权具有财产权的性质，因此主体可以转让和继承。我国规定商事名称可以自由转让，但也有一些国家对商事名称转让做了限制。

（4）时间上的无限性。商事名称无时间上的限制，只有在商事名称所有人营业终止并未转让商事名称的情况下，商事名称才绝对终止，而专利权、商标权等工业产权均有一定的时间性。

3．商事名称权的权能

（1）专有使用权

商事名称的所有人经登记后取得该商事名称的专有使用权，只有所有人有权使用，其他任何人都不得使用与该商事名称相同或相似的商事名称。这是商事名称权的首要权能，也是商事名称权的核心内容。

（2）许可使用权

商事名称权人有许可他人使用其商事名称的权利，即可以“出借”或“出租”其商事名称的使用权。

（3）商事名称变更权

各国立法都允许商事名称的变更，只要拟变更的商事名称符合法律规定的条件即可，但须进行变更登记才能发生效力。

（4）商事名称转让权

商事名称转让权是商事名称财产权属性的反映。如前所述，商事名称权人可以转让其商事名称，但多数国家规定商事名称不得脱离营业而单独转让。《德国商法典》第 23 条规定，商号不得与使用此商号的营业分离而让与。《日本商法典》第 24 条第 1 款规定，商号只能和营业一起转让或在废止营业时转让。《韩国商法》第 25 条也规定，商号，只有在废止营业时，或者和营业一并进行时，方可转让。

【概念提示：商事名称与其他商事标记的区别】

（1）商事名称与商事经营者的姓名

商事名称仅是商事主体的名称，商事主体在从事商行为时，应该使用商事名称。在一般情况下，商事名称与商事经营者的姓名不一致。但在特殊情况下，它们可以一致，于此情形，则需确定使用者是否在从事商行为时使用了这一名称，否则，这一名称的使用只能视为使用者个人的行为。

（2）商事名称与商店招牌

在多数情况下，商店招牌与商事名称相一致，但有时，商事主体不用商事名称作为招牌，而使用其他的文字、图案、符号作招牌。

（3）商事名称与商事名称缩写

西方国家商法中规定，商事名称缩写由商事名称缩略而成，通常可以被作为电报上的地址来使用。如果商人使用的商事名称缩写与流行的商事名称缩略规则相同，那么，这种商事名称缩写在法律上享有与商事名称同等的效力。

（4）商事名称与（注册）商标

注册商标是指属于一定的经营企业的特种商品或产品的标记，它适用于商标法，而不适用关于商事名称的法律规定，两者在形式构成、实际作用、法律调整等方面都存在差异。

【经典案例分析：商事登记】

（1）该企业的名称不符合我国法律规定，个人独资企业和一般的普通合伙企业名称中不得使用“有限”、“有限责任”或“公司”字样。

（2）如果赵某以其姓名为企业名称，如果不违反法律的其他规定是可以的，如不与已成立的企业的名称发生混淆。

（3）工商局不予登记是有一定的道理的。《公务员法》规定，公务员辞去公职或退休的，原系领导成员的公务员在离职三年内，其他公务员在离职两年内，不得到与原工作业务直接相关的企业或者其他营利性组织任职，不得从事与原工作业务直接相关的营利性活动。除此之外，退休公务员是可以开办企业的。

1.4.3 商事账簿

1. 商事账簿的概念

商事账簿是指商事主体用以明白其营业状况及财产状况而依法造具的簿册。最早的商事账簿——“散页账簿记”产生于古代埃及。到了古罗马时期，商事账簿制度得到了一定的发展。待商品经济发展到资本主义阶段，各国在有关立法中逐渐建立了商事账簿制度，强制商事主体建立商事账簿。

2. 商事账簿的特征

（1）商事账簿系商主体所制作的账簿。商主体依法备置的账簿才是商事账簿，非商主体无须设置商事账簿。

（2）商事账簿反映商主体的营利性。商事账簿则反映商主体的营利性，比政府账簿更为复杂。商主体自身、投资者、交易相对人及政府监管机关所关注的也是其反映出的商主体的营利性。

（3）商事账簿的设置具有法定性。各国商法均要求，商主体必须设置商事账簿，记载其营业上的财产及其损益状态。

3. 备置商事账簿的作用

（1）就实体意义而言，它向各财务会计信息的使用人提供相关可靠、清晰可比的财务会计信息，以作为决策依据。从其作用的主体看，可分为以下三个方面。

① 对商主体自身及其成员的作用。对于商主体自身而言，商事账簿使其可以及时、准确地了解自身经营状况和财务状况，可以依此进行盈余计算和利润分配，进而判断有关经营决策和方式是否合理、是否需要调整及如何进行调整。

② 对第三人的作用。在交易过程中，相对人可以借助商事账簿了解商主体的经营情况和资信情况，进而决定是否交易及如何进行交易。

③ 对监管者的作用。政府的社会经济管理部门可通过商事账簿进行有关统计，并作为政府有关决策和宏观调控的重要依据。作为税收机关，商事账簿是其征税的依据，因为无论是利润还是营业额，其确定依据均是商事账簿。

（2）就程序意义而言，商事账簿可以成为民事诉讼中的重要证据。

根据我国《民事诉讼法》，企业账簿如果内容属实，应当是具备证据效力的一种书证，而且比其他证据具有更强的证明力。

4. 商事账簿的分类

商事账簿主要有三种：会计凭证、会计账簿和会计报表。

（1）会计凭证

会计凭证，指记录商事主体营业活动及收支情况的凭证和证明。根据规定，商事主体在开展经营活动时的货币收付、款项结算、货物进出、财产增减等都必须由经办人取得或填制会计凭证，并以此作为结算的依据。会计凭证所记载的内容必须真实、客观和可靠。任何人不得提供和制作虚假会计凭证。

① 原始凭证。又称单据，是在经济业务发生或完成时取得或填制的，用以载明经济业务实际执行和完成情况，明确经济责任，并作为记账原始依据的一种会计凭证。包括单位购货时取得的发票和结算凭证，付款时由收款人提供的收据及商业主体自己制作的发货单、收货单及收料单。原始凭证是证明经济业务的实际发生和完成的最初书面文件。因此，它是进行会计核算的原始材料。其内容一般包括名称、编号、日期、接收单位名称、业务内容、数量、单价、金额、填写单位名称、有关人员的签章。

② 记账凭证。记账凭证是根据审核无误的原始凭证或原始凭证汇总表编制的，用以记载经济业务的性质，并确定会计分录，直接作为记账依据的一种凭证。由于原始凭证无法反映其归属的会计科目和记账方向，而且内容和格式不一，不能直接入账，因此需要将原始凭证或原始凭证汇总表归类、整理，并编制成记账凭证。

（2）会计账簿

会计账簿，指商事主体的会计人员以会计凭证为依据，按照一定程序和方法制作的，具有固定格式而又相互联结的账页所组成的，用以连续、系统、全面记载商事主体各项经营活动的簿册。固定格式的簿册通常由主管部门统一印制和提供。按照会计账簿的用途分为序时账簿、分类账簿和备查账簿（辅助账簿）。

① 序时账簿（现金日记账、银行存款日记账）。序时账簿又称日记账，分为普通日记账和特种日记账两种，是按照经济业务发生时间的先后顺序逐日逐笔登记的账簿。常见的日记账账簿有现金日记账、银行存款日记账和转账日记账。登记日记账必须有原始凭证，并根据会计部门收到平整的先后顺序制作会计凭证并编号，按照会计凭证进行记账。日记账可以对每天发生的经济业务进行核算和监督，同时可以对各项经济业务在账簿中的记录是否正确和完整予以核对。

② 分类账簿。分类账簿是按照会计科目分门别类登记各项经济业务的账簿，包括总账和明细账，其中总账是按照一级会计科目设置的总分类账，而分账是按照明细会计科目设置的明细分类账。分类账可以分别反映各个会计要素及其构成的内容和增减变化情况。

③ 备查账簿（辅助账簿）。备查账簿，是对某些在日记账和分类账等主要账簿中不能记载或记载不全的项目进行补充登记的账簿，是某些经济业务中重要的辅助资料，如受托加工材料登记簿、代销商品登记簿。

（3）会计报表

会计报表也叫会计表册，指根据会计账簿及其他会计资料，按照统一的格式、内容和方法编制的，以综合反映商事主体在一定时期内（通常是一个会计期间）的生产经营成果和财务状况的一种书面报告和表册。主要包括资产负债表、损益表、现金流量表、财务状况说明书及利润分配表。会计报表的编制应当遵循连续性原则、以账簿为根据的原则、真实性原则及公开性原则。

【引导案例分析】

（1）甲和乙之间的借款关系应由《民法》调整。

（2）甲和某商业银行之间的借款关系是商事法律关系。

（3）民法的调整对象和商法的调整对象即民事关系与商事关系的区别，参见表1-1。

（4）民法和商法的区别见表1-1。

自测题

一、单项选择

1．根据我国目前的法律规定，商事主体营业执照被吊销未满（　　），其商事名称被其他商事主体申请注册登记的，登记主管机关不予核准。

A．2年　　B．3年　　C．6个月　　D．1年

2．下列哪一项不属于商事名称权的特点（　　）。

A．排他性　　B．公开性　　C．可转让性　　D．人身性

3．下列商行为中，哪些不是一般商行为（　　）。

A．金融经营行为　　B．商法上的物权行为

C．商法上的债权行为　　D．交易结算行为

4．商行为依其行为当事人的主体资格可以划分为（　　）。

A．双方商行为和单方商行为　　B．基本商行为和辅助商行为

C．绝对商行为和相对商行为　　D．完全商行为和部分商行为

5．下列特征中不属于商事账簿有（　　）。

A．会计凭证　　B．会计账簿　　C．会计报表　　D．商事名称

二、多项选择

1．按照法律设定取得商事主体的条件划分，可以分为（　　）。

A．法定商事主体　　B．注册商事主体　　C．任意商事主体　　D．直接商

2．以下商事主体哪些具备企业法人资格（　　）。

A．分公司　　B．有限责任公司　　C．外商投资企业　　D．集体所有制企业

3．商事名称中不得包含的内容和文字有（　　）。

A．外国国家名称　　B．国际组织名称　　C．部队番号　　D．数字

4．商行为的构成要件是（　　）。

A．行为主体是商事主体　　B．行为目的具有营利目的

C．行为内容稳定持续　　D．行为方式客观确定

5．下列商行为中，哪些不是基本商行为（　　）。

A．广告行为　　B．买卖行为　　C．代理行为　　D．信托行为

6．下列商行为中，哪些是一般商行为（　　）。

A．金融经营行为　　B．商法上的物权行为

C．商法上的债权行为　　D．交易结算行为

三、名词解释

商法的基本原则　　民商合一　　商事登记　　商行为　　商事账簿

四、案例分析

1．某股份有限公司是 1997 年进行股份制改造的国有企业。2012 年，公司发行三年期公司债券 2000 万元。作为公司主要股东的 6 家国有企业考虑到本年度股份公司业绩平平，又要支付 2000 万元公司债的本金，加利息 720 万元列为公司的成本支出，支付股东股息 460 万元，同列为本年公司成本一栏。此时公司的税前利润仅剩 960 万元，提取各种基金后，股东几乎没有得到分红。

请问：公司所列账目是否正确？为什么？

2．2012 年 5 月，飞腾商业公司与另外 6 家企业达成协议，决定共同投资，成立家具有限公司。在确定成立新公司后，飞腾商业公司草拟了公司章程，新企业暂定名为“明光家具有限公司”，此公司章程经 7 家企业审核后予以认可。章程中确定新公司的注册资本为 200 万元，其中飞腾商业公司出资 60 万元，其余投资由另外 6 家企业承担，出资方式有货币、实物（包括厂房、机器设备）、土地使用权等。这些出资中，货币出资已存入明光家具有限公司筹备处在银行的账户，实物、土地使用权等也办理了应办理的相关手续。7 家企业交足出资后，明光家具有限公司筹备处委托会计师事务所进行验资，会计师事务所验货后出具了验资证明。同年 11 月，明光家具有限公司筹备处向市工商行政管理局申请设立登记，并向其提交了公司登记申请书、公司章程、验资证明等文件。市工商局经审查后认为，明光家具有限公司的法定资本和生产经营条件是合格的，但是本地已有四家家具厂，市场容量已趋饱和，再设立一家家具公司对本地经济无大的促进作用，因此不予登记。通知传达给飞腾商业公司等企业后，这些单位不服，以市工商局为被告，向×区人民法院提起行政诉讼，要求市工商局对其设立新企业的申请予以登记。

请问：明光家具有限公司是否符合登记条件？本案该如何处理？

第 2 章 商主体法（一）：企业法

引导案例

赵某刚参加工作不久，在经济上独立于其家庭。2011 年 12 月在工商行政管理机关注册成立了一家以法律咨询为主要业务的个人独资企业，注册资本为人民币 100 元。营业头两个月业绩良好，另一家有限责任公司看好该企业，遂与赵某协商参与该独资企业的投资经营，投资 30 万元人民币。经营过程中共先后雇佣工作人员 4 名，赵某认为自己开办的是私人企业，就没有给员工办理社会保险，后该企业经营不善，负债 50 万元。赵某决定于 2013 年 12 月自行解散。

问题：

（1）赵某的企业负债，债权人可否以其家庭财产存在而求偿？

（2）赵某企业的注册资本是否合法，为什么？

（3）赵某企业允许另一公司投资，共同经营的行为是否合法？

（4）该独资企业员工的社会保险是否应该办理？

（5）赵某将该独资企业自行解散的行为是否有效？

学习目标：

掌握个人独资企业法的基本内容，掌握普通合伙和有限合伙的基本内容；

理解特殊的普通合伙承担责任的特点；

了解我国企业的概念分类和企业法的立法体系。

2.1 个人独资企业法

2.1.1 个人独资企业法概述

1. 个人独资企业的概念和法律特征

个人独资企业是指依照《中华人民共和国个人独资企业法》（以下简称《个人独资企业法》）在中国境内设立，由一个自然人投资，财产为投资人个人所有，投资人以其个人财产对企业债务承担无限责任的经营实体。个人独资企业的法律特征：

（1）个人独资企业由一个自然人投资。根据《个人独资企业法》的规定，设立个人独资企业的只能是一个自然人，国家机关、国家授权投资的机构或国家授权的部门、企业、事业单位等都不能作为个人独资企业的设立人。投资人为一个自然人，且只能是中国公民。相对应地，外国公民若想在我国设立独资企业，可以设立外商独资企业。

（2）个人独资企业的投资人对企业的债务承担无限责任。由于个人独资企业的投资人是一个自然人，对企业出资多少、是否追加资金或减少资金及采取什么样的经营方式等事项均由投资人自主决定，因此出资人与企业是不可分割的。投资人对企业的债务承担无限责任，即当企业的财产不足以清偿到期债务时，投资人应以个人全部财产清偿企业的债务。

（3）内部结构简单，经营灵活，法律限制较少。受投资者资格所限，个人独资企业一般都规模较小。个人独资企业的投资人既是企业的所有者，又可以是企业的经营者，因此，机构的设置相对简单，运作灵活，这也是它和其他大的公司与企业的一个区别。

（4）个人独资企业是非法人企业。个人独资企业由一个自然人出资，投资人对企业的债务承担无限责任，企业的责任即是投资人个人的责任，企业的财产即是投资人的财产。因此，个人独资企业不具有法人资格，也无独立承担民事责任的能力。但个人独资企业是独立的民事主体，可以以自己的名义从事民事活动。

2. 个人独资企业法的概念和基本原则

广义的个人独资企业法是指国家关于个人独资企业的各种法律规范的总称；狭义的个人独资企业法是指 1999 年 8 月 30 日第九届全国人民代表大会常务委员会第十一次会议通过的《个人独资企业法》，该法共六章四十八条。

我国的《个人独资企业法》应遵循下列基本原则。

（1）依法保护个人独资企业的财产和其他合法权益。个人独资企业的财产是指个人独资企业的财产所有权，包括对财产的占有、使用、处分和收益的权利；其他合法权益是指财产所有权以外的有关权益，如有关名称权、自主经营权、平等竞争权、拒绝摊派权等。

（2）个人独资企业从事经营活动必须遵守法律、行政法规，遵守诚实信用原则，不得损害社会公共利益。

（3）个人独资企业应当依法履行纳税义务。个人独资企业在经营活动中应当依法缴纳国家税收法律、法规及规章规定的各项税款。

（4）个人独资企业应当依法招用职工。个人独资企业应严格依照劳动法及有关规定招用职工。企业招用职工应当与职工签订劳动合同，劳动合同必须遵循平等自愿、协商一致的原则，并不得违反国家法律、法规和有关政策规定。

（5）个人独资企业职工的合法权益受法律保护。个人独资企业职工享有的自主签订合同权、合理休息权、获取劳动报酬权、接受职业技能培训权、享受保险福利权等劳动法和其他有关法律规定的权利不受侵犯。个人独资企业职工依法建立工会，工会依法开展活动。

2.1.2　个人独资企业的设立

1. 个人独资企业的设立条件

（1）投资人为一个自然人，且只能是中国公民。投资人只能是自然人，不包括法人。投资人只能是中国公民，不包括港、澳、台同胞。国家公务员、党政机关领导干部、法官、检察官、警官、商业银行工作人员等，不得投资设立个人独资企业。

（2）有合法的企业名称。个人独资企业的名称应当符合国家关于企业名称登记管理的有关规定，企业名称应与其责任形式及从事的营业相符，个人独资企业的名称中不得使用“有限”、“有限责任”或“公司”字样，个人独资企业可以叫厂、店、部、中心、工作室等。

（3）有投资人申报的出资。设立个人独资企业可以用货币出资，也可以用实物、土地使用权、知识产权或其他财产权利出资，采取实物、土地使用权、知识产权或其他财产权利出资的，应将其折算成货币数额，但不能以“劳务”出资。投资人申报的出资额应当与企业的生产经营规模相适应。投资人可以以个人财产出资，也可以以家庭共有财产作为个人出资。以家庭共有财产作为个人出资的，投资人应当在设立（变更）登记申请书上予以注明。需要注意的是，《个人独资企业法》对设立个人独资企业的出资数额未作限制。

（4）有固定的生产经营场所和必要的生产经营条件。生产经营场所包括企业的住所和与生产经营相适应的处所。所谓的住所是企业的主要办事机构所在地，是企业的法定地址。

（5）有必要的从业人员。即要有与其生产经营范围、规模相适应的从业人员。

2. 个人独资企业的设立程序

（1）申请。申请设立个人独资企业，应当由投资人或其委托代理人向个人独资企业所在地的登记机关提出设立申请。

（2）进行工商登记。登记机关应当在收到设立申请文件之日起 15 日内，对符合《个人独资企业法》规定条件的予以登记，发给营业执照；对不符合《个人独资企业法》规定条件的，不予登记，并发给企业登记驳回通知书。

（3）设立分支机构的特殊规定。个人独资企业设立分支机构，应当由投资人或其委托代理人向分支机构所在地的登记机关申请设立登记。

2.1.3 个人独资企业的投资人及责任承担

1. 投资人的条件

个人独资企业的投资人为一个具有中国国籍的自然人，但法律、行政法规禁止从事营利性活动的人不得作为投资人申请设立个人独资企业。根据我国有关法律、行政法规的规定，国家公务员、党政机关领导干部、警官、法官、检察官、商业银行工作人员等，不得作为投资人申请设立个人独资企业。

2. 个人独资企业责任承担方式

根据《个人独资企业法》的规定，个人独资企业投资人在申请企业设立登记时，明确以其家庭共有财产作为个人出资的，应当依法以家庭共有财产对企业债务承担无限责任。由于出资人与其家庭的特殊关系，出资人的财产往往与其家庭财产难以划清。夫妻财产是共有财产，夫妻一方取得的财产为夫妻双方的共同财产，既然财产是共有的，收益也是共有的，对债务也应以共有财产清偿；从其他家庭成员之间的关系来看，家庭成员允许出资人将家庭财产用于投资办企业本身就意味着许诺将这部分财产用于承担风险，而出资人取得的收益也是全家共同享用的，这就意味着个人独资企业的收益是家庭共同财产的一部分。

2.1.4 个人独资企业事务管理

个人独资企业的投资人管理企业事务的方式有自己管理、委托管理和聘用管理。需要注意的是，投资人对受托人或被聘用人员职权的限制，不得对抗善意第三人。

另外，根据《个人独资企业法》规定，投资人委托或聘用的管理个人独资企业事务的人员不得从事下列行为：①利用职务上的便利，索取或收受贿赂；②利用职务或工作上的便利侵占企业财产；③挪用企业的资金归个人使用或借贷给他人；④擅自将企业资金以个人名义或以他人名义开立储蓄账户；⑤擅自以企业财产提供担保；⑥未经投资人同意，从事与本企业相竞争的业务；⑦未经投资人同意，同本企业订立合同或进行交易；⑧未经投资人同意，擅自将企业商标或其他知识产权转让给他人使用；⑨泄露本企业的商业秘密；⑩法律、行政法规禁止的其他行为。

投资人委托或聘用的人员违反上述规定，侵犯个人独资企业财产权益的，责令退还侵占的财产；给企业造成损失的，依法承担赔偿责任；有违法所得的，没收违法所得；构成犯罪的，依法追究刑事责任。

2.1.5　个人独资企业的解散和清算

1. 个人独资企业的解散

个人独资企业的解散，是指个人独资企业终止活动使其民事主体资格消灭的行为。根据《个人独资企业法》的规定，个人独资企业有下列情形之一时，应当解散：①投资人决定解散；②投资人死亡或者被宣告死亡，无继承人或者继承人决定放弃继承；③被依法吊销营业执照；④法律、行政法规规定的其他情形。

2. 个人独资企业的清算

个人独资企业解散时，应当依法进行清算。清算应依照如下法律程序执行。

（1）通知和向债权人发出公告。个人独资企业解散，由投资人自行清算或由债权人申请人民法院指定清算人进行清算。投资人自行清算的，应当在清算前 15 日内书面通知债权人，无法通知的，应当予以公告。债权人应当在接到通知之日起 30 日内，未接到通知的应当在公告之日起 60 日内向投资人申报其债权。

（2）财产清偿的顺序：所欠职工工资和社会保险费用；所欠税款；其他债务。个人独资企业财产不足以清偿债务的，投资人应当以其个人的其他财产予以清偿。

（3）对企业经营活动的规定。清算期间，个人独资企业不得开展与清算目的无关的经营活动。在按上述财产清偿顺序清偿债务前，投资人不得转移、隐匿财产。

（4）投资人的持续清偿责任。个人独资企业解散后，原投资人对个人独资企业存续期间的债务仍应承担偿还责任，但债权人在 5 年内未向债务人提出偿债请求的，该责任消灭。

（5）注销登记。个人独资企业清算结束后，投资人或人民法院指定的清算人应当编制清算报告，并于清算结束之日起 15 日内向原登记机关申请注销登记。

（6）法律责任的承担方式。根据《个人独资企业法》的规定，个人独资企业及其投资人在清算前或清算期间隐匿或转移财产、逃避债务的，依法追回其财产，并按照有关规定予以处罚；构成犯罪的，依法追究刑事责任。投资人违反规定，应当承担民事赔偿责任和缴纳罚款、罚金时，其财产不足以支付的，或者被判处没收财产的，应当先承担民事赔偿责任。

2.2 合伙企业法

2.2.1 合伙企业法概述

1. 合伙的概念

（1）民法上的合伙概念

合伙的产生源于古罗马的家族共有制度。合伙制度起源于罗马法。在罗马法上，合伙是一种契约，根据该契约，两人以上相互承担义务将物品或者劳作集中在一起，以实现某一合法的且具有共同功利的目的。合伙的基本特征就是二人以上共同出资、共同经营、共享收益和共担风险。传统的民法不承认合伙的人格，合伙没有独立的人格，不能以自己的名义享有权利和承担义务。合伙组织的所有权利义务都归于合伙人，合伙组织的诉讼也只能由合伙人提起或对合伙人提起。

（2）商法上的合伙概念

在大陆法系国家，有民事合伙与商事合伙之分。英、美、法、中的合伙均属于商事合伙，由单行法专门规定。商事合伙与民事合伙有如下区别：

① 民事合伙不一定以营利为目的，商事合伙则必须以营利为目的；

② 民事合伙不必拥有商号，商事合伙必须拥有自己的商号，并且在商号的名义下进行活动；

③ 民事合伙则不一定以经商为主业，商事合伙则必须从事商业活动。

就我国立法而言，有关合伙的规定集中在《民法通则》和《合伙企业法》中。综上所述，合伙是指两个以上的人为着共同目的，相互约定共同出资、共同经营、共享收益、共担风险的自愿联合。在目前的学理上和实践中，合伙有两种解释：一种解释认为，合伙是一种合同，即由合伙人订立，约定共同经营某项事业的协议；另一种解释认为，合伙是一种企业组织形式，即由合伙人联合而成的经济组织。根据我国的《合伙企业法》中合伙的概念来看，合伙应是一种以合同关系为基础的企业组织形式。

2. 合伙企业的概念和分类

（1）合伙企业的概念

合伙企业，是指自然人、法人和其他组织依照《合伙企业法》在中国境内设立的普通合伙企业和有限合伙企业。根据《合伙企业法》第二条规定："本法所称合伙企业，是指依照本法在中国境内设立的由各合伙人订立合伙协议，共同出资、合伙经营、共享收益、共担风险，并对合伙企业债务承担无限连带责任的营利性组织。"

（2）合伙企业的分类

合伙企业分为普通合伙企业和有限合伙企业。普通合伙企业由普通合伙人组成，全体合伙人共同出资、共同经营、共享利润和共负亏损，全体合伙人对合伙债务承担无限责任的合伙。《合伙企业法》对普通合伙人承担责任的形式有特别规定的，从其规定。有限合伙企业由普通合伙人和有限合伙人组成，普通合伙人对合伙企业债务承担无限连带责任，有限合伙人以其认缴的出资额为限对合伙企业债务承担责任。

3．合伙企业的特征

（1）合伙企业的内部成员共同出资、共同经营、共享收益、共担风险。

（2）合伙企业的成立以订立合伙协议为前提。合伙企业从法律上讲属于人合性质。合伙的信用基础是全体合伙人而不是合伙财产。合伙企业的设立，必须由各合伙人协商一致，订立合同，没有合伙协议就不能成立合伙企业。

（3）合伙企业须以营利为目的。

（4）合伙人对合伙债务承担无限连带责任。合伙企业与合伙人的个人人格紧密联系，合伙企业的债务归根结底是合伙人的债务。所以，当合伙企业的财产不足以清偿其债务时，合伙人应当以自己的个人财产承担该不足部分的清偿责任。

总体来说，合伙企业的资本来源比较广，风险和责任相对于独资企业更分散。企业无须缴纳企业所得税，而是由合伙人缴纳个人所得税。当然，合伙人的责任和风险比公司股东的责任大，合伙人之间的连带责任使合伙人需要对其合伙人的经营行为负责，更加重了合伙人的风险。任何一个合伙人破产、死亡或退伙都有可能导致合伙企业解散，因而其存续期限可能不会很长。

2.2.2　普通合伙企业

1．普通合伙企业的概念

普通合伙企业，是指由普通合伙人组成，合伙人对合伙企业债务依照《合伙企业法》规定承担无限连带责任的一种合伙企业。普通合伙企业具有以下特点。

（1）企业由普通合伙人组成。所谓普通合伙人，是指在合伙企业中对合伙企业的债务依法承担无限连带责任的自然人、法人和其他组织。《合伙企业法》规定，国有独资公司、国有企业、上市公司及公益性事业单位社会团体不得成为普通合伙人。

（2）合伙人对合伙企业债务依法承担无限连带责任，法律另有规定的除外。但是，在特殊情况下，合伙人可以不承担无限连带责任。以专业知识和专门技能为客户提供有偿服务的专业服务机构，可以设立为特殊的普通合伙企业。在这种特殊的普通合伙企业中，对合伙人在执业活动中因故意或重大过失造成合伙企业债务的，应当承担无限责任或无限连带责任，其他合伙人以其在合伙企业中的财产份额为限承担责；对合伙人在执业活动中非故意或者重大过失造成的合伙企业债务以及合伙企业的其他债务，全体合伙人承担无限连带责任。对合伙人执业活动中因故意或者重大过失造成的合伙企业债务，以合伙企业财产对外承担责任后，该合伙人应当按照合伙协议的约定对给合伙企业造成的损失承担赔偿责任。

2．普通合伙企业的设立条件

（1）合伙人资格符合法律规定。

（2）有书面合伙协议。

（3）有合伙人认缴或实际缴付的出资。

（4）有合伙企业的名称和生产经营场所。

（5）法律、行政法规规定的其他条件。

【经典案例：普通合伙企业出资形式】

甲、乙、丙、丁拟共同设立一合伙企业，书面合伙协议部分内容如下：甲以劳务出资；乙、丙以现金出资；丁以房产使用权出资。合伙企业的事务由甲全权负责，乙、丙、丁不得过问企业事务，也不承担企业亏损的民事责任。

请问：上述合伙协议有何违法之处？并说明理由。

【经典案例分析：普通合伙企业出资形式】

甲以劳务出资，乙、丙以现金出资合法，《合伙企业法》的规定，合伙人可以用货币、实物、知识产权、土地使用权或其他财产权利出资，也可以用劳务出资。丁以房产使用权出资违反了法律规定。因为合伙企业在存续期间合伙人的出资和所有以合伙企业名义取得的收益均为合伙企业的财产。丁以房产使用权出资，房屋所有权仍属于丁，不属于合伙企业，不符合出资条件。协议中关于乙、丙、丁不过问企业事务、也不承担企业亏损的民事责任的约定违反了法律规定。合伙企业可以委托1名或数名合伙人执行合伙事务，不参加执行事务的合伙人有权监督检查执行事务的合伙人执行合伙企业事务的情况。合伙企业的合伙人对合伙企业的债务承担无限连带责任，合伙协议不得约定由部分合伙人承担全部亏损。

【经典案例：合伙企业的设立】

某甲与A有限责任公司经协商后决定设立一家合伙企业。合伙协议中规定：A公司向合伙企业投资30万元，甲负责经营管理，但不投资，A公司每年从合伙企业取得60%的经营收益，亏损时，责任及其他一切风险均由甲承担。随后，双方共同向合伙登记机关申请合伙登记，登记机关某乙在收取了某甲的贿赂后，作出登记决定，并颁发了合伙企业“营业执照”。后某甲为了经营方便一直使用B有限责任公司的名义对外进行经营活动。

请问：（1）本案例中存在哪些违法行为？

（2）应如何处理？

【经典案例分析：合伙企业的设立】

（1）本案例中存在以下违法行为：甲无缴付的实际出资，不具备合伙企业成立的前提条件；A只收取收益，不承担亏损，不符合合伙协议的法律特征要求，致使双方在权利、义务的承担上显然不公，是无效的合伙协议；某乙收取贿赂，违法审批，显然是违法的；该合伙企业被违法批准成立后以“有限公司”名义对外活动不符合合伙企业名称的要求。

（2）根据《合伙企业法》的规定，该合伙企业不具备设立条件，应予以撤销，对乙的违法行为，应按《合伙企业法》有关规定，追究其相应的法律责任。

3．合伙企业财产

（1）合伙企业财产的组成

① 合伙人的出资。合伙人的出资形成合伙企业的原始财产。合伙企业的原始财产是全体合伙人“认缴”的财产，而非各合伙人“实际缴纳”的出资。

② 以合伙企业名义取得的收益。以合伙企业名义取得的收益，主要包括合伙企业的公共积累资金、未分配的盈余、合伙企业债权、合伙企业取得的工业产权和非专利技术等财产权利。

③ 依法取得的其他财产。即根据法律、行政法规的规定合法取得的其他财产，如合法接受的赠与财产等。

（2）合伙企业财产的性质

合伙企业的财产具有独立性。合伙企业的财产独立于合伙人，合伙人出资以后，一般说来，丧失了对其作为出资部分的财产的所有权或持有权、占有权，合伙企业的财产权主体是合伙企业，而不是单独的每一个合伙人。

合伙企业的财产具有完整性。合伙企业的财产作为一个完整的统一体而存在。合伙人对合伙企业财产权益的表现形式，仅是依照合伙协议所确定的财产收益份额或比例。

合伙企业的合伙财产属于共有财产的性质。合伙财产的共有属于共同共有。对合伙财产的占有、使用、收益和处分，均应当依据全体合伙人的共同意志。合伙人在合伙企业清算前，不得请求分割合伙企业的财产；但是，法律另有规定的除外。合伙人在合伙企业清算前私自转移或处分合伙企业财产的，合伙企业不得以此对抗善意第三人。在确认善意取得的情况下，合伙企业的损失只能向合伙人进行追索，而不能向善意第三人追索。合伙企业也不能以合伙人无权处分其财产而对善意第三人的权利要求进行对抗，即不能以合伙人无权处分其财产而主张其与善意第三人订立的合同无效。

（3）合伙人财产份额的转让

合伙人财产份额的转让，是指合伙企业的合伙人向他人转让其在合伙企业中的全部或者部分财产份额的行为。由于合伙人财产份额的转让将会影响到合伙企业以及各合伙人的切身利益，对合伙人财产份额的转让有如下限制。

① 外部转让。根据《合伙企业法》的规定，除合伙协议另有约定外，合伙人向合伙人以外的人转让其在合伙企业中的全部或者部分财产份额时，须经其他合伙人一致同意。

② 内部转让。合伙人之间转让在合伙企业中的全部或者部分财产份额时，应当通知其他合伙人。

③ 优先购买权的规定。合伙人向合伙人以外的人转让其在合伙企业中的财产份额的，在同等条件下，其他合伙人有优先购买权；但是，合伙协议另有约定的除外。

此外，由于合伙人以财产份额出质可能导致该财产份额依法发生权利转移，《合伙企业法》规定，合伙人以其在合伙企业中的财产份额出质的，须经其他合伙人一致同意；未经其他合伙人一致同意，其行为无效，由此给善意第三人造成损失的，由行为人依法承担赔偿责任。

4．合伙事务执行

合伙企业的事务执行是指合伙人对合伙企业如何进行管理，享有哪些权利、承担哪些义务，对外如何代表企业等。

（1）合伙事务执行的形式

根据《合伙企业法》的规定，合伙人执行合伙企业事务，可以有以下两种形式。

① 全体合伙人共同执行。这是合伙事务执行的基本形式，尤其是在合伙人较少的情况下更为适宜。合伙协议未约定或者全体合伙人未决定委托执行事务合伙人的，全体合伙人均为执行事务合伙人。在采取这种形式的合伙企业中，按照合伙协议的约定，各个合伙人都直接参与经营，处理合伙企业的事务，对外代表合伙企业。

② 委托执行合伙事务。即委托一个或者数个合伙人执行合伙事务。委托一个或者数个合伙人执行合伙事务的，其他合伙人不再执行合伙事务。对合伙协议或者全体合伙人做出的决定以外的某些事项，如果没有委托一个或数个合伙人执行时，可以由全体合伙人共同执行或者由全体合伙人决定委托给某一个特定的合伙人办理。

值得注意的是，根据《合伙企业法》的规定，除合伙协议另有约定外，合伙企业的下列事项应当经全体合伙人一致同意：改变合伙企业的名称；改变合伙企业的经营范围、主要经营场所的地点；处分合伙企业的不动产；转让或者处分合伙企业的知识产权和其他财产权利；以合伙企业名义为他人提供担保；聘任合伙人以外的人担任合伙企业的经营管理人员。

合伙人对《合伙企业法》的规定或合伙协议约定，必须经全体合伙人一致同意。执行的事务擅自处理，给合伙企业或者其他合伙人造成损失的，依法承担赔偿责任。

（2）合伙人在执行合伙事务中的权利和义务

① 合伙人在执行合伙事务中的权利。

根据《合伙企业法》的规定，合伙人在执行合伙事务中的权利主要包括以下内容。

a. 管理参与权和事务授权。合伙人对执行合伙事务事有同等的权利。合伙企业的特点之一就是合伙经营，各合伙人无论其出资多少，都有权平等享有执行合伙企业事务的权利。合伙人执行合伙事务可以有以下两种形式：一种是由全体合伙人共同执行合伙企业事务；另一种是委托一名或者数名合伙人执行合伙企业事务，即事务授权。执行合伙企业事务的合伙人对外代表合伙企业。

b. 执行合伙事务的合伙人对外代表合伙企业。合伙人在代表合伙企业执行事务时以合伙企业事务执行人的身份组织实施企业的生产经营活动。合伙企业事务执行人虽以企业名义活动，但其权利来自于法律的直接规定。

c. 知情权和监督权。无论全体合伙人共同执行事务，还是委托个别合伙人执行事务，各合伙人均有权随时了解有关合伙事务和合伙财产的一切情况，包括有权查阅账簿和其他业务文件。在委托事务执行人的情况下，不执行事务的合伙人享有对事务执行人的监督权。为保障合伙人对事务执行人的监督权，《合伙企业法》特别规定了事务执行人的报告义务，即事务执行人应当依照约定向其他不参加执行事务的合伙人报告事务执行情况以及合伙企业的经营情况和财务情况。

d. 查阅合伙企业会计账簿等财务资料的权利。合伙经营是一种以营利为目的的经济活动，合伙人之间的财产共有关系、共同经营关系、连带责任关系决定了全体合伙人形成了以实现合伙目的为目标的利益共同体。每个合伙人都有权利而且有责任关心、了解合伙企业的全部经营活动。因此，查阅合伙企业会计账簿等财务资料，作为了解合伙企业经营状况和财务状况的有效手段，成为合伙人的一项重要权利。

e. 提出异议的权利和撤销委托的权利。在合伙人分别执行合伙事务的情况下，由于执行合伙事务的合伙人的行为所产生的亏损和责任要由全体合伙人承担，因此《合伙企业法》规定，合伙人分别执行合伙事务的，执行事务合伙人可以对其他合伙人执行的事务提出异议。提出异议时，应当暂停该项事务的执行。如果发生争议，依照有关规定作出决定。受委托执行合伙事务的合伙人不按照合伙协议或全体合伙人的决定执行事务的，其他合伙人可以决定撤销该委托。

② 合伙人在执行合伙事务中的义务，

根据《合伙企业法》的规定，合伙人在执行合伙事务中的义务主要包括以下内容。

a. 及时报告的义务。合伙事务执行人向不参加执行事务的合伙人报告企业的经营状况和财务状况。

b. 忠实义务。合伙人不得自营或同他人合作经营与本合伙企业相竞争的业务。合伙人不得从事损害本合伙企业利益的活动。合伙人在执行合伙事务的过程中，不得为了自己的私利坑害其他合伙人的利益，也不得与其他人恶意串通，损害合伙企业的利益。

（3）合伙事务执行的决议办法

《合伙企业法》规定，合伙人对合伙企业有关事项作出决议，按照合伙协议约定的表决办法办理。合伙协议未约定或约定不明确的，实行合伙人一人一票并经全体合伙人过半数通过的表决办法。《合伙企业法》对合伙企业的表决办法另有规定的，从其规定。具体表决方式如下。

① 有合伙协议约定，从其约定。但该约定不得与法律相抵触，即法律有规定的按照法律的规定执行，法律未作规定的可在合伙协议中约定。合伙协议中作出的约定，应当由全体合伙人协商一致共同作出。至于在合伙协议中所约定的决议办法，是采取全体合伙人一致通过，还是采取 2/3 以上多数通过，或者采取其他办法，由全体合伙人视所决议的事项作出约定。

② 未约定者投票表决。实行合伙人一人一票并经全体合伙人过半数通过的表决办法。这种办法也有一个前提，即合伙协议未约定或者约定不明确的，才实行合伙人一人一票并经全体合伙人过半数通过的表决办法。各合伙人，无论出资多少和以何物出资，表决权数应以合伙人的人数为准，每一个合伙人对合伙企业有关事项均有同等的表决权。

③ 法律有特殊规定的，依照其规定。依照《合伙企业法》的规定作出决议。例如《合伙企业》规定，合伙人按照合伙协议的约定或者经全体合伙人决定，可以增加或者减少对合伙企业的出资；又如，《合伙企业法》规定，处分合伙企业的不动产、改变合伙企业的名称等，除合伙协议另有约定外，应当经全体合伙人一致同意等。

（4）合伙企业的损益分配

① 合伙损益。合伙损益包括两方面的内容：一是合伙利润，即以合伙企业的名义所取得的经济利益，它反映了合伙企业在一定期间的经营成果；二是合伙亏损，即以合伙企业的名义从事经济活动所形成的亏损。合伙亏损是全体合伙人所共同面临的风险，或者说是共同承担的经济责任。

② 合伙损益分配原则。合伙损益分配包含合伙企业的利润分配与亏损分担两个方面，合伙损益分配应遵循如下原则：合伙企业的利润分配、亏损分担，按照合伙协议的约定办理。合伙协议未约定或者约定不明确的，由合伙人协商决定；协商不成的，由合伙人按照“实缴的出资比例”分配、分担；无法确定出资比例的，由合伙人平均分配、分担。合伙协议不得约定将全部利润分配给部分合伙人或者由部分合伙人承担全部亏损。

（5）非合伙人参与经营管理

在合伙企业中，由于合伙人经营管理能力不足，需要在合伙人之外聘任非合伙人担任合伙企业的经营管理人员，参与合伙企业的经营管理工作。《合伙企业法》规定，除合伙协议另有约定外，经全体合伙人一致同意，可以聘任合伙人以外的人担任合伙企业的经营管理人员；聘任非合伙人的经营管理人员，除合伙协议另有约定外，应当经全体合伙人一致同意；被聘任的经营管理人员，仅是合伙企业的经营管理人员，不是合伙企业的合伙人，因而不具有合伙人的资格，无须对企业债务承担无限连带责任。

《合伙企业法》作了明确规定，被聘任的经营管理人员的职责主要有：①被聘任的合伙企业的经营管理人员应当在合伙企业授权范围内履行职务；②被聘任的合伙企业的经营管理人员，超越合伙企业授权范围履行职务的，或者在履行职务过程中因故意或者重大过失给合伙企业造成损失的，依法承担赔偿责任。

5．合伙企业的外部关系

合伙企业的外部关系涉及合伙企业对外代表权的效力、合伙企业和合伙人的债务清偿等问题。合伙人以合伙名义对外实施法律行为，各国法律均采用代理说。但合伙人的代理权不像一般的代理行为那样由委任合同或者雇佣合同产生，而是基于合伙协议产生，而且按照共同参与的原则，凡具有合伙人资格者均有权代理合伙为法律行为，因此合伙人身份构成了合伙代理权的重要基础。合伙企业的外部关系包括三个部分。

（1）合伙企业对外代表权的效力

① 合伙企业本身与外部的关系。

合伙企业的外部关系，即合伙企业与合伙企业的合伙人以外的第三人的关系。合伙企业是由自然人、法人和其他组织依照《合伙企业法》，通过订立合伙协议而设立的营利性组织。在合伙企业设立以后，必然要以合伙企业的名义从事生产经营活动，进行商品的交换、服务的供需和财产的流转，从而与其他市场主体（包括自然人、法人和其他组织）发生联系，形成其外部关系。因此，合伙企业与第三人的关系也就是合伙企业与外部的关系。由于合伙企业在债务承担上是一种无限连带责任关系，这种关系在一定程度上就会与合伙人自身发生一定的牵连。

② 合伙事务执行中的对外代表权。

各国通行的规则是，合伙人或者合伙事务的执行人，只要是在正常业务范围内，按通常方式处理属于该合伙企业业务范围的事务，其对外实施的法律行为，就对合伙企业具有约束力。

③ 合伙企业对外代表权的限制。

法律并不禁止合伙组织通过内部协议对合伙人对外执行事务和代表合伙组织的行为加以限制，但是这种内部限制若要对第三人发生效力，必须以第三人知道这一情况为条件，否则不对第三人发生抗辩力，即合伙企业对合伙人执行合伙事务以及对外代表合伙企业权利的限制，不得对抗不知情的善意第三人。

（2）合伙企业的债务清偿

① 合伙企业的债务清偿与合伙人的关系包括以下三个方面：

第一，合伙企业的债务应先以其全部财产进行清偿；

第二，合伙企业不能清偿到期债务的，合伙人承担无限连带责任；

第三，合伙人由于承担无限连带责任，清偿数额超过规定的亏损分担比例的，有权向其他合伙人追偿。

② 合伙人的债务清偿与合伙企业的关系。

合伙人发生与合伙企业无关的债务，相关债权人不得以其债权抵消其对合伙企业的债务，也不得代位行使合伙人在合伙企业中的权利。

合伙人的自有财产不足以清偿其与合伙企业无关的债务的，该合伙人可以以其从合伙企业中分取的收益来清偿；债权人也可以依法请求人民法院强制执行该合伙人在合伙企业中的财产份额用于清偿。人民法院强制执行合伙人的财产份额时，应当通知全体合伙人，其他合伙人有优先购买权；其他合伙人未购买又不同意将该财产份额转让给他人的，依照《合伙企业法》的规定为该合伙人办理退伙结算，或者办理削减该合伙人相应财产份额的结算。

6．入伙和退伙

（1）入伙

入伙，是指在合伙企业存续期间，合伙人以外的第三人加入合伙，从而取得合伙人资格。

入伙的方式一般有三种：非合伙人接受原合伙人转让的全部或部分财产份额，从而成为新合伙人；在没有合伙人转让财产份额的情况下，非合伙人依法加入合伙企业；合伙人死亡或依法被宣告死亡时，对该合伙人在合伙企业中的财产份额有合法继承权的人，愿意成为该合伙企业的合伙人依法加入企业，成为新的合伙人。

① 入伙的条件。根据《合伙企业法》规定，新合伙人入伙，除合伙协议另有约定外，应当经全体合伙人一致同意，并依法订立书面入伙协议。订立入伙协议时，原合伙人应当向新合伙人如实告知原合伙企业的经营状况和财务状况。

② 入伙的法律效力。新合伙人入伙后，原则上应享有与原合伙人同等的地位，即享有同等的权利和承担同等的责任，但是，入伙协议另有规定的，依照合伙协议的规定执行。在英美法系中，新入伙的合伙人无论是普通合伙人还是有限合伙人，对入伙前的合伙都以出资额为限承担责任。大陆法系则普遍要求新入伙的普通合伙人对入伙前债务承担无限连带责任；新入伙的有限合伙人以其对合伙的出资为限承担有限责任。《合伙企业法》规定，新合伙人对入伙前合伙企业的债务承担无限连带责任。这一规定利于维护合伙关系的稳定和保护债权人，但是对合伙企业扩大规模则产生了很大的限制作用。

（2）退伙

退伙，是指合伙人退出合伙企业，从而丧失合伙人资格的行为。合伙人退伙一般有两种原因：一是自愿退伙，见表 2-1；二是法定退伙，见表 2-2。

表 2-1　自愿退伙

协议退伙 （合伙协议规定合伙期限）	A．合伙协议约定的退伙事由出现； B．经过全体合伙人一致同意； C．发生合伙人难以继续参加合伙的事由，如移民； D．其他合伙人严重违反合伙协议约定的义务（守约方退）
通知退伙	A．合伙协议未规定合伙期限； B．退伙不给合伙企业事务执行造成不利影响； C．应当提前三十日通知其他合伙人

表 2-2　法定退伙

当然退伙	合伙人自身被动原因（死亡或被吊销营业执照等、丧失偿债能力、合伙人在合伙企业中的全部财产份额被人民法院强制执行）
除名	合伙人故意或者有重大过失，经其他合伙人一致同意（未履行出资义务；因故意或者重大过失给合伙企业造成损失；执行合伙事务时有不正当行为）。 注意：对合伙人的除名决议应当书面通知被除名人。被除名人接到除名通知之日，除名生效，被除名人退伙。 被除名人对除名决议有异议的，可以自接到除名通知之日起三十日内，向人民法院起诉

退伙后，退伙人在合伙企业中的财产份额和民事责任的归属变动包括财产继承和退伙结算两种情况。关于财产继承，根据《合伙企业法》的规定，合伙人死亡或被依法宣告死亡的，对

该合伙人在合伙企业中的财产份额享有合法继承权的继承人，按照合伙协议的约定或者经全体合伙人一致同意，从继承开始之日起，取得该合伙企业的合伙人资格。有下列情形之一的，合伙企业应当向合伙人的继承人退还被继承合伙人的财产份额：继承人不愿意成为合伙人；法律规定或者合伙协议约定合伙人必须具有相关资格，而该继承人未取得该资格；合伙协议约定不能成为合伙人的其他情形。合伙人的继承人为无民事行为能力人或者限制民事行为能力人的，经全体合伙人一致同意，可以依法成为有限合伙人，普通合伙企业依法转为有限合伙企业。全体合伙人未能一致同意的，合伙企业应当将被继承合伙人的财产份额退还该继承人。

关于退伙结算，除合伙人死亡或者被依法宣告死亡的情形外，根据《合伙企业法》的规定：合伙人退伙，其他合伙人应当与该退伙人按照退伙时的合伙企业财产状况进行结算，退还退伙人的财产份额。退伙人对给合伙企业造成的损失负有赔偿责任的，相应扣减其应当赔偿的数额。退伙时有未了结的合伙企业事务的，待该事务了结后进行结算。

合伙人退伙以后，退伙人对其退伙前已经发生的合伙企业的债务与其他合伙人一起承担连带责任。

【经典案例：退伙】

某年1月，甲、乙、丙共同设立一合伙企业。在书面合伙协议中的出资情况为：甲以现金人民币8万元、乙以实物作价人民币10万元、丙以知识产权作价人民币6万元出资。各合伙人按相同比例分配盈利、分担亏损。随着业务的发展，同年5月，合伙企业向银行贷款人民币7万元，期限为一年。同年9月，甲提出退伙，乙、丙当时表示同意。同月，甲办理了退伙结算手续。同年10月，丁入伙。第二年4月，因种种原因，企业严重亏损，乙、丙、丁决定解散合伙企业，并将合伙企业现有财产价值人民币4万元予以分配，但对未到期的银行贷款未予清偿。第二年5月，银行贷款到期后，银行找合伙企业清偿债务，发现该企业已经解散，于是分别向甲、乙、丙、丁要求偿还全部贷款，但遭到他们不同理由的拒绝。甲说自己早已退伙，不负责清偿债务；乙表示只按照合伙协议约定的比例清偿相应数额；丙则表示自己是以知识产权出资，不承担偿还贷款义务；丁称该笔贷款是在自己入伙前发生的，不负责清偿。

请问：（1）甲、乙、丙、丁是否应清偿银行贷款？

（2）如果必须清偿，如何清偿，各自如何分担清偿责任？

【经典案例分析：退伙】

（1）甲、乙、丙、丁应该承担清偿银行贷款的责任。第一，甲虽然早已退伙，但根据《合伙企业法》的规定，退伙人对其退伙前已发生的债务与其他合伙人承担连带责任，故甲对其退伙前发生的银行贷款应负连带清偿责任。第二，根据《合伙企业法》的规定，合伙人之间对债务承担份额的约定对债权人没有约束力，因此乙提出应按约定比例清偿债务的主张不能成立，其应对银行贷款承担连带清偿责任。第三，根据《合伙企业法》的规定，以知识产权出资的合伙人也应承担合伙人的法律责任，故丙也应对银行贷款承担连带清偿责任。第四，根据《合伙企业法》的规定，入伙的新合伙人对入伙前的债务承担连带清偿责任，故丁对其入伙前发生的银行贷款应负连带清偿责任。

（2）根据《合伙企业法》的规定，合伙企业所欠银行贷款首先应用合伙企业的财产消偿，合伙企业财产不足清偿时，由各合伙人承担无限连带责任。乙、丙、丁在合伙企业解散时未清偿债务便分配财产，是违法无效的，应全部退还已分得的财产。退还的财产应首先用于清偿银行贷款，不足清偿的部分，由甲、乙、丙、丁承担无限连带清偿责任。

根据《合伙企业法》的规定，合伙企业各合伙人在其内部是依合伙协议约定承担清偿责任的。据此，甲因已办理退伙结算手续，结清了对合伙企业的财产债务关系，故不再承担内部清偿份额。如果在银行的要求下承担了对外部债务的连带清偿责任，则可向乙、丙、丁追偿。乙、丙、丁应按合伙协议的约定分担清偿责任。如果乙、丙、丁任何一人实际支付的清偿数额超过其应承担的份额，有权就其超过的部分向其他未支付或未足额支付应承担份额的合伙人追偿。

7. 特殊的普通合伙企业

（1）特殊的普通合伙企业的概念

以专业知识和专门技能为客户提供有偿服务的专业服务机构，可以设立为特殊的普通合伙企业。此种合伙企业的责任分担形式不同于一般的普通合伙。我国的特殊普通合伙即美国的有限责任合伙（limited liability partnership），主要应用于律师事务所和会计师事务所。最大优势是合伙人既可以享受有限责任待遇，又可以参与执行合伙事务，这是由人力资本与人身不可分这一特性决定的。特殊的普通合伙企业名称中应当标明“特殊普通合伙”字样。

相关知识

有限责任合伙的产生

美国20世纪80年代末出现的储蓄与信贷协会危机及随之而来的诉讼爆炸是有限责任合伙诞生的催化剂。

储贷协会危机不仅是美国金融业的一场灾难，同时将那些为储贷协会进行审计与法律服务的会计师和律师拖入深渊。500多家破产的储贷协会留下上千亿美元的损失，其监管者——美国联邦存款保险公司在收拾残局时毫不犹豫地将会计师和律师推上了被告席。大会计师行都为此付出了代价。

1992年，美国亚利桑那州的一个陪审团就普华会计公司在该州一家储蓄信贷协会中的审计过失，判决普华赔偿3.38亿美元。这一判决结果促使其他大会计师行与监管者达成了一揽子和解赔偿协议，安永支付了4亿美元、德勤付出了3.12亿美元、毕马威付出了1.86亿美元。而当时排名第七的Laventhol & Horwath会计师行则在风暴前夜宣布破产。

面对巨额的赔偿，尽管那些不从事金融业务审计的合伙人可能对这些审计业务毫不知情，但也无法逃脱责任，连带损及个人财产。1991年美国得克萨斯州颁布的美国第一个《有限责任合伙法》规定：“一个专业合伙中的合伙人对另一个合伙人、雇员或合伙代表在提供专业服务时的错误、不作为、疏忽、缺乏能力的或者渎职的行为，除其在合伙中的利益外，不承担个人责任。”到1995年年底，著名的“五大”国际会计师事务所在美国的执业机构都已经完成了向有限责任合伙的转型。

（2）特殊的普通合伙企业的责任形式

① 特定债务的承担。

对外来讲，一个合伙人或者数个合伙人在执业活动中因故意或者重大过失造成合伙企业债务的，应当承担无限责任或者无限连带责任，其他合伙人以其在合伙企业中的财产份额为限承担责任。

对内来讲，合伙人执业活动中因故意或者重大过失造成的合伙企业债务，以合伙企业财产对外承担责任后，该合伙人应当按照合伙协议的约定对给合伙企业造成的损失承担赔偿责任。

② 普通债务的承担。

合伙人在执业活动中非因故意或者重大过失造成的合伙企业债务以及合伙企业的其他债务，由全体合伙人承担无限连带责任。

（3）特殊普通合伙企业替代赔偿资源的建立

特殊的普通合伙企业应当建立执业风险基金、办理职业保险。执业风险基金，主要是指为了化解经营风险，特殊的普通合伙企业从其经营收益中提取相应比例的资金留存或者根据相关规定上缴至指定机构所形成的资金。执业风险基金用于偿付合伙人执业活动造成的债务。执业风险基金应当单独立户管理。

职业保险又称职业责任保险，是指承保各种专业技术人员因工作上的过失或者疏忽大意所造成的合同一方或者他人的人身伤害或者财产损失的经济赔偿责任的保险。我国承办注册会计师行业执业保险的保险公司有中国人民保险公司及中国平安保险股份有限公司，开设的险种有"注册会计师执业责任保险"等。

2.2.3 有限合伙企业

1．有限合伙企业的起源和概念

（1）有限合伙企业的起源

有限合伙企业的起源于康孟达（Commenda），11 世纪晚期在意大利、英格兰和欧洲的其他地方逐渐被使用。这种经营方式调动的资金一般用于长距离的海上贸易，通常不用于陆上贸易。一方合伙人被称为 stans，他提供资金但是待在家里，另一方合伙人被称为 tractor，他从事航行。作为完成艰难而危险的航行的报酬，从事航行的合伙人通常获得四分之一的利润，而冒资金风险的合伙人则获得四分之三的利润。这种经营方式虽然看起来不公平，但是在 12 和 13 世纪，生命是廉价的，资金则非常短缺，因此它适应风险投资的发展。普通合伙人作为基金的管理者，承担募集资金的任务，并对基金所产生的损失承担无限责任，同时也参与任何因投资产生的资本利益的分配。有限合伙人是资金的提供者，作为机构投资人、养老基金、富有的家庭在基金管理中扮演消极的角色，同时对基金的损失承担有限责任。

（2）有限合伙企业的概念

有限合伙企业，是指由有限合伙人和普通合伙人共同组成，普通合伙人对合伙企业债务承担无限连带责任，有限合伙人以其认缴的出资额为限对合伙企业债务承担责任的合伙组织。有限合伙企业引入有限责任制度，有利于调动各方的投资热情，实现投资者与创业者的最佳结合。

2．有限合伙企业设立的条件

（1）符合法定人数

根据《合伙企业法》的规定，有限合伙企业由两个以上 50 个以下合伙人设立，但法律另有规定的除外。有限合伙企业至少应当有 1 个普通合伙人。按照规定，自然人、法人和其他组织可以依照法律规定设立有限合伙企业，但国有独资公司、国有企业、上市公司及公益性的事业单位、社会团体不得成为有限合伙企业的普通合伙人。

在有限合伙企业存续期间，有限合伙人的人数可能发生变化。然而，无论如何变化，有限合伙企业中必须包括有限合伙人与普通合伙人两部分，否则，有限合伙企业应当进行组织形式变化。《合伙企业法》规定，有限合伙企业仅剩有限合伙人的，应当解散；有限合伙企业仅剩普通合伙人的，应当转为普通合伙企业。

（2）签订有限合伙企业协议

有限合伙企业协议是有限合伙企业生产经营的重要法律文件。有限合伙企业协议除符合普通合伙企业合伙协议的规定外，还应当载明下列事项：普通合伙人和有限合伙人的姓名或名称、住所；执行事务合伙人应具备的条件和选择程序；执行事务合伙人权限与违约处理办法；执行事务合伙人的除名条件和更换程序；有限合伙人入伙、退伙的条件、程序及相关责任；有限合伙人和普通合伙人相互转变程序。

（3）有合法的企业名称

《合伙企业法》规定，有限合伙企业名称中应当标明“有限合伙”字样。按照企业名称登记管理的有关规定，企业名称中应当含有企业的组织形式。为便于社会公众及交易相对人对有限合伙企业的了解，有限合伙企业名称中应当标明“有限合伙”的字样，而不能标明“普通合伙”、“特殊普通合伙”、“有限公司”、“有限责任公司”等字样。

（4）出资符合法定要求

《合伙企业法》规定，有限合伙人可以用货币、实物、知识产权、土地使用权或其他财产权利作价出资。有限合伙人不得以劳务出资。劳务出资的实质是用未来劳动创造的收入来投资，其难以通过市场变现，法律上执行困难。如果普通合伙人用劳务出资，有限合伙人也用劳务出资，将来该有限合伙企业将难以承担债务责任，这将不利于保护债权人的利益。

《合伙企业法》规定，有限合伙人应当按照合伙协议的约定按期足额缴纳出资；未按期足额缴纳的，应当承担补缴义务，并对其他合伙人承担违约责任。按期足额出资是有限合伙人必须履行的义务，因此，有限合伙人应当按照合伙协议的约定按期足额缴纳出资。合伙人未按照协议的约定履行缴纳出资义务的，首先应当承担补缴出资的义务，同时还应对其他合伙人承担违约责任。

3. 有限合伙企业事务执行的特殊规定

（1）有限合伙企业事务执行人的权利和义务

《合伙企业法》规定，有限合伙企业由普通合伙人执行合伙事务。执行事务合伙人可以要求在合伙协议中确定执行事务的报酬及报酬提取方式。例如，合伙协议约定数个普通合伙人执行合伙事务，这些普通合伙人均为合伙事务执行人。如果合伙协议无约定，则全体普通合伙人是合伙事务的共同执行人。合伙事务执行人除享有与一般合伙人相同的权利外，还有接受其他合伙人的监督和检查、谨慎执行合伙事务的义务。执行事务合伙人可以就执行事务的劳动付出，要求企业支付报酬。对于报酬的支付方式及其数额，应由合伙协议规定或全体合伙人讨论决定。

（2）有限合伙人执行合伙事务的禁止性规定

根据《合伙企业法》的规定，有限合伙人不执行合伙事务，不得对外代表有限合伙企业。有限合伙人的下列行为不视为执行合伙事务：①参与决定普通合伙人入伙、退伙；②对企业的经营管理提出建议；③参与选择承办有限合伙企业审计业务的会计师事务所；④获取经审计的有限合伙企业财务会计报告；⑤对涉及自身利益的情况，查阅有限合伙企业财务会计账簿等财务资料；⑥在有限合伙企业中的利益受到侵害时，向有责任的合伙人主张权利或提起诉讼；⑦执行事务合伙人怠于行使权利时，督促其行使权利或者为本企业的利益以自己的名义提起诉讼；⑧依法为本企业提供担保。

另外，《合伙企业法》规定，第三人有理由相信有限合伙人为普通合伙人并与其交易的，该有限合伙人对该笔交易承担与普通合伙人同样的责任。有限合伙人未经授权以有限合伙企业名义与他人进行交易，给有限合伙企业或者其他合伙人造成损失的，该有限合伙人应当承担赔偿责任。

（3）有限合伙企业的利润分配

《合伙企业法》规定，有限合伙企业不得将全部利润分配给部分合伙人；但是，合伙协议另有约定的除外。

（4）有限合伙人权利的特殊规定

① 根据《合伙企业法》的规定，有限合伙人可以同本有限合伙企业进行交易。但是合伙协议另有约定的除外。因为有限合伙人并不参与有限合伙企业事务的执行，对有限合伙企业的对外交易行为，有限合伙人并无直接或间接的控制权，有限合伙人与本有限合伙企业进行交易时，一般不会损害本限合伙企业的利益。有限合伙协议可以对有限合伙人与有限合伙企业之间的交易进行限定，如果合伙协议另有约定，则必须按照约定的要求进行。

② 根据《合伙企业法》的规定，有限合伙人可以自营或者同他人合作经营与本有限合伙企业相竞争的业务；但是，合伙协议另有约定的除外。与普通合伙人不同，有限合伙人一般不承担竞业禁止义务。普通合伙人如果禁止有限合伙人自营或者同他人合作经营与本有限合伙企业相竞争的业务，应当在合伙协议中作出约定。

4. 有限合伙人的出质与转让

（1）有限合伙人财产份额出质

根据《合伙企业法》规定，有限合伙人可以将其在有限合伙企业中的财产份额出质。但是合伙协议另有约定的除外。所谓有限合伙人将其在有限合伙企业中的财产份额出质，是指有限合伙人以其在合伙企业中的财产份额对外进行权利质押。有限合伙人在有限合伙企业中的财产份额，是有限合伙人的财产权益，在有限合伙企业存续期间，有限合伙人可以对该财产权利进行一定的处分。有限合伙人将其在有限合伙企业中的财产份额进行出质，产生的后果仅是有限合伙企业的有限合伙人存在变更的可能，这对有限合伙企业的财产基础并无根本影响。因此，有限合伙人可以按照《物权法》、《担保法》等相关法律规定进行财产份额的出质。普通合伙人以其在合伙企业中的财产份额出质的，须经其他合伙人一致同意；未经其他合伙人一致同意，其行为无效，由此给善意第三人造成损失的，由行为人依法承担赔偿责任。

（2）有限合伙人财产份额转让

《合伙企业法》规定，有限合伙人可以按照合伙协议的约定向合伙人以外的人转让其在有限合伙企业中的财产份额，但应当提前 30 日通知其他合伙人。这是因为有限合伙人向合伙人以外的其他人转让其在有限合伙企业中的财产份额，并不影响有限合伙企业债权人的利益。有限合伙人对外转让其在有限合伙企业的财产份额时，有限合伙企业的其他合伙人有优先购买权。除合伙协议另有约定外，“普通合伙人”向合伙人以外的人转让其在合伙企业中的全部或者部分财产份额时，须经其他合伙人一致同意。

5．有限合伙企业的入伙与退伙

（1）入伙

根据《合伙企业法》的规定，新入伙的有限合伙人对入伙前有限合伙企业的债务，以其认缴的出资额为限承担责任。而在普通合伙企业中，新入伙的合伙人对入伙前合伙企业的债务承担连带责任。

（2）退伙

① 有限合伙人当然退伙。根据《合伙企业法》的规定，有限合伙人出现下列情形之一时当然退伙：作为合伙人的自然人死亡或被依法宣告死亡；作为合伙人的法人或其他组织依法被吊销营业执照、责令关闭、撤销，或者被宣告破产；法律规定或合伙协议约定合伙人必须具有相关资格而丧失该资格；合伙人在合伙企业中的全部财产份额被人民法院强制执行。

② 有限合伙人丧失民事行为能力的处理。根据《合伙企业法》的规定，作为有限合伙人的自然人在有限合伙企业存续期间丧失民事行为能力的，其他合伙人不得因此要求其退伙。这是因为有限合伙人对有限合伙企业只进行投资，而不负责事务执行。作为有限合伙人的自然人在有限合伙企业存续期间丧失民事行为能力，并不影响有限合伙企业的正常生产经营活动，其他合伙人不能要求该丧失民事行为能力的合伙人退伙。

③ 有限合伙人继承人的权利。根据《合伙企业法》的规定，作为有限合伙人的自然人死亡、被依法宣告死亡或者作为有限合伙人的法人及其他组织终止时，其继承人或权利承受人可以依法取得该有限合伙人在有限合伙企业中的资格。

④ 有限合伙人退伙后的责任承担。根据《合伙企业法》的规定，有限合伙人退伙后，对基于其退伙前的原因发生的有限合伙企业债务，以其退伙时从有限合伙企业中取回的财产承担责任。

6．合伙人身份转变的处理

根据《合伙企业法》的规定，除合伙协议另有约定外，普通合伙人转变为有限合伙人，或者有限合伙人转变为普通合伙人，应当经全体合伙人一致同意。有限合伙人转变为普通合伙人的，对其作为有限合伙人期间有限合伙企业发生的债务承担无限连带责任。普通合伙人转变为有限合伙人的，对其作为普通合伙人期间合伙企业发生的债务承担无限连带责任。

【概念提示：普通合伙企业与有限合伙企业】

（1）普通合伙企业的所有出资人都必须对合伙企业的债务承担无限连带责任，即合伙人全部为普通合伙人；而有限合伙企业中一部分出资人对企业债务承担有限责任，一部分出资人对合伙企业的债务承担无限责任（有限合伙企业只有一个普通合伙人时）或无限连带责任（有限合伙企业中有两个或以上普通合伙人）。

（2）普通合伙企业的投资人数为二人以上，即对投资人数没有上限规定；而有限合伙企业的投资人数为二人以上五十人以下且至少有一个普通合伙人。

（3）普通合伙企业的合伙人对执行合伙事务享有同等的权利。有限合伙企业中的有限合伙人不得执行合伙企业中的事务。

（4）普通合伙企业的出资人不得在合伙协议中约定将全部利润分配给部分合伙人或由部分合伙人承担企业的全部亏损；而有限合伙企业根据合伙协议的约定可以将全部利润分配给部分合伙人，但不得约定企业全部亏损由部分合伙人承担。

（5）普通合伙人不得自营或与他人合作经营与合伙企业相竞争的业务；有限合伙人可自营或与他人合作经营与本企业相竞争的业务，合伙协议另有约定的除外。

（6）普通合伙人不得同本企业进行交易，但合伙协议另有约定或经全体合伙人一致同意的除外；有限合伙人可以与合伙企业进行交易，当然，合伙协议约定不能进行交易的除外。

（7）普通合伙企业的合伙人以其出资份额出质，须经全体合伙人一致同意，否则其出质行为无效；有限合伙人可将出资份额出质，但合伙协议约定有限合伙人不能以其出资份额出质除外。

【经典案例：有限合伙企业】

甲、乙、丙、丁共同投资设立了A有限合伙企业（以下简称A企业）。合伙协议约定：甲、乙为普通合伙人，分别出资10万元；丙、丁为有限合伙人，分别出资15万元；甲执行合伙企业事务，对外代表A企业。2012年A企业发生下列事实：2月，甲以A企业的名义与B公司签订了一份12万元的买卖合同。乙获知后，认为该买卖合同损害了A企业的利益，且甲的行为违反了A企业内部规定的甲无权单独与第三人签订超过10万元合同的限制，遂要求各合伙人作出决议，撤销甲代表A企业签订合同的资格。4月，乙、丙分别征得甲的同意后，以自己在A企业中的财产份额出质，为自己向银行借款提供质押担保。丁对上述事项均不知情，乙、丙之间也对质押担保事项互不知情。8月，丁退伙，并从A企业取得退伙结算财产12万元。9月，A企业吸收庚作为普通合伙人入伙，庚出资8万元。10月，A企业的债权人C公司要求A企业偿还6月份所欠款项50万元。11月，丙因所设个人独资企业发生严重亏损不能清偿D公司到期债务，D公司申请人民法院强制执行丙在A企业中的财产份额用于清偿其债务。人民法院强制执行丙在A企业中的全部财产份额后，甲、乙、庚决定A企业以现有企业组织形式继续经营。经查：A企业内部约定，甲无权单独与第三人签订超过10万元的合同，B公司与A企业签订买卖合同时，不知A企业的该内部约定。合伙协议未对合伙人以财产份额出质事项进行约定。

请问：

（1）甲以A企业的名义与B公司签订的买卖合同是否有效？并说明理由。

（2）乙、丙的质押担保行为是否有效？并分别说明理由。

（3）如果A企业的全部财产不足以清偿C公司的债务，对不足清偿的部分，哪些合伙人应当承担清偿责任？如何承担清偿责任？

（4）人民法院强制执行丙在A企业中的全部财产份额后，甲、乙、庚决定A企业以现有企业组织形式继续经营是否合法？并说明理由。

【经典案例分析：有限合伙企业】

（1）甲以A企业的名义与B公司签订的买卖合同有效。根据《合伙企业法》的规定，合伙企业对合伙人执行合伙企业事务及对外代表合伙企业权利的限制不得对抗善意的第三人。在本题中，B公司属于不知情的善意第三人，因此，买卖合同有效。

（2）乙的质押行为无效。根据《合伙企业法》的规定，普通合伙人以其在合伙企业中的财产份额出质的，须经其他合伙人一致同意；未经其他合伙人一致同意，其行为无效，由此给善意第三人造成损失的，由行为人依法承担赔偿责任。在本题中，普通合伙人乙的质押行为未经其他合伙人的一致同意，因此，质押行为无效。丙的质押行为有效。根据《合伙企业法》的规定，有限合伙人可以将其在有限合伙企业中的财产份额出质；但是，合伙协议另有约定的除外。

在本题中，由于合伙协议未对合伙人以财产份额出质事项进行约定，因此，有限合伙人丙的质押行为有效。

（3）普通合伙人甲、乙、庚应承担无限连带责任；有限合伙人丙以出资额为限承担有限责任；退伙的有限合伙人丁以其退伙时从 A 企业分回的 12 万元财产为限承担有限责任。

（4）甲、乙、庚决定 A 企业以现有企业组织形式继续经营不合法。根据《合伙企业法》的规定，有限合伙企业仅剩普通合伙人的，应当转为普通合伙企业。在本题中，人民法院强制执行丙在 A 企业中的全部财产份额后，有限合伙人丙当然退伙，A 企业中仅剩下普通合伙人，A 企业应当转为普通合伙企业。

2.2.4　合伙企业的解散和清算

1. 合伙企业的解散

合伙企业的解散，是指各合伙人解除合伙协议，合伙企业终止活动。根据《合伙企业法》的规定，合伙企业有下列情形之一的，应当解散：①合伙期限届满，合伙人决定不再经营；②合伙协议约定的解散事由出现；③全体合伙人决定解散；④合伙人已不具备法定人数满 30 天；⑤合伙协议约定的合伙目的已经实现或者无法实现；⑥依法被吊销营业执照、责令关闭或被撤销；⑦法律、行政法规规定的其他原因。

2. 合伙企业的清算

合伙企业解散的，应当进行清算。《合伙企业法》对合伙企业清算有如下规定。

（1）确定清算人

根据《合伙企业法》的规定，合伙企业解散，应当由清算人进行清算。清算人由全体合伙人担任；经全体合伙人过半数同意，可以自合伙企业解散事由出现后 15 日内指定一个或数个合伙人，或者委托第三人担任清算人。自合伙企业解散事由出现之日起 15 日内未确定清算人的，合伙人或者其他利害关系人可以申请人民法院指定清算人。

（2）清算人的职责

清算人在清算期间执行下列事务：清理合伙企业财产，分别编制资产负债表和财产清单；处理与清算有关的合伙企业未了结事务；清缴所欠税款；清理债权、债务；处理合伙企业清偿债务后的剩余财产；代表合伙企业参加诉讼或仲裁活动。

（3）通知和公告债权人

清算人自被确定之日起 10 日内将合伙企业解散事项通知债权人，并于 60 日内在报纸上公告。债权人应当自接到通知书之日起 30 日内，未接到通知书的自公告之日起 45 日内，向清算人申报债权。债权人申报债权，应当说明债权的有关事项，并提供证明材料。清算人应当对债权进行登记。清算期间，合伙企业存续，但不得开展与清算无关的经营活动。

（4）财产清偿顺序

合伙企业财产在支付清算费用和职工工资、社会保险费用、法定补偿金及缴纳所欠税款、清偿债务后的剩余财产，依照《合伙企业法》关于利润分配和亏损分担的规定进行分配。

合伙企业财产清偿问题主要包括以下三方面的内容：①合伙企业的财产首先用于支付合伙企业的清算费用。清算费用包括：管理合伙企业财产的费用，如仓储费、保管费、保险费等；

②处分合伙企业财产的费用，如聘任工作人员的费用等；③清算过程中的其他费用，如通告债权人的费用、调查债权的费用、咨询费用、诉讼费用等。

合伙企业的财产支付合伙企业的清算费用后的清偿顺序如下：合伙企业职工工资、社会保险费用和法定补偿金；缴纳所欠税款；清偿债务。其中，法定补偿金主要是指法律、行政法规和规章所规定的应当支付给职工的补偿金，如《中华人民共和国劳动法》规定的解除劳动合同的补偿金等。

合伙企业财产依法清偿后仍有剩余时，对剩余财产依照《合伙企业法》的规定进行分配，即按照合伙协议的约定办理；合伙协议未约定或约定不明确的，由合伙人协商决定；协商不成的，由合伙人按照实缴出资比例分配；无法确定出资比例的，由合伙人平均分配。

（5）注销登记

清算结束，清算人应当编制清算报告，经全体合伙人签名、盖章后，在15日内向企业登记机关报送清算报告，申请办理合伙企业注销登记。经企业登记机关注销登记，合伙企业终止。合伙企业注销后，原普通合伙人对合伙企业存续期间的债务仍应承担无限连带责任。

（6）合伙企业不能清偿到期债务的处理

合伙企业不能清偿到期债务的，债权人可以依法向人民法院提出破产清算申请，也可以要求普通合伙人清偿。合伙企业依法被宣告破产的，普通合伙人对合伙企业的债务仍应承担无限连带责任。

【引导案例分析】

（1）赵某成立的是个人独资企业，赵某依法应当以个人财产对企业债务承担无限责任，赵某经济上独立于其家庭，因此债权人无权向其家庭求偿。

（2）依照个人独资企业法的规定，个人独资企业应有投资人申报的出资，但是对出资数额未作限制，并不要求有最低注册资本金，因此，赵某注册资本为人民币100元是有效的。

（3）依照个人独资企业法的规定，个人独资企业只能由一个自然人投资，赵某如果允许其他企业注资，必须到工商机关变更登记，并改变企业为其他性质的企业，而不能再是个人独资企业。

（4）在我国，社会保险属于强制性的保险，企业均负有为职工办理并交纳社会保险费的义务。

（5）依照个人独资企业法的规定，个人独资企业基于投资人的意思可以自行解散。赵某将独资企业解散的行为有效。

自测题

一、单项选择

1.《合伙企业法》规定，有限合伙企业至少有（　　）普通合伙人。

A．1个　　B．2个　　C．3个　　D．4个

2．个人独资企业违反法律规定，应当承担民事赔偿责任和缴纳罚款、罚金，其财产不足以支付的，或者被判处没收财产的，应当先（　　）。

A．承担民事赔偿责任　　B．缴纳罚款

C．缴纳罚金　　D．没收财产

3．个人独资企业投资人甲聘用乙管理企业事务，同时对乙的职权予以限制，凡乙对外签订标的额超过 1 万元的合同，须经甲同意。某日，乙未经甲同意与善意第三人丙签订了一份标的额为 2 万元的买卖合同。下列关于该合同效力的表述中，正确的是（　　）。

A．该合同有效，但如果给甲造成损害，由乙承担民事赔偿责任

B．该合同无效，如果给甲造成损害，由乙承担民事赔偿责任

C．该合同为可撤销合同，可请求人民法院予以撤销

D．该合同无效，经甲追认后有效

4．个人独资企业（　　）法人资格，（　　）独立承担民事责任的能力。

A．不具有　无　　B．具有　无　　C．具有　有　　D．不具有　有

5．下列个人独资企业的名称中，不正确的是（　　）。

A．通达服装公司　　B．信达印刷　　C．名人工作室　　D．新美时装加工部

6．根据合伙企业法律制度的规定，合伙企业债权人在清算结束后，对原债务人享有继续请求清偿的权利。但是，如果债权人在法定期限内未向债务人提出清偿请求的，则债务人的清偿责任归于消灭。该法定期限为（　　）。

A．连续一年　　B．连续三年　　C．连续五年　　D．连续十年

7．根据《中华人民共和国合伙企业法》的有关规定，合伙人承担合伙企业债务责任的方式是（　　）。

A．对内对外均承担按份责任

B．对内对外均承担连带责任

C．对外承担连带责任，对内承担按份责任

D．对内承担连带责任，对外承担按份责任

8．根据《合伙企业法》的规定，合伙协议未约定合伙利润分配和亏损分担比例的，合伙人之间分配利润和分担亏损的原则是（　　）。

A．按各合伙人的出资比例分配和分担

B．按各合伙人的贡献大小分配和分担

C．在全体合伙人之间平均分配和分担

D．合伙人临时协商决定如何分配和分担

二、多项选择

1．根据个人独资企业法律制度的规定，下面可以作为个人独资企业出资的有（　　）。

A．投资人的知识产权　　B．投资人的劳务

C．投资人的土地使用权　　D．投资人家庭共有的房屋

2．甲、乙、丙共同出资设立一合伙企业，在合伙企业存续期间，甲拟以其在合伙企业中的财产份额出质借款。根据合伙企业法律制度的规定，下列表述中正确的有（　　）。

A．无须经乙、丙同意，甲可以出质

B．经乙、丙同意，甲可以出质

C．未经乙、丙同意，甲私自出质的，其行为无效

D．未经乙、丙同意，甲私自出质的，按退伙处理

3．以个人财产出资设立的个人独资企业解散后，其财产不足以清偿所负债务，对尚未清偿的债务，下列处理方式中，不符合《中华人民共和国个人独资企业法》规定的有（　　）。

A．不再清偿

B．以投资人家庭共有财产承担无限责任

C．以投资人个人的其他财产予以清偿，仍不足以清偿的，如果债权人在2年内未提出偿债请求的，则不再清偿

D．以投资人个人的其他财产予以清偿，仍不足以清偿的，如果债权人在5年内未提出偿债请求的，则不再清偿

4．根据《中华人民共和国合伙企业法》的规定，合伙企业存续期间，下列行为中，必须经全体合伙人一致同意的有（　　）。

A．合伙人之间转让其在合伙企业中的财产份额

B．合伙人向合伙人以外的人转让其在合伙企业中的部分财产份额

C．合伙人以其在合伙企业中的财产份额出质

D．执行合伙企业事务的合伙人处分合伙企业的不动产

5．《合伙企业法》规定，有限合伙人可以用货币、实物及（　　）等作价出资。

A．知识产权　　B．劳务　　C．土地使用权　　D．其他财产权利

6．下列关于有限合伙企业的表述中，正确的包括（　　）。

A．有限合伙人可以同本企业进行交易

B．在有限合伙企业中，有限合伙人不执行合伙事务，而由普通合伙人从事具体的经营管理

C．有限合伙人一般不承担竞业禁止义务

D．新入伙的有限合伙人对入伙前有限合伙企业的债务承担连带责任

三、名词解释

普通合伙企业　　特殊的普通合伙企业　　有限合伙企业

四、案例分析

1．李雷在读大学时就做起了计算机组装生意并注册了个人独资企业，生意较好。但1月份的一笔近10万的生意因上当受骗，卖出的都是假冒伪劣产品。按合同约定，李雷要赔偿全部损失。但李雷称自己财产仅6万元，无偿还能力。于是对方要求其家长负连带责任，声称若不偿还就起诉到法院。

请问：对方要求李雷的父母承担连带责任，是否能够获得法院的支持？

2．2012年1月，甲出资6万元设立A个人独资企业（下称“A企业”）。甲聘请乙管理企业事务，同时规定，凡乙对外签订标的额超过2万元以上的合同，须经甲同意。3月份，乙未经甲同意，以A企业名义向善意第三人丙购买价值3万元的货物。

2012年8月，A企业亏损，不能支付到期的丁的债务，甲决定解散该企业，并请求人民法院指定清算人。8月6日，人民法院指定丙作为清算人对A企业进行清算。经查，A企业和甲的资产及债权债务情况如下：

（1）A 企业欠缴税款 3000 元，欠乙工资 4000 元，欠社会保险费用 6000 元，欠丁 11 万元；
（2）A 企业的银行存款 2 万元，实物折价 8 万元；
（3）甲在 B 合伙企业出资 5 万元，占 50% 的出资额，B 合伙企业每年可向合伙人分配利润；
（4）甲个人其他可执行的财产价值 3 万元。
请问：
（1）乙于 3 月份以 A 企业名义向丙购入价值 3 万元货物的行为是否有效？说明理由。
（2）试述 A 企业的财产清偿顺序。
（3）如何满足丁的债权请求？

第 3 章 商主体法（二）：公司法

引导案例

甲、乙、丙、丁等 20 人拟共同出资设立一有限责任公司。股东共同制定了公司章程。在公司章程中，对董事任期、监事会组成、股权转让规则等事项进行了如下规定：①公司董事任期为 4 个；②公司设立监事会，监事会成员为 7 人，其中包括 2 名职工代表；③股东向股东以外的人转让股权，必须经 2/3 以上其他股东同意。

问题：

（1）公司章程中关于董事任期的规定是否合法？简要说明理由。

（2）公司章程中关于监事会职工代表人数的规定是否合法？简要说明理由。

（3）公司章程中关于股权转让的规定是否合法？简要说明理由。

学习目标：

掌握公司的概念、特征和分类，重点掌握有限责任公司、股份有限公司的设立和组织机构；
理解股权的内容、股份的发行和转让，公司债券的发行和转让等法律问题；
了解公司在整个经济运行过程中所起的作用。

3.1 公司法概述

3.1.1 公司的概念与特征

1. 公司的概念

公司是指依公司法设立的、以营利为目的法人企业。公司是现代企业制度的主要组织形式。在大陆法系中，公司通常是指依法设立的以营利为目的的企业法人。英美法系缺少明确的公司的定义，但在学理上，公司通常是指数人出于共同目的而进行的组合，常常是为了营利而经营业务，对于合伙难以胜任的联合而一般采用的组织形式。

我国《公司法》第 2 条规定："本法所称公司是指依照本法在中国境内设立的有限责任公司和股份有限公司。"第 3 条规定："公司是企业法人，有独立的法人财产，享有法人财产权。公司以其全部财产对公司的债务承担责任。有限责任公司的股东以其认缴的出资额为限对公司承担责任；股份有限公司的股东以其认购的股份为限对公司承担责任。"

2. 公司的特征

从法律上讲，我国的公司主要有四项特征。

（1）营利性

股东设立公司的目的是通过公司的经营活动获取利润，以营利为目的是公司企业性的重要表现。所谓营利是指为了牟取超出资本的利益并将其分配给投资者的行为。这里包含着两层含义：一是公司可以通过经营赚取利润，二是公司将所得利润最终分配给其成员。如果公司虽然通过经营赚取利润，但不分配给其成员，而是在于互助或公益，那么就应视为非营利法人。

公司的这一特征使公司区别于以公益为目的的事业单位法人和以行政管理为目的的国家机关法人。此外，公司的营利活动应是具有连续性的营业，一次性的、间歇性的营利行为不构成经营性的营业活动。

（2）法人性

有别于合伙企业和独资企业，公司最显著的特征在于：公司是具有独立法人资格的企业组织。我国《公司法》规定的有限责任公司和股份有限公司均具有法人资格，其股东以其认缴的出资额或认购的股份为限对公司承担有限责任。这里的有限责任是指股东对公司的有限责任，公司对债权人的责任则是无限的，即公司要以其全部财产对其债务承担责任。

公司具有独立的法人人格，但该人格是以满足法律规定的实质和程序要件为前提的，与自然人的人格基于出生而取得完全不同。因此，公司的人格在特殊情况下，可以适用“公司法人人格否认”制度加以否认，而自然人的人格不可否认。

公司作为独立法人，必然具备最重要的“三独”属性：独立财产、独立名义、独立责任。

相关知识

公司独立人格的理解

一独：独立的财产。股东要转移出资所有权；公司都有最低资本限额；合伙则没有这些要求。

二独：能够以自己的独立的名义享有民事、商事权利。如果进行诉讼，如果告公司，则被告是该公司法人；告个人合伙，被告是合伙人；告合伙企业，则被告是合伙企业。

三独：并独立承担责任。股东责任有限公司责任独立，表现在：股东对公司的外债不负责；股东对公司亏损不负责。

公司和股东是双重人格，股东是股东，公司是公司。因此，公司存在双重征税问题。公司纳企业所得税，股东纳股东应缴的税，如果股东是个人则缴纳个人所得税，如果股东是企业则缴纳企业所得税。

（3）法定性

公司的法定性，是传统商事交易行为的自由主义向现代商事活动的国家干预主义转变的结果，是现代公司法律制度的基础。公司的法定性包含着三个方面的内容。

第一，公司的类型法定，即公司法明确规定公司的类型，公司的创设或变更必须符合法律的预设类型，不得在法定之外任意创设非典型公司。例如，我国公司法只承认有限公司和股份有限公司两种类型，而不承认存在于一些大陆法系国家的无限公司、两合公司等其他类型的公司。

第二，公司内容法定，即法律明确规定各类公司的财产关系和组织关系，同一类型的公司设立后，其财产归属、利润分配、财产责任、注册资金规模、商业税收标准及组织关系等方面应具有同质性。这使得合法存在的公司必须在基本要素上符合法律的特定要求，而不同类的公司之间存在着质的差别。公司的内容法定也体现在公司必须依法设立上，成立特定类型的公司都必须符合法定的设立条件，遵守法定的设立程序，否则不能设立。

第三，公司公示法定，即公司设立必须按照法定程序予以公示，以便交易第三人及时知晓；未经公示的，不得对抗善意第三人。

（4）社团性

公司是股东在出资基础上集合而成的社团法人。所谓社团法人，是由二人以上集合组成的法人。社团法人成立的目的是谋求成员的利益。传统公司法理论认为，公司是由两个以上股东组成的社团法人，单独一个人不能组成公司。

社团性的基础是复数的社员。复数的社员和资本的结合一起构成公司制度的两个主要组成部分。但是，随着一人公司的产生并得到公司法的承认，使得公司的社团性面临考验。我们认为，一人公司的出现并不能否认公司的社团性，只不过是公司社团性的例外罢了。一人公司和国有独资公司的社团性不体现在投资主体间，体现在管理监督主体中，即一人公司中，公司的管理、生产运营都不可能只由该唯一的股东完成，从这个意义上讲，一人公司也具有社团性。

【概念提示：公司法中的有限责任与无限责任】

通常人们所说公司承担有限责任，这是不确切的。实际上公司和其他经济主体一样，都以其全部独立法人财产对公司债务承担全部责任，这种责任是一种“无限”责任，而所谓有限责任是对公司的出资人——股东而言的，公司是指股东以其认缴的出资额或认购的股份为限对公司承担“有限”责任。

3.1.2 公司的分类

1. 按责任形式分

以股东对公司债务所承担的责任为标准，可以将公司分为有限责任公司、股份有限公司、无限公司、两合公司和股份两合公司。

（1）有限责任公司，是指股东对公司债务仅以其出资额为限承担有限责任的公司。

（2）股份有限公司，是指将公司的全部资本划分为等额股份，股东按其所认购的股份对公司债务承担责任的公司。

（3）无限公司，是指股东对公司债务负无限连带清偿责任的公司。无限公司是各类公司中出现最早的公司，存在于大陆法系国家，英美法一般将其视为普通合伙。

（4）两合公司，是指由一个以上的无限责任股东和一个以上的有限责任股东组成的公司。

（5）股份两合公司，是指股份有限公司与无限责任公司的组合。无限责任股东对公司债务负无限连带责任，有限责任部分的资本则划分为股份，可以发行股票，其股东仅以其认购的股份对公司债务承担责任。

在上述公司类型中，有限责任公司和股份有限公司是当代最典型的两种公司形式，我国也仅规定了这两种类型的公司。关于二者的区别详见表 3-1。

表 3-1　有限责任公司与股份有限公司的区别

	有限责任公司	股份有限公司
信用基础	资合兼人合公司	纯粹人合公司
成立要件	较简单	较复杂
筹资方式	发起设立	发起或募集设立
组织机构	可以简化	不得简化
表现形式	普通公司（一人公司）	普通公司
股权基础	出资额	股份
股权转让	限制	自由
经营者	全体股东	特定机构
信息公开程度	低	高

2．按公司信用基础分

以公司信用基础的不同为标准进行分类，可以将公司分为人合公司、资合公司、人资兼合公司。这是大陆法系国家公司法学者对公司所进行的一种学理分类。

（1）人合公司是指以股东的个人信用作为公司的信用基础的公司。人合公司中股东结合的基础主要是个人信用，公司经营活动的基础也主要是个人信用，而不是公司的资本。

（2）资合公司是指以公司的资本额和资产条件为公司信用基础的公司。股份有限公司即为典型的资合公司。

（3）人合兼资合公司是指以股东的个人信用和公司的资本信用为公司信用基础的公司。

3．按彼此间的支配关系分

（1）母公司是指因拥有其他公司一定比例股份或根据协议可以控制或支配其他公司的公司，因此母公司也称控股公司。

（2）子公司是指全部股份或达到控股程度的股份被另一个公司控制，或者依照协议被另一个公司实际控制的公司。

子公司和母公司一样都具有法人资格，依法独立享有民事权利、承担民事责任。我国《公司法》第十四条第二款规定："公司可以设立子公司，子公司具有独立法人资格，依法独立承担民事责任。"

4．按公司的内部管辖关系分

（1）总公司：也称本公司，是指管辖公司全部组织的总机构。根据我国法律，公司应该至少有三个分支机构，才可以在名称中使用"总"字样。

（2）分公司：是指被总公司所管辖的公司分支机构。分公司没有独立的名称、章程，没有独立的财产，不具有法人资格，仅为总公司的附属机构。例如招商银行和招商银行广州分行就是总公司和分公司的关系。

5．按公司的国籍分

（1）本国公司：依照我国《公司法》，在我国境内设立，其主要办事机构（住所）在我国的公司，具有中国国籍。

（2）外国公司：具有外国国籍的公司。

（3）跨国公司：又称多国公司，是指拥有两个以上国籍公司的企业，一般是以本国为基地，通过对外直接投资，在其他国家和地区设立子公司或分支机构，从事国际化生产经营活动的国际垄断企业。例如首都钢铁公司、微软、中石油都是典型的跨国公司。

6. 按信用基础分

（1）人合公司：以股东个人的财产、地位、声望作为公司的信用基础。典型的是无限公司，在我国称为普通合伙，不承认法人资格。

（2）资合公司：以企业资本作为对外信用基础，个人信用对企业信用没有影响。典型的是股份有限公司。每个股东的个人信用以资金为保障。

7. 按资本控制关系分

（1）母公司：对另一个或数个公司实施实际控制的公司。

（2）子公司：受其他公司实际控制的公司。

3.1.3 公司法

1. 广义的公司法

广义的公司法是规定公司的法律地位，调整公司组织关系，规范公司在设立、变更与终止过程中的组织行为的法律规范的总称。

2. 狭义的公司法

狭义的公司法仅指《中华人民共和国公司法》（1993 通过，1999 年、2005 年和 2013 年经过三次修正），现行公司法有三个司法解释。

3.2 公司的登记

3.2.1 公司登记概述

1. 公司登记的概念

公司登记是指公司在设立、变更、终止时，依法在公司注册登记机关由申请人提出申请，主管机关审查无误后予以核准并记载法定登记事项的行为。对于公司的设立采准则设立主义原则的国家和地区，一般同时采取公示主义对公司进行登记注册。

《公司法》、《中华人民共和国公司登记管理条例》、《企业法人登记管理条例》及国家工商行政管理局发布的系列行政规章对公司登记做出了规定。

2. 公司登记的机关

公司登记由工商行政管理机关主管，由不同级别的工商行政部门主管。如“广州市白云生物制药有限公司”应向广州市工商管理部门申请办理。冠省名企业名称（名称冠以或使用“广东”字样）登记，可向省工商局、地级以上市工商局申请办理。企业名称冠以或使用“中国”、“中华”、“全国”、“国家”、“国际”的，以及不使用行政区划的，均应当向国家工商总局申请办理。

3．登记事项

公司的登记事项一般包含如下内容：公司的名称、住所、法定代表人、公司类型、经营范围，股东出资办理企业名称登记，一般向企业名称中的行政区划相应的工商部门申请办理。

3.2.2　公司登记的种类

1．设立登记

（1）有限责任公司设立登记

设立有限责任公司，应当由全体股东指定的代表或共同委托的代理人向公司登记机关申请设立登记。设立国有独资公司，应当由国家授权投资的机构或国家授权的部门作为申请人，申请设立登记。法律、行政法规规定设立有限责任公司必须报经审批的，应当自批准之日起 90 日内向公司登记机关申请设立登记；逾期申请设立登记的，申请人应当报审批机关确认原批准文件的效力或者另行报批。申请设立有限责任公司，应当向公司登记机关提交有关文件和证件。

申请公司设立之前要进行公司名称的预先核准。无论是有限责任公司还是股份有限公司，在申请设立登记前，都必须先申请名称预先核准。法律、行政法规或国务院决定规定设立公司必须报经批准，或者公司经营范围中属于法律、行政法规或国务院决定规定在登记前须经批准的项目的，也要先行进行名称预先核准。公司申请名称预先核准，是公司启动设立申请程序的第一步。《企业名称登记管理规定》第三条规定："企业名称在企业申请登记时，由企业名称的登记主管机关核定。企业名称经核准登记注册后方可使用，在规定的范围内享有专用权。"公司只有经过名称预先核准后，才能够按照《公司法》和有关法律制度的规定，在银行申请开设临时账户，办理股东出资的存取和转账手续。预先核准的公司名称保留期为六个月。

（2）股份有限公司设立登记

设立股份有限公司，董事会应当于创立大会结束后 30 日内向公司登记机关申请设立登记。申请设立股份有限公司，应当向公司登记机关提交有关文件和证件。

（3）分公司设立登记

设立分公司的，应当自决定做出之日起 30 日内向公司登记机关申请登记；法律、行政法规规定必须报经有关部门审批的，应当自批准之日起 30 日内向企业登记机关申请登记。经登记的分公司不具备法人资格，但可以在授权权限范围内为相应的民事行为进行必要的诉讼活动。分公司的经营范围不得超出公司的经营范围。设立分公司，应当向公司登记机关提交有关文件和证件：公司法定代表人签署的设立分公司的登记申请书、公司章程及由公司登记机关加盖印章的《企业法人营业执照》复印件、营业场所使用证明、公司登记机关要求提交的其他文件。如果经营范围中有法律、行政法规规定必须报经审批的项目，应提交国家有关部门的批准文件。

2．变更登记

公司重大事项的变更必须办理变更登记，如公司名称、经营范围、法定代表人、住所、类型（股份有限公司或有限责任公司）、有限公司股东、股份公司的发起人姓名或名称的变更、增减注册资本、合并和分立等事项，但是董事、监事、高级管理人员不在其中。

3．注销登记

经公司登记机关注销登记，公司终止。按照《公司登记管理条例》第 36 条的规定，公司注销登记的申请由公司的清算组织进行，公司清算组织应当自公司清算结束之日起30日内向原公司登记机关申请注销登记，并提交有关文件和证件。

总结公司设立的程序流程如下：申请与受理→审查→核准→发照公司名称预先核准→缴纳登记费→登记。

3.3 有限责任公司的设立与组织机构

【经典案例：公司设立瑕疵】

2012年4月，湖北某船务有限公司与江苏某饮料厂在江苏某地共同发起设立江苏省双龙矿泉有限公司（以下简称双龙公司）。作为双龙公司的发起人，船务公司与饮料厂签订了一份发起人协议。主要内容为：

（1）饮料厂投入价值35万元人民币的厂房和生产必需设备，船务公司投入流动资金25万元人民币；

（2）公司设立股东会、董事会，董事会为公司决策机构和业务执行机构；

（3）出资各方按投资比例分享利润、分担风险；

（4）公司筹备具体事宜及办理注册登记时由饮料厂方面负责。

同年6月11日及7月19日，船务公司方面依协议约定分两次将25万元人民币投资款汇入饮料厂账户。此后，双方制定了公司章程，确定了董事会人选，并且举行了两次董事会议，并制订了生产经营计划。然而，上述程序完成后，双龙有限公司迟迟没有开展业务活动并且没有办理公司注册登记。尽管这一过程中船务公司方面曾向饮料厂催问数次，但是仍然未果。

2013年10月，由于双龙公司一直没有注册并开展活动，且湖北某船务公司方面经营情况需要，船务公司要求饮料厂退回其投资款。为此，双方发生争执。船务公司认为，由于饮料厂负责办理登记事宜而一直没有办理，致使双龙公司不能成立，因此所订协议无效，应退回投资款25万元人民币。饮料厂认为，双方签订协议、缴纳出资、制定章程、成立了董事会，至今已逾一年半时间。即使未办理登记手续，且是形式方面有欠缺，事实上公司已经成立。而且，双方所订协议是合法有效的，协议中并未规定饮料厂办理注册登记的期限，所以该协议至今仍为有效。船务公司要求全部退还投资款，属违约行为。因此，主张双方应继续合同，由饮料厂方面尽快办妥注册手续。

问题：

① 双龙矿泉有限公司在设立程序上是否存在瑕疵？如果有，请一一指出。

② 湖北某船务有限公司与江苏某饮料厂的协议是否有效？为什么？

③ 船务公司可否收回投资？为什么？

3.3.1 有限责任公司的含义

1. 有限责任公司的定义

有限责任公司也称有限公司，是依照公司法设立，由50个以下股东共同出资，每个股东以其认缴的出资额为限对公司承担有限责任，公司以其全部资产对公司的债务承担有限责任的企业法人。

2. 有限责任公司的特征

（1）全体股东以其认缴的出资额为限对公司债务负有限责任。

（2）股东的人数有法定的最高人数限制。

（3）公司事务、财务等由股东内部掌握。

（4）股东向股东以外的人转让股权有严格的限制。

3.3.2 有限责任公司的设立

1. 设立条件

（1）股东符合法定人数（人的条件）

出资人应该为 50 人以下，《公司法》（2005）将“2 人以上 50 人以下”改为“有限责任公司由 50 个以下股东出资设立”。一个人也可以成立有限公司，如成立一人公司或国有独资公司，这两种形式都属于有限责任公司的类型。之所以有 50 人的限制有两方面的考虑：一方面考虑到资合，所以人不能太少，人太少了影响资金实力；另一方面人也不能太多，因为不利于彼此的信任与合作。

（2）有符合公司章程规定的全体股东认缴的出资额

关于出资有出资额、出资方式、出资程序三个方面的问题。

① 出资额。此处是《公司法》（2014）最大修改之处。根据《公司法》（2005）的规定，股东出资达到法定资本最低限额，并且需要在规定的期限内缴足。根据《公司法》（2014），除对公司注册资本最低限额有另行规定的以外，取消了有限责任公司、一人有限责任公司、股份有限公司最低注册资本分别应达 3 万元、10 万元、500 万元的限制；不再限制有限责任公司设立时股东、股份有限公司采取发起设立的发起人的首次出资比例及货币出资比例。这样，更加方便投资者成立公司，进行创业投资。也就是说根据最新公司法，一元钱也可以成立公司了。

但法律法规另有规定的除外，如《商业银行法》对全国性商业银行、地方性商业银行都有不同的最低注册资本要求；《保险法》、《证券法》也对保险公司、证券公司等的最低注册资本有所要求。

② 出资方式：股东可以用货币出资，也可以用实物、知识产权、土地使用权等可以用货币估价并可以依法转让的非货币财产作价出资。这里的“等”还包括：股权、债权、采矿权、探矿权等，不包括劳务、信用、自然人姓名、商誉、特许经营权、设定担保的财产等。

③ 出资程序。以货币出资的应当将货币出资足额存入有限责任公司在银行开设的账户，以非货币财产出资的，应当依法办理财产权的转移手续。

股东缴纳出资后，无须验资机构验资和证明。过去在验资环节出现的问题颇多，如虚假验资、验资走过场、徒增投资者设立公司难度。《公司法》（2014）取消了公司设立环节的验资程序，未来公司登记过程中不再需要经过验资程序，节省费用，更加方便投资者投资创业。

（3）股东共同制定公司章程

公司章程是公司的行为准则，必须共同制定，体现公司的人合性，新法加大了公司章程的效力，所以十分重要。

有限责任公司章程应当载明下列事项：①公司名称和住所；②公司经营范围；③公司注册资本；④股东的姓名或名称；⑤股东的出资方式、出资额和出资时间；⑥公司的机构及其产生办法、职权、议事规则；⑦公司法定代表人；⑧股东会会议认为需要规定的其他事项。股东应当在公司章程上签名、盖章。

（4）有公司名称，建立符合有限责任公司要求的组织机构

有限责任公司应当在名称中标明“有限责任公司”或“有限公司”的字样；如“美国箭牌糖类有限公司”。

有限责任公司组织机构一般由股东会、董事会、监事会组成。

（5）有公司住所

公司的住所是公司主要办事机构所在地，经公司登记机关登记的公司的住所只能有一个。公司的住所应当在其公司登记机关辖区内。

2. 设立程序

（1）名称预先核准

发起人先向工商部门申请名称预先核准，可以在工商部门网站上进行。

（2）签订发起人协议

发起人协议是指发起人之间就设立公司事项所达成的明确彼此之间权利义务关系的书面协议。发起人协议在法律上被视为合伙协议，具有法律效力。

（3）订立公司章程

有限责任公司章程应当载明下列事项：①公司名称和住所；②公司经营范围；③公司注册资本；④股东的姓名或名称；⑤股东的出资方式、出资额和出资时间；⑥公司的机构及其产生办法、职权、议事规则；⑦公司法定代表人；⑧股东会会议认为需要规定的其他事项。股东应在公司章程上签名、盖章。

（4）特殊情形下的行政审批

公司设立一般实行准则主义，即只要符合公司法规定的设立条件，无须行政机关审批，就可以在工商行政管理机关注册登记而成立。

（5）发起人缴纳出资

由办理者持名称预先核准通知书到拟开户的银行开设临时账户。由股东按照章程或协议约定的数额向该临时账户注入资金，由银行出具出资证明。发起人可以用货币出资，也可以用实物、知识产权、土地使用权等可以用货币估价，并可以依法转让的非货币财产作价出资。

（6）申请设立登记

股东认足公司章程规定的出资后，由全体股东指定的代表或共同委托的代理人向公司登记机关报送公司登记申请书、公司章程等文件，申请设立登记。

（7）领取营业执照

公司营业执照的签发日期为有限责任公司的成立日期。向股东签发出资证明书，置备股东名册。

【经典案例分析：公司设立瑕疵】

① 存在瑕疵。第一，该设立中公司没有在银行开设临时账户，船务公司的出资汇入另一发起人饮料厂的账户上，这在程序上是有瑕疵的。第二，以非货币财产出资的，应当依法办理其财产权的转移手续，而饮料厂出资未办理过户手续。第三，协议规定由饮料厂办理设立登记而饮料厂迟迟没有办理。

② 该协议有效。其定约主体和内容均没有违法情况，当事人双方真实的意思表示一致。

③ 船务公司可以收回投资。首先，饮料厂未能在合理期限内，且经船务公司多次催告而没有办理公司注册登记，显然属于违约行为，根据我国合同法，船务公司有权要求解除协议，收回投资；其次，该饮料有限公司并未成立，根据公司法的规定，在公司登记即公司成立之前，股东可以抽回资金。

3.3.3　有限责任公司的组织机构

有限责任公司的内部运作实际上是仿照国家政权运行的模式，即权力机构、执行机构和监督机构相互制约，具体机构见图 3-1。

有限责任公司组织结构
- 权力机构：股东会
- 执行机构：董事会（执行董事）
- 监督机构：监事会（监事）

图 3-1　有限责任公司的组织机构

1．股东会

（1）股东会的性质

有限责任公司股东会是由全体股东组成的，是公司的必设机构。为了实现多数原则，必须由全体股东组成；股东会是公司的最高权力机构，享有决定公司一切重大事项的权力；但股东会是非常设机构。

（2）股东会的职权

根据《公司法》（2014）第 37 条，股东会行使下列职权：

① 决定公司的经营方针和投资计划；

② 选举和更换非由职工代表担任的董事、监事，决定有关董事、监事的报酬事项；

③ 审议批准董事会的报告；

④ 审议批准监事会或监事的报告；

⑤ 审议批准公司的年度财务预算方案、决算方案；

⑥ 审议批准公司的利润分配方案和弥补亏损方案；

⑦ 对公司增加或减少注册资本作出决议；

⑧ 对发行公司债券作出决议；

⑨ 对公司合并、分立、解散、清算或变更公司形式作出决议；

⑩ 修改公司章程；

⑪ 公司章程规定的其他职权。

对前款所列事项，股东以书面形式一致表示同意的，可以不召开股东会会议，直接作出决定，并由全体股东在决定文件上签名、盖章。

（3）股东会的会议种类

① 定期会议——例会或年会，由章程决定，可以是 1 年也可以是 1 个季度等，但是要按时召开。

② 临时会议——年会闭会期间，遇到特殊情况不定期召开。股东会在下列情况下可以召开：代表十分之一以上表决权的股东提议召开；三分之一以上的董事提议召开；监事会或不设监事会的公司的监事提议召开临时会议的。

（4）股东会的召集和主持

① 首次股东会议：由“出资最多”的股东召集和主持。

② 以后的会议：有限责任公司设立董事会的，股东会会议（两种会）由董事会召集、董事长主持，董事长不能履行职务或不履行职务的由副董事长主持，副董事长不能履行或不履行职务的，由半数以上董事共同推举一名董事主持；有限责任公司不设董事会的，股东会会议由执行董事召集和主持。董事会或执行董事不能履行或不履行召集股东会会议职责的，由监事会或不设监事会的公司的监事召集和主持；监事会或者监事不召集和主持的，代表十分之一以上表决权的股东可以自行召集和主持。

（5）会议通知

召开股东会会议，应当于会议召开十五日前通知全体股东；但是，公司章程另有规定或全体股东另有约定的除外。

（6）决议方式

① 表决权：由股东按出资比例行使表决权，但公司章程另有规定的除外。

② 特别决议：股东会会议作出修改公司章程、增加或减少注册资本的决议，以及公司合并、分立、解散或变更公司形式的决议，必须经代表三分之二以上表决权的股东通过。

2．董事会

（1）董事会的性质

董事会是依照有关法律、行政法规和政策规定，按公司或企业章程设立并由全体董事组成的业务执行机关。董事会是公司由股东会选举产生的，执行股东会决议。股东会与董事会的设置是为了让经营决策权与管理权相分离，现在董事会的职权越来越强，是公司中举足轻重的机构。

（2）董事会的组成

第一，由 3～13 名董事组成。规模小的公司不设董事会，只设 1 名执行董事。任期由章程决定，可以连选连任，但不超过 3 年。

第二，董事可以是股东，也可以不是股东（职工代表）。

第三，两个以上的国有企业或两个以上的其他国有投资主体投资设立的有限责任公司，其董事会成员中应有公司职工代表；其他有限责任公司董事会成员中可以有公司职工代表。董事会中的职工代表由公司职工通过职工代表大会、职工大会或其他形式民主选举产生。

第四，董事会设董事长一人，可以设副董事长。董事长、副董事长的产生办法由公司章程规定。

（3）董事会的职权

根据《公司法》（2014）第 46 条，董事会对股东会负责，行使下列职权：

① 召集股东会会议，并向股东会报告工作；

② 执行股东会的决议；

③ 决定公司的经营计划和投资方案；

④ 制订公司的年度财务预算方案、决算方案；

⑤ 制订公司的利润分配方案和弥补亏损方案；

⑥ 制订公司增加或减少注册资本及发行公司债券的方案；

⑦ 制订公司合并、分立、解散或变更公司形式的方案；

⑧ 决定公司内部管理机构的设置；

⑨ 决定聘任或解聘公司经理及其报酬事项，并根据经理的提名决定聘任或解聘公司副经理、财务负责人及其报酬事项；

⑩ 制定公司的基本管理制度；

⑪ 公司章程规定的其他职权。

（4）董事会的召集

董事会会议由“董事长”召集和主持，董事长不能履行或不履行职务的，由副董事长召集和主持，副董事长不能履行或不履行职务的由半数以上董事共同推举一名董事召集和主持。

（5）议事规则

根据《公司法》（2014）第 46 条的规定：“董事会的议事方式和表决程序，除本法有规定的，由公司章程规定；董事会应当对所议事项的决定作会议记录，出席会议的董事应当在会议记录上签名；董事会决议的表决实行一人一票。”应当注意，公司法的决议绝大多数实行“资本多数决”，而董事会的决议实行“人头决”，即一人一票。

3. 监事会

（1）监事会的性质

有限责任公司依法设立监事会或监事作为公司的日常监督机构，对股东会和全体职工负责。

（2）监事会的组成

有限责任公司设监事会，其成员不得少于三人。股东人数较少或规模较小的有限责任公司可以设 1～2 名监事，不设监事会。

监事会应当包括股东代表和适当比例的公司职工代表，其中职工代表的比例不得低于三分之一，具体比例由公司章程规定。监事会中的职工代表由公司职工通过职工代表大会、职工大会或其他形式民主选举产生。

监事会设主席一人，由全体监事过半数选举产生。监事会主席召集和主持监事会会议；监事会主席不能履行职务或不履行职务的，由半数以上监事共同推举一名监事召集和主持监事会会议。

董事、高级管理人员不得兼任监事。

（3）监事会的会议制度

监事会设主席一人，由全体监事过半数选举产生。监事会主席召集和主持监事会会议；监事会主席不能履行职务或不履行职务的，由半数以上监事共同推举一名监事召集和主持监事会会议。

监事的任期每届为三年。监事任期届满，连选可以连任。监事任期届满未及时改选，或者监事在任期内辞职导致监事会成员低于法定人数的，在改选出的监事就任前，原监事仍应当依照法律、行政法规和公司章程的规定，履行监事职务。

（4）监事会或监事的职权

根据《公司法》（2014）第53条和54条，监事会、不设监事会的公司的监事行使下列职权。

① 检查公司财务；

② 对董事、高级管理人员执行公司职务的行为进行监督，对违反法律、行政法规、公司章程或股东会决议的董事、高级管理人员提出罢免建议；

③ 当董事、高级管理人员的行为损害公司的利益时，要求董事、高级管理人员予以纠正；

④ 提议召开临时股东会会议，在董事会不履行本法规定的召集和主持股东会会议职责时召集和主持股东会会议；

⑤ 向股东会会议提出提案；

⑥ 依照本法第152条的规定，对董事、高级管理人员提起诉讼；

⑦ 监事的质询建议权与调查权：监事可以列席董事会会议，并对董事会决议事项提出质询或建议。

监事会、不设监事会的公司的监事发现公司经营情况异常，可以进行调查；必要时，可以聘请会计师事务所等协助其工作，费用由公司承担。

⑧ 公司章程规定的其他职权。

（5）监事会会议

① 监事会每年度至少召开一次会议，监事可以提议召开临时监事会会议。

② 监事会的议事方式和表决程序，除本法有规定的，由公司章程规定。

③ 监事会决议应当经半数以上监事通过。

④ 监事会应当对所议事项的决定作会议记录，出席会议的监事应在会议记录上签名。

4．经理

有限责任公司可以设经理，由董事会决定聘任或解聘。经理是负责公司日常经营活动的高级管理人员。

根据《公司法》（2014）第49条的规定，有限责任公司可以设经理，由董事会决定聘任或解聘。经理对董事会负责，行使下列职权：

① 主持公司的生产经营管理工作，组织实施董事会决议；

② 组织实施公司年度经营计划和投资方案；

③ 拟订公司内部管理机构设置方案；

④ 拟订公司的基本管理制度；

⑤ 制定公司的具体规章；

⑥ 提请聘任或者解聘公司副经理、财务负责人；

⑦ 决定聘任或者解聘除应由董事会决定聘任或者解聘以外的负责管理人员；

⑧ 董事会授予的其他职权。

公司章程对经理职权另有规定的，从其规定。

相关知识

经理人

经理又称经理人（CEO）是由董事会聘任的、主持日常经营工作的公司负责人。公司法修改以前经理特指总经理，修改以后包括大小经理，总经理划入了高级管理人员（高管）的范围。经理不是一个独立的组织机构，从法理上来看它是隶属于董事会的，由它聘任、向它负责，尽管许多国家把经理作为常设机构，但本次修改恢复了其本质，所以可以不设，不是必设机构，适应公司多样化的现实，因为经理权来源于董事权，是董事会的执行机关，因此股东会的职权中不涉及聘任经理，所以不可以越权选定经理。本次取消必设符合公司理论结构自治要求。

经理制的由来：1841 年 10 月 5 日，在英国连接马萨诸塞—纽约的西部铁路上，两列客车迎头相撞。一名乘客和一名列车员遇难身亡，另外，7 人受伤，一石激起千层浪，舆论铺天盖地批评老板没有能力管理现代企业，在马萨诸塞州议会的推动下，这个铁路公司进行了改革，建立各级责任制，选拔有管理能力的人担任领导，老板只拿红利，不管企业事务。这个改革的实质在于投资者和经营管理者的分离，立刻传遍美国。

经理只能是高级打工仔吗?

【经典案例：有限责任公司的组织机构】

甲、乙、丙三个国有企业投资设立有限责任公司丁，该公司设立董事会，成员为 14 人，其中由甲企业原副总经理 3 人、财务主管 2 人，乙企业原总经理、副总经理 5 人，丙企业原总经理、副总经理、财务人员 4 人组成，公司章程规定，董事每届任期 4 年，连选可以连任，4 个以上董事可以提议召开董事会，董事长有权解除董事职务，董事会同时决定设立监事会，成员为 6 人，任命 2 名召集人，其中一人为财务人员。问：在以上公司设立过程中有哪些行为违反《公司法》的规定?

【经典案例分析：有限责任公司的组织机构】

（1）有限责任公司董事会成员应为 3～13 人，本案为 14 人；有限责任公司设董事会，其成员为 3～13 人；但是，本法第 51 条另有规定的除外。

（2）两个以上国有企业投资设立的有限责任公司，其董事会成员中应有公司职工代表，本案则没有职工代表；45 条规定：两个以上的国有企业或两个以上的其他国有投资主体投资设立的有限责任公司，其董事会成员中应当有公司职工代表；其他有限责任公司董事会成员中可以有公司职工代表。董事会中的职工代表由公司职工通过职工代表大会、职工大会或其他形式民主选举产生。

（3）董事会任期最多不得超过 3 年，本案董事任期 4 年。《公司法》规定董事任期由公司章程规定，但每届任期不得超过三年。董事任期届满，连选可以连任。董事任期届满未及时改选，或者董事在任期内辞职导致董事会成员低于法定人数的，在改选出的董事就任前，原董事仍应当依照法律、行政法规和公司章程的规定履行董事职务。

（4）4 个以上董事可以提议召开董事会会议。公司法规定董事会会议由董事长召集和主持；董事长不能履行职务或者不履行职务的，由副董事长召集和主持；副董事长不能履行职务或者不履行职务的，由半数以上董事共同推举一名董事召集和主持。

（5）董事在任期届满前股东会不得无故解除其职务。

（6）监事会只能推选召集人，本案任命了2名；监事会设主席一人，由全体监事过半数选举产生。监事会主席召集和主持监事会会议；监事会主席不能履行职务或不履行职务的，由半数以上监事共同推举一名监事召集和主持监事会会议。

（7）董事会无权决定监事会的设立，应由股东会设立；有限责任公司设监事会，其成员不得少于三人。股东人数较少或规模较小的有限责任公司，可以设1～2名监事，不设监事会。监事会应当包括股东代表和适当比例的公司职工代表，其中职工代表的比例不得低于三分之一，具体比例由公司章程规定。监事会中的职工代表由公司职工通过职工代表大会、职工大会或其他形式民主选举产生。

（8）财务负责人不得兼任监事。第52条，董事、高级管理人员不得兼任监事。

3.3.4 一人有限责任公司

【经典案例：一人公司】

2006年1月，甲股份有限公司单独投资设立了乙、丙两家有限责任公司，分别出资3万元，首期出资为20%，并计划在2年内出资缴清。设立行为经过工商部门的要求进行了改正后该公司成立，3月份，丙公司和丁公司进行了一笔20万元的交易，拖欠货款，丁公司的律师经过调查发现，这笔交易是由甲公司进行操纵之下，利用丙公司的名义进行的。问：

（1）乙、丙两家一人公司的设立有无违法之处？

（2）就债权，丁公司如何维护自己的利益？

1. 一人有限责任公司的概念和特征

一人有限责任公司也称一人有限公司或者一人公司（以下简称一人公司），是指只有一个自然人股东或一个法人股东的有限责任公司。一人公司与一般的有限责任公司相比，具有如下法律特征。

（1）公司仅有一个股东，且该唯一股东持有公司的全部出资额或股份。

（2）一人公司的股东对公司的债务原则上承担有限责任，只要股东能将自己的财产和公司财产分开，法律即可承认一人公司的独立地位。这是与个人独资企业的本质区别。

（3）内部结构相对简单化。一人公司不设股东会，往往股东、董事、经理身份重合。

（4）只能是有限责任公司。我国《公司法》只承认一人公司，即只有一个自然人股东或一个法人股东的有限责任公司。

2.《公司法》对一人公司的特别规定

为加强对一人公司的监管，《公司法》规定了诸多特殊规则。

（1）明确公示其一人公司身份。在公司登记和营业执照中应载明自然人或法人独资的信息。

（2）转投资受到很大限制。一个自然人只能设立一个一人公司，且该一个有限公司不能投资设立新的一人公司。但此规定不适用于法人及其设立的一人公司。

（3）财务会计要求严格。一人公司应当在每一会计年度终了时编制财务会计报告，并经会计事务所审计。

（4）简化公司机关设置。不设股东会，公司章程和重大决策由股东作出，公司的经营方针和投资计划应以书面方式作出，并由股东签名后备置于公司。

（5）个案中适用股东有限责任的否认制度。一人公司股东不能证明公司财产独立于股东自己的财产的，应当对公司债务承担连带责任。

值得注意的是，《公司法》（2014）取消了一人公司的注册资本最低限额人民币十万元、一次足额缴纳的规定，实行较为宽松的资本制度。

3. 一人公司与其他企业类型的比较

由于一人公司和独资企业都是由一个投资主体投资设立的企业，因而有必要对二者进行比较，关于二者的区别，详见表 3-2。

表 3-2　一人公司与独资企业的区别

	一人公司	独资企业
成立依据	公司法	独资企业法
成立条件	严格	宽松
人格状态	法人	商个人
成员责任	有限责任	无限责任
信息披露	强制披露	工作要求

一人公司属于特殊的有限责任公司，有必要对一人公司和其他一般有限责任公司进行比较，关于二者的区别，详见表 3-3。

表 3-3　一人公司与一般有限责任公司的区别

	一人公司	一般有限责任公司
投资人	一个自然人股东或一个法人股东	有限责任公司由五十个以下股东出资设立
组织机构	不设股东会，其他机构可设	公司机构应当健全
转投资限制	一个自然人只能投资设立一个一人有限责任公司。该一人有限责任公司不能投资设立新的一人有限责任公司	无限制

【经典案例分析：一人公司】

（1）根据《公司法》（2014），该两个一人公司的设立没有违法之处。

首先，出资没有问题。新公司法取消了最低注册资本和一次足额缴纳的规定，所以出资没有问题。

其次，一个自然人只能投资设立一个一人有限责任公司；另外，该一人有限责任公司不能投资设立新的一人有限责任公司。但是法人除外，一家股份公司同时设立两家有限公司并不违法。

（2）一人有限责任公司的股东不能证明公司财产独立于股东自己的财产的，应当对公司债务承担连带责任。因为，由甲公司操纵丙公司，显然导致丙公司的人格在这笔交易中不独立，因此丁公司可以起诉请求人民法院在该个案中否定丙公司的人格，由甲、丙两家公司承担连带责任。

3.3.5 国有独资公司

【经典案例：国有独资公司】

A 企业为国家授权投资的机构出资设立的国有独资有限责任公司。公司无股东会，由董事会行使股东会的部分职权。董事会成员有 4 人，全部是国家投资的机构任命的干部，董事会决定董事长张某兼任另一有限责任公司的总经理。该企业于 2012 年 12 月参与投资一子公司，该公司在河北衡水，为一有限责任公司。企业对此子公司投资 1000 万元，该子公司自有国有资产 2000 万元，加上公司投资全部资产为 3000 万元。在某一大型投资活动中，该子公司投入资金 2000 万元，再加上银行贷款 1000 万元。由于投资决策失误，该子公司的资本无回，全部亏损 3000 万元，被申请破产。该子公司在上级主管部门申请下提出和解协议，要求进行整顿。在整顿期间该子公司决定放弃原母公司对其的欠款 50 万元，并且将自己的一些设备无偿转让给母公司。债权人知道后向法院申报，要求终结该企业的整顿，宣告其破产。问：

（1）该国有独资公司董事会的组成在哪些方面违反了公司法的规定？

（2）该国有独资公司是否应对河北衡水子公司的全部债务承担连带责任？为什么？

（3）债权人的申请能否得到法院的支持？为什么？

（4）子公司无偿转让给母公司的设备应如何处理？

（5）子公司破产应适用哪一部立法？为什么？

1. 国有独资公司的概念和特征

国有独资公司，是指国家单独出资、由国务院或地方人民政府授权本级人民政府国有资产监督管理机构履行出资人职责的有限责任公司。相较其他有限责任公司，国有独资公司具有如下特征。

（1）投资者的单一性、特定性。国有独资公司为国家单独出资，由国务院或者地方人民政府授权本级人民政府国有资产监督管理机构开办。重要的国有独资公司按照国务院的规定确定。

（2）投资者责任的有限性。国有独资公司属于有限公司的一种特殊形式，公司投资者（股东）仅以出资额为限对公司债务承担有限责任。国有独资公司章程由国有资产监督管理机构制定，或者由董事会制定报国有资产监督管理机构批准。

（3）财产的国有性。投资的财产是属于国家所有的，国家是股东，所以企业财产仍具有国家所有的特性。

2. 组织机构

（1）股东会职权的行使

国有独资公司不设股东会，由国有资产监督管理机构行使股东会职权。国有资产监督管理机构可以授权公司董事会行使股东会的部分职权、决定公司的重大事项，但公司的合并、分立、解散、增减注册资本和发行公司债券等重大行为，必须由国有资产监督管理机构决定；其中，重要的国有独资公司合并、分立、解散、申请破产的，应当由国有资产监督管理机构审核后，报本级人民政府批准。

（2）董事会和经理

国有独资公司董事会的法定职权大于一般有限责任公司。

① 董事每届任期不得超过三年。董事会中必须包括职工代表，职工代表由职工代表大会选举产生；其他董事由国有资产监督管理机构委派。

② 设董事长 1 人，“可以”设副董事长也可以不设。

③ 董事长、副董事长由国有资产监督管理机构从董事会成员中“指定”。

④ 国有独资公司的董事长、副董事长、高管、董事未经国有资产监督管理机构同意不得在其他公司兼职。

⑤ 国有独资公司设经理，由董事会聘任或解聘。

（3）监事会

国有独资公司监事会成员不得少于 5 人，其中职工代表的比例不得低于三分之一，具体比例由公司章程规定。监事会成员由国有资产监督管理机构委派；但是，监事会中的职工代表由公司职工代表大会选举产生。监事会主席由国有资产监督管理机构从监事会成员中指定。

监事会的职责以财务监督为主，确保国有资产不受侵害。监事会不参与、不干预企业的经营决策和经营管理活动。

【经典案例分析：国有独资公司】

（1）首先，国有独资公司设董事会，董事每届任期不得超过三年。董事会成员中应当有公司职工代表。董事会成员由国有资产监督管理机构委派。但是，董事会成员中的职工代表由公司职工代表大会选举产生。本案件中，该国有独资公司董事会没有职工代表；董事长兼任其他有限公司的总经理必须经过国有资产监管机构的同意。

（2）公司是企业法人，有独立的法人财产，享有法人财产权。公司以其全部财产对公司的债务承担独立责任。本案件中对衡水子公司的债务不承担连带责任，应当以出资承担有限责任，因为该子公司为独立人格的法人。

（3）法院应当支持，因为企业在破产整顿期间进行了破产无效行为，应当停止整顿，直接进入破产清算程序。

（4）由清算组作为权利主体主张追回，列入破产财产。因为在清算阶段，由清算组代表破产企业行使企业权利。

（5）国有企业的破产适用《企业破产法》。

3.4　有限责任公司的股权转让

【经典案例：股权转让】

某有限责任公司的股东甲、乙都想转让其股份，甲直接将其股份转让给了同为该有限责任公司股东的丙，乙预将其股份转让给该有限责任公司股东以外的丁，该有限责任公司的另一股东戊得知后也很想以同样的价格购买乙的股份，但乙以其已同丁达成协议为由拒绝了戊的要求。

问题：

（1）甲、乙分别向丙、丁转让其股份的效力如何？

（2）戊能否得到乙的股份？

《公司法》(2014)第35条规定:“(有限责任)公司成立后,股东不得抽逃出资。”但这并不是说公司股东在任何情况下都不得退出公司。根据《公司法》规定,有限责任公司股东可以通过股权转让、退股两种方式退出公司。

3.4.1 股权转让

股权转让是指股东将自己依据股东身份而享有的权利按照一定的程序让与他人,转让人丧失股东资格及股东权,受让人取得股东资格及股东权的行为。有限责任公司虽为资合公司,但有人合因素,因此我国《公司法》对股权转让做了较多限制。

1. 股东间转让

根据《公司法》(2014)第71条第1款和第4款的规定,有限责任公司的股东之间可以相互转让其全部或部分股权。可见,一般情况下,股东间可以自由地转让股权。但是,公司章程对股权转让另有规定的,从其规定。可见,公司法对股东之间转让股权没有限制。

2. 向股东以外的人转让

根据《公司法》(2014)第71条第2款规定,股东向股东以外的人转让股权,应当经其他股东过半数同意。股东应就其股权转让事项书面通知其他股东征求同意,其他股东自接到书面通知之日起满三十日未答复的,视为同意转让。其他股东半数以上不同意转让的,不同意的股东应当购买该转让的股权;不购买的,视为同意转让。

经股东同意转让的股权,在同等条件下,其他股东有优先购买权。两个以上股东主张行使优先购买权的,协商确定各自的购买比例;协商不成的,按照转让时各自的出资比例行使优先购买权。公司章程对股权转让另有规定的,从其规定。

综上,有限责任公司股东对外转让股权时,分如下几步。

第一,股东应就股权转让事项书面通知其他股东征求同意,其他股东自接到书面通知之日起满三十日未答复的,视为同意转让。

第二,其他股东半数以上不同意转让的,不同意的股东应当购买该转让的股权,不购买的,视为同意转让。

第三,经股东同意转让的股权,在同等条件下,其他股东有优先购买权。

同等条件包括股价、付款期限、付款次数、是否设定担保等合同的主要条款。这里其他股东的表决看似不起作用,实际上这种表决的意义在于确保其他股东的“优先购买权”。

第四,两个以上股东主张行使优先购买权的,协商确定各自的购买比例,协商不成的,按照转让时各自的出资比例行使优先购买权。

3. 法院强制转让股东权

《公司法》(2014)第71条第3款:“人民法院依照法律规定的强制执行程序转让股东的股权时,应当通知公司及全体股东,其他股东在同等条件下有优先购买权。其他股东自人民法院通知之日起满20日不行使优先购买权的,视为放弃优先购买权。”股东个人负债,法院可以强制执行其在公司中的股权,但应提前通知公司与其他股东,其他股东有优先购买权,20日内行使,否则丧失优先权。

具体程序:注销原股东出资证明书——签发新股东出资证明书——改章程、股东名册。

3.4.2　退股

特殊情况下的股权可采取退股的方式转让。有下列情形之一的，对股东会该项决议投反对票的股东可以请求公司按照合理的价格收购其股权。

（1）不分红。公司连续五年不向股东分配利润，而公司该五年连续盈利，并且符合本法规定的分配利润条件的。

（2）合并分立。公司合并、分立、转让主要财产的。

（3）解散事由发生。公司章程规定的营业期限届满或者章程规定的其他解散事由出现，股东会会议通过决议修改章程使公司存续的。

股东要行使其退股的权利，必须符合上述三种法定情形之一。上述三种情形都属于公司存续期间很难出现的情形。除上述三个法定退股情形外，在现行法律框架下股东想退股是没有相关法律依据的。具体程序：自股东会会议决议通过之日起六十日内，股东与公司不能达成股权收购协议的，股东可以自股东会会议决议通过之日起九十日内向人民法院提起诉讼。

【经典案例分析：股权转让】

（1）甲向丙转让股份是有效的，因为我国公司法规定，股东之间相互转让股份，无须经过股东会同意，只要通知其他股东即可。乙向丁转让股份无效，因为我国公司法规定，股东向股东以外的人转让其出资时，必须经全体股东过半数同意。乙向丁转让股份未经过此法定程序。参见《公司法》第 71 条：有限责任公司的股东之间可以相互转让其全部或部分股权。股东向股东以外的人转让股权，应当经其他股东过半数同意。股东应就其股权转让事项书面通知其他股东征求同意，其他股东自接到书面通知之日起满三十日未答复的，视为同意转让。其他股东半数以上不同意转让的，不同意的股东应当购买该转让的股权；不购买的，视为同意转让。

（2）戊能以同样的价格得到乙的股份。因为我国公司法规定，经股东同意转让的出资，在同等条件下，其他股东对该出资有优先购买权。参见《公司法》第 71 条：经股东同意转让的股权，在同等条件下，其他股东有优先购买权。两个以上股东主张行使优先购买权的，协商确定各自的购买比例；协商不成的，按照转让时各自的出资比例行使优先购买权。

3.5　股份有限公司的设立和组织机构

“假如必须等待积累去使某些单个资本增长到能够修建铁路的程度，那么恐怕直到今天还没有铁路。但是集中通过股份公司，转瞬之间就把这事完成了。”——《资本论》

3.5.1　股份有限公司的概念和特征

股份有限公司是指公司将全部资本划分为等额股份，并通过发行股票来筹集资本，股东以其认购的股份为限对公司承担有限责任，公司以其全部资产对公司债务负责的企业法人。股份有限公司简称股份公司。股份有限公司具有如下特征。

1. 具有典型的资合性

股份有限公司的信用基础为公司资本，而非股东个人信用。股东之间主要以财产为连接，彼此之间无须存在特殊的信赖和信任。股份具有流通性，股东也在不断的变化中。因此，股份有限公司是典型的资合性公司。

2．股东责任有限性

股份有限公司的股东仅以其认购的股份为限对公司承担责任。

3．公司资本股份性

股份是股东对股份有限公司的出资所形成的公司资本，经等比例分割后所形成的均等份额。根据《公司法》，股份有限公司的全部资产划分为等额股份。

4．公司股票的流通性

股票是公司签发的证明股东所持股份的凭证，是股份的表现形式。股票原则上可以自由买卖和流通。如上市交易则要在证券交易所挂牌交易。

5．公司信息公开程度较高

由于股票可以自由交易，这使股份有限公司更适合成为公众的投资对象。为保护投资者的利益，公司在发行股票和持续经营中，应当承担向公众或投资者公开相关信息的责任。

6．公司发起人的人数受到特殊限制

发起人是筹办公司设立事务并承担设立失败风险的人。在公司设立完成后，发起人通常转变为股东，称“起人股东”。《公司法》（2014）第 78 条规定：设立股份有限公司，应当有 2～200 的发起人，其中须有半数以上在中国境内有住所。

3.5.2　股份有限公司的设立

1．股份公司设立的方式

（1）发起设立：由发起人认购公司的全部股份。

（2）募集设立：由发起人认购公司的一部分股份，其余部分向社会公开募集或向特定的人招募。可公募可私募，公募就是向社会公众公开募集，而私募则是向具体的私人定向募集。

2．股份公司的设立条件

（1）发起人符合法律规定。

发起人应当在二人以上二百人以下，且其中须有半数以上在中国境内有住所。发起人又称创办人，是股份公司特有的概念，指依法办理股份公司筹备事项的人，自身也是投资人。

有限责任公司的设立只有一种方式，即发起设立，公司设立时的股东与成立后的股东范围一致。而股份有限责任公司的设立有发起设立和募集设立两种方式。在后一种设立方式中，发起人和股东的范围不相同。所以有必要明晰一下股份有限公司设立前后的一些变化，详见表 3-4。

表 3-4　股份有限公司设立前后的比较

登记前	登记后
认股人、发起人	股东
认股书	股票
创立大会	股东大会

续表

登记前	登记后
选举董事会、监事会（发起设立中，股东大会选举）	更换
通过章程	修改
三种情形可以撤资	不可以
发起人合伙	法人
认股人对出资财产仍享有所有权	公司财产

（2）有符合公司章程规定的全体发起人认购的股本总额或募集的实收股本总额。

《公司法》（2014）对此做了比较大的修改，大致有如下三点。

① 取消最低资本限额。

《公司法》（2014）取消了股份公司法定资本最低限额的规定，当然法律、行政法规及国务院决定对股份有限公司注册资本实缴、注册资本最低限额另有规定的，从其规定。

② 取消发起设立发起人首次出资比例和出资期限的要求。

《公司法》（2005）规定，公司全体发起人首次出资额不得低于注册资本的 20%，其余部分由发起人自公司成立之日起 2 年内缴足，投资公司可以在 5 年内缴足。《公司法》（2014）不再做这样的要求。

③ 不再规定货币出资比例。

《公司法》（2005）规定，发起人可以用货币出资，也可以用实物出资、知识产权、土地使用权等可以用货币估价并可以依法转让的非货币财产作价出资。全体发起人的货币出资金额不得低于注册资本的百分之三十。其他认股人只可用货币出资。《公司法》（2014）对出资形式的规定没有变化，只是取消了全体发起人的货币出资金额不得低于注册资本的百分之三十的规定。取消公司出资中现金比例的最低限制，有利于技术型公司的成立和创业企业的发展。

④ 募集设立的特殊规定。

在采取募集设立的股份有限公司中，《公司法》（2014）未作变更，在 80 条和 84 条分别做了规定。股份有限公司采取募集方式设立的，注册资本为在公司登记机关登记的实收股本总额。以募集设立方式设立股份有限公司的，发起人认购的股份不得少于公司股份总数的百分之三十五；但是，法律、行政法规另有规定的，从其规定。

（3）股份发行、筹办事项符合法律规定，主要对发起人行为做要求。以募集设立方式设立公司的，发起人认购的股份不得少于公司股份总数的百分之三十五。

（4）发起人制订公司章程，采取募集方式设立的经创立大会通过。经“出席会议”的认股人所持表决权“过半数”通过。

（5）有公司名称，建立符合股份有限公司要求的组织机构。

（6）有公司住所。

3．股份有限公司的设立程序

（1）发起设立的程序

① 发起人订立公司章程。

② 发起人书面认购股份：发起人以书面形式认足公司章程规定其认购的股份，在公司登记机关登记的全体发起人认购的股本总额为公司的注册资本。

③ 发起人缴纳股款：普除法律法规另有规定外，通的股份公司不再设定最低股本限制，发起人按照章程规定缴纳其股款即可。

④ 发起人组建公司机构：发起人首次缴纳出资后，应当选举董事会和监事会。

⑤ 申请设立登记：由董事会向公司登记机关报送公司章程及法律、行政法规规定的其他文件，申请设立登记，不再需要经过验资程序。营业执照签发日期为企业成立日期。

（2）募集设立的程序

① 发起人订立公司章程并认购股份：在募集设立中，发起人应该一次性足额认缴其股份，发起人认购的股份不得少于公司股份总数的百分之三十五；但是，法律、行政法规另有规定的，从其规定。

② 对外募股：认股人认股。发起人向社会公开募集股份，必须公告招股说明书，并制作认股。

③ 缴纳股款：发行股份的股款缴足后，必须经依法设立的验资机构验资并出具证明。

值得注意的是，在有限责任公司和发起设立的股份公司，公司法不要求验资程序，但采募集设立的股份公司，因为关乎其他投资人的利益，仍需要法定的验资机构验资。

④ 召开创立大会：创立大会是在股份有限公司募集设立过程中由发起人、认股人所组成的决议机构。发起人应当自股款缴足之日起三十日内主持召开公司创立大会。

⑤ 申请设立登记：董事会应于创立大会结束后三十日内，向公司登记机关报送有关文件，申请设立登记。以募集方式设立股份有限公司公开发行股票的，还应当向公司登记机关报送国务院证券监督管理机构的核准文件。营业执照签发之日，公司即告成立。

4．发起人的责任

（1）设立费用的连带责任：公司不能成立时，对设立行为所产生的债务和费用负担连带责任。

（2）返还责任与连带责任：公司不能成立时，对认股人已缴纳的股款，负返还股款并加算银行同期存款利息的连带责任。

（3）股款的补足责任与连带责任：股份公司成立后，发起人未按照公司章程的规定缴足出资的，应当补交，其他发起人承担连带责任。发现作为设立公司出资的非货币财产的实际价格显著低于公司章程所定价额的，应当由缴纳该出资的发起人补足其差额；其他发起人承担连带责任。

（4）赔偿责任：在公司设立过程中，由于发起人的过失致使公司利益受到损害的，应当对公司承担赔偿责任。

3.5.3 股份公司的组织机构

1．股东大会

（1）股东大会的性质

股东大会由全体股东组成，是公司的权力机构和组成决策机构。股东是指股份有限公司的投资人，又称股份持有人。股东包括三类：

① 发起人，即公司设立阶段的创办人；

② 募集设立中社会上的认股人；

③ 公司成立后通过购买股票而向公司投资的人。

无论以何种方式成为股东，享有的权利和承担的义务是相同的。

（2）股东大会的职权

股份有限公司股东大会的职权与前述有限公司股东会的职权大致一样，但上市公司还有特别规定。《公司法》（2014）第 121 条规定：上市公司在一年内购买、出售重大资产或担保金额超过公司资产总额百分之三十的，应当由股东大会作出决议，并经出席会议的股东所持表决权的三分之二以上通过。

上市公司是股份有限公司的一种，是指所发行的股票经过国务院或国务院授权的证券管理部门批准在证券交易所上市交易的股份有限公司。

（3）股东大会的形式

股东大会为非常设机构，所以分为年会和临时会。

① 年会：每年召开一次（12 个月一次）（英国两次年会，不超过 15 个月；美国两次年会，不超过 13 个月。）

② 临时会：两次年会期间不定期召开。根据《公司法》（2014）公司法第 100 条的规定，有下列情形之一的，应当在两个月内召开临时股东大会：a. 董事人数不足本法规定人数或公司章程所定人数的三分之二时；b. 公司未弥补的亏损达实收股本总额三分之一时；c. 单独或合计持有公司百分之十以上股份的股东请求时；d. 董事会认为必要时；e. 监事会提议召开时；f. 公司章程规定的其他情形。

（4）股东大会的议事规则

① 召集人：一般由董事会召集、董事长主持。

② 召集程序：因股东大会涉及人数众多，事情重大，所以要提前以书面形式通知或公告股东，并赋予股东提案权。应当将会议召开的时间、地点、和审议事项于会议召开 20 日前通知各股东（有限责任公司为 15 日前），临时股东大会应当于会议召开 15 日前通知各个股东（有限责任公司没提应当为 15 日），发行无记名股票的应于会议召开 30 日前公告会议召开的时间、地点和审议事项。

为保护中小股东利益，《公司法》（2005）新增加了小股东提案权的规定，即单独或合计持有公司 3%以上股份的股东，可在股东大会召开 10 日前提出临时提案，股东大会应当在收到提案 2 日内通知其他股东，并将该临时提案提交股东大会审议。

为防止有人临时动议重大事项，导致少数人操纵公司，公司法规定股东大会不得对以上两款中（通知、提案）未列明的事项做出决议。

（5）股东大会决议

股东大会决议实行一股一票制的原则，但公司持有本公司股份等无表决权股除外。根据决议事项的重要程度，可将股东大会决议分为一般决议和特别决议。

① 一般决议：应当由“出席会议”股东（而非全体股东）所持表决权过半数通过。

② 特别决议：修改公司章程、增加或减少注册资本的决议，以及公司合并、分立、解散或变更公司形式的决议，必须经出席会议的股东所持表决权的三分之二以上通过。

（6）会议记录

股东大会应对所议事项的决定做成会议记录，股东大会主持人、出席会议的董事应在记录上签名。当股东大会会议违法时，会议记录可以作为违法的依据，记录中写明决议时不同意的董事可以免责。

相关知识

累计投票制

股东大会选举董事、监事，可以根据公司章程的规定或股东大会的决议，实行累积投票制。累积投票制是指股东大会选举董事或监事时，每一股份拥有与应选董事或监事人数相同的表决权，股东拥有的表决权可以集中使用，按得票多少依次决定董事入选的表决权制度。

例如，某公司要选5名董事，公司股份共1000股，股东共10人，其中1名大股东持有510股，即拥有公司51%的股份；其他9名股东共计持有490股，合计拥有公司49%的股份。若按直接投票制度，每一股有一个表决权，则控股51%的大股东就能够使自己推选的5名董事全部当选，其他股东毫无话语权。但若采取累积投票制，表决权的总数就成为1000×5=5000票，控股股东总计拥有的票数为2550票，其他9名股东合计拥有2450票。根据累积投票制，股东可以集中投票给一个或几个董事候选人，并按所得同意票数多少的排序确定当选董事，因此从理论上来说，其他股东至少可以使自己的2名董事当选，而控股比例超过半数的股东也最多只能选上3名自己的董事。

计算公式：

可得席位数 Y=股份比例 a×总股份数 S×(席位数 N+1)/(总股份数 S+1/席位数 N+1)

即 $Y=aS(N+1)/(S+1/N+1)$

依前例，可得席位数 $Y=0.49\times1000(5+1)/(1000+1/5+1)=2.936$，即最少可以得到5个席位中的2个。

2．董事会

有限责任公司与股份有限公司的董事会的性质和职权一样，只是组成人数和会议制度有所不同。

（1）董事会的组成

股份有限公司设董事会，其成员为5～19人。董事会成员中可以有公司职工代表。董事会中的职工代表由公司职工通过职工代表大会、职工大会或其他形式民主选举产生。董事的任期、董事会的职权与有限责任公司的规定相同。

董事会设董事长一人，可以设副董事长。董事长和副董事长由董事会以全体董事的过半数选举产生。董事长召集和主持董事会会议，检查董事会决议的实施情况。副董事长协助董事长工作，董事长不能履行职务或不履行职务的，由副董事长履行职务；副董事长不能履行职务或不履行职务的，由半数以上董事共同推举一名董事履行职务。

（2）董事会会议的召开

董事会每年度至少召开两次会议，每次会议应当于会议召开十日前通知全体董事和监事。代表十分之一以上表决权的股东、三分之一以上董事或监事会，可以提议召开董事会临时会议。董事长应当自接到提议后十日内，召集和主持董事会会议。董事会召开临时会议，可以另定召集董事会的通知方式和通知时限。

（3）董事会会议的表决

董事会会议有“过半数”的董事出席方可举行。不能出席会议的董事可以书面委托其他董事。与股东大会的表决方式不同，董事会实行“人头决”，一人一票制，决议必须经全体董事的过半数通过。

① 事会会议应有“过半数”的董事出席方可举行。

② 董事会做出决议必须经“全体”（而非出席）董事的“过半数”通过。

以上①②可以总结成董事会表决“两个过半数”。

③ 董事因故不能参加会议的，可以“书面”（不能口头）委托其他“董事”（不能是非董事）代为出席，委托书中应载明授权范围。

④ 董事会的会议记录由“出席会议”的董事签名；而股东大会会议记录由“主持人、出席会议的董事”，而非“股东”签名。

3．监事会

股份公司与有限公司的监事会的组成、职权基本相同，主要区别在于会议频率：有限公司的监事会每年至少召开一次，股份公司则每 6 个月至少召开一次，即每年至少召开 2 次。不可设执行监事，必须设监事会，可以设副主席。

4．经理

股份有限公司设经理，由董事会决定聘任或解聘。《公司法》关于有限责任公司经理职权的规定适用于股份有限公司经理。公司董事会可以决定由董事会成员兼任经理。

3.5.4 上市公司组织机构的特别规定

1．上市公司的概念

上市公司是指所发行的股票经过国务院或国务院授权的证券管理部门批准，在证券交易所上市交易的股份有限公司。上市公司除具备一般股份公司的一般属性外，还具有下列特点。

（1）上市公司股票在证券交易所上市。证券交易所是依据国家有关法律、经政府证券主管机关批准设立的集中进行证券交易的有形场所。唯有股票在证券交易所上市交易的股份有限公司才是上市公司。

（2）上市公司是股份有限公司。股份有限公司可以是非上市公司，但上市公司必须是股份有限公司。

（3）法律对上市公司规定有特殊的规则。由于上市公司是公众持股的公司，为了保护公众投资者的利益，上市公司应遵守特殊的规则。根据我国《证券法》的相关规定，上市公司必须更严格地履行信息披露义务，必须设立上市公司特有的公司机关，必须遵守特有的决议规则，必须接受证券监督管理机构的监督。

2．股票上市的条件

根据《证券法》第 50 条，股份有限公司申请股票上市，应当符合《证券法》规定的下列条件：①股票经国务院证券监督管理机构核准已公开发行；②公司股本总额不少于人民币三千万元；③公开发行的股份达到公司股份总数的百分之二十五以上；公司股本总额超过四亿元人民币的，公开发行股份的比例为百分之十以上；④公司最近三年无重大违法行为，财务会计报告无虚假记载。证券交易所可以规定高于前款规定的上市条件，并报国务院证券监督管理机构批准。国家鼓励符合产业政策并符合上市条件的公司股票上市交易。

3．上市公司董事会秘书与独立董事

（1）上市公司设董事会秘书，负责公司股东大会和董事会会议的筹备、文件保管及公司股东资料的管理、办理信息披露事务等事宜。

（2）上市公司独立董事是指不在上市公司担任除董事外的其他职务，并与其所受聘的上市公司及其主要股东不存在可能妨碍其进行独立客观判断关系的董事（持股 1%以下的股东有担任独立董事的可能性）。独立董事对控股股东、董事、高级管理人员、关联交易进行监督。目的是维护公司整体利益，尤其要关注中小股东的合法权益不受损害，享有特殊职权。独立董事应当由具有专业知识、社会信誉好的人士担任。

4．上市公司的信息披露义务

根据《证券法》，上市公司有持续信息公开的义务，依法披露其信息，必须真实、准确、完整，不得有虚假记载、误导性陈述或重大遗漏。上市公司主要通过编制定期或临时报告履行信息披露义务，如中期报告、年度报告、重大事件临时报告等。

5．增加股东大会特别决议事项——重大资产处置

因上市公司涉及公共利益，上市公司在一年内购买、出售重大资产或担保金额超过公司资产总额的 30%的，应当由股东大会作出决议，并经出席会议的股东表决权的三分之二以上通过。

6．增设关联关系董事的表决权排除制度

上市公司董事与董事会会议决议事项所涉及的企业有关联关系的，不得对该项决议行使表决权，也不得代理其他董事行使表决权。该董事会会议由半数的无关联关系董事出席即可举行，董事会会议所作决议须经无关联关系董事过半数通过。出席董事会的无关联关系董事人数不足 3 人的，应将该事项提交上市公司股东大会审议。

7．控股股东

控股股东是指其出资额占有限责任公司资本总额百分之五十以上或其持有的股份占股份有限公司股本总额百分之五十以上的股东；出资额或持有股份的比例虽然不足百分之五十，但依其出资额或持有的股份所享有的表决权已足以对股东会、股东大会的决议产生重大影响的股东。

8．上市公司关联交易

上市公司关联交易指上市公司及其控股子公司与关联人之间发生的转移资源或义务的事项。包括但不限于下列事项。

例：甲上市公司共有董事 9 人，其中股东乙企业派出的董事有 4 人。如果甲上市公司与股东乙企业进行关联交易，在董事会对该项关联交易进行表决时：①关联股东乙企业派出的那 4 名董事不能行使表决权，也不得代理其他董事行使表决权。②剩下的无关联关系的董事为 5 名，如果剩下的无关联关系懂事有 3 人出席（过了无关联关系董事的半数），即可召开董事会议，决议需要经无关联关系董事（5 人）的过半数 3 人通过。③剩下的无关联关系的董事为 5 名，如果其中有 2 人出席（不足 3 人，无法正常开会了），应将该事项提交上市公司股东大会审议。

3.6 股份有限公司的股份发行和转让

3.6.1 股份的发行

1. 股份和股票的含义

（1）股份的含义：股份有限公司的资本划分成的均等份额，按相等金额或按相同比例平均划分股份公司资本的基本计量单位，代表股东在公司中的权利和义务。从公司资本角度看：股份是公司资本的最小构成单位，是不可细分的资本计算单位；从股东角度看：是股东权利和义务的计算单位，分红担责都以拥有股份为准；从股份本身来看：通过股票形式表现出来的价值，是一定份额的财产价值的抽象概念，是股票的实质内容，而股票则是股份的表现形式。

股份具有如下特点。①金额性：股份代表一定的金额。②平等性：每一股份所代表的公司资本额相等，每一股份所代表的股东权相等。③不可分性：最小的计量单位，即使一万元一股也不能再分。④可转让性：本质特征，股份公司是典型的资合公司，股份原则上都可以自由转让，除法律特别规定外，公司一般不得以章程或其他方式限制股份的可转让性，不同种类的股份其转让方式条件不同。⑤证券性：以股票为表现形式，故具有证券性，所以在股票上实际上存在两种权利——证券所有权和股东权。

（2）股票的含义：公司签发的证明股东所持股份的书面凭证。股票一般采用书面形式，现多为电子证券，计算机联网为其提供了必要的物质基础。

股票具有如下特征：①股票是有价证券，具有财产价值；②股票是证权证券，是股权的证明，这一点与作为设权证券的汇票、支票、本票有本质区别；③股票是要式证券，股票应当符合法定的格式；④股票是流通证券，可交易流通。

相关知识

注册资本与股份、股票相关概念

股份公司的注册资本=股票总量=股本总额，我国股票都按 1 元钱拆分（只有极个别股票除外，如资金矿业），股本=股票面额，增资即增发股票，减资即回购、销毁股票，确保二者相等。

有限公司和股份公司的出资凭证的区别：有限公司的出资凭证为出资证明书；而股份公司的出资凭证则为股票，但上市公司的股票都数字化了，就是一个交易号。

股份、股权、股票的关系：股东向公司出资而形成的份额，在股份有限公司称股份，在有限公司称出资额，二者通用的词是股权。

2. 股份、股票的分类

（1）普通股和特别股

根据股东享有权利、承担风险的不同，可将股份分为普通股和特别股。

① 普通股：对公司权利一律平等，无任何区别待遇的股份。它是公司资本构成中最基本的股份，也是风险最大的股份，其特点是股息不固定，在股票分配与清算时排在债权人和优先股股东之后，所以持这种股票的股东要参加股东大会并行使表决权。（权利义务对等，风险大，有表决权。）

② 特别股：股份所代表的权利和义务有特别内容的股份。股息固定，风险小。特别股又分为优先股和劣后股。

优先股：优于普通股获得特定权利的股份。其特点是：股息率一般固定不变，表现出债权性质，是介于普通股与债券之间的证券。优先股不同于债券。债券，即使公司不盈利也要付利息，优先股则公司不盈利时不付利息，只是股息固定。优先股先于普通股领取股息，可优先分配公司财产，破产清算时先于普通股优先受偿。如财产分配殆尽，普通股就不分红。就股权行使而言，一般不参加公司红利分配，无表决权。

劣后股：又称后配股，是指在公司盈余、公司剩余财产分配给普通股之后才能参加分配的股份。发起人股、管理人股多为后配股。

相关知识

为何会产生优先股？

最早起源于欧洲，英国早在16世纪就有优先股，但几百年来一直没有发挥作用。20世纪，随着公司的发展，公司急需大量资本，由于炒股具有很强的风险性，股息不固定，所以限制了融资规模。优先股制度适应这种需要开始复苏。股东的部分风险转移到公司，减轻投资人的负担。那么在什么条件下发行优先股？①为了清偿公司债务：因为股息固定，所以大家愿意投资，且股息比债券高。公司此时也是不得已而为之。但比债券给公司带来的风险小。②帮助公司度过财政难关：有一个大项目，公司一下子拿不出那么多现金，以此融资。③希望增加公司资本又不愿影响现在股东的控制权，所以优先股无表决权。

（2）记名股和无记名股

根据股票票面是否记载股东姓名可将股票分为记名股和无记名股。

① 记名股要在票面上写明持有人身份，并在股东名册上也要写明姓名，不怕丢、可挂失。必须背书转让。法人必须发行记名股，因为自身实力雄厚，占股份比例大。发起人责任重大，必须发行记名股。其目的是维持公司稳定性，避免交易的不确定性，使交易相对人比较清楚地了解持股人的实际情况。保证交易安全，避免盲目投资。

② 无记名股票也称不记名股票，是指在股票票面和股份公司股东名册上均不记载股东姓名的股票。它与记名股票比较，差别不是在股东权利等方面，而是在股票记载方式上。这种股票所有权的特点是必须具体地占有股票本身，持有无记名股票的股东需要经常向公司提示股票，留心股东大会的消息。无记名股票的好处在于发行手续简单，易于购买和转让；不足之处在于公司对股东情况难以控制，可能导致经营风险较大。按照规定，对社会公众发行的股票，可以为记名股票，也可以为无记名股票。

（3）面额股和无面额股

根据股票面是否记载金额可将公司股份分为面额股和无面额股。

① 面额股：每股金额必须一致。各国一般规定下限。我国无最低限额，但在实践中一般不低于1元/股。海尔成立股份公司时章程中规定：1元/股，注资17 000万元分为17 000万股，方便投资者投资。

② 无面额股：也称比例股，不标明面额，只代表其占公司资本总额的一定比例的股份。其价值随公司财产的增减而增减。实际代表的价值是一个变数。无面额股的优点是当公司增资时，

无须再发行新股，只要实际上再增加每股所代表的资本额即可；其缺点是其所代表的金额经常处于不确定状态中，增加了股份转让和交易的难度、风险太大。

我国不允许发行无面额股，现只有美、日、卢森堡等少数几个国家允许，但也做了种种限制性的规定。

（4）国家股、法人股、个人股和外资股

根据投资主体的性质不同，将股票分为国家股、法人股、个人股和外资股，这是在我国特有的一种分类。

① 国家股：国家直接向股份公司出资形成的股份（一般应为普通股）。

② 法人股：具有法人资格的企业、事业单位和社会团体以其可支配的财产向股份公司投资形成的股份。

③ 个人股：单位自然人以个人财产向股份公司投资形成的股份。

④ 外资股：外国和我国港澳台地区投资者向公司投资形成的股份。

相关知识

A 股、B 股、H 股、N 股、S 股

A 股、B 股、H 股、N 股、S 股是一种民间分类，不列入公司法的分类。

前述国家股、法人股、个人股都在中国境内，所以统称为内资股（A 股）人民币股，A 股的正式名称是人民币普通股票。它是由我国境内的公司发行，供境内机构、组织或个人（不含台、港、澳投资者）以人民币认购和交易的普通股股票。

B 股的正式名称是人民币特种股票，它以人民币标明面值，以外币认购和买卖，在境内（上海、深圳）证券交易所上市交易的。它的投资人限于：外国的自然人、法人和其他组织，我国香港、澳门、台湾地区的自然人、法人和其他组织，以及定居在国外的中国公民、中国证监会规定的其他投资人。现阶段 B 股的投资人主要是上述几类中的机构投资者。B 股公司的注册地和上市地都在境内。只不过投资者在境外或在中国香港、澳门及台湾地区。B 股市场规模与 A 股市场相比要小得多。

H 股，即注册地在内地、上市地在香港的外资股。香港的英文是 HongKong，取其字首，在港上市外资股就叫作 H 股。依此类推，纽约的第一个英文字母是 N，新加坡的第一个英文字母是 S，在纽约和新加坡上市的股票就分别叫作 N 股和 S 股。

（5）表决权股与无表决权股

依股份有无表决权可将股份分为表决权股和无表决权股。

① 表决权股：指享有表决权的股份。表决权股又分为普通表决权股和多数表决权股。普通表决权股是指每一股所代表的表决权都是一样的，即一股一票。多数表决权股指每一股代表的表决权不尽相同，有的股票实行一股行使两票或三票表决权，一般是董事或监事所具有的特权，目的是保持自己对公司的控制权，但易助长少数股东的特权，所以很少见。

② 无表决权股：指依法或章程被剥夺表决权的股份。包括如下情形：公司持有自己的股份；依章程自愿放弃表决权的股份的优先股。限制表决权股，如有的国家《公司法》规定，股东持有股份占公司资本总额一定比例以上时，公司应以章程限制其表决权，目的是防止大股东一手遮天。

3. 股份发行的分类、原则和价格

（1）股份发行的分类：股份的发行分为设立发行和增资发行两种

所谓设立发行，是指为使公司成立以募集到法定资本数额为目的的股份发行。由于公司设立的方式有发起设立和募集设立之分，因此在不同情况下股份的发行也有较大的差别。在发起设立中，股份发行表现为发起人不公开认足公司成立所需资本的全部股份；在募集设立中，发起人认购一定比例的股份，其余部分向社会公开募集。例如，我国《公司法》规定，发起人须认足不少于公司首期股份 35%的股份。

所谓增资发行，是指已发行股票的股份有限公司，在经过一定的时期后，为了扩充股本而发行新股票。增资发行分有偿增资和无偿增资。

（2）股份的发行原则：公平、公正、同股同权原则

公平原则是指同次发行股份的条件、价格对任何人都相同，这是国际惯例，旨在保护投资人机会均等。

公正原则是指发行内容真实可靠，并应全面考虑投资者相互间的实际差别，法律禁止在发行过程中的各种违法行为；禁止损害弱小股东的利益；禁止歧视不同地区的投资者等。

同股同权是指同一种类型的股份，持有者应享有同样的权利、利益。

（3）股票的发行价格：平价发行、溢价发行和折价发行

我国只发行面额股，将确定的金额标示于票面，按照股票发行价格与股票票面金额的关系，分为平价发行、溢价发行、折价发行三种，平价发行、溢价发行、折价发行中，其发行价格分别大于、小于、等于票面金额。

我国法律规定可以平价、溢价发行，但不可折价发行。目的是与现行资本制度相衔接。以稳定公司的财产基础，特别是在设立发行时，最终实收资本低于注册资本，设立无效。

3.6.2 股份的转让

1. 股份转让的概念

股份转让是指股份有限公司的股份持有人依法自愿将自己所拥有的股份转让给他人，使他人取得股份成为股东或增加股份数额的法律行为。

股东持有的股份可以依法转让。《公司法》（2014）第 138 条规定，股票的转让须在依法设立的证券交易场所进行。

2. 股份转让的方式

（1）记名股份的转让

记名股票，由股东以背书的方式或者法律、行政法规规定的其他方式转让。记名股票的转让，由公司将受让人的姓名或名称及住所记载于股东大册。如果违反该规定而转让股票，应属无效。

（2）无记名股票的转让。由股东在依法设立的证券交易场所将该股票交付给受让人后即发生转让的效力。

（3）上市股票的转让。我国法律规定，对于上市股票，通常将股票交由托管，股票买卖的交割通过证券经纪商进行，转让双方并不谋面，证券和资金从账簿上划拨。

3. 股份转让的限制

因股份公司涉及公共利益，股份公司法对特定人员转让股份作了限制。

（1）发起人转让股份的限制

发起人持有的本公司股份，自公司成立之日起一年内不得转让。公司公开发行股份前已发行的股份，（如发起人认购的 35%）自公司股票在证券交易所上市交易之日起一年内不得转让。

（2）董事、监事、高级管理人员转让股份的限制

公司董事、监事、高级管理人员应当向公司申报所持有的本公司的股份及其变动情况，在任职期间，每年转让的股份不得超过其所持有本公司股份总数的百分之二十五；所持本公司股份自公司股票上市交易之日起一年内不得转让。上述人员离职后半年内，不得转让其所持有的本公司股份。公司章程可以对公司董事、监事、高级管理人员转让其所持有的本公司股份作出其他限制性规定。

（3）股份自己收购的限制：公司不得收购本公司股份。但是，有下列情形之一的除外：

① 减少公司注册资本；

② 与持有本公司股份的其他公司合并；

③ 将股份奖励给本公司职工（即股票期权制度）；

④ 股东因对股东大会作出的公司合并、分立决议持异议，要求公司收购其股份的（股权买回请求权）。

公司因前款第①项至第③项的原因收购本公司股份的，应当经股东大会决议。公司依照前款规定收购本公司股份后，属于第①项情形的，应当自收购之日起十日内注销；属于第②项、第④项情形的，应当在六个月内转让或者注销。公司依照第一款第③项规定收购的本公司股份，不得超过本公司已发行股份总额的百分之五；用于收购的资金应当从公司的税后利润中支出；所收购的股份应当在一年内转让给职工。

相关知识

内 幕 交 易

内幕交易是指内幕人员和以不正当手段获取内幕信息的其他人员违反法律、法规的规定，泄露内幕信息，根据内幕信息买卖证券或向他人提出买卖证券建议的行为。内幕交易行为人为达到获利或避损的目的，利用其特殊地位或机会获取内幕信息进行证券交易，违反了证券市场“公开、公平、公正”的原则，侵犯了投资公众的平等知情权和财产权益。内幕交易丑闻会吓跑众多的投资者，严重影响证券市场功能的发挥。同时，内幕交易使证券价格和指数的形成过程失去了时效性和客观性，它使证券价格和指数成为少数人利用内幕信息炒作的结果，而不是投资大众对公司业绩综合评价的结果，最终会使证券市场丧失优化资源配置及作为国民经济晴雨表的作用。

3.7 公司董事、监事、高级管理人员的资格和义务

3.7.1 董事、监事、高级管理人员的资格

1. 高级管理人员的概念

高级管理人员，简称高管，是指公司的经理、副经理、财务负责人，以及上市公司董事会秘书和公司章程规定的其他人员。

2．董事、监事、高级管理人员的任职资格

有下列情形之一的，不得担任公司的董事、监事、高级管理人员：

（1）无民事行为能力或者限制民事行为能力；

（2）因贪污、贿赂、侵占财产、挪用财产或者破坏社会主义市场经济秩序，被判处刑罚，执行期满未逾五年，或者因犯罪被剥夺政治权利，执行期满未逾五年；

（3）担任破产清算的公司、企业的董事或者厂长、经理，对该公司、企业的破产负有个人责任的，自该公司、企业破产清算完结之日起未逾三年；

（4）担任因违法被吊销营业执照、责令关闭的公司、企业的法定代表人，并负有个人责任的，自该公司、企业被吊销营业执照之日起未逾三年；

（5）个人所负数额较大的债务到期未清偿。

另外，公司违反上述规定选举、委派董事、监事或者聘任经理的，该选举、委派或者聘任无效。董事、监事、高级管理人员在任职期间出现上述所列情形的，公司应当解除其职务。

3.7.2 公司董事、高级管理人员的义务

1．忠实义务

忠实义务又称诚信义务，是指董事、监事、高级管理人员在进行管理和监督时，应该以维护公司的利益为己任，为公司最大的利益履行职责，当自身利益和公司利益发生冲突时，应该以公司利益为重。忠实义务有以下几点：

（1）不得侵占公司财产；

（2）不得利用职务之便获取非法利益；

（3）禁止越权使用公司财产；

（4）竞业禁止义务；

（5）限制自我交易；

（6）禁止篡夺公司机会义务。

2．勤勉义务

勤勉义务又称注意义务、善管义务，是指董事、监事、高级管理人员应该诚信地履行对公司的职责，在管理公司事务时，应当以一个理性的、谨慎的人在相似的情形下所应表现的勤勉和技能来履行其职责，以实现公司利益的最大化。主要包括以下几点：

（1）遵守法律、法规、公司章程；

（2）在履行职务时不得越权；

（3）熟悉公司业务及经营管理状况；

（4）出席董事、监事会，并以公司的利益为出发点来发表观点；

（5）向股东（大）会、社会公众等如实提供公司资料；

（6）列席股东（大）会，并接受质询。

3．忠实义务和勤勉义务的关系

忠实义务与勤勉义务是董事最为重要的两项义务，二者之间有着密切的联系，当也有着明显的区别。

（1）义务属性不同，注意义务是对董事、监事、高级管理人员履行职务方面的要求。忠实

义务是对董事、监事、高级管理人员诚实信用方面的要求。

（2）两类义务的功能不同，注意义务是为了追求公司经营的最佳效果，促使董事、监事、高级管理人员合理地履行职务。而忠实义务主要是为了避免义务人自身的利益与公司的利益发生冲突，要求董事、监事、高级管理人员的个人利益要服从公司利益。

（3）两类义务的判断标准不同。对于注意义务的履行很难以客观的现象为标准，经常需要经过主观分析来加以判断。而对于忠实义务的履行，一般有明确的客观标准。

（5）责任的形式也不同。董事、监事、高级管理人员违反注意义务所承担的责任包括违约责任和侵权责任，他们都以公司遭受董事、监事、高级管理人员行为的损害和责任人有过错（故意或重大过失）为构成要件。董事、监事、高级管理人员的责任仅是违约责任，并且不以公司有损害为主观有过错为构成要件。

4．董事、高级管理人员不得有下列行为（不含监事）

（1）挪用公司资金；

（2）将公司资金以其个人名义或者以其他个人名义开立账户存储；

（3）违反公司章程的规定，未经股东会、股东大会或者董事会同意，将公司资金借贷给他人或者以公司财产为他人提供担保；

（4）违反公司章程的规定或者未经股东会、股东大会同意，与本公司订立合同或者进行交易；

（5）未经股东会或者股东大会同意，利用职务便利为自己或者他人谋取属于公司的商业机会，自营或者为他人经营与所任职公司同类的业务；

（6）接受他人与公司交易的佣金归为己有；

（7）擅自披露公司秘密；

（8）其他。

董事、高级管理人员违反前款规定所得的收入应当归公司所有。

3.7.3　公司诉讼

1．股东代表诉讼（代位诉讼、派生诉讼）——为公司利益

股东代表诉讼又称派生诉讼、股东代位诉讼，是指当公司的合法权益受到不法侵害而公司怠于起诉时公司的股东即以自己的名义起诉、所获赔偿归于公司的一种诉讼制度。正常情况下，公司内部人员（董事、监事、高级管理人员）或者外部人员给公司造成损害，公司本身应当启动救济程序，但就现实而言，董事会、监事会往往互相包庇或者推诿，故而派生出股东代表公司进行诉讼的类型。股东代表诉讼是股东为了公司的利益代表公司、代公司之位提起的诉讼，故称股东代表诉讼或者代位诉讼。股东代表诉讼中双方的诉讼地位详见图 3-2。

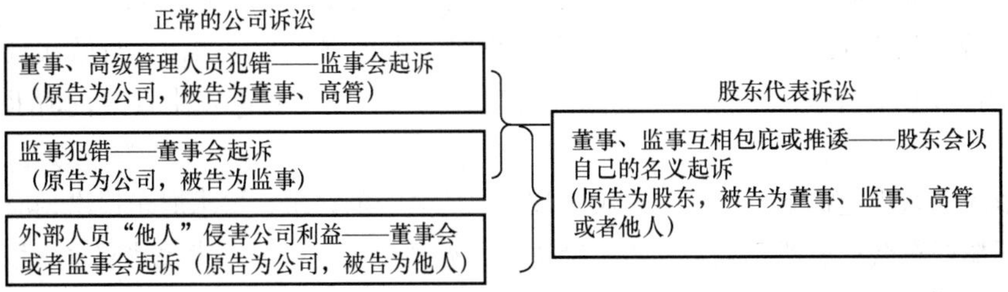

图 3-2　股东代表诉讼中双方的诉讼地位

（1）公司内部人员（董事、监事、高级管理人员）给公司造成损失提起诉讼的程序

① 董事、高级管理人员有《公司法》第 149 条规定的情形的（损害公司），有限责任公司的股东、股份有限公司连续一百八十日以上单独或者合计持有公司百分之一以上股份的股东，可以书面请求监事会或者不设监事会的有限责任公司的监事向人民法院提起诉讼；监事有本法第 149 条规定的情形的，前述股东可以书面请求董事会或者不设董事会的有限责任公司的执行董事向人民法院提起诉讼。

② 监事会、不设监事会的有限责任公司的监事，或者董事会、执行董事收到前款规定的股东书面请求后拒绝提起诉讼，或者自收到请求之日起三十日内未提起诉讼，或者情况紧急、不立即提起诉讼将会使公司利益受到难以弥补的损害的，前款规定的股东有权为了公司的利益以自己的名义直接向人民法院提起诉讼。

（2）外部人（公司以外的他人）给公司造成损失提起诉讼的程序

他人侵犯公司合法权益，给公司造成损失的，有限责任公司的股东、股份有限公司连续一百八十日以上单独或者合计持有公司百分之一以上股份的股东，可书面请求董事会或监事会向人民法院提起诉讼，或者直接向人民法院提起诉讼。

在这种情况下，诉讼的原告是公司或股东，被告是给公司造成损失的“他人”，前者公司提起诉讼是正常的公司诉讼，而后者则是公司的股东代公司之位提起的代位诉讼。

2．股东直接诉讼——个人利益

公司董事、高管违反法律，行政法规或者公司章程的规定，损害“股东”利益的，“股东”可以向人民法院提起诉讼。

此时的双方诉讼地位分别是，原告是利益受损的股东，被告是违法的董事、高管。

3．公司人格否认之诉——为债权人利益

公司股东滥用公司法人独立地位和股东有限责任，逃避债务，严重损害公司债权人利益的，可以在个案当中“刺破公司的面纱”，公司人格被否认，相关的滥用公司独立人格的股东应当与公司对债权人承担连带责任。

例如，母公司设立子公司，然后以子公司名义向卖方进货 1000 万元标的，然后，子公司和母公司间进行关联交易，子公司低价将此 1000 万标的卖给母公司，卖方债权人来向子公司索要货款时，子公司没有履行能力，此时，可以将母子公司列为连带被告。

此时双方的诉讼地位分别是：利益受损的债权人是原告，而公司和相关股东为共同被告。

4．其他股东诉讼制度：决议瑕疵之诉

公司股东会或者股东大会、董事会的决议内容违反法律、行政法规的无效。

股东会或者股东大会、董事会的会议召集程序、表决方式违反法律、行政法规或者公司章程，或者决议内容违反公司章程的，股东可以自决议作出之日起六十日内，请求人民法院撤销。

股东依照前款规定提起诉讼的，人民法院可以应公司的请求，要求股东提供相应的担保。

公司根据股东会或者股东大会、董事会决议已办理变更登记的，人民法院宣告该决议无效或者撤销该决议后，公司应当向公司登记机关申请撤销变更登记。

相关知识

民事诉讼法（2012 年）新增内容

2012 年民事诉讼法将公司诉讼纳入其中，第 20 条规定：“因公司设立、确认股东资格、分配利润、解散等纠纷提起的诉讼，由公司住所地人民法院管辖。”

3.8 公司的财务、会计概述

【经典案例：公司利润分配】

案情简述：2012 年，邹、武、曾、汪四人分别出资 50 万元、60 万元、80 万元、10 万元成立“桃城有限责任公司”，该公司 2012 年度的税后利润为 600 万元人民币，其上年度亏损额为 200 万元，法定公积金为 90 万元，不足以弥补该亏损，请问：依据《公司法》的规定，应该如何合理分配该利润？

3.8.1 公司财务、会计基本要求

1．公司财务会计的作用

（1）有利于保护投资者和债权人的利益；

（2）有利于吸收社会投资；

（3）有利于政府的宏观管理。

2．公司财务、会计的基本要求

（1）公司应当依法建立财务、会计制度

公司应当依照法律、行政法规和国务院财政部门的规定建立本公司的财务、会计制度。

（2）公司应当依法编制财务会计报告

公司应当在每一会计年度终了时编制财务会计报告，并依法经会计师事务所审计。公司财务会计报告主要包括：资产负债表、利润表、现金流量表、所有者权益（或股东权益）变动表等报表及附注。公司财务会计报告应当依照《会计法》、《企业财务会计报告条例》等法律、行政法规和国务院财政部门制定的国家统一的会计制度制作。对于上市公司，在每一会计年度的上半年结束之日，还应当制作中期财务会计报告。

（3）公司应当依法披露有关财务、会计资料

有限责任公司应当按照公司章程规定的期限将财务会计报告送交各股东。股份有限公司的财务会计报告应当在召开股东大会年会的 20 日前置备于本公司，供股东查阅；公开发行股票的股份有限公司必须公告其财务会计报告。

（4）公司应当依法建立账簿、开立账户

公司除法定的会计账簿外，不得另立会计账簿。对公司资产，不得以任何个人名义开立账户存储。

（5）公司应当依法聘用会计师事务所对财务会计报告审查验证

公司聘用、解聘承办公司审计业务的会计师事务所，依照公司章程的规定，由股东会、股

东大会或者董事会决定。公司股东会、股东大会或者董事会就解聘会计师事务所进行表决时，应当允许会计师事务所陈述意见。公司应当向聘用的会计师事务所提供真实和完整的会计凭证、会计账簿、财务会计报告及其他会计资料，不得拒绝、隐匿、谎报。

3.8.2 利润分配

1．公司利润分配顺序

按照会计概念，公司利润是指公司在一个会计年度期间生产经营收入及其他收入扣除成本、费用等后的余额。

根据我国公司法及税法等相关法律的规定，公司应当按照如下顺序进行利润分配。

（1）弥补以前年度的亏损，但不得超过税法规定的弥补期限。

我国税法规定：企业某一纳税年度发生的亏损可以用下一年度的所得弥补，下一年度的所得不足以弥补的，可以逐年延续弥补，但最长不得超过 5 年。本处亏损是指企业依照《企业所得税法》和实施条例的规定，将每一纳税年度的收入总额减除不征税收入、免税收入和各项扣除后小于零的数额。

（2）缴纳所得税，即公司应依我国《企业所得税法》规定缴纳企业所得税。

（3）弥补在税前利润弥补亏损之后仍存在的亏损。

（4）提取法定公积金。

（5）提取任意公积金。

（6）向股东分配利润。

公司弥补亏损和提取公积金后所余税后利润，有限责任公司按照股东实缴的出资比例分配，但全体股东约定不按照出资比例分配的除外。股份有限公司按照股东持有的股份分配，但股份有限公司章程规定不按持股比例分配的除外。

公司股东会、股东大会或者董事会违反规定，在公司弥补亏损和提取法定公积金之前向股东分配利润的，股东必须将违反规定分配的利润退还公司。公司持有的本公司股份不得分配利润。

2．公积金

此处的公积金是指公司法上的公积金，它是公司在资本之外所保留的资金金额，又称为附加资本或准备金。公司为增强自身财力、扩大营业范围和预防意外亏损，从利润中提取一定的资金，以用于扩大资本或弥补亏损。提取公积金制度是国家规定的一项强制性制度，各国公司法一般都有规定。

（1）公积金分为盈余公积金和资本公积金两类。

① 盈余公积金。盈余公积金是从公司税后利润中提取的公积金，分为法定公积金和任意公积金两种。

法定公积金按照公司税后利润的 10%提取，当公司法定公积金累计额为公司注册资本的50%以上时可以不再提取。公司的法定公积金不足以弥补以前年度亏损的，在依照规定提取法定公积金之前，应当先用当年利润弥补亏损。任意公积金按照公司股东会或者股东大会决议，从公司税后利润中提取。

② 资本公积金是直接由资本原因等形成的公积金，股份有限公司以超过股票票面金额的发行价格发行股份所得的溢价款，以及国务院财政部门规定列入资本公积金的其他收入，应当列为公司资本公积金。

公司公积金的种类见图 3-3。

- 公积金
  - 盈余公积金
    - 法定公积金（10%～50%）
    - 任意公积金
  - 资本公积金（不得弥补亏损）

图 3-3　公司公积金种类

（2）公积金的用途

公司的公积金应当按照规定的用途使用。公司的公积金主要有以下用途。

① 弥补公司亏损。公司的亏损按照国家税法规定可以用缴纳所得税前的利润弥补，超过用所得税前利润弥补期限仍未补足的亏损，可以用公司税后利润弥补。发生特大亏损，税后利润仍不足弥补的，可以用公司的公积金弥补。但是，资本公积金不得用于弥补公司的亏损。

② 扩大公司生产经营。公司可以根据生产经营的需要，用公司的公积金来扩大公司的生产经营规模，增强公司实力。

③ 转增公司资本。公司为了实现增加资本的目的，可以将公积金的一部分转为资本。对用任意公积金转增资本的，法律没有限制，但用法定公积金转增资本时，《公司法》规定，法定公积金转为资本时，所留存的该项公积金不得少于转增前公司注册资本的 25%。

（2）公司从税后利润中提取法定公积金后，经股东会或者股东大会决议，还可以从税后利润中提取任意公积金，任意提、任意支配。

（3）公司弥补亏损和提取公积金后所余税后利润，有限责任公司依照《公司法》第 35 条（股东实缴出资比例）的规定分配；股份有限公司按照股东持有的股份比例分配，但股份有限公司章程规定不按持股比例分配的除外。股东会、股东大会或者董事会违反前款规定，在公司弥补亏损和提取法定公积金之前向股东分配利润的，股东必须将违反规定分配的利润退还公司。

综上，可以总结利润的分配顺序：利润→补亏→提法定公积金→提任意公积金→分红。

【经典案例分析：公司利润分配】

前述案例，公司的法定公积金不足以弥补以前年度亏损的，在依照前款规定提取法定公积金之前，应当先用当年利润弥补亏损。由于公司法定公积金只有 90 万元，上年度亏损为 200 万元，因此首先从税后利润中拿出 110 万元弥补亏损。公司分配当年税后利润时，应当提取利润的 10%列入公司法定公积金。公司法定公积金累计额为公司注册资本的 50%以上的，可以不再提取。因此，提取税后利润的 10%，列入法定公积金的也就是 60 万元。公司弥补亏损和提取公积金后所余税后利润，有限责任公司依照《公司法》第 35 条的规定分配。股份有限公司按照股东持有的股份比例分配，但股份有限公司章程规定不按持股比例分配的除外。因此，剩余利润额为 430 万元，按照股东各自的出资比例，周 25%、武 30%、郑 40%、王 5%，分别分得利润为 107.5、129、172、21.5 万元。公司经营所得的利润依法首先交纳所得税，纳税后形成税后利润，税后利润按照公司法规定的分配顺序：第一，如果上一年度有亏损，首先弥补亏损；

第二，提取法定公积金；第三，提取任意公积金；第四，对股东分配股利；（六）公司合并、分立和变更。

3.9 公司合并、分立、增资、减资

【经典案例：公司分立】

方圆有限责任公司是一家经营文化用品批发的有限责任公司，由于市场不景气，加上股东内耗严重，公司负债累累。在一次股东会议上，股东李×提议将方圆公司分立为两个公司，一个叫天方有限责任公司，另一个叫地圆有限公司，由天方公司利用老方圆公司的净资产，由地圆公司承担老方圆公司的债务。该提议被股东大会一致通过，方圆公司分立为天方与地圆两家公司，天方公司利用老方圆分司的净资产，地圆公司承担老方圆公司所有债务。分立各方办理了相应的登记注销手续。不久，老方圆公司的债权人飞虹有限公司找上门来，发觉地圆公司资不抵债，要求天方公司承担连带债务，天方公司拿出分立协议书，拒不偿还方圆公司的债务。

问题：

（1）按照《公司法》的规定，方圆公司的分立程序合法吗？

（2）如何看待本案中分立协议书的效力？

3.9.1 公司合并

公司合并可以采取吸收合并或者新设合并。

1. 公司合并的形式

（1）吸收合并：一个公司吸收其他公司为吸收合并，被吸收的公司解散。

我们可以总结出如下公式：$A+B=A$；B 的人格消灭；A 的人格存续。

（2）新设合并：两个以上公司合并设立一个新的公司为新设合并，合并各方解散。

我们可以总结出如下公式：$A+B=C$；A 和 B 的人格都消灭，产生新的人格 C。

2. 公司合并的程序

（1）董事会制订合并方案。

（2）签订公司合并协议。

公司合并协议是指由两个或者两个以上的公司就公司合并的有关事而订立的书面协议。协议的内容应当载明法律、法规规定的事项和双方当事人约定的事项。

（3）编制资产负债表和财产清单。

资产负债表是反映公司资产及负债状况、股东权益的公司要的会计报表，会计合并中必须编制的报表。合并各方应当真实、全面地编制此表，以反映公司的财产情况，不得隐瞒公司的债权、债务。此外，公司还要编制财产清单，清晰地反映公司的财产状况。财产清单应当翔实、准确。

（4）合并决议的形成。

公司合并应当由公司股东会或者股东大会作出合并决议，之后方可进行其他工作。公司合并会影响到股东利益，如股权结构的变化。根据《公司法》第 44 条、60 条和第 103 条的规定，

就有限责任公司来讲，其合并应当由股东会作出特别决议，即经代表三分之二以上表决权的股东通过才能进行。就股份有限公司来讲，其合并应当由公司的股东大会作出特别决议，即必须经出席会议的股东所持表决权三分之二以上决议通过才能进行。就国有独资公司来讲，其合并必须由国有资产监督管理机构决定，其中，重要的国有独资公司合并应当由国有资产监督管理机构审核后，报本级人民政府批准，才能进行。

（5）向债权人发出通知和公告。

公司应当自作出合并决议之日起十日内通知债权人，并于三十日内在报纸上公告。一般来说，对所有的已知债权人，应当采用通知的方式告知，只有对那些未知的或不能通过普通的通知方式告知的债权人才可以采取公告的方式。通知和公告的目的主要是告知公司债权人，以便让他们作出决定，对公司的合并是否提出异议，此外，公告也可以起到通知未参加股东会（股东大会）的股东的作用。

（6）合并登记。

公司合并应当到工商行政部门办理登记手续。登记分为变更登记和注销登记。采取吸收合并的，接纳方办理变更登记，加入方办理注销登记。采取新设合并的，合并各方合并设立一个新的企业；合并各方解散，办理注销登记。公司合并只有进行登记后才能得到法律上的承认。

3．公司合并、分立各方的债权、债务

公司合并、分立时，合并、分立后的债权、债务应当由合并、分离后存续的公司或新设的公司承继。

3.9.2　公司分立

1．分立的形式

（1）存续分立：一个公司分立成两个以上公司，本公司继续存在并设立一个以上新的公司。

用公示表示就是：$A=A+B$；B 公司的人格是派生出来的，A 的人格继续存续。

（2）解散分立：一个公司分散为两个以上公司，本公司解散并设立两个以上新的公司。

用公示表示就是：$A=B+C$；A 公司的人格消灭，产生两个或者两个以上的新人格。

存续分立方式，本公司继续存在但注册资本减少。原股东在本公司、新公司的股权比例可以不变。在实践中，总公司为了实现资产扩张、降低投资风险，往往把其分公司改组成具有法人资格的全资子公司。此时总公司亦转化为母公司。母公司仅以其投资额为限对新设子公司债务负有限责任。

2．分立的程序

（1）公司董事会拟定公司分立方案

此与公司合并类似。但在公司分立方案中，除应当对分立原因、目的、分立后各公司的地位、分立后公司章程及其他相关问题作出安排外，特别应妥善处理财产及债务分割问题。

（2）公司股东会关于分立方案的决议

公司分立属于《公司法》上所称重大事项，应当由股东会以特别会议决议方式决定。股东会决议通过方案时，特别要通过公司债务的分担协议，即由未来两家或多家公司分担原公司债务的协议。为了保证分立方案的顺利执行，应当同时授权董事会具体实施分立方案。该授权包

括向国家主管机关提出分立申请、编制其他相关文件等事项。

（3）董事会编制公司财务及财产文件

根据《公司法》第 176 条的规定，公司分立时应当进行财产分割。为妥善处理财产分割，应当编制资产负债表及财产清单。经股东会授权后，应当由董事会负责实施。

（4）政府主管机关的批准

与公司合并须经政府主管机关批准的规则在本质上相同，即公司分立应以政府批准为前提。

公司应当自作出分立决议之日起十日内通知债权人，并于三十日内在报纸上公告。

（5）向债权人发出通知和公告

根据《公司法》第 176 条规定，债权人保护程序主要涉及分立通知及公告及程序：在分立决议作出后的 10 日内，将分立决议通知债权人，并于 30 日内在报纸上公告。

（6）分立登记

企业分立可以采取存续分立和解散分立两种形式。采取存续分立的，存续的企业办理变更登记，因分立而新设的企业办理设立登记。采取解散分立的，原企业解散办理注销登记，并设立两个以上的新企业。公司分立只有进行登记后才能得到法律上的承认。

【经典案例分析：公司分立】

（1）公司分立是指一个公司依照有关法律、法规规定分成两个或两个以上公司的法律行为。公司分立不仅是公司自身的事情，而且关系到进行分立的公司的股东及债权人的利益，因此法律明确规定了分立的相关程序，只有按法定程序分立才会产生法律效力。

我国《公司法》（2014）第 175 条规定，公司分立，其财产作相应的分割。公司分立时，应当编制资产负债表及财产清单，公司应当自作出分立决议之日起 10 日内通知债权人，并于 30 日内在报纸上公告。同时 177 条规定，公司分立前的债务由分立后的公司承担连带责任（分立前与债权人就债务清偿另有约定的除外）。方圆公司在分立过程中既没有编制资产负债及财产清单，也没有履行债权人保护程序，也没有与债权人达成任何协议，因此该分立行为无效。

（2）本案中，方圆公司分立为天方公司与地圆公司，目的是逃避债务，而且该分立形式为程序违法，分立无效，那么该分立协议书也应无效。

3.9.3 公司注册资本的减少和增加

1. 公司注册资本的减少

公司减资的程序：公司需要减少注册资本时，必须编制资产负债表及财产清单。公司应当自作出减少注册资本决议之日起十日内通知债权人，并于三十日内在报纸上公告。债权人自接到通知书之日起三十日内，未接到通知书的自公告之日起四十五日内，有权要求公司清偿债务或者提供相应的担保。减资一般有如下四个步骤：

（1）股东会多数决作出决议；

（2）编制资产负债表及财产清单；

（3）通知债权人申报债权；

（4）变更登记。

2．公司注册资本的增加

根据《公司法》（2014）第 178 条的规定，有限责任公司增加注册资本时，股东认缴新增资本的出资，依照本法设立有限责任公司缴纳出资的有关规定执行。

股份有限公司为增加注册资本发行新股时，股东认购新股，依照本法设立股份有限公司缴纳股款的有关规定执行。

公司增加或减少注册资本，应当依法向公司登记机关办理变更登记。

【引导案例分析】

（1）公司章程中关于董事任期的规定不符合规定。根据规定，董事任期由公司章程规定，但每届任期不得超过 3 年。本题中，规定公司董事任期为 4 年是不符合要求的。

（2）公司章程中关于监事会职工代表人数的规定不合法。根据规定，监事会应当包括股东代表和适当比例的公司职工代表，其中职工代表的比例不得低于 1/3，具体比例由公司章程规定。本题中，监事会成员为 7 人，职工代表人数不得低于 3 人，因此公司章程中定为 2 名是不合法的。

（3）公司章程中关于股权转让的规定合法。根据规定，公司章程对股权转让另有规定的，从其规定。本题中，公司章程虽然就股权转让作出了与《公司法》不同的规定，但也要按照公司章程的规定执行。

自测题

一、单项选择

1．甲公司的分公司在其经营范围内以自己的名义对外签订一份货物买卖合同。根据《公司法》的规定，下列关于该合同的效力及其责任承担的表述中，正确的是（　　）。

A．该合同有效，其民事责任由甲公司承担

B．该合同有效，其民事责任由分公司独立承担

C．该合同有效，其民事责任由分公司承担，甲公司负补充责任

D．该合同无效，甲公司和分公司均不承担民事责任

2．甲、乙、丙三位股东以发起方式设立 A 股份有限公司，公司经营一段时间后，甲股东向银行贷款 100 万元，拟由 A 公司为其提供担保，关于该担保事项，下列说法正确的是（　　）。

A．按照公司章程的规定由董事会或者股东大会进行决议

B．由董事会作出决议

C．无须经过会议讨论，甲股东可以安排公司经理办理担保事项

D．必须经股东大会决议

3．甲公司的股东乙公司准备购买一套生产设备，乙公司请求甲公司为自己提供担保。当甲公司股东会审议此请求时，下列情形可以通过的是（　　）。

A．全体股东过半数通过

B．出席会议的全体股东过半数通过

C．除乙公司外，出席会议的其他股东过半数通过

D．除乙公司外，出席会议的其他股东所持表决权的过半数通过

4．设立股份有限公司，向公司登记机关申请登记的是（　　）。

A．全体股东指定的代表　　B．全体发起人指定的代表

C．共同委托的代理人　　D．董事会

5．根据公司法律制度的规定，下列各项中，属于有限责任公司股东会的职权的是（　　）。

A．决定公司的经营计划和投资方案

B．选举和更换由股东出任的监事

C．聘任或者解聘公司副经理

D．对股东向股东以外的人转让出资作出决议

6．根据《公司法》的规定，关于国有独资公司组织机构的表述，正确的有（　　）。

A．国有独资公司应该设立股东会

B．国有独资公司设立董事会

C．国有独资公司不设监事会

D．国有独资公司董事会成员均由国家授权投资的机构委派

二、多项选择

1．某股份有限公司董事会由9名董事组成，下列情形中，能使董事会决议得以顺利通过的有（　　）。

A．5名董事出席会议，一致同意　　B．7名董事出席会议，4名同意

C．5名董事出席会议，4名同意　　D．9名董事出席会议，5名同意

2．根据《中华人民共和国公司法》的规定，股东大会应当对所议事项的决定作成会议记录，下列应该在该会议记录上签名的人员是（　　）。

A．主持人　　B．出席会议的股东　　C．出席会议的董事　　D．出席会议的监事

3．根据规定，股份有限公司不得收购本公司的股票，但在特殊情形下是允许的。该特殊情形是（　　）。

A．为在证券交易市场炒作盈利　　B．与持有本公司股票的其他公司合并

C．为扩大对本公司的投资而增持股份　　D．为减少公司资本而注销股份

4．下列有关上市公司组织机构的特别规定，说法正确的是（　　）。

A．上市公司一年内购买重大资产金额超过公司资产总额的30%的，应当由股东大会作出决议，并经出席会议的股东所持表决权的过半数通过

B．上市公司应当设立独立董事

C．上市公司应当设立董事会秘书，主要职责在于对控股股东及其选任的上市公司的董事、高级管理人员，以及其与公司进行关联交易等进行监督

D．董事会会议由过半数的无关联关系董事出席即可举行，董事会会议所作决议须经无关联关系董事过半数通过

5．根据《公司法》的规定，股份有限公司股东大会所作的下列决议中，必须经出席会议的股东所持表决权的2/3以上通过的有（　　）。

A．公司合并决议　　B．公司分立决议

C．修改公司章程决议　　D．批准公司年度预算方案决议

6．发起人、认股人缴纳股款或者交付抵作股款的出资后，除了如下的（　　）情形外，不

得抽回其股本。

A．未按期募足股份　　B．发起人未按期召开创立大会

C．创立大会决议不设立公司　　D．任何情况下均可以抽回

三、名词解释

社团性　　公司人格否认　　公司分立　　公积金

四、案例分析

1．甲、乙、丙、丁等 20 人拟共同出资设立一有限责任公司。股东共同制定了公司章程。在公司章程中，对董事任期、监事会组成、股权转让规则等事项作了如下规定：①公司董事任期为 4 个；②公司设立监事会、监事会成员为 7 人，其中包括 2 名职工代表；③股东向股东以外的人转让股权，必须经其他股东 2/3 以上同意。根据上述情况及《公司法》的有关规定，回答下列问题：

（1）公司章程中关于董事任期的规定是否合法？简要说明理由。

（2）公司章程中关于监事会职工代表人数的规定是否合法？简要说明理由。

（3）公司章程中关于股权转让的规定是否合法？简要说明理由。

2．甲、乙、丙拟共同出资设立一家有限责任公司，并共同制定了公司章程草案。该公司章程草案有关要点如下：公司注册资本总额为 400 万元。甲以计算机软件作价出资 130 万元，公司成立后 1 年内交付；乙以机器设备作价首期缴付出资 100 万元；丙以货币 170 万元出资，首次货币出资 50 万元，其余出资自公司成立之日起第 2 年缴付 70 万元，第 3 年缴付剩余的 50 万元。

根据上述内容，回答下列问题：

（1）首次出资总额是否符合《公司法》的有关规定？并说明理由。

（2）公司出资人的货币出资总额是否符合公司法的有关规定？并说明理由。

（3）缴纳出资的时间是否符合《公司法》的有关规定？并分别说明理由。

第 4 章

商主体法（三）：商业银行法

引导案例

2013 年 3 月，中国人民银行甲市分行接到群众举报，在某酒楼挂有“中华富民银行中原分行筹备处”的招牌，经查举报属实。中国人民银行甲市分行与当地公安部门迅速采取行动，当场查获大量的伪造文件，其中包括伪造的国务院批文，随后公安局拘捕了主要犯罪嫌疑人。案件主要事实如下：2012 年年初，贾某谎称贾氏家族在美国花旗银行有 3.3 亿美元存款，预谋非法筹备组建“中华富民银行”。贾某伙同汪某起草了“中华富民银行”的文件及一份虚假的 5.5 亿美元的资金承诺书，并委托他人伪造了国务院的批文，非法印制了“中华富民银行”字头的公文纸和非法刻制的印章。贾某将所有文件、印章交给魏某，出具“授权委托书”，委托魏某实际运作。年底，魏某几次来到甲市，结识了甲市某实业公司总经理马某，授意马某筹建“中华富民银行中原分行”，并以拨给开办费 1000 万美元为诱饵，以收取办理注册手续费和金融许可证费用的名义，骗取马某 50 万元，在魏某的授意下，甲市某实业公司制作了“中华富民银行中原分行”的印章和招牌。

问题：

（1）个人是否可以设立银行机构？说明法律依据。

（2）贾某等人擅自设立金融机构的行为是否构成犯罪？

（3）如果构成犯罪，应定何罪？依据犯罪的构成要件加以分析。

（4）我国《商业银行法》规定，设立商业银行应具备哪些条件？

（5）此案中，中国人民银行甲市分行取缔“中华富民银行中原分行筹备处”的行为是否有法律依据？

学习目标：

掌握商业银行的概念、特征及《商业银行法》的适用范围，重点掌握商业银行关于存款业务、贷款业务的法律规定；

理解商业银行的设立、接管、解散、破产、终止等相关制度；

了解商业银行的基本职能和业务范围。

4.1　商业银行概述

4.1.1　商业银行的概念和特征

1. 商业银行的概念

商业银行是指依《商业银行法》和《公司法》设立的，以营利为目的，以经营存款、贷款、结算等货币信用业务、充当信用中介和支付中介的企业法人。

2. 商业银行的性质

（1）商业银行是企业，具有企业的一般特征。例如，必须具备业务经营所需的自有资本，并达到管理部门所规定的最低资本要求；必须照章纳税；实行自主经营、自担风险、自负盈亏、自我约束；以获取利润为经营目的和发展动力。

（2）商业银行是特殊的企业——金融企业。商业银行的经营对象不是普通商品，而是货币、资金，商业银行业务活动的范围不是生产流通领域，而是货币信用领域，商业银行不是直接从事商品生产和流通的企业，而是为从事商品生产和流通的企业提供金融服务的企业。

（3）商业银行是特殊的银行。商业银行作为特殊银行，首先在经营性质和经营目标上，商业银行与中央银行和政策性金融机构不同。商业银行以盈利为目的，在经营过程中讲求营利性、安全性和流动性原则，不受政府行政干预。其次，商业银行与各类专业银行和非银行金融机构也不同。商业银行的业务范围广泛，功能齐全、综合性强，尤其是商业银行能够经营活期存款业务，它可以借助支票及转账结算制度创造存款货币，使其具有信用创造的功能。

3. 商业银行的法律地位

《商业银行法》第 2 条规定，本法所称的商业银行是指依照本法和《中华人民共和国公司法》设立的吸收公众存款、发放贷款、办理结算等业务的企业法人。明定了商业银行的企业法人地位。该法还规定，商业银行以其全部法人财产独立承担民事责任，此乃商业银行作为企业法人的题中之意。商业银行以其全部法人财产独立承担民事责任是指：①银行承担有限责任；②银行以其全部法人财产承担有限责任；③银行独立承担有限责任，国家以其出资额承担有限责任，不承担无限连带责任。银行作为法人，在法律上具有法人的资格，主体资格。

商业银行是以金融资产和负债为经营对象，以利润最大化或股东收益最大化为主要目标，以盈利为目的的企业。依法设立、依法经营、自担风险、自负盈亏。经营方针（四自）——自主经营、自担风险、自负盈亏、自我约束。商业银行以其全部法人财产独立承担民事责任。

4.1.2　商业银行的职能与业务范围

1. 商业银行的职能

（1）信用中介

此系商业银行最基本的职能。负债业务是商业银行通过对外负债方式筹措日常工作所需资金的活动，是商业银行资产业务和中间业务的基础，主要由自有资本、存款和借款构成，其中存款和借款属于吸收的外来资金，另外，联行存款、同业存款、借入或拆入款项或发行债券等也构成银行的负债。

（2）支付中介

商业银行通过客户结算账户代理货币兑换、货币结算、货币收付等业务。

（3）信用创造

这是商业银行的显著职能。商业银行吸收存款（即原始存款）、发放贷款，通过支票流通和转账结算，贷款又转化为存款，在其不提现或不完全提现的情况下，增加了银行的资金来源，形成数倍于原始存款的派生存款。

（4）金融服务

为客户提供信息、咨询服务及代为交费、代发工资、代理融资和保管箱等服务。

2．商业银行的业务范围

（1）按资金来源和用途可以将商业银行从事的业务分为三大类。

① 负债业务：商业银行组织资金来源的业务，主要有吸收存款、发行金融债券、拆借等。

② 资产业务：商业银行运用积聚的货币资金从事各种信用活动的业务取得收益，包括贷款、投资、租赁业务、买卖外汇、票据贴现等。

③ 中间业务或称表外业务：不构成商业银行表内资产、表内负债，形成银行非利息收入的业务。商业银行不运用或少运用自己的资金，而代理客户承办支票和其他委托事项并从中收取手续费，包括国内外结算、代理发行、代理兑付、承销政府债券、代理买卖外汇、信用证及担保、代理收付款及代理保险业务等。

在资产业务和负债业务两项传统业务中，银行作为信用活动的一方参与；而中间业务则不同，银行不再直接作为信用活动的一方，扮演的只是中介或代理的角色，通常实行有偿服务。

（2）禁止商业银行经营的业务包括：

① 商业银行不得从事信托投资业务；

② 不得投资于非自用不动产；

③ 商业银行不得向非银行金融机构投资；

④ 商业银行不得向企业投资。

2003 年 12 月 27 日通过、2004 年 2 月 1 日起施行的第十届人大常委会第六次会议《关于修改〈中华人民共和国商业银行法〉的决定》，对商业银行的业务范围作了相应的修改。

① 适当增加了业务种类，主要包括办理票据承兑、买卖金融债券、从事银行卡业务，经批准后可以经营结汇、售汇业务等。

② 删除特定贷款的规定。

③ 适当放宽对其投资的限制。商业银行在中华人民共和国境内不得向非银行金融机构和企业投资。但是，国务院另有规定的除外。

④ 修改商行自我监管的规定。

⑤ 加大了对违法行为的处罚力度。

相关知识

银行与客户间的法律关系

银行与客户间的法律关系主要为债权债务关系和代理关系。

（1）银行与客户之间的契约关系内容，不仅在双方订立的书面合同中，还包括法律或银行规章中的明确规定。

（2）银行与客户之间的合同，以标准合同条款为主，即格式条款。

（3）银行作为债务人时，无须主动向债权人履行偿还义务。

（4）负债的担保关系十分丰富和复杂。

4.1.3　商业银行的经营原则与资产负债比例管理

1．商业银行的经营原则

（1）安全性、流动性、效益性。

新法将“效益性、安全性、流动性”改为“安全性、流动性、效益性”。安全性是指商业银行收回资产的可靠程度。流动性是指商业银行能够随时收回资金或付出资金，即满足客户支取存款或贷款的能力。效益性是指商业银行以追求经济利益为目标。效益可分为经济效益和社会效益。商业银行作为企业法人，盈利是其首要目的。但是，效益以资产的安全性和流动性为前提。安全性又集中体现在流动性方面，而流动性则以效益性为物质基础。商业银行在经营过程中，必须有效地在三者之间寻求有效的平衡。

（2）依法独立自主经营的原则。

这是商业银行作为企业法人的具体体现，也是市场经济机制运行的必然要求。商业银行依法开展业务，不受任何单位和个人的干涉。作为独立的市场主体，有权依法处理其一切经营管理事务，自主参与民事活动，并以其全部法人财产独立承担民事责任。

（3）保护存款人利益原则。

存款是商业银行的主要资金来源，存款人是商业银行的基本客户。商业银行作为债务人，是否充分尊重存款人的利益、严格履行自己的债务、切实承担保护存款人利益的责任，直接关系到银行自身的经营。如果存款人的合法权益得不到有效的尊重和保护，他们就选择其他银行或退出市场。

① 对个人业务。

办理个人储蓄存款业务，应当遵循存款自愿、取款自由、存款有息、为存款人保密的原则。对个人储蓄存款，商业银行有权拒绝任何单位或个人查询、冻结、扣划，但法律另有规定的除外。

② 对单位业务。

对单位存款，商业银行有权拒绝任何单位或个人查询，但法律、行政法规另有规定的除外；有权拒绝任何单位或个人冻结、扣划，但法律另有规定的除外。

（4）自愿、平等，诚实信用原则。

商业银行与客户之间是平等主体之间的民事法律关系。因此，商业银行与客户之间的业务往来应以平等自愿为基础，公平交易，不得强迫，不得附加不合理的条件，双方均应善意、全面地履行各自的义务。

（5）严格贷款人资信担保，依法按期收回贷款本金和利息。

（6）依法营业，不损害社会公共利益。

（7）公平竞争。

（8）依法接受中央银行与银监会的监督和管理。

2. 资产负债比例管理

资产负债比例管理是指以金融机构的资本及其负债制约其资产总额及结构，是以一定的指标来监测的，包括资本充足率、存贷款比例、中长期贷款比例、资产流动性比例、单个贷款比例、股东贷款比例和贷款质量比例等。我国商业银行法规定了四个指标。

（1）资本充足率：资本总额与加权风险资产总额的比例不得低于 8%。

（2）存贷款比例：贷款余额与存款余额之比不得超过 75%。

（3）流动性资产比例：流动性资产余额与流动性负债余额之比不得低于 25%。

（4）单个贷款比例：即对同一借款人，贷款余额与商业银行资本余额之比不得超过 10%。

资本充足率反映商业银行在存款人和债权人的资产遭到损失之前，其能以自有资本承担损失的程度，反映了银行的经营实力、银行自身维护经营安全的能力，该指标的目的是抑制风险资产的过度膨胀，保护存款人和其他债权人的利益。

4.2 商业银行法

4.2.1 商业银行法的概念

商业银行法是为了保护商业银行、存款人和其他客户的合法权益，规范商业银行的行为，提高信贷资产质量，加强监督管理，保障商业银行的稳健运行，维护金融秩序，促进社会主义市场经济的发展，而制定的法律规范的总称。狭义的商业银行法指 1995 年 5 月 10 日通过、2003 年 12 月 27 日修正、自 2004 年 2 月 1 日起施行的《商业银行法》。

商业银行法的调整范围包括：商业银行；城市信用合作社、农村信用合作社办理存款、贷款和结算等业务；外资商业银行、中外合资商业银行、外国商业银行分行（法律、行政法规另有规定的除外）。

4.2.2 商业银行法的性质

（1）商业银行法为商事公法

银行的设立、变更、终止及各项罚则和有关业务的规定，都有极强的国家权力的参与公法化。

（2）商业银行法为特别法

商业银行法是规范特殊商行为的特别法，优于公司法和民法。商业银行法未规定的，适用公司法和民法。

（3）商业银行法为国内法

商业银行法属于一国的国内法，不是国际法。

（4）商业银行法是强制法

商业银行法的法律内容多义务性规范和禁止性规范。

4.2.3 商业银行相关立法

商业银行法包括如下法律形式。

（1）主要法律

《人民银行法》、《银行业监管法》、《商业银行法》、《公司法》构成商业银行法的主干。

（2）相关法律

《合同法》、《票据法》、《担保法》、《民法通则》和《物权法》，这些民商事部门法中也包含了许多关于商业银行的相关内容。

（3）主要部门规章

中国人民银行颁布的规章、银监会的规章、其他规章，这些规章是主管部门基于实际工作的需要制定的，具有很强的现实意义。

4.3　商业银行的设立——市场准入机制

4.3.1　商业银行的设立模式

我国现在采用经营特许制，即商业银行的设立和变更都需要银监会的审批。设立商业银行，应当经银监会审查批准。未经批准，任何单位和个人不得从事吸收公众存款等商业银行业务，任何单位不得在名称中使用“银行”字样。

商业银行有下列变更事项之一的，应当经国务院银行业监督管理机构批准：①变更名称；②变更注册资本；③变更总行或分支行所在地；④调整业务范围；⑤变更持有资本总额或股份总额 5%以上的股东；⑥修改章程；⑦国务院银行业监督管理机构规定的其他变更事项。更换董事、高级管理人员时，应当报经国务院银行业监督管理机构审查其任职资格。

4.3.2　商业银行的设立条件和组织形式

1. 商业银行的设立条件

（1）有符合《商业银行法》和《公司法》规定的章程。

（2）有符合本法规定的注册资本最低限额。全国性商业银行为 10 亿元人民币；城市商业银行为 1 亿元人民币；农村商业银行为实缴资本 5000 万元人民币。

（3）有具备任职专业知识和业务工作经验的董事、高级管理人员。

（4）有健全的组织机构和管理制度。

（5）有符合要求的营业场所、安全防范措施和与业务有关的其他设施。

2. 组织形式

商业银行的组织形式是有限责任公司和股份有限公司，现主要为股份制。

（1）内部组织机构

商业银行法未作规定，按公司法（第 17 条）的规定。

（2）外部组织机构

商业银行实行总分行制，经银监会批准，可在境内外设立分支机构。分支机构不具有法人资格。

① 分支机构不能独立地对外为意思表示，在总行授权范围内依法开展业务。

② 不享有独立的财产权和对外独立承担民事责任的能力。分支机构的营运资金由总行统一拨付。商业银行对其分支机构实行全行统一核算、统一调度资金、分级管理的财务制度；民事责任由总行承担。

③ 无独立的名称，其名称前都冠以总行的名称以表显隶属性。

④ 商业银行的分支机构属于民诉法中规定的其他组织，具有独立的诉讼主体地位，能以自己的名义起诉、应诉。关于商业银行分支机构的诉讼地位详见表 4-1。

表 4-1　分支机构的诉讼地位

情　形	诉讼当事人
依法设立且领取执照	（1）法人、分支机构为共同诉讼人 （2）也可以分支机构为当事人
中国人民银行、商业银行、保险公司的分支机构	分支机构为当事人
（1）非依法设立的 （2）未领取营业执照的	法人为当事人

4.4 资产负债比例管理

资产负债比例管理是指以金融机构的资本及其负债制约其资产总额及结构，是以一定的指标来监测的，包括资本充足率、存贷款比例、中长期贷款比例、资产流动性比例、单个贷款比例、股东贷款比例和贷款质量比例等。

我国商业银行法规定了四个指标。

（1）资本充足率：资本总额与加权风险资产总额的比例不得低于 8%。

（2）存贷款比例：贷款余额与存款余额之比不得超过 75%。

（3）流动性资产比例：流动性资产余额与流动性负债余额之比不得低于 25%。

（4）单个贷款比例：即对同一借款人，贷款余额与商业银行资本余额之比不得超过 10%。

资本充足率反映商业银行在存款人和债权人的资产遭到损失之前，其能以自有资本承担损失的程度，反映了银行的经营实力、银行自身维护经营安全的能力。

该指标目的是抑制风险资产的过度膨胀，保护存款人和其他债权人的利益。

相关知识

什么是存款保险制度

存款保险制度是指由符合条件的各类存款性金融机构集中起来建立一个保险机构，各存款机构作为投保人按一定存款比例向其缴纳保险费，建立存款保险准备金，当成员机构发生经营危机或面临破产倒闭时，存款保险机构向其提供财务救助或直接向存款人支付部分或全部存款，以保护存款人利益，维护银行信用，稳定金融秩序的一种金融保障制度。

存款保险制度可以有效地防止由于个别有问题银行的倒闭对健康银行带来的挤兑冲击，从而维护整个金融体系的稳定，但也可能引发一些道德风险。存款保险制度的性质一般是强制性保险，要求所有存款机构全部加入保险体系。

2012 年 7 月 16 日，中国人民银行在其发布的《2012 年金融稳定报告》中称，我国推出存款保险制度的时机已经基本成熟。2014 年 12 月，《存款保险条例》已向社会公开征求意见，自 1993 年至今，存款保险制度酝酿了 21 年终于有了实质性进展。2015 年 1 月 13 日，央行副行长潘功胜透露，存款保险实施的方案已经获得国务院审议通过。在按照规定履行相关审批程序之后，我国存款保险制度可能会付诸实施。

4.5 商业银行的接管和终止——市场退出机制

4.5.1 商业银行的接管制度

根据《商业银行法》第 64 条规定，商业银行已经或可能发生信用危机，严重影响存款人的利益时，银监会可以对该银行实行接管。银监会的接管是行政行为，是对金融市场监管的一项行政措施。

1. 接管的条件

（1）接管商业银行的条件。当商业银行已经或可能发生信用危机，严重影响存款人的利益时，银监会可以对该银行实行接管。信用危机的主要表现为：商业银行不能应付存款人的提款，不能清偿到期的债务，同业拒绝拆借资金，为原客户和市场所普遍拒绝其服务。商业银行有以上这些情况之一的，即可视为发生信用危机。

（2）接管商业银行的目的。银监会对拟被接管的商业银行采取必要的措施，以保护存款人的利益，恢复商业银行的正常经营能力。由于绝大多数存款人缺乏法律知识和专业知识，加之商业银行独立自主经营，外人难以知晓情况和难以监督，为了保护存款人的合法利益，银监会依法代表所有的存款人和其他债权人对商业银行的财务经营情况实行监管，当其经营出现危机时，就予以接管。

2. 接管商业银行的程序

（1）接管商业银行的决定。银监会认为商业银行出现信用危机或即将出现信用危机时，可以决定对其接管，并组织实施。接管决定由银监会予以公告，公告应载明下列主要内容：被接管的商业银行的名称、接管的理由、接管组织、接管期限和接管的内容。

（2）接管商业银行的法律后果。自接管开始之日起，由接管组织取代银行原管理层，行使商业银行的经营管理权力，接管组织的组成人员由银监会指定，被接管的商业银行的债权债务关系不因接管发生变化。接管期限届满，银监会可以决定延期，但接管期限最长不得超过 2 年，以维持金融行业的稳定。

（3）接管商业银行的终止。商业银行法第 68 条规定，有下列情形之一的，接管终止：

① 接管决定规定的期限届满或银监会决定的接管延期届满；

② 接管期限届满前，该商业银行已经恢复正常经营能力；

③ 接管期限届满前，该商业银行被合并或被依法宣告破产。

4.5.2 商业银行的终止

商业银行的终止指商业银行因法人资格的丧失而退出金融市场。

1. 商业银行的终止事由

20 世纪 90 年代，我国金融机构退市（金融机构的终止）主要采取了破产、行政关闭、停业整顿这三种方式。目前我国金融机构退市方式主要有自行解散、撤销和破产三种法定方式。

（1）解散终止：分立、合并或出现章程规定的情况而解散。

（2）银行被撤销。违反法律、行政法规，被吊销经营许可证。

（3）银行因不能支付到期的债务，发生信用危机时，经过银监会批准，由人民法院宣布破产。

2. 商业银行的清算

商业银行的清算顺序为：支付清算费用——工资和劳动保险——支付个人储蓄存款的本金和利息——欠税——其他债权——股东分配剩余财产。

而破产法规定的一般企业法人的清算顺序为：支付清算费用——职工工资和劳动保险——欠税——普通债权——剩余财产股东分配。

在《商业银行法》中，个人储蓄存款的本息要优先于税款进行偿付。

4.6 法律责任

4.6.1 民事责任

商业银行有下列情形之一，对存款人或其他客户造成财产损害的，应当承担支付迟延履行的利息及其他民事责任：

（1）无故拖延、拒绝支付存款本金和利息的；

（2）违反票据承兑等结算业务规定，不予兑现，不予收付入账，压单、压票或违反规定退票的；

（3）非法查询、冻结、扣划个人储蓄存款或单位存款的；

（4）违反本法规定对存款人或其他客户造成损害的其他行为。

4.6.2 行政及刑事责任

商业银行有下列情形之一的，由国务院银行业监督管理机构责令改正，有违法所得的，没收违法所得，违法所得在五十万元以上的，并处违法所得一倍以上五倍以下罚款；没有违法所得或违法所得不足五十万元的，处五十万元以上二百万元以下罚款；情节特别严重或逾期不改正的，可以责令停业整顿或吊销其经营许可证；构成犯罪的，依法追究刑事责任。

（1）未经批准设立分支机构的；

（2）未经批准分立、合并或违反规定对变更事项不报批的；

（3）违反规定提高或降低利率及采用其他不正当手段吸收存款、发放贷款的；

（4）出租、出借经营许可证的；

（5）未经批准买卖、代理买卖外汇的；

（6）未经批准买卖政府债券或发行、买卖金融债券的；

（7）违反国家规定从事信托投资和证券经营业务、向非自用不动产投资或向非银行金融机构和企业投资的；

（8）向关系人发放信用贷款或发放担保贷款的条件优于其他借款人同类贷款的条件的。

商业银行有下列情形之一的，由国务院银行业监督管理机构责令改正，并处二十万元以上五十万元以下罚款；情节特别严重或逾期不改正的，可以责令停业整顿或吊销其经营许可证；构成犯罪的，依法追究刑事责任。

（1）拒绝或阻碍国务院银行业监督管理机构检查监督的；

（2）提供虚假的或隐瞒重要事实的财务会计报告、报表和统计报表的；

（3）未遵守资本充足率、存贷比例、资产流动性比例、同一借款人贷款比例和国务院银行业监督管理机构有关资产负债比例管理的其他规定的。

商业银行有下列情形之一的，由中国人民银行责令改正，有违法所得的，没收违法所得，违法所得在五十万元以上的，并处违法所得一倍以上五倍以下罚款；没有违法所得或者违法所得不足五十万元的，处五十万元以上二百万元以下罚款；情节特别严重或逾期不改正的，中国人民银行可以建议国务院银行业监督管理机构责令停业整顿或吊销其经营许可证；构成犯罪的，依法追究刑事责任。

（1）未经批准办理结汇、售汇的；

（2）未经批准在银行间债券市场发行、买卖金融债券或到境外借款的；

（3）违反规定同业拆借的。

有下列情形之一的，由国务院银行业监督管理机构责令改正，有违法所得的，没收违法所得，违法所得在五万元以上的，并处违法所得一倍以上五倍以下罚款；没有违法所得或者违法所得不足五万元的，处五万元以上五十万元以下罚款。

（1）未经批准在名称中使用“银行”字样的；

（2）未经批准购买商业银行股份总额 5%以上的；

（3）将单位的资金以个人名义开立账户存储的。

【引导案例分析】

（1）不能。

商业银行是指依照《商业银行法》和《公司法》设立的吸收公众存款、发放贷款、办理结算等业务的企业法人。这一性质表明，我国法律不允许存在个人独资或合伙性质的商业银行。

（2）贾某等人擅自设立金融机构的行为已构成犯罪。

（3）构成了“擅自设立金融机构罪”和“诈骗罪”。

擅自设立金融机构罪的构成要件是：

① 行为人在主观上属犯罪故意，过失不构成本罪。本案中贾某等人在主观上是故意。

② 行为人在客观上实施了擅自设立商业银行的行为。贾某等人实施了一系列伪造公文和非法设立金融机构的行为。

③ 侵犯的客体是国家对金融机构的管理制度。贾某的行为扰乱了甲市的金融秩序。

④ 犯罪主体既包括自然人也包括单位。本案属自然人犯罪。

本案中贾某等人以捏造的虚假事实骗取甲市某实业公司的财产，数额较大，符合诈骗罪的构成要件。

（4）①有符合商业银行法和公司法规定的章程；

② 有符合商业银行法规定的最低注册资本；

③ 有符合任职资格的高级管理人员；

④ 有健全的组织机构和管理制度；

⑤ 有符合要求的营业场所、安全防范措施和与业务有关的其他设备。

（5）《商业银行法》规定，未经中国人民银行批准，擅自设立商业银行，或者非法吸收公众存款，变相吸收公众存款的，依法追究刑事责任，并由中国人民银行予以取缔。

自测题

一、单项选择

1．商业银行的贷款余额与存款余额的比例应符合下列哪个条件？（　　）

A．不得低于 25%　　B．不得低于 10%　　C．不得超过 50%　　D．不得超过 75%

2．任何单位和个人购买商业银行股份总额多大比例以上的，应事先经中国人民银行批准？（　　）

A．5%　　B．8%　　C．10%　　D．15%

3．在下列哪种情况下，中国人民银行可以对商业银行实施接管？（　　）

A．严重违法经营　　B．重大违约行为

C．可能发生信用危机　　D．擅自开办新业务

4．中国人民银行实行何种责任形式？（　　）

A．行长负责制　　B．集体负责制

C．货币政策委员会共同负责制　　D．党委负责制

5．中国人民银行的亏损应由什么弥补？（　　）

A．由下一年度的利润来弥补　　B．从总准备金中弥补

C．通过发行货币弥补　　D．由中央财政拨款弥补

二、多项选择

1．下列选项中的哪些选项符合《商业银行法》的规定？（　　）

A．商业银行发放贷款应以担保为主

B．商业银行发放贷款应遵循资产负债比例管理的规定

C．商业银行对关系人不能发放贷款

D．商业银行可以发放短期、中期和长期贷款

2．商业银行用于同业拆借的拆出资金限于下列何种情况以后的资金？（　　）

A．交足存款准备金　　B．留足备付金

C．归还中国人民银行到期贷款　　D．留足当月到期的偿债资金

3．商业银行发放贷款必须做以下哪些选项所述内容？（　　）
A．借款人必须提供担保
B．必须订立书面借款合同
C．必须在中国人民银行规定的利率幅度内确定贷款利率
D．期限不能超过 10 年

4．下列行为哪些是违法的？（　　）
A．个人自行持有外汇　　B．境内机构以外币在境内计价结算
C．转让外汇账户　　D．擅自对外提供担保

5．中国人民银行可以对金融机构的下列哪些情况随时进行稽核、检查和监管？（　　）
A．贷款　　B．存款　　C．资产负债表　　D．呆账

三、名词解释

商业银行　　存款准备金　　负债业务　　接管

四、案例分析

2012 年 4 月，某县老国企 A 公司为摆脱经营困境，在县政府的牵线搭桥下，与美国 B 公司达成合资协议，共同组建玩具生产企业 C 公司。根据合资协议规定，A 公司须投入价值 100 万美元基本生产设备一套。因为 A 公司资金周转困难，故其希望向设备生产企业 D 公司分期付款购买该设备。在协商过程中，D 公司提出必须取得银行担保的要求。A 公司无奈中向县政府求助，县政府因急于开展国企改革、解决 A 公司的经营困难，遂指令中国人民银行该县支行予以担保，并由分管工业副县长向县支行发出手书一份："为保障我县国企改革的顺利进行，A 公司向 D 公司购买设备一事，请你行提供相应外汇额度的人民币担保，以后出现问题，由县政府负责，与你行无关。"在政府领导的干预下，县支行作为担保人于 2012 年 8 月向 D 公司出具了《不可撤销的经济担保书》。该担保书载明："……担保人不可撤销的无条件的担保 A 公司按买卖合同的规定准时足额支付设备价款。若 A 公司没有依合同约定履行给付义务，在接到贵公司书面通知后，担保人将无条件地承担履行合同义务的连带责任。"

结果买卖合同履行过程中，A 公司仅于 2013 年 3 月和 9 月两次支付了到期货款 40 万美元，其余款项再无力支付。D 公司多次催款未果，于 2014 年 1 月将该县支行诉至法院，要求其承担担保责任。

问题：

（1）中国人民银行支行能否作为担保人对外承担担保责任？
（2）县政府主要领导强令县支行提供担保应承担何种法律责任？
（3）本案依法应如何处理？

第 5 章 企业破产法律制度

引导案例

债权人某银行分行于 2011 年 12 月 10 日向市中级人民法院申请雅光葡萄酒厂破产。经查：雅光葡萄酒厂亏损额已达 86 万元，资产负债率为 46.1%，债务为 159.7 万元，目前仅有资产 73.7 万元。

法院立案，在规定时间内通知债权人，并与 2012 年 1 月 5 日在报上公告要求债权人申报债权，规定 2 月 10 日召开第 1 次债权人会议。有些债权人担心自己的债权得不到全额清偿，通过各种途径抢先清偿。例如从仓库提走产品抵债。2 月 10 日主持召开第 1 次债权人会议，确认：24 家债权人，各种债务累计 159.7 万元。银行的部分债务是有抵押权的。2 月 11 日法院裁定破产。3 月 9 日成立破产清算组。清算组提出财产分配方案，债权人会议通过：所有财产集体拍卖，全体债权人按比例受偿。

清算组委托拍卖公司公开拍卖。最终，包括手续费以 59.7 万元成交。

银行提出异议，不同意含有抵押债权的财产加入整体拍卖，要求优先受偿。

法院裁定异议不成立，扣除破产费，按原方案分配后，裁定终止破产程序。

问题：

1. 银行有部分无财产担保债权，申请破产合法吗？
2. 根据《中华人民共和国企业破产法》，破产还债程序包括什么？
3. 作为债权人，某银行分行申请破产应向法院提交的材料包括什么？
4. 国有企业破产的原因是什么？
5. 如果雅光葡萄酒厂作为债务人提出破产申请，应向法院提交的材料包括什么？
6. 债务人申请破产是否要得到他人同意？
7. 债权人会议召开和清算组成立时间有无不妥？
8. 进入破产程序后，个别清偿是否有效？
9. 银行有部分抵押债权，以上处理合法吗，你认为应该如何处理？

学习目标：

掌握企业破产的界限、债权人会议、破产财产与破产清算，重点掌握破产中的破产费用和共益债务、别除权、可撤销和无效行为；

理解破产案件的管辖、企业破产中的重整与和解程序；

了解破产的概念及特征、破产法的概念及适用范围。

5.1　破产法概述

5.1.1　破产的含义

1. 破产的定义

破产是商品经济发展到一定阶段必然出现的法律现象，因此严格意义上说破产法是随着资本主义商品经济发展所产生的一种法律制度。

经济意义上的破产是指债务人的一种特殊经济状态，在此状态中，债务人已无力支付其到期债务，而最终不得不倾其所有以偿债务。

我国《破产法》中所指的破产，是在债务人不能清偿到期债务时，经债权人或者债务人申请，由人民法院依法定程序宣告其破产并强制执行其全部财产，公平清偿给全体债权人，或者在人民法院的监督下，由债权人会议达成和解协议或重整计划以使企业复苏，避免企业倒闭清算的法律制度。

2. 破产的法律特征

《破产法》具有如下法律特征：

（1）破产是一种特殊的、严格的执行程序。破产程序应在人民法院的介入和主持下进行申请、受理、审理和执行。

（2）破产基于债务人不能清偿到期债务。到期债务不能清偿，会严重影响债权人利益的实现，妨碍民事流转（交易）的安全，因此只有进入破产程序。

（3）破产的目的是使债务得到公平清偿。破产制度将债务人的全部财产集中起来，按法定顺序和债权比例分配给各个债权人，不能清偿的部分也由各个债权人共同分担损失，从而使债权人的债权得到较公平的清偿，也实现了对债务人的保护，进而实现对社会利益的维护。

（4）破产是一种特殊的偿债手段。即破产是通过消灭债务人主体资格来实现清偿债务的程序。破产还债是通过消灭债务人主体资格来实现的，而一般的履行债务，不会消灭债务人主体资格。

相关知识

破产法的立法进程

1. 计划经济时期——无破产法

新中国建立初期，面对西方国家的经济封锁和政治围堵，中国实行了计划经济体制。没有破产经济现象，也没有破产法律制度。

2. 商品经济时期：《中华人民共和国企业破产法》（试行）

1986 年 8 月 3 日沈阳防爆器械厂破产关闭，这是中国第一家公有制企业破产。

1986 年 12 月 2 日，《中华人民共和国企业破产法》开始试行。该法仅适用全民所有制企业。该法没有对破产企业的债权人予以平等保护，将劳动债权放在第一顺位，国家债权放在第二顺位，破产债权放在最后顺位。该法试行 18 年，没有一起适用该法和解与整顿程序拯救企业的成功案例。

3. 1991年《民事诉讼法》设企业法人破产还债程序

将适用范围扩大到非全民所有制法人型企业。但条文过于简单，缺乏详尽、严谨的程序性规定，在立法技术上也存在瑕疵，造成了破产立法的支离破碎与不统一。最高人民法院于1991年11月7日下发《关于贯彻执行〈中华人民共和国企业破产法（试行）〉若干问题的意见》。1992年7月13日下发《关于适用〈中华人民共和国民事诉讼法〉若干问题的意见》，但指导精神仍然是政府主导市场，行政干预破产，没有及时转变立法理念，落后于经济体制改革的步伐。

4. 现行《破产法》通过并施行

2006年8月27日《中华人民共和国企业破产法》通过，2007年6月1日起施行，建立起一套崭新的破产法律制度。该法规，从颁布到实施的准备期如此之长，是历来法律所没有的，充分反映了破产立法的复杂性。

综上，我国破产立法经历了三个阶段的法理变迁，第一阶段是以政府主导转换全民所有制企业经营机制为目标的强制破产主义；第二阶段是以法律作为改革利益再分配平衡器，以救济破产企业职工为重点的福利破产主义；第三阶段才是尊重市场经济规律，平等保护债权、债务，促进社会资源有效配置的破产预防主义。

5.1.2 企业破产法

1. 企业破产法的概念

在我国，企业破产法是指中华人民共和国第十届全国人民代表大会常务委员会第二十三次会议于2006年8月27日通过，自2007年6月1日起施行的《中华人民共和国企业破产法》（以下简称《企业破产法》）。

企业破产法是指调整破产债权人和债务人、法院、管理人及其他破产参加人相互之间在破产过程中所发生的社会关系的法律规范的总称，主要包括破产程序规范和破产实体规范。

2. 破产法的适用范围

根据《企业破产法》第2条、第134条、第135条的规定，企业破产法的适用范围为：

（1）企业法人，即适用于所有具有法人资格的企业；

（2）商业银行、证券公司、保险公司等金融机构出现破产原因后，国务院金融监督管理机构可以向人民法院提出对该金融机构进行重整或者破产清算的申请。

（3）企业法人之外的其他组织（如合伙企业）如果属于破产清算的，可以参照适用《企业破产法》规定的程序。

5.2 申请和受理

5.2.1 破产案件的申请

1. 破产原因

破产原因也称为破产界限，是指适用破产程序所依据的特定的法律条件或法律事实，也就是受理破产案件的实质条件。

我国《企业破产法》第 2 条规定了企业法人的破产界限的三种情形，即：

（1）不能清偿到期债务，并且资产不足以清偿全部债务；

（2）不能清偿到期债务，明显缺乏清偿能力的；

（3）有明显丧失清偿能力可能的，该项仅适用于提起重整申请。

宣告债务人破产必须符合法律规定的破产界限，债权人申请破产有下列情形之一的，不予宣告破产：

（1）公用企业和与国计民生有重大关系的企业，政府有关部门给予资助或者采取其他措施帮助清偿债务的；

（2）取得担保，自破产申请之日起六个月内清偿债务的。

2. 破产案件的申请

破产申请应当向有管辖权的人民法院提出，破产案件依法应由债务人住所地人民法院管辖。县、县级市或区的工商行政管理机关核准登记企业的破产案件，由基层人民法院管辖；地区、地级市（含本级）以上工商行政管理机关核准登记企业的破产案件，由中级人民法院管辖。

我国现行破产法采用了申请主义，即债务人在符合破产界限时，可以向人民法院提出重整、和解或者破产清算申请；债务人不能清偿到期债务，债权人可以向人民法院提出对债务人进行重整或者破产清算的申请；企业法人已解散但未清算或者未清算完毕，资产不足以清偿债务的，依法负有清算责任的人应当向人民法院申请破产清算。向人民法院提出破产申请，应当提交破产申请书和有关证据。破产申请应当向债务人住所地人民法院提出。

当事人提出破产申请，除了提交破产申请书之外，还应当依法提交必要的证明材料。根据《破产法》第 8 条，债务人提出申请的，还应当向人民法院提交财产状况说明、债务清册、债权清册、有关财务会计报告、职工安置预案及职工工资的支付和社会保险费用的缴纳情况。

5.2.2　破产案件的受理

1. 受理的程序

债权人提出破产申请的，人民法院应当自收到申请之日起 5 日内通知债务人。债务人对申请有异议的，应当自收到人民法院的通知之日起 7 日内向人民法院提出。人民法院应当自异议期满之日起 10 日内裁定是否受理。除此情形外，人民法院应当自收到破产申请之日起 15 日内裁定是否受理。

人民法院受理破产申请的，应当自裁定作出之日起 5 日内送达申请人。

债权人提出申请的，人民法院应当自裁定作出之日起 5 日内送达债务人。债务人应当自裁定送达之日起 15 日内，向人民法院提交财产状况说明、债务清册、债权清册、有关财务会计报告及职工工资的支付和社会保险费用的缴纳情况。

人民法院裁定不受理破产申请的，应当自裁定作出之日起 5 日内送达申请人并说明理由。申请人对裁定不服的，可以自裁定送达之日起 10 日内向上一级人民法院提起上诉。

人民法院受理破产申请后至破产宣告前，经审查发现债务人不符合法定情形的，可以裁定驳回申请。申请人对裁定不服的，可以自裁定送达之日起 10 日内向上一级人民法院提起上诉。

人民法院应当自裁定受理破产申请之日起 25 日内通知已知债权人，并予以公告。

通知和公告应当载明下列事项：申请人、被申请人的名称或姓名；人民法院受理破产申请的时间；申报债权的期限、地点和注意事项；管理人的名称或姓名及其处理事务的地址；债务人的债务人或财产持有人应当向管理人清偿债务或交付财产的要求第一次债权人会议召开的时间和地点；人民法院认为应当通知和公告的其他事项。

2．破产案件受理的法律效果

法院受理破产申请，意味着破产程序的开始。破产程序开始后，债务人的财产进入保全状态，债权人的权利行使也受到约束。具体说，发生以下效果。

（1）对债务人的约束

自破产案件受理之日起，债务人及其法定代表人承担以下义务：财产保全义务、说明义务和提交义务。保全债务人的财产和掌握债务人在财务、经营和其他有关方面的信息，是人民法院审理破产案件和债权人行使权利的重要条件。因此，保护和移交财产、如实说明有关情况和完整、真实地提交有关材料，是债务人在破产法上的重要义务。

不对个别债权人清偿的义务。人民法院受理破产申请后，债务人不得对个别债权人清偿债务，也不得以其财产设立新的担保。

（2）对债权人的约束

破产程序开始是自动冻结债权人的个别追索行为。这种自动冻结（又称作自动停止），在我国现行破产法上表现为以下两项规定：破产案件受理后，债权人只能通过破产程序行使权利。债权人不得个别追索债务，也不能向法院提起新的民事诉讼。有财产担保的债权人，在破产案件受理后至破产宣告前的期间，未经人民法院准许，不得行使优先权。

（3）对其他人的约束

与破产案件有关的其他当事人，也有服从破产法秩序的义务。人民法院受理破产申请后，债务人的债务人或者财产持有人应当向管理人清偿债务或者交付财产。债务人的债务人或者财产持有人故意违反前款规定向债务人清偿债务或者交付财产，使债权人受到损失的，不免除其清偿债务或者交付财产的义务。

此外，破产案件受理后，民事诉讼程序的中止或终结、民事执行程序的中止和财产保全的中止破产法也有相应规定。

5.3 管理人

5.3.1 管理人的含义

破产中的管理人，是指法院受理破产案件后接管债务人财产并负责债务人财产管理和其他事务的专业人员。根据《破产法》第 22 条的规定，管理人由人民法院指定。债权人会议认为管理人不能依法、公正执行职务或者有其他不能胜任职务情形的，可以申请人民法院予以更换。管理人没有正当理由不得辞去职务。管理人辞去职务应当经人民法院许可。

5.3.2 管理人的职责

根据《破产法》第 25 条的规定，管理人应当履行下列职责：接管债务人的财产、印章和账簿、文书等资料；调查债务人财产状况，制作财产状况报告；决定债务人的内部管理事务；决定债务人的日常开支和其他必要开支；在第一次债权人会议召开之前，决定继续或者停止债务人的营业；管理和处分债务人的财产；代表债务人参加诉讼、仲裁或者其他法律程序；提议召开债权人会议；人民法院认为管理人应当履行的其他职责。

5.3.3　管理人的权利和义务

管理人的权利和义务的具体内容包括：管理人经人民法院许可，可以聘用必要的工作人员；管理人的报酬由人民法院确定，债权人会议对管理人的报酬有异议的，有权向人民法院提出；管理人应当勤勉尽责，忠实执行职务；管理人依照本法规定执行职务，向人民法院报告工作，并接受债权人会议和债权人委员会的监督；管理人应当列席债权人会议，向债权人会议报告职务执行情况，并回答询问。

【概念提示：破产管理人与清算组】

在我国，根据 1986 年的《企业破产法（试行）》，破产程序中的管理人称为“清算组”，而 2007 年《企业破产法》施行后，改称为“管理人”。破产管理人和清算组的区别主要在于成员组成、资格要求、法律责任等方面。关于破产管理人与清算组的区别详见表 5-1。

表 5-1　破产管理人与清算组的区别

序号		破产管理人	破产清算组
1	成员组成	由有关部门、机构组成的清算组或依法设立的律师事务所、会计师事务所、破产清算事务所等社会中介机构担任	由人民法院从企业上级主管部门、政府财政部门等有关部门和专业人员中指定
2	资格要求	必须具备相关专业知识并取得职业资格	对清算组成员做出积极或消极条件的规定
3	法律责任	管理人对其在破产程序中的行为需承担法律责任	清算组成员是从各政府部门临时指定的，其参与清算工作是不领取报酬的，故难以追究其责任
4	独立性	管理人一般由社会中介机构担任，因而独立性较强	清算组的体制、人员来源决定其首先向地方政府负责，受行政干预较大，独立性不强
5	参与破产程序的时间不同	管理人自人民法院受理破产案件时指定，而清算组是在破产宣告后产生	清算组是在破产宣告后产生的

5.4　债务人财产、破产费用与债权申报

5.4.1　债务人财产

1. 债务人财产的含义

破产申请受理时属于债务人的全部财产，以及破产申请受理后至破产程序终结前债务人取得的财产，为债务人财产。

债务人财产具有下列法律特征：债务人财产是破产企业享有或经营管理的财产及财产权利，既包括有形财产，也包括无形财产，还包括财产权利；债务人财产是用于破产清算分配的财产及财产权利；债务人财产由破产管理人管理和处分；债务人财产具有动态性。

2. 债务人财产构成

根据我国《企业破产法》第 30 条规定，我国企业债务人财产由下列财产构成。

（1）破产案件受理时属于破产企业经营管理的全部财产。这些财产大体包括四类，即有形财产、无形财产、货币、有价证券和投资权益。

（2）破产企业在破产申请受理后至破产程序终结前所取得的财产。主要包括以下几种：因破产企业的债务人的清偿和财产持有人的交还而取得的财产；因未履行合同的继续履行而取得的财产；由破产企业享有的投资权益所产生的收益；债务人财产所生的孳息，如房租、银行利息；清算期间继续营业的收益；基于其他合法原因而取得的财产。

（3）应当由破产企业行使的其他财产权利，如专利权、商标权、专有技术及破产企业原来与其他企业联营所投入的财产和应得的利益等。

3. 破产债权

破产债权是基于破产宣告前的原因而发生的，能够通过破产分配由债务人财产公平受偿的财产请求权。我国《企业破产法》第 107 条规定，债务人被宣告破产后，债务人称为破产人，债务人财产称为破产财产，人民法院受理破产申请时对债务人享有的债权称为破产债权。人民法院受理破产申请前成立的无财产担保的债权和放弃优先受偿权利的有财产担保的债权为破产债权。

破产债权具有如下法律特征：破产债权必须是依法申报并获得确认的债权；破产债权仅限于财产上的请求权；破产债权原则上仅限于破产宣告前成立的无财产担保的债权。

根据我国现行法律规定和司法解释，破产债权的范围包括：无财产担保的债权；放弃了优先受偿权的债权；有财产担保的债权，经由担保物清偿后的未足清偿部分；破产人的连带债务人，因代替破产人清偿债务而取得的求偿权；应计算利息的债权，至破产宣告之日止的利息；待履行合同之相对人的赔偿请求权；其他合法请求权。其他有合法根据的财产请求权，亦得成为破产债权。

但下列请求权不属于破产债权：行政机关、司法机关对破产企业的罚款、罚金及其他有关费用；人民法院受理破产案件后债务人未支付应付款项的滞纳金；破产宣告后的债务利息；债权人参加破产程序所支出的费用；破产企业的股权、股票持有人在股权、股票上的权利；破产财产分配开始后向清算组申报的债权；超过诉讼时效的债权；债务人开办单位对债务人未收取的管理费、承包费。

5.4.2 破产费用

1. 破产费用的含义

破产费用，是指法院在受理破产案件时收取的案件受理费及管理人为破产债权人的共同利益而在破产程序中所支出的各项费用的总和。

由于这些费用是为破产债权人的共同利益而支出的，按照民事诉讼法关于民事执行费用由债务人承担的规则和民法关于共益费用优先受偿的规则，这些费用应当从破产财产中优先拨付。

2．破产费用的范围

根据《企业破产法》第 41 条的规定，我国破产费用包括以下项目。

（1）破产案件的诉讼费用。包括：破产申请费用；破产管理人为收回破产财产提起诉讼或进行其他法律程序所发生的费用，以及破产管理人以破产企业名义应诉而发生的诉讼费用等；破产案件在诉讼过程中产生的其他费用，如证据保全费、调查费、财产保全费、公告费、鉴定费、送达费、勘验费，以及人民法院认为其他应当支付的诉讼费用。

（2）管理、变价和分配债务人（破产人）财产费用。包括但不限于债务人财产的保管费用、保养与修缮费用、拍卖或变价变卖费用、变更权属费用、仓储费用、运输费用、保险费用、评估费用、公告及通知债权人受领财产的送达邮寄费用、提存预分配财产费用等。

（3）破产管理人报酬、聘用工作人员的费用和执行职务的费用。破产管理人报酬的支付必须要向人民法院提出书面申请并经过审查批准程序，以防出现自己给自己支付报酬的情况。

5.4.3　破产财产的分配

1．破产财产的分配顺序

根据《破产法》第 113 条的规定，破产财产在优先清偿破产费用和共益债务后，依照下列顺序清偿：

（1）破产人所欠职工的工资和医疗、伤残补助、抚恤费用，所欠的应当划入职工个人账户的基本养老保险、基本医疗保险费用，以及法律、行政法规规定应当支付给职工的补偿金；

（2）破产人欠缴的除前项规定以外的社会保险费用和破产人所欠税款；

（3）普通破产债权，破产财产不足以清偿同一顺序的清偿要求的，按照比例分配。破产企业的董事、监事和高级管理人员的工资按照该企业职工的平均工资计算。

同时，《破产法》第 115 条和第 116 条规定，管理人应当及时拟订破产财产分配方案，提交债权人会议讨论。债权人会议通过破产财产分配方案后，由管理人将该方案提请人民法院裁定认可。破产财产分配方案经人民法院裁定认可后，由管理人执行。

2．破产财产分配方案实施多次分配的法律规定

《破产法》第 116 条第二款规定：“管理人按照破产财产分配方案实施多次分配的，应当公告本次分配的财产额和债权额。管理人实施最后分配的，应当在公告中指明，并载明本法第 117 条第二款规定的事项。”第 117 条第二款规定：“管理人依照前款规定提存的分配额，在最后分配公告日，生效条件未成就或者解除条件成就的，应当分配给其他债权人；在最后分配公告日，生效条件成就或者解除条件未成就的，应当交付给债权人。”据此规定可知：①对于附生效条件或解除条件的债权，管理人应当将其分配额提存；②管理人依照前款规定提存的分配额，在最后分配公告日，生效条件未成就或者解除条件成就的，应当分配给其他债权人；在最后分配公告日，生效条件成就或者解除条件未成就的，应当交付给债权人。

《破产法》第 118 条规定：“债权人未受领的破产财产分配额，管理人应当提存。债权人自最后分配公告之日起满两个月仍不领取的，视为放弃受领分配的权利，管理人或者人民法院应当将提存的分配额分配给其他债权人。”第 119 条规定：“破产财产分配时，对于诉讼或者仲裁

未决的债权，管理人应当将其分配额提存。自破产程序终结之日起满两年仍不能受领分配的，人民法院应当将提存的分配额分配给其他债权人。”据此可知：①债权人未受领的破产财产分配额，管理人应当提存，债权人自最后分配公告之日起满两个月仍不领取的，视为放弃受领分配的权利，管理人或者人民法院应当将提存的分配额分配给其他债权人；②破产财产分配时，对于诉讼或者仲裁未决的债权，管理人应当将其分配额提存，自破产程序终结之日起满两年仍不能受领分配的,人民法院应当将提存的分配额分配给其他债权人。商业银行破产的分配次序与同为金融机构的保险公司具有很强的可比性，详见表 5-2。

表 5-2　商业银行、保险公司的破产财产分配

	优先支付	第一顺位	第二顺位	第三顺位	第四顺位
商业银行	支付清算费用	所欠职工工资和劳动保险费用	先支付个人储蓄存款的本金和利息	破产企业所欠税款	破产债权
保险公司	破产费用	所欠职工工资和劳动保险费用	赔偿或者给付保险金	所欠税款	清偿公司债务

5.4.4　债权申报

债权申报是债权人在破产案件受理后依法定程序主张并证明其债权，以便参加破产程序的法律行为。人民法院受理破产申请后，应当确定债权人申报债权的期限。

债权申报期限自人民法院发布受理破产申请公告之日起计算，最短不得少于 30 日，最长不得超过 3 个月。债权人应当在法定期限内申报其债权。具体期限为：收到法院通知的债权人，应在收到通知后 30 日内申报债权。未收到通知的债权人，应当自公告之日起 3 个月内申报债权。限定债权申报期间，对于破产程序及时、顺利进行是必要的。因为，只有在债权人人数和债权数额已确定的情况下，才能召开债权人会议和进行清算分配。

债权人逾期未申报债权的，视为自动放弃债权。其后果是不再是债权人，无权出席债权人会议，无表决权，不能参加破产财产分配。逾期未申报的债权人失去通过破产程序获得清偿的资格。

破产案件受理前成立的对债务人的债权均为可申报的债权。未到期的债权，在破产案件受理时视为到期。有财产担保的债权和无财产担保的债权均可申报。债务人的保证人，在履行担保义务向债权人清偿后，可以在所为之清偿的范围内申报债权。连带债务的债权人，在连带债务人之一破产时，享有在破产程序中申报债权的权利。债务人所欠职工的工资和医疗、伤残补助、抚恤费用，所欠的应当划入职工个人账户的基本养老保险、基本医疗保险费用，以及法律、行政法规规定应当支付给职工的补偿金，不必申报，由管理人调查后列出清单并予以公示。

债权人申报债权时，应当向人民法院提交下列材料：①债权发生的事实与证据；②债权性质、数额、有无担保，并附证据。

人民法院对于申报的债权，应当指派专人进行登记造册，编制债权表。登记造册时，应当对有财产担保的债权和无财产担保的债权予以分别登记。申报的债权，须经债权人会议审查确认，方能确定。因此，在我国《破产法》上，审查债权的唯一主体是债权人会议。这是债权人自治原则的体现。人民法院不负责审查债权。

【经典案例：破产综合案例】

某轻工机械厂系国有企业，拖欠某电力公司的电力款达 500 万元，久拖不还。电力公司调查了解到该轻工机械厂已严重亏损，负债累累，短期内根本无法偿还贷款，便于 2012 年 7 月依法向法院提出破产申请。法院经审查后认为，轻工机械厂符合法定破产条件，便依法宣告破产并制定了管理人，对轻工机械厂的财产进行清理。其清单报告提供的情况如下。

（1）轻工机械厂总资产 2000 万元（变现价值），期中流动资金为 150 万元，长期投资 120 万元，固定资产 1500 万元，其他财产 230 万元。

（2）轻工机械厂现负债 2600 万元，其中应付职工基本养老保险、基本医疗保险及工资等 320 万元，应付税款 280 万元，普通破产债权 2000 万元（包括欠电力公司 500 万元），合计 2600 万元。

（3）在轻工机械厂的固定资产中，有四处厂房拥有产权证。其中新建的 3 车间和 4 车间已于 2010 年 3 月向某建设银行借款时用于抵押贷款 150 万元，该两处房产现在变现价值为 100 万元。

（4）轻工机械厂在破产还债的程序中支付的破产费用和共益债务为 150 万元。

【问题】

（1）轻工机械厂的破产财产时多少？

（2）轻工机械厂的破产财产应按何种顺序清偿？

（3）电力公司能得到清偿的债权额是多少？

【经典案例分析：破产综合案例】

（1）破产财产是 1900 万元，因为 2005 年向建设银行借款而设定的抵押财产属于别除权的范畴，所以，该公司的 2000 万债权人财产中的 100 万元不能作为破产财产。

（2）根据《企业破产法》第 113 条，破产财产在优先清偿破产费用和共益债务后，依照下列顺序清偿：①破产人所欠职工的工资和医疗、伤残补助、抚恤费用，所欠的应当划入职工个人账户的基本养老保险、基本医疗保险费用，以及法律、行政法规规定应当支付给职工的补偿金；②破产人欠缴的除前项规定以外的社会保险费用和破产人所欠税款；③普通破产债权。破产财产不足以清偿同一顺序的清偿要求的，按照比例分配。

破产企业的董事、监事和高级管理人员的工资按照该企业职工的平均工资计算。所以，破产财产应当首先清偿破产费用和共益债权 150 万，然后是职工基本养老保险、基本医疗保险及工资等 320 万元，税款 280 万元，最后剩下的是普通债权。

（3）如前所述，破产财产剩余的 1150 万元用于清偿普通债权。电力公司的债权也属于普通债权之一。根据该债权在普通债权中的比例受偿，即电力公司的债权占普通债权的四分之一，所以，电力公司获得的清偿债权额应当为 287.5 万元。

5.4.5　债权人会议

1. 债权人会议的含义

债权人会议是在人民法院受理破产案件后，为保障债权人的合法权益，表达债权人的意志和统一债权人的行动而由全体申报债权的债权人组成的临时性的议事机构。债权人会议是全体债权人参加破产程序并集体行使权利的决议机构。从性质上讲，债权人会议是债权人团体在破产程序中的意思发表机关，为此，债权人会议本质上是一个组织体，而不是临时的集会活动。建立债权人会议制度，对于在债权人之间化解矛盾和增进合作，保证破产程序的公平公正和提高破产程序的效率，具有十分重要的意义。

2．债权人会议的组成

所有债权人都是债权人会议成员。这里所说的债权人，是指在法定期限内，已向法院申报债权的人，包括有财产担保的债权人、无财产担保的债权人和代替债务人清偿债务后的保证人等。债权人会议的成员享有依法请求召开债权人会议、参加会议、在会议上发言、询问、表决等权利。债权人会议成员分为有表决权的债权人和无表决权的债权人两种。有表决权的债权人是指有权出席债权人会议和发表意见，并有权对债权人会议议决事项投票表达个人意志的债权人。无表决权的债权人是指有权出席债权人会议和发表意见，但无权对债权人会议议决事项投票表达个人意志的债权人。有财产担保的债权人未放弃优先受偿权时，不享有表决权，因为它不参加破产财产的分配。

债权人既可以亲自出席也可以委托代理人出席债权人会议。委托代理人代为出席的，应向法院或债权人会议主席提交由委托人签名盖章的授权委托书。债权人会议设会议主席，即负责主持和召集债权人会议的人，由人民法院在第一次债权人会议召开时，从有表决权的债权人中指定。第一次债权人会议由人民法院召集，以后的债权人会议由会议主席召集。第一次债权人会议，按规定应在债权申报期限届满后 15 日内召开；以后的债权人会议在人民法院或者会议主席认为必要时召开，也可以在管理人或者占无财产担保债权总额的四分之一以上的债权人要求时召开。

债务人的上级主管部门可以派人列席债权人会议，债务人的法人代表必须列席并有义务回答债权人的询问，拒绝列席的，人民法院可依法拘传。

3．债权人会议的职权

债权人会议行使下列职权。

（1）核查债权。

① 审查债权。在债权人会议上，人民法院应当提供债权表和所有证明材料，并方便随时查阅。债权人对个别债权的成立、性质、数额及担保权有疑问或异议的，可以向申报人提出询问，或者提出异议。

② 确认债权。债权人申报的债权，经审查无异议的，通过债权人会议决议加以确认。对于有异议的债权，债权人会议认为不应予以确认的，依决议加以否认。

（2）申请人民法院更换管理人，审查管理人的费用和报酬。

（3）监督管理人。

此外，债权人会议还行使选任和更换债权人委员会成员、决定继续或者停止债务人的营业、通过债务人财产的管理方案、通过破产财产的变价方案、通过破产财产的分配方案、通过重整计划和通过和解协议等职权。

4．债权人会议的议事规则

《破产法》第 64 条规定，债权人会议的决议，由出席会议的有表决权的债权人过半数通过，并且其所代表的债权额占无财产担保债权总额的二分之一以上。但是，本法另有规定的除外。

债权人会议的决议对全体债权人均有约束力。对决议的异议，债权人认为债权人会议决议违反法律规定的，可以在债权人会议作出决议后 7 日内提请法院裁定。

5.5　和解、重整与破产清算

5.5.1　和解程序

和解程序指不能清偿到期债务的债务人与债权人之间，就债务人债务的减免或者延期及其他解决债务的措施达成协议，以终止破产程序，避免破产清算的制度。

和解是避免破产的一项重要法律制度，在破产程序开始以后，甚至在破产宣告以后，无论是债权人还是债务人，只要认为和解对其是有利的，都可以提出和解。一旦达成和解协议，破产清算程序即告终止，债务人应当按照和解协议的规定清偿债务，债权人也应当按照和解协议接受履行。

1．和解申请

根据《破产法》第 95 条的规定，债务人可以依照本法规定，直接向人民法院申请和解；也可以在人民法院受理破产申请后、宣告债务人破产前，向人民法院申请和解。债务人申请和解，应当提出和解协议草案。人民法院经审查认为和解申请符合规定的，应当裁定和解，予以公告，并召集债权人会议讨论和解协议草案。

2．和解协议的表决

根据《破产法》第 97 条、第 98 条、第 99 条的规定，和解协议以以下方法通过。

（1）债权人会议通过和解协议的决议，由出席会议的有表决权的债权人过半数同意，并且其所代表的债权额占无财产担保债权总额的 2/3 以上。

（2）债权人会议通过和解协议的，由人民法院裁定认可，终止和解程序，并予以公告。管理人应当向债务人移交财产和营业事务，并向人民法院提交执行职务的报告。

（3）和解协议草案经债权人会议表决未获得通过，或者已经债权人会议通过的和解协议，未获得人民法院认可的，人民法院应当裁定终止和解程序，并宣告债务人破产。

3．和解的法律后果

根据《破产法》第 100 条、第 101 条、第 102 条的规定，和解的法律后果包括如下方面。

（1）对债务人的特定财产享有担保权的权利人，自人民法院裁定和解之日起可以行使权利。

（2）经人民法院裁定认可的和解协议，对债务人和全体和解债权人均有约束力。

（3）和解债权人是指人民法院受理破产申请时对债务人享有无财产担保债权的人。和解债权人未依照本法规定申报债权的，在和解协议执行期间不得行使权利；在和解协议执行完毕后，可以按照和解协议规定的清偿条件行使权利。和解债权人对债务人的保证人和其他连带债务人所享有的权利，不受和解协议的影响。

（4）债务人应当按照和解协议规定的条件清偿债务。

4．和解失败处理

根据《破产法》第 103 条、第 104 条的规定，和解失败后的法律后果包括如下方面。

因债务人的欺诈或其他违法行为而成立的和解协议，人民法院应当裁定无效，并宣告债务人破产。和解债权人因执行和解协议所受的清偿，在其他债权人所受清偿同等比例的范围内不予返还。

债务人不能执行或不执行和解协议的，人民法院经和解债权人请求，应当裁定终止和解协议的执行，并宣告债务人破产。

人民法院裁定终止和解协议执行的，和解债权人在和解协议中作出的债权调整的承诺失去效力。和解债权人因执行和解协议所受的清偿仍然有效，和解债权未受清偿的部分作为破产债权。前述规定的债权人，只有在其他债权人同自己所受的清偿达到同一比例时，才能继续接受分配。债务人不能执行或不执行和解协议的，人民法院经和解债权人请求，应当裁定终止和解协议的执行，并宣告债务人破产情形的，为和解协议的执行提供的担保继续有效。

人民法院受理破产申请后，债务人与全体债权人就债权债务的处理自行达成协议的，可以请求人民法院裁定认可，并终结破产程序。按照和解协议减免的债务，自和解协议执行完毕时起，债务人不再承担清偿责任。

5.5.2 重整程序

1．重整的含义

重整是指不对无偿付能力债务人的财产立即进行清算，而是在法院的主持下由债务人与债权人达成协议，制订重整计划，规定在一定的期限内，债务人按一定的方式全部或部分地清偿债务，同时债务人可以继续经营其业务的制度。

无论是债权人还是债务人，均可以向人民法院提出重整申请。从而在破产清算外为企业解决经营困难提出了另一条途径。

2．重整申请和重整期间

债权人和债务人均有权向人民法院申请重整。符合法律规定的人民法院应当裁定债务人重整，并予以公告。

重整期间为自人民法院裁定债务人重整之日起至重整程序终止。在重整期间，经债务人申请，人民法院批准，债务人可以在管理人的监督下自行管理财产和营业事务。有前述规定情形的，依照破产法规定已接管债务人财产和营业事务的管理人应当向债务人移交财产和营业事务，管理人的职权由债务人行使。管理人负责管理财产和营业事务的，可以聘任债务人的经营管理人员负责营业事务。

重整期间债务人的行为规范主要包括以下五个方面的内容。

（1）在重整期间，对债务人的特定财产享有的担保权暂停行使。但是，担保物有损坏或价值明显减少的可能，足以危害担保权人权利的，担保权人可以向人民法院请求恢复行使担保权。

（2）在重整期间，债务人或管理人为继续营业而借款的，可以为该借款设定担保。

（3）债务人合法占有的他人财产，该财产的权利人在重整期间要求取回的，应当符合事先约定的条件。

（4）在重整期间，债务人的出资人不得请求投资收益分配。

（5）在重整期间，债务人的董事、监事、高级管理人员不得向第三人转让其持有的债务人的股权。但是，经人民法院同意的除外。

3. 重整计划的制订和批准

重整计划制订的程序是：债务人或管理人制作重整计划草案（债务人自行管理财产和营业事务的，由债务人制作；管理人负责管理财产和营业事务的，由管理人制作），向人民法院和债权人会议提交重整计划草案（应当自人民法院裁定债务人重整之日起 6 个月内提交，期限届满，经债务人或管理人请求，有正当理由的，人民法院可以裁定延期 3 个月）。债务人或管理人未按期提出重整计划草案的，人民法院应当裁定终止重整程序，并宣告债务人破产。

重整计划草案应当包括下列内容：债务人的经营方案；债权分类；债权调整方案；债权受偿方案；重整计划的执行期限；重整计划执行的监督期限；有利于债务人重整的其他方案。

4. 重整计划的执行

重整计划由债务人负责执行。人民法院裁定批准重整计划后，已接管财产和营业事务的管理人应当向债务人移交财产和营业事务。自人民法院裁定批准重整计划之日起，在重整计划规定的监督期内，由管理人监督重整计划的执行。经人民法院裁定批准的重整计划，对债务人和全体债权人均有约束力。按照重整计划减免的债务，自重整计划执行完毕时起，债务人不再承担清偿责任。

5.5.3 破产清算

1. 破产宣告

破产宣告是指法院依据当事人的申请或法定职权裁定宣布债务人破产以清偿债务的行为。债权人或债务人的破产申请只有经过人民法院审查认为债务人已具备破产宣告条件时，才作出破产宣告的裁定。

破产宣告是法院对债务人具有破产原因的事实作出有法律效力的认定。根据《破产法》第 107 条第一款的规定，人民法院依照本法规定宣告债务人破产的，应当自裁定作出之日起五日内送达债务人和管理人，自裁定作出之日起十日内通知已知债权人，并予以公告。

人民法院宣告企业破产的裁定自宣告之日起发生法律效力。破产宣告对于破产案件的效果，就是破产案件转入破产清算程序。在破产案件受理后，破产宣告以前，债务人还可以通过和解或者其他方式（如取得担保，在短期内清偿债务）而避免破产清算。而一旦破产宣告，则破产案件不可逆转地进入清算程序。

（1）对债务人的效力。

① 债务人成为破产企业，破产企业仅在清算意义上存续。

② 债务人财产成为破产财产。

③ 破产宣告后，对企业破产负有个人责任的企业法定代表人自企业被批准注销之日起三年之内不能担任公司的董事、监事和经理（《公司法》第 147 条）。

（2）对债权人的效力。对债权人来说，破产宣告使他们获得了行使权利的特别许可。在破产宣告前，所有的债权请求都处于冻结状态。破产宣告后，因破产宣告以前的原因而发生的请求权，得依照破产程序的规定接受清偿。

2. 破产程序的终结

破产程序的终结是破产程序的最后阶段，也是破产程序的必经环节。破产终结的基本程序为：

（1）管理人提请人民法院终结破产程序；

（2）人民法院裁定，人民法院应当自收到管理人终结破产程序的请求之日起15日内作出是否终结破产程序的裁定；

（3）人民法院裁定终结的，应当予以公告。

3. 破产责任

破产责任是指有关方面违反企业破产法律所应承担的法律责任，包括民事责任、行政责任、刑事责任等。

（1）债权人的责任。如果债权人在破产程序进行中从事了欺诈或与债务人恶意串通等违法行为，应当承担相应的责任。

（2）破产管理人、重整执行人、监督人等在破产程序进行中，未依法履行职务或利用职务之便利获取非法利益，应当承担相应的责任。

（3）债务人企业的法定代表人或直接责任人等的责任。这种责任具体包括以下两种情形。一是作为债务人的企业从事了隐匿资产、逃避债务等欺诈行为，其法定代表人或直接责任人应当向债权人承担民事赔偿责任。债权人也有权在法定期间内通过破产管理人请求法院宣告其侵害债权人利益的民事行为无效。二是债务人企业的法定代表人或直接责任人对导致破产有故意、重大过失甚至构成犯罪的，应当承担相应的民事责任、行政责任甚至刑事责任。

【引导案例分析】

（1）银行有部分无财产担保债权，申请破产合法。

（2）根据《中华人民共和国企业破产法》，破产还债程序如下。

①债权人或债务人的书面申请；②法院审查，决定是否进入破产还债程序；③进入破产还债程序后，在10日内通知债权人和债务人，并发布公告；④通知后30日内，公告3个月内，申报债权；⑤3个月加15天内，由法院召集第一次债权人会议；⑥企业可以与债权人会议达成和解协议，法院认可，并发公告，中止破产程序；⑦法院裁定宣告企业破产，15日内成立清算组，管理、处理有关事务，并分配；⑧分配完毕，法院终结破产程序；⑨清算组向登记机关注销登记。

（3）债权人某银行分行申请破产应向法院提交材料：

①债权发生的证据；②债权的性质、数量；③有无财产担保，和提供证据；④不能清偿到期债务的证据，如停止支付，并呈连续性。

（4）国有企业破产的原因。

① 企业经营不善。

② 严重亏损。

③ 不能清偿到期债务要符合三个要件：债务的清偿期限已经届满；债权人已要求清偿；债务人明显缺乏清偿能力。

该条还规定，债务人停止支付到期债务并呈连续状态，如无相反证据，可推定为“不能清偿到期债务”。

（5）债务人提出破产申请，应向法院提交材料：①亏损情况；②会计报表；③财产状况；④债权债务清册；⑤全民企业上级意见；⑥其他材料。

（6）债务人申请破产是否要得到他人同意。

《中华人民共和国企业破产法》第 8 条第一款规定："债务人经其上级主管部门同意后，可以申请宣告破产"。这是就国有企业债务人申请破产以上级主管部门同意为条件，因为国有企业的所有权人是国家，而上级主管部门享有代表国家行使所有权的权力。这与非国有企业作为债务人申请破产时需要其所有权人同意是类似的。例如，我国《公司法》第 38 条和第 103 条规定，有限责任公司的股东会、股份有限公司的股东大会，行使对公司解散、清算事项做出决议的职权。公司自愿申请破产，与公司解散一样，是关系公司存亡和股东权益得失的重大事项，也应照此办理。

（7）第一次债权人会议应于 4 月 5 日后的 15 天内召开，2 月 10 日召开不妥。清算组应于 2 月 11 日后 15 天内成立，3 月 9 日成立不妥。

（8）进入破产程序后，个别清偿是否有效？

《中华人民共和国企业破产法》第 12 条规定："人民法院受理破产案件后，债务人对部分债权人的清偿无效，但是债务人正常生产经营所必需的除外。"这是关于禁止个别清偿的现行规定。

要构成"债务人正常生产经营所必需"这一例外，须同时具备四项条件：①债务人仍在从事生产经营；②这种生产经营是正常的，即有利于企业财产保值和债权人的清偿利益；③所为的个别清偿是必需的，即若不实施这一清偿，将有损于企业财产和债权人的利益；④受理破产案件的人民法院的批准。所以，债务人在《中华人民共和国企业破产法》第 12 条规定的期间实施的个别清偿，凡不具备这四项条件的，应认定为无效。

（9）银行有部分抵押债权，有权优先受偿，理论上属于别除权。

自测题

一、单项选择

1．长虹储运公司是一家国有企业，因经营不善进入破产程序。与该公司有关的下列哪种款项或费用属于破产债权？（　　）

A．债权人甲公司因参加破产程序花费 5 万元

B．破产宣告时长虹储运公司欠乙公司 2 万元货款，离偿付日期还有 1 个月

C．长虹储运公司向银行贷款 10 万元，该项贷款以长虹储运公司价值 20 万元的房产作抵押担保

D．长虹储运公司拖欠某市地方税务局税款 5 万元

2．依据我国《企业破产法》的有关规定，破产财产在优先清偿破产费用和共益债务后，清偿顺序为（　　）。

A．（1）普通破产债权；（2）企业所欠社会保险费用和税款；（3）企业所欠职工的劳动债权

B．（1）企业所欠职工的劳动债权；（2）企业所欠社会保险费用和税款；（3）普通破产债权

C．（1）企业所欠社会保险费用和税款；（2）企业所欠职工的劳动债权；（3）普通破产债权

D.（1）企业所欠职工的劳动债权；（2）普通破产债权；（3）企业所欠社会保险费用和税款

3. 根据我国《企业破产法》的规定，不得担任管理人的有（　　）。

A. 因过失犯罪受过刑事处罚的人　　B. 曾被吊销律师执业证书的法律工作者

C. 与本案无利害关系的人　　D. 企业上级主管部门的工作人员

4. 我国《企业破产法》规定，破产企业在一定期间发生的对个别债权人进行清偿的行为，管理人有权向人民法院申请予以撤销，该期间是指（　　）。

A. 破产宣告前 1 年内　　B. 破产宣告前 6 个月内

C. 破产申请提出前 6 个月内　　D. 破产案件受理前 6 个月内

二、多项选择

1. 下列哪些债权不受和解协议效力的影响？（　　）

A. 有财产担保的债权　　B. 发生在和解协议生效之后的债权

C. 无财产担保的债权　　D. 未申报的债权

2. 债权人会议的职权有（　　）。

A. 核查债权　　B. 监督管理人

C. 通过破产财产的分配方案　　D. 拟定破产财产的分配方案

3. 具有法人资格可适用《民事诉讼法》中所规定的破产还债程序的企业包括哪些？（　　）

A. 全民所有制企业

B. 中外合资经营企业

C. 全民所有制企业与集体所有制企业共同成立的联营企业

D. 私人企业

4. 根据《民事诉讼法》的规定，在企业法人破产还债程序中，债权人可以组成债权人会议，讨论通过破产的处理和方案或和解协议。债权人会议决定事项的具体要求有哪些？（　　）

A. 债权人会议讨论通过破产财产的处理和分配方案，应由出席会议的有表决权的债权人的过半数通过

B. 债权人会议讨论通过破产财产的处理和分配方案，表决同意通过的半数的债权人所代表的债权额必须占无财产担保债权总额的半数以上

C. 债权人会议通过和解协议，必须占无财产担保债权总额的三分之二以上

D. 债权人会议通过和解协议，必须占债权总额的半数以上

三、名词解释

破产　　破产债权　　破产财产　　管理人

四、案例分析

A 公司是国有企业，因经营不善，已经资不抵债，有意向法院申请破产。聘请你为律师，代理破产中的法律事务。经过一段时间工作后，你掌握了以下情况：①A 公司系在 A 省工商行政管理局注册登记的公司；②A 公司欠当地工商银行货款 2200 万元，贷款时曾提供 A 公司一套进口生产流水线作抵押，该套设备现值 1500 万元；③A 公司的债权人之一 B 公司因追索 250 万元货款而在一个月前起诉 A 公司，此案尚在审理中；④A 公司曾为甲公司向当地建设银行一

笔 500 万元的贷款作为保证人，现甲公司对该笔贷款未予以偿还；⑤A 公司欠 C 有限责任公司货款 120 万元，C 有限责任公司欠 A 公司 100 万元；⑥A 公司资不抵债已达 4500 万元。请问：

（1）A 公司如申请破产，应由谁受理？

（2）工商银行的 2200 万元贷款应如何处理？

（3）B 公司与 A 公司之间尚未审结的追索货款之诉应如何处理？

（4）建设银行能否参加破产程序、申报破产债权？理由是什么？

（5）向人民法院申请破产时，需要向法院提交哪些材料？

（6）应从企业财产中优先拨付的破产费用包括哪些？

（7）A 公司与 C 有限责任公司之间的债务关系如何处理？

第 6 章 票据法

引导案例

某年 1 月 20 日，甲公司根据与乙公司签订的货物买卖合同，按照约定签发了金额为 10 万元的银行承兑汇票，承兑人为甲银行，到期日为当年 11 月 1 日。汇票在甲公司交给乙公司前被甲公司遗失。甲公司于 2004 年 8 月 1 日登报声明作废，又于同年 9 月 1 日向法院申请公示催告。法院于当天通知甲银行停止支付。公示催告期限届满时，甲公司未向法院申请除权判决。甲公司后来交付给乙公司的是遗失的汇票复印件和甲银行于当年 8 月 20 日出具的说明函。在汇票复印件上的持票人签章栏内，加盖了甲银行的汇票专用章，但是没有甲公司的签章。甲银行说明函的内容是：由于汇票被出票人遗失，出票人已登报声明作废，因此同意在复印件上加盖本行汇票专用章，作为收款人向本行收款的有效依据；汇票到期后，收款人必须派员凭此复印件结算票款项。乙公司按照复印件记载的日期，在到期后持上述复印件向甲银行提示付款时，遭到甲银行拒付。

问题：

（1）乙公司是否有权要求甲银行承担票据责任？为什么？

（2）乙公司的权利如何得到保护？

学习目标：

掌握票据上的签章、票据的更改、伪造和变造，以汇票为例掌握各种票据行为的含义；

理解票据权利、票据的取得、票据时效、本票和支票；

了解票据的概念、票据抗辩、票据丧失和利益返还请求权。

6.1 票据法概述

6.1.1 票据的概念

1. 票据的含义

广义上的票据，指各种表彰财产权的书面凭证，包括钞票、发票、提单、仓单、保单、车票、船票、机票、债券、股票、借据、汇票、本票、支票等。狭义上的票据，仅指以无条件支付一定金额为内容，且由票据法规范的有价证券。票据法所称的票据均指狭义上的票据。

我国票据法中所称的票据，是指出票人依票据法签发的，约定由本人或本人委托的人在见票时或者在票载日期到来时无条件支付确定的金额给收款人或持票人的一种有价证券。

2. 票据的特征

（1）票据是完全有价证券

所谓完全有价证券，是指权利完全证券化、权利与证券融为一体、不可分离的一类证券。这一类证券，证券上的权利的存在、行使和移转都与证券分不开。票据权利的转移以交付票据为必要；票据权利的行使以持有并提示票据为必要。可见票据是完全有价证券。

（2）票据是金钱债权证券

票据的持票人享有向票据上的债务人请求支付票载金额的请求权及追索权，这种付款请求权和追索权本质上都是债权，而且这种债权的内容就是请求支付一定的金额，因而票据是一种金钱债权证券。

（3）票据是无因证券

票据法理论上的无因性指的是票据只要符合票据法规定的形式要件，票据权利就产生，其效力原则上不受产生票据的原因关系的影响。

（4）票据是要式证券

票据是依票据法签发的有价证券，其制作、转让、保证及承兑的方式等，票据法都有明确的规定，票据行为必须严格按照票据法规定的要素和款式作成，才能产生票据法上的效力。

（5）票据是文义证券

根据票据法理论，票据上的一切权利和义务，只能按照票据上记载的文义来确定，票载文义之外的任何理由、任何事项都不得作为确定票据权利义务的根据。

（6）票据是流通证券

流通是票据的重要特征，是票据所采取之最高原则，票据法之一切制度，无不以此原则为出发点。

3. 票据的分类

（1）法律上的分类

各国票据法对票据的种类采取法定主义，不允许当事人自由创设法定种类之外的票据。英美法系国家的票据立法大多采“合并主义”或“包括主义”，把汇票、本票和支票作为票据统一立法；而大陆法系国家的票据立法则大多采“分立主义”，把汇票和本票作为票据统一立法，而把支票作为另外一种有价证券，将其独立于票据之外单独立法。

《中华人民共和国票据法》第 2 条第二款规定：“本法所称票据，是指汇票、本票和支票。”可见我国票据立法采取了合并主义或包括主义的立法体例。

（2）学理上的分类

依据不同的标准，可对票据作不同的分类。

① 自付票据与委托票据。

这是依据出票人是否直接对票据进行付款所进行的分类。自付票据是指出票人本人直接对票据无条件付款的票据；委托票据是指出票人本人不直接承担付款义务，而是委托他人并在票据上加以记载，由他人承担无条件付款义务的票据。

② 信用票据与支付票据。

这是依据票据的经济职能所进行的分类。支票属于支付票据；而汇票与本票则属于信用票据。

③ 记名票据、无记名票据及指示式票据。

这是依据票据对票据权利人的记载方式不同所进行的分类。记名票据是指在票据上明确记载权利人的名称的票据；无记名票据是指票据上不记载收款人的名称，或者把权利人记作“持票人”或“来人”等字样的票据；指示式票据是指在票据上记载的收款人的姓名或名称之后，还附加记载有“或其指定之人”的票据。

④ 即期票据与远期票据。

这是依票据上所记载的到期日的不同所进行的分类。即期票据是指持票人随时提示付款，由出票人见票付款的票据；远期票据是指在票据上记载将来某个日期为到期日，付款人在该日期到来时才付款的票据。

4. 票据的作用

（1）支付作用

票据的支付作用，是票据具有代表定额货币代替现金支付的功能。汇票、本票、支票都具有这一功能，支票是单纯的支付工具。

（2）汇兑作用

票据的汇兑作用，是指票据具有异地输送资金的作用。本票、支票都具有这一作用，在我国，票据的汇兑作用主要是通过汇票来实现的。

（3）信用作用

票据的信用作用，是指票据的出票人可以使用未来可取得的资金签发票据，即将未来可取得资金的信用能力转变为当前的支付能力。票据的这一信用作用主要体现在远期票据上。

（4）融资作用

票据的融资作用，是指票据当事人可以通过票据转让或贴现来筹集资金的作用。票据当事人可以利用票据调度资金，这一功能主要通过票据的转让和贴现来实现。

（5）结算作用

票据的结算作用，是指以票据进行债务抵消。使用票据进行结算，其手续既方便又安全。对于简单的结算，由互有债权债务的双方当事人互相签发本票给对方，双方之间的债务即可抵消。对于复杂的结算，则可通过票据交换制度来完成。

6.1.2 票据法的概念与特征

票据法是指调整票据关系及与票据关系有关的其他社会关系的法律规范的总称。

票据法具有如下特征。

（1）强行性

票据法虽然属于民法的特别法或部门法，但其对于民法中的任意规范采用较少，票据法中的规定几乎都是强行性规定。

（2）技术性而非伦理性

票据法的规范考虑更多的是方便交易、繁荣市场的技术上的要求，而较少受不同国家、不同民族的思想文化传统和伦理道德的影响，是一种技术性规范，如《统一汇票本票法》、《统一支票法》。世界各国票据法的规定大同小异，这是为了保证交易的相互信任与交易便捷。

（3）私法兼具公法性

票据法作为民商法的特别法，调整的是平等主体之间因票据而产生的社会关系，理当属于私法的范畴。但其也规定了大量的公法性规范，体现了票据法的公法性特征。

（4）国内法兼具国际性

票据法虽然属于国内法，但具有较强的国际统一性。各国的票据立法都尽可能地与国际票据规则接轨，使各国的票据法在内容上日渐趋同，票据法也因而成为国际间统一化程度最高的法律。

（5）实体法兼具程序性

票据法属于实体法，但同时又有许多程序性规定。票据的操作注重程序，许多规定都体现了票据法程序的严格性。

6.2　与票据有关的法律关系

【经典案例：票据关系】

2011 年 1 月，湖南天易公司与福建华茂发展公司签订了名为联营实质上是借贷性质的《联营合同》，约定华茂公司向天易公司借款人民币 500 万元，湖南交通银行衡阳某分行（下简称为交行）对该借款作担保并给天易公司出具了担保书。之后，天易公司签发了以浙江某服装厂为收款人、到期日为 2011 年 8 月底的 500 万元商业汇票一张，还同该厂签订了虚假的《购销合同》，将该汇票与合同一并提交给农业银行某县支行（下简称为农行）请求承兑，双方签订了《委托承兑商业汇票协议》。天易公司告知农行拟使用贴现的方式取得资金，并承诺把该汇票的贴现款项大部分汇回该行，由该行控制使用。其后，该农行承兑了此汇票。而后收款人浙江某服装厂持票到建设银行浙江某分行贴现，并将贴现所得现款以退货款形式退回给天易公司，后者则按《联营协议》的约定，将此款项全部借给华茂发展公司。汇票到期后农行以受天易公司等诈骗为理由拒绝付款给贴现行，而当天易公司要求华茂发展公司及交通银行归还借款时，该行则以出借方签发汇票套取资金用于借贷不合法为由，拒绝承担保证人责任。

请问：（1）此案中哪些属于票据关系？

（2）此案中有哪几种非票据关系？

（3）农行和交行的理由能否成立？为什么？

6.2.1　票据关系

与票据运作有关的法律关系可以分为票据关系和非票据关系两大类。非票据关系又可以分为票据法上的非票据关系和民法上的非票据关系。

1．票据关系的概念和特征

票据关系，是指票据当事人基于票据行为所直接发生的票据上的债权债务关系。票据关系具有自己的特点。

（1）票据关系基于票据行为而产生

只有票据法规定的票据行为才能产生票据权利义务。票据行为之外的任何行为，即便是票据法中规定的行为，也不能引起票据权利义务关系的发生。

（2）票据关系的内容是以金钱为内容的票据权利和票据义务

票据关系的内容是票据当事人所享有的票据权利与所承担的票据义务，这种权利义务的客体只能是一定数额的金钱。

（3）票据关系具有多重性

在票据流通的过程中，随着票据当事人的不断增加，票据关系的数量也在增加；再加上汇票的承兑、汇票及本票的保证等票据行为的出现，在同一张票据上也会产生多个票据关系，从而使票据关系具有多重性。

（4）票据关系具有无因性

所谓票据关系的无因性，是指票据关系一经合法成立，就与其赖以产生的基础关系相分离，独立于基础关系之外，其效力一般不受其基础关系的影响。即使其基础关系存有瑕疵，一般也不会影响到票据关系的效力。

（5）票据关系具有独立性

所谓票据关系的独立性，是指各个票据行为及其所引起的票据关系之间是彼此独立的，各个票据行为及票据关系的效力互不相关。一个票据行为及票据关系无效，不影响票据上其他票据行为及票据关系的效力。

2. 票据关系的种类

（1）因出票行为而产生的票据发行关系

因票据的种类不同，票据的发行关系分为汇票的发行关系、本票的发行关系与支票的发行关系三种。

（2）因票据的背书行为而产生的票据背书关系

票据背书关系的当事人为背书人与被背书人。背书人将票据权利转让给被背书人或将一定的票据权利授予被背书人行使。背书人对被背书人负有担保票据承兑和付款的义务。

（3）因票据承兑行为而产生的票据承兑关系

票据承兑关系仅存在于汇票法律关系中。汇票经承兑后，承兑人与收款人或持票人之间便形成了确定的票据债权债务关系。

（4）因票据保证行为而产生的票据保证关系

票据保证关系中的保证人与被保证人对票据权利人承担连带责任。保证人所承担的责任内容与被保证人相同。

（5）因票据的参加行为而产生的票据参加关系

票据参加关系分为参加承兑关系与参加付款关系。我国《票据法》中对参加承兑与参加付款均未有规定。

（6）因支票的保付行为而产生的支票保付关系

所谓支票的保付，是指支票的付款人在支票上记载照付或保付或其他同义字样并签名的行为。支票的付款人进行保付行为后，其付款义务与汇票承兑一样。支票上的所有债务人均因付款人的保付行为而得以解除票据义务。我国票据法中也没有支票保付的规定。

3. 票据关系的当事人

票据关系的当事人，是指参与票据关系，享受票据权利和承担票据义务及与票据权利义务有密切关系的法律主体。根据不同的标准，可对票据当事人作出不同的分类。

（1）基本当事人与非基本当事人

这是根据当事人是否随票据的出票行为而出现所作的分类。凡随出票行为直接出现的当事人称为基本当事人。在票据关系中，具有如下三个基本当事人。

① 发票人。发票人是指在票据上签名并发出票据的人，或者说是签发票据的人。

② 付款人。付款人是受发票人委托付款的人，在有些情况下，发票人也是付款人，如本票。

③ 收款人。收款人是指从发票人那里接受票据并有权向付款人请求付款的人。

非基本当事人是指不随票据出票行为出现，而是随着出票行为以外的其他票据行为出现的当事人。不同的票据行为产生不同的票据非基本当事人：

① 由于背书行为而产生的背书人和被背书人；

② 由于保证行为而产生的保证人和被保证人；

③ 由于参加行为而产生的参加人和被参加人。

（2）权利主体、义务主体和关系主体

这是根据票据当事人在票据上的地位所作的分类。票据关系当事人可分为票据权利人（债权人）和票据义务人（债务人）。

① 票据权利主体（票据权利人），是指持有票据，可依法向票据义务人主张票据权利（即要求对方付款）的人，又称持票人。

② 票据义务主体（票据债务人），是指因为做了某种票据行为而依法应当负责或履行票据义务，即按规定向权利人付款的人。票据债务人有主债务人（又称第一债务人）和从债务人（又称第二债务人）之分。主债务人是指发票时的债务人，如汇票的发票人（承兑后为承兑人）、本票和支票的发票人。从债务人指非基本当事人中的债务人，如背书后的背书人等。主债务人和从债务人在履行票据义务（主要是向权利人付款）的次序是不同的。权利人首先应向主债务人请求付款，只有当主债务人拒绝承兑或付款时才向从债务人追索款项。

③ 票据中的关系主体。

票据中的关系主体是指虽然票据上记载有某一主体的名称或姓名，但他既不享有票据权利也不负有绝对付款的票据义务，他的存在与票据权利义务有密切关系的法律主体。

（3）前手和后手

从票据流通中的相应位置来划分，票据当事人又可以分为前手和后手。背书在前的为前手，背书在后的为后手。例如，甲将汇票背书转让给乙，乙再将其转让给丙，那么就甲和乙来说，甲为前手，乙为后手；就乙和丙来说，乙为前手，丙为后手。

前手与后手的区分意义在于：票据上的当事人行使追索权时，只能由后手向前手追索，而前手不能向后手追索。所以在前后手的关系中，前手为债务人，后手为债权人。

6.2.2　非票据关系

非票据关系，是指与票据有密切关系，又不是基于票据行为而产生的法律关系。它包括票据法上的非票据关系和民法上的非票据关系两大类，后者也称为票据关系的基础关系。

1. 票据法上的非票据关系

票据法上的非票据关系，是指票据法中规定的，与票据有密切关系，而非由票据行为产生的法律关系。票据法上的非票据关系主要有以下几种。

（1）汇票回单签发关系

持票人将汇票交给付款人时，有权要求付款人签发收到汇票的回单，以证明持票人因提示承兑而向付款人交付了票据。

（2）票据返还关系

票据返还关系主要有三种：

① 票据债务人履行票据义务后请求持票人返还票据，以消灭票据关系或据以行使追索权的权利义务关系；

② 持票人因获得承兑或不获承兑、不获付款后请求付款人退还票据的权利义务关系。

③ 正当权利人请求因恶意或重大过失而取得票据的人返还票据的权利义务关系。

（3）利益偿还关系

持票人因未在票据权利时效之内主张权利或因手续的欠缺而使票据权利消灭的，请求出票人或承兑人在其实际所受利益限度之内予以偿还的权利义务关系。

（4）损害赔偿关系

票据当事人因违反票据法的规定致他人损失，受害人请求赔偿的权利义务关系。

另外，有的国家还有票据复本的签发与返还关系和誊本的持票人与原本持有人之间的票据原本返还关系，我国《票据法》中没有这样的规定。

【经典案例分析：票据关系】

（1）天易公司的出票、农行的承兑、浙江某服装厂向建行浙江某分行的贴现，构成了本案中的汇票的出票人、收款人、承兑人、背书人及被背书人之间的一系列的票据债权债务关系，即本案的票据关系。

（2）在本案中存在以下几种非票据关系：①票据原因关系。将套取的资金用于非法借贷是本案中一系列出票、承兑等票据行为的真正原因，它们在本案中是以各种合同关系体现出来的；②票据资金关系，该关系以天易公司同农行某县支行签订的《委托承兑商业汇票协议》体现出来。

（3）农行和交行的理由均不能成立。因为付款人一旦承兑，其即成为确定的付款人，承担保证到期支付票款的责任，不得以资金关系抗辩善意的持票人。交行是票据基础关系的当事人，同样不得以他人的票据关系系非法来作为借贷担保关系的抗辩理由。本案中，天易公司与华茂发展公司的借贷关系显然是无效的，交行应依法就其过错承担赔偿责任。

2. 票据关系的基础关系

票据关系的基础关系，是指票据关系赖以产生的民事基础法律关系，因而也称为民法上的非票据关系。票据关系的基础关系包括三种：票据的原因关系、票据的资金关系和票据的预约关系。

（1）票据的原因关系

票据的原因关系，是指存在于票据直接当事人之间授受票据的理由。所谓授受票据的直接的当事人，是指票据的出票人与收款人、背书人与被背书人。

（2）票据的资金关系

票据的资金关系，一般是指汇票或支票的付款人与出票人或者其他资金义务人之间的委托付款法律关系。一般情况下，资金关系中的资金义务人是出票人，但当出票人受他人的委托而为他人出票时，资金义务人即为该他人。

（3）票据的预约关系

票据的预约关系，是指票据的直接当事人之间就授受票据所达成的合意。票据预约不仅存在于票据的出票人与付款人之间，同样也存在于票据的背书人与被背书人之间。

6.2.3 票据关系与其基础关系的关系

【经典案例：票据关系与原因关系】

2012 年 8 月 6 日，某市天吉电器集团公司与某县对外贸易公司化工建材分公司签订一份价值 203 765 元的天吉冰柜、天吉空调购销合同。合同签订后，化工建材公司预付货款 8 万元，天吉公司供给化工建材公司价值 202 797 元的电冰柜和空调。电器公司在催要货款过程中，双方于 2012 年 8 月 17 日又签订一份价值 492 800 元的空调、冰柜购销合同。为付款，化工建材公司向刘某借款，并从某县支行申领到一张以刘某为户名的 20 万元现金汇票交付给电器公司（此款包括 8 月 6 日的合同款 122 797 元，余下款项作为 8 月 17 日合同的预付款）。电器公司持该汇票到某市分行要求兑现。因汇票密押错误，某市分行拒付。电器公司遂将该银行诉之法院。

法院在审理中查明：汇票密押错误，系某县支行工作失误所致。在电器公司要求兑付汇票过程中，某县支行先后发出 4 封电报催收。付款单位以有纠纷和汇票方汇款人刘某挪用公款为由，电告某市分行协助不要解付，要求汇票作废处理，退回某县支行。

此外，在电器公司要求兑付汇票过程中，某县检察院出具通知函，以刘某挪用公款为由，要求某县支行不得更改密押。其间，某市分行根据内部结算办法规定先后发出几封电报给某县支行，要求进行查询答复、更改密押，但某县支行始终未更改密押。

【问题】某市分行是否应承担付款义务？为什么？某县分行应否承担责任？

1. 票据关系与其基础关系的分离

（1）票据关系与票据原因关系的分离

① 票据权利人行使权利不必证明票据原因关系，债务人也不得以票据原因关系欠缺对抗持票人。

② 票据关系中的权利义务内容只应按票载文义确定，而不能以票载文义之外的票据原因关系来改变。

③ 有效成立的票据关系的效力不受原因关系效力的影响。

票据关系与其基础关系之间，存在着既相互独立、互不牵连而又在一定情况下相互牵连的关系。以彼此分离、各自独立为原则，以特殊情况下的相互牵连为例外。

（2）票据关系与票据资金关系的分离

① 持票人通过出票、背书等行为取得的票据权利是一种独立的权利，而非取得代替出票人向付款人行使的一种基于资金关系上的请求权。

② 即使存在票据资金关系，付款人也不因此当然成为汇票上的债务人，付款人仍有权自行决定是否承兑、付款，付款人仍然可以不承兑、不付款。

③ 出票人不得以自己已经向付款人提供了足够的资金为理由，拒绝持票人或出票人的其他后手向其行使追索权，出票人仍应当承担相应的票据义务。

（3）票据关系与票据预约关系的分离

① 即使出票人或背书人没有按照票据预约的内容进行票据行为，票据关系的内容仍然依票载文义确定。

② 即使没有票据预约或票据预约无效或被撤销，只要出票或背书行为符合票据法的规定，由此行为产生的票据关系不受影响，仍然有效。

2. 票据关系与票据基础关系的牵连

（1）票据关系与票据原因关系的牵连

① 在授受票据的直接当事人之间，票据原因关系的有效与否，直接影响他们之间票据关系的效力。

② 无对价或不以相当对价取得票据者，受其前手票据原因关系的影响，不得享有优于其前手的票据权利。

③ 持票人明知票据债务人与出票人或者与自己的前手之间存在抗辩事由而取得票据的，债务人可以票据原因关系对抗之。

（2）票据关系与票据资金关系的牵连

① 在汇票关系中，当持票人是出票人时，承兑人可以资金关系不存在为由对抗之。

② 在支票关系中，付款人可以资金关系不存在为由对抗持票人。

（3）票据关系与票据预约关系的牵连

票据关系与票据预约关系的牵连，主要体现在授受票据的直接当事人之间，债务人可以预约关系对抗债权人。

【经典案例分析：票据关系与原因关系】

分析：某市分行应该承担付款义务。因为根据票据的无因性原则，某市分行应否解付的依据在于持票人所持汇票是否有效，如果银行汇票的形式符合法定要求，则银行应无条件付款。在本案中，由汇票的形式看：发票人是某县支行，付款是某市分行，收款人为电器公司，其形式合法；从汇票记载的内容看，也符合法律的规定；从其取得方式看，天吉电器集团公司从某县支行申领，取得途径亦是正常的。而根据票据的无因性，付款方某市分行所负的审查义务也仅限于以上各项内容，而不必审查收、付双方的原因关系及双方是否存在纠纷等实质性的内容。因此，该汇票是有效的，某市分行应该承担付款义务。

根据我国有关法律的规定，密押错误系某县支行的工作失误造成的，应由其承担过错责任，在本案中，某县支行应承担不解付的连带责任。

6.3 票据行为

【经典案例：票据行为效力】

甲公司对丙公司负有800万元债务，债务履行期限为2012年12月1日，乙公司是该债务的保证人。2012年11月，甲公司与乙公司合谋，捏造了购销合同一份，甲公司向乙公司开出即期商业汇票一张，金额 800 万元，甲公司持汇票和购销合同向某银行申请承兑。银行审查甲公司账户后，发现账户资金充足，故对该汇票予以承兑。乙公司于 2012 年 12 月 11 日将该汇票背书转让给丙公司。丙公司随后向银行提示付款，银行发现甲公司经营不力且账户资金不足，拒绝承兑汇票。丙公司遂诉至法院，要求银行兑付该汇票。某银行认为，甲公司故意签发无对价的汇票，骗取银行资金，该出票行为违反法律规定，依法无效；同时，由于甲、乙两公司的串通合谋行为，自己作出的承兑行为并非真实意思表示，因此该承兑行为亦为无效，其不应对该无效民事行为承担责任。丙公司认为，其是该汇票的善意持有人，该汇票形式完备，符合票据法的规定，其依法有权要求承兑人予以承兑。

【问题】本案应如何处理？

6.3.1　票据行为的概念和特征

1．票据行为的概念及性质

（1）票据行为的概念

票据行为有广义与狭义之分。狭义的票据行为，是指能产生票据债权债务关系的要式法律行为，主要包括出票、背书、承兑、参加承兑、保证和保付等六种。广义的票据行为，是指以票据关系的发生、变更或消灭为目的而为的法律行为，除了包括上述狭义的票据行为外，还包括付款、参加付款、见票、划线、涂销等。

（2）票据行为的性质

票据行为是单方法律行为还是双方法律行为，理论上及各国立法上都存在分歧，主要有两种不同的学说：契约说与单方法律行为说，后者又分为创造说和发行说。我国票据法关于票据行为的性质，采用的是单方法律行为说中的发行说。

2．票据行为的特征

（1）票据行为具有要式性

票据行为具有严格的法定行为方式，票据法对每种票据行为都规定了必要的方式，不允许当事人自由决定或变更，否则票据不生法律效力，票据因此被称为“要式证券”。

（2）票据行为具有文义性

票据行为的内容完全以票据上的文字记载为准，即使文字记载与实际情况不一致，也不允许当事人以票据上文字记载以外的证据对票据文字记载的内容加以解释或变更，票据因此被称为“文义证券”。

（3）票据行为具有无因性

票据行为的无因性，是指票据行为一旦成立，就与其赖以产生的基础关系（票据原因关系、票据资金关系、票据预约关系）相分离，该基础关系有效与否，甚至存在与否，都不会影响票据行为的效力。

（4）票据行为具有独立性

票据行为的独立性，是指依法成立的各个票据行为，分别依其在票据上所记载的文义独立发生效力，不受其他票据行为的影响，一个票据行为的无效，不会影响同一票据上其他票据行为的效力，这一性质也被称为票据行为独立原则。

（5）票据行为具有连带性

就是说，所有在票据上进行了票据行为的人都是持票人的债务人，他们对持票人承担法定连带责任。

6.3.2 票据行为有效成立的要件

1．票据行为的实质有效要件

（1）票据行为人的票据能力

票据行为人的票据能力，包括票据权利能力和票据行为能力。所谓票据权利能力，是指票据法赋予行为人参与票据法律关系，享受票据权利承担票据义务的资格；所谓票据行为能力，是指行为人依法以自己的行为参与票据法律关系，享受票据权利承担票据义务的资格。

① 自然人的票据权利能力。

根据民法理论，自然人的民事权利能力始于出生、终于死亡。自然人的票据权利能力也同样始于出生、终于死亡，自然人终生享有票据权利能力，一律平等。

② 法人的票据权利能力。

法人的票据权利能力与法人的民事权利能力一样，始于法人的成立、终于法人的消灭，并不受法人性质、目的及章程的限制，不同法人的票据权利能力并无区别。

③ 自然人的票据行为能力。

我国《票据法》把限制民事行为能力人和无民事行为能力人都规定为无票据行为能力人。凡具有完全民事行为能力的自然人都具有票据行为能力；凡属于限制民事行为能力人和无民事行为能力人，均不具有票据行为能力。

④ 法人的票据行为能力。

法人的票据行为能力与法人的民事行为能力是一致的，法人在其票据权利能力范围内享有票据行为能力，它始于法人的设立、终于法人的消灭。法人的票据行为能力是通过法人的法定代表人的行为实现的。

（2）票据行为人的意思表示

意思表示是民事法律行为的必备要素，也是票据行为不可缺少的要件。民法中要求行为人的意思表示必须真实，原则上也适用于票据行为。但由于票据行为具有文义性、无因性及流通性的特征，票据行为在对意思表示真实的具体适用上又有一定的特殊性。即以行为的外观来确定票据行为的效力，只要在外观上足以使人相信行为人的意思表示是真实的，票据行为即为有效的。

（3）票据行为的合法性

行为的合法性分为内容合法与形式合法两个方面。我们所讲的票据行为合法只要求票据行为的形式合法。

相关知识

票据实质要件之否定

一般说来，票据法理论把票据能力和意思表示作为票据行为的实质要件。但是，票据能力和意思表示若具有实质要件意义，欠缺行为能力或意思表示有瑕疵的票据行为就会产生效力瑕疵，而与票据行为的要式性、文义性、无因性、独立性等特征相矛盾，也与促进票据流通的票据法理念相冲突。故有学者从票据法及票据行为的个性考虑，主张票据能力欠缺和意思表示瑕疵仅能作为一种抗辩事实，而不能以此否定票据行为的效力，即票据行为上根本不存在所谓的实质要件，仅存在形式要件。

2．票据行为的形式要件

（1）票据须以书面形式作成

我国票据法所讲的书面形式有其严格而具体的含义，不仅要求票据行为必须在特定的纸张上进行，而且对文字字体及书写笔墨等都有明确而具体的规定，票据行为必须符合这些规定，才能产生法律效力。

（2）票据行为人必须在票据上签章

尽管不同的票据行为的内容不同，但“签章”是票据法对每一种票据行为所作的共同的强制性要求，票据签章是各种票据行为生效的必备要件。因为根据票据行为的文义性，依法承担票据义务的人必须是在票据上签章的人。签章是确定票据义务人的最基本的要素，只有签章才能确定票据行为人成为票据债务人，并依其签章时的票载文义承担票据义务。

（3）票据行为必须符合法定的款式

所谓票据行为的款式，是指票据行为的记载事项。《票据法》对各种票据行为的记载事项都有具体的要求，票据行为必须依《票据法》的要求记载相关事项，才能产生法律效力。票据法规定的记载事项由于其效力不同，可分为必要记载事项、可以记载的事项、记载不生票据法效力的事项及不得记载事项。

（4）票据行为人必须交付票据

所谓交付，是指票据行为人将记载完毕的票据交给相对人持有。有效的票据行为，除了行为人书面在票据上记载法定事项并签章外，还需要将票据交付相对人。

6.3.3　票据行为代理

1．票据行为代理的概念

票据行为的代理简称票据代理，指的是有权实施某种票据行为的人由于某种原因不能或不愿亲自实施该票据行为，而由他人代为实施的一种票据法律制度。票据代理为法律行为，是代理人为本人即被代理人的利益而为的意思表示。民法对代理采取表示主义，即代理须以本人名义为之。而票据法对票据代理进一步采取证券表示主义。未在票据上记载代理关系的，不发生票据代理的效力，仅发生代理人本身的票据行为的效力。然而，票据法更加注意保护善意第三人的市场交易利益，更加注意从票据本身的特点出发，即从票据文义性和要式性出发，从票据本身的记载入手，赋予签章人一定的权利并要求其履行一定的义务。我国票据法第 5 条第一款规定：“票据当事人可以委托其代理人在票据上签章并应当在票据上表明代理关系。”依此规定，票据有权代理的成立应具备以下形式要件。

2．票据行为代理的构成要件

相对于普通民事代理来说，票据代理有特殊之处。我国《票据法》第 5 条第一款规定：“票据当事人可以委托其代理人在票据上签章并应当在票据上表明代理关系。”依此规定，票据行为代理的成立应具备以下形式要件。

（1）代理人依法享有代理权并在代理权限范围内行使代理权。票据行为代理的有效成立以代理人依法享有代理权为前提。

（2）代理人行使代理权必须在票据上明示被代理人（本人）的名义。所谓“明示本人名义”，是指代理人必须在票据上表明即记载本人的姓名或名称。

（3）代理人行使代理权必须在票据上表明为本人代理的意思。票据法要求代理人在票据上表明其为本人代理的意思，是为了表明代理关系的存在，这是由票据的文义性特征决定的。

（4）代理人必须在票据上签章。票据行为代理人的签章是票据行为代理有效成立不可缺少的要件，没有代理人的签章，则票据行为的代理不能成立。

3. 无权代理与越权代理

（1）无权代理

所谓无权代理，是指行为人没有代理权，在票据上明示被代理人的名义，表明自己为被代理人代理的意思并签章的行为。无权代理的后果由代理人承担。

表见代理成立，持票人自然可以依民法理论主张本人承担授权人的义务，本人不得以无权代理为由对抗持票人；持票人也可以根据票据法关于无权代理的规定，直接请求行为人承担票据义务，行为人不得以表见代理成立而主张抗辩。

（2）越权代理

所谓越权代理，是指代理人虽有代理权，但其超越代理权限范围而为的票据行为。代理人超越代理权限的，应当就其超越权限的部分承担票据责任。

【经典案例分析：票据行为效力】

甲公司的出票行为违法，该行为欠缺票据行为成立的实质要件，因此不成立，但票据行为具有独立性，出票行为无效，并不影响其他票据行为的效力，丙公司善意持有该汇票，依法应予保护。另外，票据是文义证券，具有无因性，丙公司无法考查某银行的承兑是否真实成立，只要该汇票形式完备，某银行就不得以承兑行为欠缺实质要件而无效为由对抗善意持票人丙公司。法院应判决某银行向丙公司兑付该汇票。

本案中，甲公司的出票行为系其与乙公司串通虚构交易，骗取某银行的资金，其出票行为不符合行为善意的要求，因此该出票行为无效。某银行对该无对价的汇票予以承兑的行为，是受甲公司和乙公司欺诈而作出的，是违背自己真实意思的表示，某银行依法可以主张该承兑行为无效。

但票据行为还是要式行为，应满足法律规定的形式要件。票据行为成立的形式要件是：票据必须按照《票据法》规定的格式作成并予以交付，如果行为人的行为不符合票据法的形式要求，则该行为不具有票据行为的效力。《票据法》对票据行为规定了记载事项，符合这些规定的票据行为才是法律承认的合格票据行为。欠缺形式要件的票据行为具体来说有以下两种情况：①欠缺绝对必要记载事项；②虽然票据上记载事项齐全，但该记载不符合法律规定。如《票据法》第 22 条规定了汇票出票必须记载的 7 个事项，未记载该 7 个事项任何之一的，出票行为无效。

本案中，甲公司签发该汇票并交付给收款人乙公司，该出票行为符合票据法对出票行为的形式要求；某银行对该汇票予以承兑的行为亦符合票据法对承兑行为的形式要求。

综上分析，甲公司的出票行为虽然无效，但由于其出票行为成立的形式完备，该票据依法是合格票据。某银行的承兑行为虽然欠缺票据行为成立的实质要件，但由于该承兑行为成立的形式要件完备，某银行仍应对善意第三人丙公司承担承兑责任。另外，虽然某银行和甲公司的资金关系是二者间的票据承兑关系的基础关系，但根据票据无因性原理，某银行不得以资金关系变化为由拒绝承兑汇票。

在某银行兑付该汇票后，某银行既可以根据自己承担了承兑责任的事实向出票人甲公司主张给付，也可以因受欺诈而遭受损失向甲、乙两公司要求赔偿，但这些请求是基于该票据关系的基础关系和民法上的侵权责任而享有的请求权，并非票据权利。

6.4　票据当事人的权利

6.4.1　票据权利的概述

1．票据权利的概念和特征

所谓票据权利，是指持票人向票据债务人或关系人请求支付一定金额的权利，包括付款请求权和追索权。这一概念表明票据权利具有以下特征。

（1）票据权利是票据持票人向票据债务人行使的一种权利

票据为完全有价证券，票据权利附随在票据之上，票据权利和票据完全结合在一起，行使票据权利必须以持有并提示票据为前提，不持有票据则无法行使票据权利。所以票据权利只能是持票人享有的权利。

（2）票据权利是一种单纯的金钱给付请求权

票据是金钱债权证券，所以票据权利是持票人向票据债务人所行使的请求权，该请求权的内容只能是票载数额的货币，而不可能是金钱之外的任何物品或劳务。

（3）票据权利是双重请求权

票据权利包括付款请求权和追索权两种（或称两次）权利。付款请求权是第一次请求权，在票据到期时付款请求权不获实现或票据到期前因存在法定事由使付款请求权可能得不到实现时，则产生第二次请求权，即追索权。

2．票据权利的种类

票据权利包括付款请求权与追索权，二者的差异见表 6-1。

（1）付款请求权

所谓付款请求权，是指持票人向票据第一债务人或关系人请求支付票据金额的权利。

（2）追索权

所谓追索权，是指当票据到期得不到付款，或者在到期日前得不到承兑，或者在到期日前发生其他法定原因使票据可能得不到承兑或付款时，持票人在保全票据权利的基础上，向其前手请求支付票据金额及其他法定款项的权利。

票据的付款请求权与追索权都是持票人享有的请求支付一定金额的权利，但这两种权利在许多方面存在着差异，主要表现在以下几个方面：行使的次序不同；行使的次数不同；行使的条件不同；行使的对象不同；请求的金额不同；消灭时效不同。

表 6-1　付款请求权与追索权的主要差异

	付款请求权	追索权
次序	第一次权利	第二次权利，非因付款请求权受阻不得行使
对象	票据未过时效；持票人持有票据原件；票据所载金额必须一次性得以完整履行；持票人得到付款后必须向付款人移转票据	有法定追索原因；已按《票据法》提示承兑或提示付款；做成相关证明；在追索时效内
行使次数	一次	数次，可一直追索至票据权利义务消灭
金额	票据金额	票据金额、法定利息、取得有关拒绝证明和发出通知之费用
诉讼时效	汇票和本票自票据到期日起 2 年内有效；见票即付的汇票和本票自出票日起 2 年内有效；支票自出票日起 6 个月内有效	自被拒绝承兑或被拒绝付款之日起 6 个月；再追索权时效为清偿日或被提起诉讼之日起 3 个月

3．票据权利的取得

（1）持票人取得票据权利必须同时具备以下三个条件：

① 持票人取得票据必须给付对价，法律另有规定者除外；

② 持票人取得票据的手段必须合法；

③ 持票人取得票据时必须具备主观上的善意。

（2）持票人取得票据的方式主要有以下几种：

① 依出票而取得；

② 依转让而取得；

③ 依清偿而取得；

④ 善意取得。

善意取得，是指票据受让人依票据法所规定的票据转让方式，善意地从无处分权人手中取得票据，从而享有票据权利的一种法律制度。票据的善意取得必须同时具备下列条件：①持票人必须从无处分票据权利的人手中取得票据；②持票人必须依票据法上的票据转让方式取得票据；③持票人取得票据时必须是善意的；④持票人必须付出了相当代价而取得票据；⑤依法律的规定而取得。

4．票据权利的行使和保全

所谓票据权利的行使，是指票据权利人请求票据义务人履行票据义务的行为。所谓票据权利的保全，是指票据权利人为防止票据权利的丧失而进行的一切行为。

票据权利行使和保全的方法通常有按期提示、依法取证和中断时效等三种。

所谓按期提示，是指在票据法规定的期间内，现实地向票据债务人或关系人出示票据，请求其履行票据债务。所谓依法取证，是指为了证明持票人曾经依法行使票据权利而遭到拒绝或者根本无法行使票据权利而依法取得相关的证据。所谓中断时效，是指持票人通过提起诉讼、向债务人提出履行要求等方式，使票据权利以前经过的时效统归无效，从中断时起重新计算。

持票人行使或者保全票据权利，应当在当事人的营业时间内、在票据当事人的营业场所进行；票据当事人无营业场所的，则在其住所进行。

5．票据权利的消灭

票据权利的消灭，是指由于一定事实的出现，使票据权利失去法律效力。这些事实主要有付款、被追索人清偿、时效期间经过、保全手续欠缺等。

6.4.2　利益偿还请求权

【经典案例：利益偿还请求权】

某年 1 月 20 日，甲公司根据与乙公司签订的货物买卖合同，按照约定签发了金额为 10 万元的银行承兑汇票，承兑人为甲银行，到期日为当年 11 月 1 日。汇票在甲公司交给乙公司前被甲公司遗失。甲公司于 2012 年 8 月 1 日登报声明作废，又于同年 9 月 1 日向法院申请公示催告。法院于当天通知甲银行停止支付。公示催告期限届满时，甲公司未向法院申请除权判决。甲公司后来交付给乙公司的是遗失的汇票复印件和甲银行于当年 8 月 20 日出具的说明函。在汇票复印件上的持票人签章栏内加盖了甲银行的汇票专用章，但是没有甲公司的签章。甲银行说明函的内容是：由于汇票被出票人遗失，出票人已登报声明作废，因此同意在复印件上加盖本行汇票专用章，作为收款人向本行收款的有效依据；汇票到期后，收款人必须派员凭此复印件结算票款项。乙公司按照复印件记载的日期，在到期后持上述复印件向甲银行提示付款时，遭到甲银行拒付。

问题：

（1）乙公司是否有权要求甲银行承担票据责任？为什么？

（2）乙公司的权利如何得到保护？

1．利益偿还请求权的概念

所谓利益偿还请求权，是指当票据权利因时效届满或手续欠缺而消灭时，票据的持票人享有的、请求票据的出票人或承兑人在其所受利益限度内予以偿还的权利。

2．利益偿还请求权的性质

关于利益偿还请求权的性质，一直多有争议，第一种观点认为利益偿还请求权是票据权利，第二种观点认为利益偿还请求权属于不当得利请求权，第三种观点认为利益偿还请求权与损害赔偿请求权性质相同，第四种观点认为利益偿还请求权属于票据法上的特别请求权，此为通说。

3．利益偿还请求权的构成条件

（1）必须有合格的当事人

利益偿还请求权的权利主体必须是曾经享有票据权利而又因法定原因丧失票据权利的持票人。就是说，权利主体首先只能是持票人，而且这一持票人曾经享有的票据权利已因法定原因丧失。

（2）票据权利必须是因时效期限届满或手续欠缺而消灭

票据权利已经丧失，是利益偿还请求权产生的前提条件，因为若票据权利没有丧失，则持票人直接行使票据权利即可。但票据权利的丧失必须是时效期限届满或手续欠缺这两个特定的原因，才可能发生利益偿还请求权，如果票据权利是因其他原因而消灭的，则不会产生利益偿还请求权。

（3）出票人或承兑人只在其因持票人的票据权利丧失而实际受有利益限度之内负偿还责任

所谓受有利益，是指出票人或承兑人因为出票行为或承兑行为而实际受有利益，持票人能否通过利益偿还请求权得到补救，取决于出票人或承兑人因持票人丧失票据权利而实际受有多少利益，如果虽然持票人的票据权利因时效期限届满或手续欠缺而丧失，但出票人或承兑人并未因此受有任何利益，那么持票人则不应行使利益偿还请求权。

4．利益偿还请求权的行使

持票人行使利益偿还请求权，不以持有票据并提示票据为必要，但应提供证明自己能够行使该权利的所有事实。利益偿还请求权的诉讼时效适用《中华人民共和国民法通则》的一般规定。

【经典案例分析：利益偿还请求权】

（1）乙公司不享有票据权利，无权要求甲银行承担票据责任。首先，根据《票据法》第20条的规定，出票是指出票人签发票据并将其交给收款人的票据行为。甲公司虽然签发了汇票，但是汇票在向乙公司交付前被遗失，故甲公司并未完成出票的票据行为，乙公司也未实际持有该汇票。乙公司据以主张权利的是汇票的复印件，但是该复印件上没有出票人的签章，汇票无效，并且甲银行虽然在复印件上的持票人栏盖章，但是未承兑，另附的甲银行说明函不具有票据上的效力，所以乙公司不能享有票据权利，无权要求甲银行承担票据责任。

（2）乙公司可以向甲公司行使利益返还请求权。《票据法》第18条规定，持票人因超过票据权利时效或因票据记载事项欠缺而丧失票据权利的，仍享有民事权利，可以请求出票人或承兑人返还其与未支付的票据金额相当的利益。本案中，乙公司因票据无效丧失了票据权利，但是对甲公司的债权并未丧失，乙公司与甲公司之间的债权债务关系是票据原因关系，属民法调整范畴，乙公司可以根据民法的有关规定向甲公司主张债权。

6.4.3 票据抗辩权

【经典案例：票据抗辩】

甲为出票人，因汽车买卖而签发自己为付款人的汇票交给乙。按照双方的约定，在乙交付汽车的同时，甲亦承兑了自己签发的汇票。未几，甲、乙双方就因汽车质量纠纷而诉诸法院。诉讼期间，乙又将本案所涉汇票背书给知悉该诉讼的丙。

问题：

（1）丙能否向甲主张票据权利？为什么？

（2）在本案中，甲作为出票人与承兑人的抗辩权是否相同？

（3）假如甲在质量纠纷诉讼中全部胜诉，其退货给乙的主张得到法院支持，甲据此拒绝支付票款给丙，那么，甲的这种抗辩属于什么性质的抗辩？

1．票据抗辩权的概念与特征

所谓票据抗辩权，是指票据债务人享有的、依法对票据的持票人拒绝履行票据债务的权利。这票据抗辩具有如下特征。

（1）票据抗辩权是票据债务人所享有的一种权利

票据抗辩权是票据债务人依法对票据的持票人行使票据权利的请求进行对抗的行为。

（2）票据债务人行使票据抗辩权以不履行票据债务为目的

票据债务人行使票据抗辩权的目的，是为了不履行票据债务。拒绝履行票据债务是票据债务人行使抗辩权的唯一目的。

（3）票据债务人行使票据抗辩权必须存在法定的抗辩事由

票据债务人应当履行票据债务，不得无故拒绝履行，只有当出现诸如票据欠缺法定形式要件或持票人取得票据手段不合法等情况时，票据债务人才可对抗，否则必将损害真正票据权利人的利益，也将使票据债务人处于不利地位。

（4）票据债务人行使抗辩权必须符合票据法的规定

票据债务人行使抗辩权，只能依据票据法有关票据抗辩的规定，而不能简单地套用民法上的抗辩制度。

票据抗辩权具有自己的特点：①票据债务人的票据抗辩权具有“抗辩切断”性；②票据抗辩通常是对票据金额的全额抗辩；③票据保证人不享有先诉抗辩权。

2．行使票据抗辩权的法定事由

票据债务人行使票据抗辩权的法定事由也称为票据抗辩原因，是指法律规定票据债务人可以对票据的持票人进行抗辩的事项，可以分为物的抗辩原因和人的抗辩原因两大类。

（1）物的抗辩原因

物的抗辩原因又称对物抗辩，是指基于票据本身的内容有瑕疵而进行的抗辩，又称为绝对抗辩或客观抗辩。依抗辩发生原因的不同，对物抗辩可以分为有关票据记载的抗辩、有关票据效力的抗辩、有关票据债务的抗辩三类。

① 有关票据记载的抗辩。

有关票据记载的抗辩，是指因票据上所存在的一定记载内容而发生的对物抗辩。由于票据是文义证券，票据上权利的内容均依票据上的记载确定，因而，票据义务人当然也依票据记载履行义务。当依票据上记载可不履行义务时，即能提出抗辩主张。在通常情况下，有关票据记载的抗辩，一切票据债务人均可主张。

有关票据记载的抗辩，一般包括以下几种。

a. 票据要件记载的抗辩，也称为票据行为形式的抗辩。这主要是在票据欠缺法定必要事项的记载时，或者有法定禁止记载事项导致票据无效时，票据义务人据以提出的抗辩。

b. 背书不连续的抗辩。在背书记载不连续的时候，持票人不能以此证明自己为合法持票人，票据义务人即可提出抗辩。

c. 票据尚未到期的抗辩。票据上所载付款期尚未到来时，持票人如果请求付款，票据义务人得提出抗辩。

d. 票据债权消灭记载的抗辩。票据上已明确记载其债权已清偿，或者记载已抵消、免除或提存时，该票据债权即为消灭，票据债务人可提出抗辩。

e. 票据失效的抗辩。票据遗失而经公示催告程序，由法院依法进行除权判决后，该票据即丧失效力，任何人均不得依该票据请求义务人履行义务。

② 有关票据效力的抗辩。

有关票据效力的抗辩，是指因票据债务所赖以成立的实质性要件欠缺、无相应效力而发生的对物抗辩。在通常情况下，有关票据效力的抗辩，只有特定票据债务人方可主张。

有关票据效力的抗辩，一般包括以下几种。

a. 票据伪造、变造的抗辩。票据的伪造即行为人签名的伪造，由于该签名系由伪造者所为，而非被伪造者所为，因而签名被伪造者对票据不负任何责任，得提出抗辩。票据的变造即票据记载事项的变更，在票据变造前签名者仅依变造前的票据记载承担责任，对于变造后的票据得提出抗辩。

b. 无行为能力人的抗辩。未成年人或精神病人，因其不具备票据行为能力，不能独立地进行有效的票据行为，因而，对于无行为能力人所为的票据行为，得主张无效而提出抗辩。

c. 无权代理的抗辩。对于他人未经本人授权而代理本人所为的票据行为，本人就该票据不承担任何责任，可提出非为本人而为的抗辩。

③ 有关票据债务的抗辩。

有关票据债务的抗辩，是指票据债务虽曾存在，但基于某种情况已归于消灭而发生的对物抗辩。在通常情况下，有关票据债务的抗辩，也只有特定的票据债务人才可以主张。

有关票据债务的抗辩，通常包括以下几种。

a. 票据债务因时效而消灭的抗辩。在法律规定的票据时效已经到来时，票据权利人不得再依票据而主张权利，而票据义务人亦得就此主张抗辩。

b. 票据债务因保全手续欠缺而消灭的抗辩。在票据权利人应履行一定的保全手续，才能保全自己的票据权利的场合，如持票人须在规定的期间内作成拒绝证书，才能保全对前手的追索权的场合，票据权利人未能履行该保全手续时，即丧失其权利，而票据义务人得因此主张抗辩。

（2）人的抗辩

人的抗辩是指因票据债务人与特定的票据权利人之间的法律关系而发生抗辩。由于这种抗辩是基于票据当事人之间的关系，而非基于票据本身发生的，因而称为人的抗辩；由于这种抗辩仅与特定的当事人之间的关系有关，仅能对特定的票据权利人主张，因而又称为相对抗辩或主观抗辩。

与对物抗辩相比，对人抗辩的范围相对较为广泛，只要在当事人之间存在着一定的抗辩事由，即可主张抗辩。在对人抗辩上，只有一点限制，即仅可对相应的当事人主张抗辩，而不得对善意第三人主张抗辩，这称为对人抗辩切断。作为对人抗辩切断的例外，承认对恶意第三人得主张抗辩，即所谓恶意抗辩。

依抗辩发生原因不同，对人抗辩可以分为原因关系抗辩、特约的抗辩、票据行为抗辩、无权的抗辩四种。

① 原因关系抗辩。

原因关系抗辩是指基于票据债务人与票据权利人之间所存在一定的原因关系而发生的抗辩。尽管票据是无因证券，但这只是就不存在直接原因关系的票据当事人之间而言的。在存在着原因关系的票据当事人之间，仍得以原因关系而提出抗辩。

原因关系的抗辩通常包括以下几种。

a. 原因关系为不法原因或原因关系无效、不存在或消灭的抗辩。在直接当事人之间的原因关系为不法原因，如为财博债务时，作为直接当事人一方的票据债务人，得向作为直接当事人另一方的票据权利人提出抗辩。在直接当事人之间的原因关系无效、不存在或已消灭时，也可以提出抗辩。

b. 对价未受领或已进行相当于票据金额的给付抗辩。在直接当事人之间存在着票据债务人未受领对价，或已给付了相当于票据所载金额时，即可以此提出抗辩。

② 特约的抗辩。

特约的抗辩是指基于票据当事人之间的一定的特约而发生的抗辩。当事人之间的特约通常为原因关系以外的一定的事实。例如，约定不负担票据债务或分担票据债务，约定单纯为融通资金而发出票据，约定由持票人对空白票据进行一定的补充等。在有关当事人违反相应的约定而要求票据债务人履行票据义务时，义务人得依相应的特约而提出抗辩。

③ 票据行为抗辩。

票据行为抗辩是指因票据行为不成立、无效或撤销而发生的抗辩。当然，这种票据行为不成立、无效或撤销的抗辩理由，仅存在于特定的票据行为人和与其相对的特定票据权利人之间。例如，在行为人意思欠缺时，可以主张票据行为不成立的抗辩；而在行为人票据行为瑕疵时，则可主张票据行为无效或得撤销的抗辩。此外，在本人和代理人、法人和法定代表人之间，在有利益相反的情形、滥用代理权或代表权的情形时，也可以主张票据行为无效的抗辩。

④ 无权的抗辩。

无权的抗辩是指因持票人就票据债务不存在任何权利或权限而发生的抗辩。这种抗辩，得由所有的票据债务人向特定的票据持有人主张。持票人就票据债务不存在任何权利，即持票人为无权利人，如持票人系窃取、冒领、拣拾票据的人，在这种情况下，持票人就票据债务当然不存在任何权利，应为无权利人。对于无权利人，票据债务人当然可以主张无权的抗辩。此外，在持票人受领能力欠缺或代理受领能力欠缺时，票据债务人也可以主张无权的抗辩。

3. 票据抗辩限制

（1）票据抗辩限制的含义

票据抗辩限制也称票据抗辩权行使限制、抗辩切断、抗辩排除，是指在就某一票据权利存在着对人抗辩事由的场合，当该票据权利依票据法规定的转让方式进行转让时，该抗辩事由不随之而转移，票据债务人不得以之对抗后手票据权利人。

规定抗辩切断制度的目的主要在于使票据权利受让人与其前手的法律地位相脱离，确保其作为票据权利人的地位，从而保障票据流通的安全性。在票据抗辩中，物的抗辩是客观的、绝对的，是基于票据自身或票据上记载的债务人自身的原因而发生的，不存在对物的抗辩进行限制的问题。票据抗辩权的行使限制主要是指对人的抗辩的限制。

（2）票据抗辩限制的内容

日内瓦《统一票据法》规定，票据债务人不得以与出票人及持票人的前手之间基于人的关系所发生的抗辩对抗持票人。这就是抗辩切断的法律依据。抗辩切断一般包括两种情况。

① 对出票人抗辩切断，即票据债务人不得以自己与出票人之间的对人抗辩事由，对抗持票人。在通常情况下，对出票人抗辩切断仅存在于汇票关系中。

② 对持票人前手抗辩切断，即票据债务人不得以自己与持票人前手之间的对人抗辩事由，对抗持票人。对持票人前手抗辩切断，当然不限于持票人的直接前手，对任何前手均发生对人抗辩切断，不发生累积性抗辩效果。

（3）票据抗辩限制的例外

《票据法》规定不能作抗辩事由的目的在于保护票据善意持有人的权利，如果持票人取得票据是出于恶意或有重大过失，则《票据法》对之不予保护。票据的取得应遵守公平和诚实信用的原则。我国《票据法》第13条在规定行使票据抗辩权行使的限制内容的同时，又规定：“持票人明知存在抗辩事由而取得票据的除外。”据此，持票人在取得票据的当时，明确知道票据债务人与出票人或与自己的前手之间存在抗辩事由，即不受前述抗辩限制的保护。这也就是票据法上的恶意抗辩。所谓恶意抗辩，指的就是票据债务人可以自己与出票人或持票人的直接前手之间存在的抗辩事由对有恶意或有重大取得票据的持票人进行的抗辩。

例如，A因一项买卖而签一张汇票据给B，后该买卖解除，A当然可以买卖解除为由对抗B，如果C知道A和B之间的票据关系中存在着这种抗辩事由，还仍然接受B对该票据的转让，则C对票据的取得属恶意取得，A因此可以同B的买卖已经解除为由对C进行抗辩。如果持票人在取得票据后才发现其前手与票据债务人之间存在抗辩事由，则该持票人对票据的取得不属于恶意取得之列，票据债务人不能对之进行抗辩。

应该注意的是，如果票据债务人与持票人的间接前手而非直接前手之间存在抗辩事由，那么即使持票人在取得票据时知道这种抗辩事由的存在，债务人也不能以之为由对抗持票人。

例如，A因一项买卖而签发一张票据给B，后该买卖解除，A当然可以买卖消除为由对抗B，但B已将此票据转让给C，C在接受此票据转让时不知A和B之间存在抗辩事由且为之付出了对价，接受票据后C又将其转让给丁，即使D接受票据时知道A和B之间存在抗辩事由，A也不能对其进行抗辩。

【概念提示：票据抗辩与民法上的一般抗辩】

（1）在一般民法领域中，发生债权转让时，债务人对债权人的抗辩移转于新的债权人，即债务人能对让与人进行的一切抗辩均可对抗受让人，债权流转次数越多，累积的抗辩事由越多，债务人的抗辩权就越大。例如，A欠B货款，B将债权转让给C，C又转让给丁，则丁就可能面对A原来针对B和C的一切抗辩。例如，交付的标的物不符合质量约定、未按期收到货物、时效已过等。而在票据法领域，由于作为流通证券的票据，其作用的发挥依赖于票据的流通，票据债务人享有较少的抗辩权，即在票据抗辩权行使时存在前述抗辩限制。如果票据债务人享有太多的抗辩权，则会影响票据的信用，从而阻碍票据的流通。

（2）票据保证抗辩与一般民法上的保证抗辩是有区别的，一般民法上的保证抗辩设立有保证人的先诉抗辩权，而票据保证抗辩中则没有；民法上的保证抗辩一般允许保证人行使主债务人得以行使的抗辩，票据保证抗辩则一般不允许。

（3）因票据抗辩产生无效后果时，并不一定具有溯及既往的效力。例如，在票据流通过程中发生的某一无效的票据行为并不影响其他票据行为的效力，也不溯及既往。但在民法的一般理论中，民事合同被确认为无效后，均自始无效。

【经典案例分析：票据抗辩】

（1）丙虽然明知前手与出票人之间有抗辩事由，仍然受让票据，但并非恶意或间接恶意取得票据，也谈不上因重大过失取得票据，故仍然可以主张票据权利。但由于知情，故需继受前手对该票据权利可能存在的瑕疵。

（2）严格而言，甲作为出票人与作为承兑人的抗辩权是不同的。如前者可以主张原因关系抗辩，后者则不能。但在本案中，因主张票据权利之人不是出票时的直接法律关系相对人，故甲即使作为出票人，对丙也只能主张知情抗辩。在此情况下，其抗辩权与作为承兑人的抗辩权行使的事由相同。

（3）甲无论以出票人还是以承兑人身份，均可以主张知情抗辩而对抗丙。这种抗辩只能对抗特定的人（直接法律关系相对当事人或知情人），故属对人抗辩。

6.5　票据的更改、伪造、变造与涂销

6.5.1　票据的更改

1．票据更改的概念及特征

票据的更改，是指依《票据法》规定，有更改权限的人对票据上可以更改的记载事项按法定方式加以改变的行为。票据更改具有以下特征。

（1）票据更改须由有更改权限的人进行

对票据上的记载事项进行更改的人，必须是依《票据法》规定有更改权限的人。

（2）票据更改时，只能对票据法规定的可更改事项进行更改

即使是票据上的记载事项的原记载人，也并不是说对其记载的任何事项都可以更改，仅对票据法规定可以更改的事项才能进行更改。

（3）票据更改须依法定方式进行

票据为要式证券，票据上的记载事项须依票据法规定的方式为之。

票据记载事项的原记载人在更改时，必须在更改处签章证明。

（4）票据更改须经相关票据当事人同意

一般而言，票据的更改应在原记载人将票据交付之前进行。若交付之后需要更改，必须征得相关票据当事人的同意，并且同意人也在改写处签章。

2．票据更改的效力

有更改权限的人依法对票据法规定可以更改的记载事项进行更改后，更改后的记载事项代替原记载事项。票据更改前的签章人依票据更改前的记载事项承担票据义务；票据更改后的签章人依票据更改后的记载事项承担票据义务。

6.5.2　票据的伪造

【经典案例：票据伪造】

王某系上海 B 公司职工。上海 B 公司在宝山区工商行开立结算户头，曾买过银行承兑汇票（全是空白汇票）。王某窃取其中一张，伪造了一张 100 万元的银行承兑汇票。该汇票以杭州 A 公司为收款人，以上海 B 公司为承兑申请人，汇票的“交易合同号码”栏未填，在承兑银行盖章处盖有三省一市银行汇票结算章。王某将这张伪造的银行汇票转让给杭州 C 公司，杭州 C 公司背书转让给 D 公司。杭州 D 公司持这张伪造的汇票到杭州农行申请贴现，杭州农行未审查出该汇票的真伪，予以贴现人民币 96 万元。杭州农行通过同城票据结算交换给杭州建行，杭州建行又以联行票据结算将汇票转让给上海第四支行。上海第四支行从未办理过银行承兑业务，在收到汇票后，立即向公安机关报案，汇票退给杭州农行，而农行以多种借口拒收汇票。

问题:

（1）王某假冒出票人的名义进行原始的票据创设的行为称为什么?

（2）伪造者王某应负什么责任?说明理由。

（3）杭州A公司和上海B公司是否承担票据责任?说明理由。

（4）杭州C公司是否承担票据责任?说明理由。

（5）杭州农行应承担哪些法律责任?

1．票据伪造的概念及构成要件

我国《票据法》中所讲的票据伪造，是指假冒他人的名义或虚构他人名义在票据上进行票据行为并签章的行为。构成票据伪造行为必须具备以下要件。

（1）伪造者所为的行为在形式上符合票据行为的要件

票据伪造行为本身并非票据行为，但从该行为的外观看，完全符合法律规定的票据行为的形式要件，如果伪造行为不符合法律对票据行为的形式要求，则不构成票据的伪造。

（2）伪造者须假冒他人名义或虚构他人名义在票据上签章

此乃票据伪造的根本。所谓“假冒”，是指没有得到他人的授权而以他人名义在票据上签章。

2．票据伪造的法律后果

（1）票据伪造对伪造人的法律后果

票据伪造人没有在票据上签自己的姓名，因而其不承担票据义务，但承担其他法律责任。

（2）票据伪造对被伪造人的法律后果

由于被伪造人自己并没有在票据上签章，也不承担任何票据责任。

（3）票据伪造对票据上真正签章人的法律后果

当票据上既有伪造的签章又有其他真实的签章时，伪造的签章不影响真实签章的效力，真实的签章人应对自己所为的票据行为承担票据义务。

（4）票据伪造对票据的付款人的法律后果

根据我国《票据法》第57条《及支付结算办法》第17条的规定，付款人或代理付款人在付款时，只要按照法律规定对票据上的签章及各项记载事项进行了通常的审查，不存在恶意及重大过失的情形，那么，即使其未能辨认出票据上有伪造的签章而付了款，这一付款行为也是有效的。

【经典案例分析：票据伪造】

（1）票据伪造。

（2）王某应承担民事责任和刑事责任。不承担票据责任。

由于票据伪造人在伪造票据时并没有在票据上以自己的名义签章，故根据文义性的特点，不负票据上的责任。

（3）票据伪造是伪造人假冒被伪造人所为的票据行为，所以被伪造人不负票据责任。

除非被伪造人事后对伪造人的行为进行追认。

（4）承担票据责任。

凡真正签章于票据上的人，仍然应各负票据上的责任，不受伪造成签章的影响。所谓真正签章，就是对伪造的票据进行背书、承兑或保证等票据行为的人。

（5）付款人付款后，票据关系因付款而消灭，付款人对出票人伪造付款人和其他真实签章的债务人，都不得基于票据关系而主张权利；但可基于非票据关系请求追还其利益。

但付款人对伪造的票据在认定时有过失的而予以付款的，应自负其责。

杭州农行审查票据时有明显过错，应承担责任。

6.5.3　票据的变造

【经典案例：票据变造】

某公司采购员萧某需要携带 2 万元金额的支票到某市工业区采购样品。支票由王某负责填写，由某公司财务主管加盖了财务章及财务人员印鉴，收款人一栏授权萧某填写。这一切有支票存根上记录为证。萧某持票到某市工业区某私营企业购买了 2 万元各类工业样品。该私营企业负责人李某为萧某的朋友，见支票上字迹为萧某所为，于是以资金周转困难为由，要求萧某帮忙将支票上的金额改成22 万元用于暂时周转。萧某应允，在改动过程中使用了李某提供的"涂改剂"，故外观不露痕迹。尔后，李某为支付工程款将支票背书给了某建筑工程公司。此事败露后，某公司起诉某建筑工程公司及李某，要求返还多占用的票款。

问题：

（1）本案中萧某的行为在《票据法》上属于什么性质的行为？为什么？

（2）本案应如何处理？为什么？

1．票据变造的概念与构成要件

票据变造，是指没有合法变更权限的人变更票据上除签章以外的其他记载事项的行为。构成票据变造行为必须具备以下几个要件。

（1）变造票据必须是没有变更权限的人所为的行为

任何人对票据上记载的票据金额、日期或收款人名称进行更改，以及非原记载人对除这三项以外的其他记载事项进行更改的行为，均属没有更改权限的人所为，都构成票据的变造。

（2）票据变造必须是变更票据签章以外的其他事项的行为

变更票据签章的行为属于票据的变造行为，因此，票据的变造行为只能是对票据签章以外的其他事项进行变更的行为。

2．票据变造的法律后果

（1）票据变造对变造者、参与变造者及同意变造者的法律后果

如果票据的变造人本来就是票据上的行为人，在票据上有其签章，那么该变造人应当按其变造后的票据记载事项承担票据义务，并承担变造票据的刑事责任、民事责任及行政责任；如果票据的变造人在票据上没有签章，则不负有票据上的义务，但应当承担刑事责任、民事责任及行政责任。

对于参与或同意变造票据的人，不论其签章是在变造之前还是在变造之后，一律按变造后的文义承担票据义务。

（2）票据变造对票据上其他签章人的法律后果

在变造之前签章的人，对原记载事项负责；在变造之后签章的人，对变造后的记载事项负责；不能辨别是在票据被变造之前或之后签章的，视为在变造之前签章。

（3）票据变造对票据的付款人的法律后果

票据变造对票据的付款人的法律后果与票据伪造对票据付款人的法律后果基本相同。

【经典案例分析：票据变造】

（1）萧某的行为属于票据变造。他超越了特别授权范围，与李某串通篡改票据金额，属无权更改之人篡改签章以外事项，是典型的票据变造行为。

（2）首先，根据在变造之前签章的人对原记载事项负责、在变造之后签章的人对变造之后的记载的事项负责的原理。某公司对某建筑公司只应承担支付 2 万元的票据责任，故建筑工程公司应返还其余票款给公司。其次，李某应对建筑工程公司承担被追索 20 万元的义务。再次，应建议金融主管机关依法追究萧某和李某的行政责任，如果其行为已构成犯罪，应依法律程序追究其刑事责任。

6.5.4 票据的涂销

1．票据涂销的概念及构成要件

票据的涂销，是指有涂销权的人故意采用某些方法，涂抹或消除票据上的记载事项的行为。票据涂销应具备以下要件。

（1）票据涂销应是有涂销权人故意所为的行为

所谓有涂销权的人，一般应为原记载人或《票据法》明确规定的有涂销权利的人。有涂销权的人进行的涂销又有故意和非故意两种情形，此处指前者。

（2）票据涂销仅限于对票据上记载事项的涂抹和消除行为

票据的涂销仅指有涂销权的人故意将票据上的记载事项予以涂抹或消除，而不包括对票据记载事项的更改或增加。

2．票据涂销的效力

根据各国票据法的规定，有涂销权的人故意涂销的，被涂销部分的记载事项失去票据记载效力，被涂销部分的票据权利自然消灭。我国现在没有票据涂销制度。

3．票据涂销与票据变造的区别

票据涂销与票据变造的区别主要是：票据涂销是一种合法行为，而票据变造是一种违法行为；票据涂销是有涂销权的人所为的行为，而票据变造则是没有变更权限的人进行的行为；票据涂销权限于对票据上记载的内容予以消除，而不能增加票据上的记载内容，但是票据变造则包括对票据记载内容的消除和增加；票据涂销的内容包括票据上的签名，而票据变造的内容则不包括票据签名。

6.6 票据的丧失与补救

【经典案例：票据的丧失与补救】

2012 年 2 月 6 日，某市副食品公司与某县商业公司订立了一份购销合同，约定由商业公司向副食品公司在 7 天内供应 6 万元的牛肉。同时，副食品公司签发了以副食品公司为付款人、商业公司为收款人、票面金额 6 万元、出票后 3 个月付款的汇票一张，并交付给商业公司。2 月

7 日，商业公司发现该汇票已不慎丢失，遂立即通知副食品公司，并要求其暂停支付。2 月 8 日，商业公司依法向某市人民法院申请公示催告。法院接到申请后，立即作了审查，同意受理，并于当天向付款人副食品公司发出了止付通知。2 月 9 日，法院依法发出公告，规定公示催告期间为 2 月 9 日至 4 月 9 日。公示催告期间届满，无利害关系人向法院申报权利。于是，法院根据申请人商业公司的申请，于 4 月 15 日作出判决，宣告该汇票无效，并公告判决，通知付款人副食品公司。4 月 16 日，商业公司向副食品公司请求支付汇票所载票面金额 6 万元，副食品公司当日足额付款。4 月 22 日，某市服装厂持一张汇票向副食品公司提示承兑。经确认，该汇票正是副食品公司签发给商业公司的那张汇票。汇票背面记明第一次背书人是商业公司，并有伪造的法定代表人签章和单位签章，被背书人是李某；第二次背书的背书人是李某，被背书人是某市服装厂。第一次背书的日期是 2 月 25 日，第二次背书的日期为 3 月 17 日。据某市服装厂称：该汇票是 3 月 17 日个体服装经营户李某向服装厂批发服装时背书转让给服装厂的。当时，服装厂对该汇票进行了审查，见背书连续，格式也符合要求，便予以接受，根本不知李某是不正当持票人、背书也是伪造等情况。服装厂对该汇票属善意取得，副食品公司应予付款。而副食品公司则以该汇票已由法院作出除权判决，并已依法向商业公司付款为由，拒绝向服装厂付款。于是服装厂以李某为被告，要求其对该汇票付款。经审理查明，该汇票背书系李某伪造。根据票据法和刑法的有关规定，已构成犯罪，应予追究刑事责任。

问题：

（1）持票人商业公司在丧失汇票后所采取的救济措施是否合法、有效？试说明理由。

（2）服装厂取得票据的行为是否合法、有效？为什么？

票据权利的行使以占有票据为前提，持票人一旦丧失票据，就无法行使票据权利，为保护真正的票据权利人的利益，我国《票据法》规定了挂失止付、公示催告及诉讼三种失票救济措施。

6.6.1　票据丧失与补救概述

1．票据丧失的概念及后果

（1）票据丧失的概念及构成要件

所谓票据的丧失，是指持票人并非出于自己的本意而丧失对票据的占有，简称失票。票据丧失又分为票据的绝对丧失与票据的相对丧失。前者是指票据的物质形态已经发生了根本性的变化，作为一张票据已不存在，也称为票据的灭失。后者是指票据只是脱离了原持有人的占有，而在物质形态上并没有发生根本性的变化，作为一张票据仍然存在，只是原来的持票人丧失了对票据的占有，也称为票据的遗失。

构成票据丧失应具备三个要件：须有持票人丧失对票据的占有的事实；持票人丧失票据是由于其意志以外的原因造成的；持票人所丧失的票据上的票据权利须有效存在。

（2）票据丧失的法律后果

票据作为完全有价证券，无论是绝对丧失还是相对丧失，都将导致票据权利人无法行使票据权利的法律后果。但是，票据的绝对丧失与相对丧失的风险不同。

2．票据丧失的补救方法

我国票据丧失的补救措施有挂失止付、申请公示催告和提起诉讼三种。票据丧失后，失票人具体采用哪一种措施予以补救，除法律有特别规定者外，由失票人根据丧失票据的具体情形自由选择。其中，挂失止付为票据丧失补救方法中的一种临时性措施，而公示催告与提起诉讼则是失票人保护票据权利的法定必经程序，失票人即使进行了挂失止付，也必须通过公示催告或诉讼程序才能行使自己的票据权利。

6.6.2 挂失止付

1．挂失止付的概念与性质

挂失止付是指在票据丧失时，失票人将丧失票据的情况通知付款人，并请求付款人停止付款，接受挂失止付的付款人在票据款项未被他人取得的情况下，决定暂停支付的一种失票补救措施。

2．挂失止付的适用范围

只有当依法可以挂失止付的票据丧失时才可以挂失止付。《支付结算办法》及《中国人民银行关于施行〈中华人民共和国票据法〉有关问题的通知》中“关于票据的挂失止付问题”的规定，都对挂失止付的适用范围作出了限制，规定：“已承兑的商业汇票、支票、填明‘现金’字样和代理付款人的银行汇票及填明‘现金’字样的银行本票丧失，可以由失票人通知付款人或代理付款人挂失止付。未填明‘现金’字样和代理付款人的银行汇票及未填明‘现金’字样的银行本票丧失，不得挂失止付。”

3．挂失止付的程序

（1）失票人应当及时向票据的付款人或代理付款人发出书面通知，并要求通知书记载相关事项。

（2）接受挂失止付通知的付款人或代理付款人在收到挂失止付通知书后，应当进行核查。如果查明该票据确未付款，应当立即停止付款。如果该票据在此之前已经付款，付款人或代理付款人不再接受挂失止付。但付款人或代理付款人以恶意或重大过失付款的除外。

3．挂失止付的效力

票据的付款人或代理付款人接受了失票人提交的挂失止付通知后，应当立即停止付款。无论任何持票人在挂失止付有效期内请求付款，都不得支付，否则责任自负。如果付款人或代理付款人在收到挂失止付通知书之日起 12 日内没有收到人民法院的止付通知书，自第 13 日起，挂失止付通知失效，付款人或代理付款人向持票人付款，不再承担责任。

6.6.3 公示催告

1．公示催告的概念

公示催告既是《票据法》中的一种失票救济制度，又是民事诉讼法中的一种诉讼程序。作为《票据法》中的失票救济制度，是指在票据丧失后，失票人向人民法院提出申请，请求人民法院依法定程序作出宣告票据无效的判决，从而使票据权利与票据本身相分离，失票人可以依据法院判决请求票据付款人支付票据金额的一种权利救济制度。

2．公示催告的适用范围

《票据法》对此没有明确规定。《民事诉讼法》第 218 条规定：“按照规定可以背书转让的票据持有人，因票据被盗、遗失或灭失，可以向票据支付地的基层人民法院申请公示催告。”因此公示催告只适用于按规定可以背书转让的票据。

3．公示催告的程序

（1）由失票人向有管辖权的法院提出公示催告的申请

根据《民事诉讼法》第 218 条的规定，公示催告只能由失票人向票据支付地的基层人民法院申请公示催告。

（2）人民法院对失票人的申请进行审查

人民法院对公示催告申请主要从两方面进行审查：一是审查申请的形式要件；二是审查申请的实质要件，包括申请人有无申请权、票据是否丧失等。

（3）人民法院进行公告

人民法院决定受理公示催告申请，应当同时通知付款人或代理付款人停止支付，并自立案之日起三日内发出公告。国内票据自公告发布之日起六十日，涉外票据可根据具体情况适当延长，但最长不得超过九十日。

在公示催告期间，票据不得质押、贴现或转让。

（4）人民法院对利害关系人的权利申报进行处置

公示催告的目的，是由法院发出公告，催促利害关系人向人民法院申报权利，人民法院按照法律规定对利害关系人的申报进行处置。

（5）人民法院根据申请人的申请作出除权判决

除权判决也叫无效判决，是指公示催告期间届满后，无利害关系人申报权利，或者申报被依法驳回的，法院根据申请人的申请，作出宣告票据无效的判决，使票据权利与票据相分离。申请人可以持法院的除权判决行使原票据上的相应权利。

6.6.4　票据诉讼

1．票据诉讼的概念

所谓票据诉讼，是指票据丧失后，失票人在票据权利时效届满以前，提供了相应的担保，请求出票人补发票据或请求债务人付款遭到拒绝，而向人民法院提起的，请求法院责令出票人补发票据或责令债务人付款的诉讼。

2．票据诉讼的程序

（1）票据丧失后，在票据权利时效期间届满以前，失票人可以向出票人提供担保，请求其补发票据；如果出票人拒绝补发，失票人则可以出票人为被告，向出票人住所地或票据支付地的基层人民法院提起诉讼。

（2）票据丧失后，在票据权利时效期间届满以前，失票人也可以向票据的付款人或承兑人提供担保，请求其付款；如果票据的付款人或承兑人拒绝付款，则失票人可以付款人或承兑人为被告，向付款人或承兑人住所地或票据支付地的基层人民法院提起诉讼。

（3）失票人在上述两种情况下所提起的票据诉讼，人民法院应当对失票人所提供的担保进行审查，如果认为担保适当，则应判令出票人补发票据或判令付款人、承兑人承担付款义务；如果认为担保不适当，则应判令失票人重新提供担保或补足担保。

（4）当所失票据的权利时效消灭后，失票人有权请求解除担保；如果票据的付款人或承兑人对票据付款后，所失票据重新出现，且善意持票人向其主张票据权利，而失票人所提供的担保确实不足以支付票据金额，则付款人或承兑人有权向失票人请求补偿。

【经典案例分析：票据的丧失与补救】

（1）商业公司关于汇票丧失的救济措施合法有效。主要理由：作为收款人的商业公司在汇票遗失后，及时通知了汇票的付款人副食品公司，要求暂停支付，然后于次日便向法院提出公示催告申请。商业公司所采取的这些救济措施是符合我国《票据法》的有关规定的，是合法、有效的，也是充分的。在法院依法对该汇票作出除权判决后，商业公司便有权依判决向付款人副食品公司请求支付汇票的票面金额。

（2）服装厂取得票据的行为不合法，无效。这是因为：根据我国《民事诉讼法》（2012）第220条："支付人收到人民法院停止支付的通知，应当停止支付，至公示催告程序终结。公示催告期间，转让票据权利的行为无效。"在本案中，公示催告期间为2月9日至4月9日，而服装厂从李某手中取得票据的日期为3月17日，因此，这一转让票据的行为应属无效，不发生票据转让的法律效力。服装厂并不能取得该汇票上的权利，当然不能以善意取得为由要求汇票付款人副食品公司付款。

6.7 汇票制度

6.7.1 汇票概述

1. 汇票的概念和特征

汇票是指由出票人签发的，委托付款人在见票时或在指定日期无条件支付确定金额给收款人或持票人的票据。

（1）汇票是委托票据

汇票的出票人并不是汇票的付款人，而是另行委托他人作为付款人支付汇票金额，就这一点而言，汇票与支票相同，与本票不同。

（2）汇票是信用票据

汇票既可以是见票即付的即期汇票，也可以是记载将来某个日期为付款日的远期汇票。

（3）汇票设有承兑制度

承兑是汇票特有的制度，是远期汇票的付款人承诺在汇票到期日无条件支付汇票金额的票据行为。汇票之所以需要设立承兑制度，是由汇票的性质决定的。

2. 汇票在学理上的分类

（1）即期汇票与远期汇票

这是根据汇票上记载的到期日的不同所进行的分类。即期汇票，是指以汇票的出票日为到期日，持票人可以随时请求付款人对汇票付款、付款人见票即付的汇票。远期汇票，是指汇票上记载了将来的某个日期为付款日，在这一日期到来之前，持票人不得提示付款的汇票。

依据出票人对票据付款日期的不同记载，远期汇票又分定日付款的汇票、出票后定期付款的汇票和见票后定期付款的汇票三种。

（2）记名汇票、指示汇票与无记名汇票

这是根据汇票对权利人记载方式的不同所作的分类。记名汇票，是指出票人在汇票上明确记载了收款人的姓名或名称的汇票，也称为“抬头汇票”。指示汇票，是指出票人在汇票上不仅明确记载了收款人的姓名或名称，而且附加了“或其指定人”字样的汇票。无记名汇票，是指出票人没有在汇票上记载收款人的姓名或名称，或者将其记载为“持票人”或“来人”的汇票。

（3）一般汇票与变式汇票

这是根据当事人的资格是否兼任而进行的分类。一般汇票，是指汇票的三方基本当事人分别由三个不同的主体充当，互不兼任的汇票。变式汇票，是指某一主体同时兼任两个或两个以上汇票基本当事人的汇票，包括指己汇票、付受汇票、对己汇票和己付己受汇票。

（4）国内汇票与涉外汇票

这是根据汇票是否具有涉外因素所作的分类。国内汇票，是指不具有涉外因素的汇票，即汇票上的全部当事人均为中国人，且票据上的全部行为都发生在中华人民共和国境内的汇票。涉外汇票，是指具有涉外因素的汇票，即票据的当事人中有外国人或票据行为中有的发生在我国领域外的汇票，都属于涉外汇票。

（5）光票与跟单汇票

这是根据汇票的承兑或付款是否要求跟附单据所作的分类。光票，是指无须附带任何商业单据，付款人或承兑人仅依汇票本身即可付款或承兑的汇票。跟单汇票，又称押汇汇票或信用汇票，是指必须附带与交易有关的商业单据才能获得承兑或付款的汇票。

3．我国票据法中的汇票种类

（1）银行汇票

银行汇票是出票银行签发的，由其在见票时按照实际结算金额无条件支付给收款人或持票人的票据。根据银行汇票的用途，可将银行汇票分为现金银行汇票和转账银行汇票两种。

（2）商业汇票

商业汇票是由出票人签发的，委托付款人在指定日期无条件支付确定的金额给收款人或持票人的票据。根据承兑人的不同，商业汇票可以分为银行承兑汇票和商业承兑汇票，由银行承兑的商业汇票称为银行承兑汇票；由付款人承兑的商业汇票称为商业承兑汇票。

6.7.2 汇票的出票

1．汇票出票的概念

出票是指出票人签发票据并将其交付给收款人的票据行为。这一概念有三层含义：汇票的出票是出票人创设汇票的基本票据行为；汇票出票的内容表现为一种无条件支付的委托；汇票的出票由作成汇票和交付汇票两部分构成。

2．汇票出票的款式

汇票出票的款式也称为汇票出票的格式，是指汇票的出票人按照票据法的规定，在汇票上应为的各种记载。

（1）绝对必要记载事项

汇票出票的绝对必要记载事项，是指出票时必须在汇票上进行记载，如有欠缺、汇票无效的事项。我国《票据法》第 22 条第 1 款规定了七项绝对必要记载事项，分别是：表明汇票的字样；无条件支付的委托；确定的金额；付款人名称；收款人名称；出票日期；出票人签章。

（2）相对必要记载事项

汇票的相对必要记载事项，是指出票人应当在汇票上记载，但是如果没有记载，也不影响汇票的效力，而是按照票据法的规定推定其内容的事项，主要包括付款日期、付款地和出票地三项。

（3）可以记载事项

可以记载事项又称为任意记载事项或得记载事项，它是指法律允许当事人自由选择记载，不记载并不影响汇票的效力，但一经记载，即发生票据法上的效力的事项。我国《票据法》主要规定了以下两项：禁止转让文句和有关汇票支付货币种类的约定条款。

（4）记载不生《票据法》上效力的事项

出票人除了记载上述应当记载的事项和任意记载的事项外，还可以记载其他出票事项，但是这类记载不能产生票据法上的效力，在符合其他法律规定时，当然能够产生其他法律效力。

（5）记载本身无效的事项

记载本身无效的事项也称为无益记载事项，这类事项的记载不仅不能产生票据法上的效力，而且不产生任何法律效力，在票据法上视为无记载。

（6）记载使汇票无效的事项

记载使汇票无效的事项又称为有害记载事项、不得记载事项或禁止记载事项，是指记载违反票据法的有关规定，导致汇票无效的事项。

3. 汇票出票的效力

（1）汇票出票对出票人的效力

汇票的出票使出票人成为汇票上的义务人，其义务的内容是对其签发的汇票能够获得承兑和付款承担担保责任，当汇票不获承兑或付款时承担清偿责任。

（2）汇票出票对收款人的效力

出票人作成汇票并将汇票实际交付给收款人后，收款人便取得了汇票上的权利，包括付款请求权和追索权。

（3）汇票出票对付款人的效力

即期汇票的出票，使付款人成为汇票的债务人，负有对汇票付款的义务。而对于远期汇票，情况则大不相同。付款人仅因出票而取得一种地位或资格，即取得对汇票进行承兑和付款的资格。

6.7.3 汇票的背书

1. 背书的概念、性质和意义

（1）背书的概念和特征

所谓背书，是指持票人以转让汇票权利或将一定的汇票权利授予他人行使为目的，在汇票背面或粘单上记载有关事项并签章，然后将汇票交付被背书人的一种附属的票据行为。这一概念具有以下特征。

① 背书是一种附属的票据行为。

汇票的背书必须以汇票的出票行为为前提，出票是基本的票据行为，背书是附属的票据行为，只能在已经作成并交付的汇票上才能进行。

② 背书是由持票人所为的票据行为。

背书行为的目的是将汇票权利转让给他人或将一定的汇票权利授予他人行使，只有汇票权利的享有者（持票人）方可进行背书行为。

③ 背书是以转让汇票权利或将一定的票据权利授予他人行使为目的的票据行为。

持票人进行背书行为的主要目的，在于转让票据权利，但也有例外，我国《票据法》允许以将一定的汇票权利授予他人行使为目的进行背书。

④ 背书是一种要式行为。

《票据法》对背书的形式有严格的要求，必须由背书人在汇票的背面或粘单上记载有关事项并签章，然后将作成的汇票交付给被背书人。

（2）背书的性质

学界对背书的性质观点不一，主要债权让与说、保证行为说、所有权取得说、债权行为与物权契约说、单方法律行为说等。

我们认为，上述五种观点实质上分别从不同的角度对背书性质进行了界定，都有一定的合理性，但又都缺乏全面性。应当说，背书是一种附属的票据行为，是一种有相对人的单方法律行为，它具有债权让与的性质、保证的性质和所有权取得的性质。

2. 背书的种类

根据背书的目的不同，可将汇票的背书分为转让背书与非转让背书两大类。转让背书中，依背书是否存在特殊性为标准，可进一步分为一般转让背书与特殊转让背书。一般转让背书中，依是否记载被背书人为标准，可进一步分为完全背书与空白背书；特殊转让背书中，依背书的特殊性不同，可进一步分为限制背书、回头背书和期后背书。非转让背书中，依背书目的不同，可进一步分为委托收款背书与质押背书。

（1）转让背书

转让背书，是指持票人以转让汇票权利为目的而为的背书。

所谓一般转让背书，是指持票人为转让汇票权利，按照《票据法》的规定进行背书行为，无论在背书人方面、背书的记载事项方面，还是在被背书人方面，都不存在任何特殊情况，一经作成即产生背书法律效力的背书。

所谓特殊转让背书，是指持票人为转让汇票权利而为的，在某些方面存在特殊情形的背书。存在特殊情形的转让背书，主要有限制背书、回头背书和期后背书三种。所谓限制背书，是指背书人在背书有关事项的记载中，对转让的票据权利给予一定限制的背书。所谓回头背书，又称还原背书或逆背书，是指背书人以汇票上的原债务人为被背书人的背书；所谓期后背书，是指在一定期限或期日后所为的背书。

（2）非转让背书

非转让背书，是指持票人为了将汇票上的一定权利授予他人行使而为的背书。非转让背书主要有委托收款背书与质押背书两种。委托收款背书又称为委托取款背书、委任背书或代理背书，是指以委托他人代理收款为目的而为的背书；质押背书，是指为担保债务履行而在汇票上设定质权而为的背书。

3. 背书的款式

（1）背书的绝对必要记载事项

背书的绝对必要记载事项，是指背书人在背书时必须予以记载的事项。我国《票据法》规定背书的绝对必要记载事项有背书人名称和被背书人名称两项。

（2）背书的相对必要记载事项

背书的相对必要记载事项，是指背书人应当在背时予以记载，但如果没有记载也不影响背书的效力，其内容按法律规定进行推定。我国《票据法》规定的背书的相对必要记载事项有两项：一是表明背书类型的文句；二是背书日期。

（3）背书可以记载的事项

可以记载的事项，又称为得记载事项或任意记载事项，是指法律不规定必须记载，背书人依自己的意志决定记载与否，一旦记载即产生票据法上效力的事项。按我国《票据法》的规定，这类事项只有一项，就是“不得转让”字样的记载。

（4）记载不生票据法效力的事项

这类事项不属于票据法规定的背书应当记载事项，但是，票据法也不禁止背书人记载，如果背书人在背书时记载了这种事项，也不因此影响背书的效力，只是这一记载不产生票据法上的效力。按照我国《票据法》的规定，记载不生票据法效力的事项只有一项，就是有关背书附条件的记载。

（5）记载使背书行为无效的事项

这类事项也称为禁止记载事项或有害记载事项，是指《票据法》规定背书人不得记载，一旦记载，将导致背书行为无效的事项。根据我国《票据法》的规定，这类事项有两项：一是将汇票金额部分转让的记载；二是将汇票金额分割转让的记载。

4. 背书的效力

（1）一般转让背书的效力

一般转让背书有效成立后，在票据法上产生权利转移、权利担保、权利证明及切断抗辩四个方面的效力。

① 权利转移效力。

一般转让背书以票据权利转让为目的，当背书行为有效成立以后，即发生票据权利转移的效力，被背书人取得票据权利。

② 权利担保效力。

权利担保效力，是指背书人对其所有后手均承担担保承兑和担保付款的责任。当其后手所持汇票不获承兑或不获付款时，背书人应根据其要求予以偿还。

③ 权利证明效力。

权利证明效力，是指持票人所持票据上的背书，只要具有形式上的连续性，法律就推定其为正当的票据权利人。

④ 切断抗辩的效力。

被背书人经背书受让汇票权利后，原则上不承受背书人在汇票权利上存在的瑕疵，这是由票据行为的独立性所决定的。

（2）特殊转让背书的效力

① 限制背书的效力。

我国《票据法》中的限制背书，主要是指禁止转让背书，这种背书与一般转让背书一样，具有权利转移效力、权利证明效力及切断抗辩效力，但是其权利担保效力受到了一定的限制。也就是说，背书人在背书时记载了“不得转让”字样，被背书人再次为转让背书，转让有效，产生权利转移的效力，后一次转让的被背书人取得票据权利；但是在背书时记载了“不得转让”字样的背书人，对其被背书人的后手不承担保证承兑和付款的责任。

② 回头背书的效力。

回头背书，是指以票据上的原债务人为被背书人的背书。

从效力上看，回头背书具有一般转让背书的效力，即权利转移效力、权利担保效力、权利证明效力及切断抗辩效力。但是由于被背书人既是票据上的债务人，又是票据上的权利人，两种身份重叠，使得他在行使权利时，与一般的被背书人相比会有所限制，这种限制根据背书人先前在票据上地位的不同而有所不同。

③ 期后背书的效力。

根据我国《票据法》第 36 条的规定，期后背书是指在票据被拒绝承兑、拒绝付款或超过付款提示期限后所为的背书。

我国《票据法》对于期后背书的效力规定为：“汇票被拒绝承兑、被拒绝付款或者超过付款提示期限的，不得背书转让；背书转让的，背书人应当承担汇票责任。”有学者认为这是一条自相矛盾的规定。并建议我国《票据法》规定期后背书仅能产生通常债权转让的效力。

（3）委托收款背书的效力的效力

委托收款背书，是委托他人代替自己行使票据权利、收取汇票金额的背书。

① 代理权授予效力。

通过委托收款背书，被背书人取得代理背书人行使汇票权利的权利，代行的权利包括付款请求权和追索权。

② 权利证明效力。

委托收款背书的被背书人享有代理背书人行使票据权利的权利，只要被背书人所持的汇票上背书连续、形式上合法，被背书人就能取得代理权，而无须另外举证。

③ 对再背书的限制效力。

被背书人可以再为委托收款背书，但被背书人不能再为质押背书，否则就与背书人委托收款的目的相违背。

（4）质押背书的效力

质押背书，是以提供债务担保为目的而在汇票上设定质权的背书。其中，背书人是出质人，被背书人是质权人。这种背书具有以下五个方面的效力。

① 质权设定效力。

被背书人通过质押背书即可取得质权。

② 权利证明效力。

质押背书的被背书人享有质权，只要被背书人所持的汇票上的背书连续且形式合法，该被背书人就能取得质权，而无须另行举证；付款人对被背书人付款后即可免责，除非付款人存在恶意或重大过失。

③ 权利担保效力。

质押背书是否具有担保效力，学说上有不同的认识，我国《票据法》也没有明确规定。学者们普遍认为，背书人既然以汇票上的权利设定质押，自然应当担保该权利的实现。

④ 切断抗辩的效力。

这是指汇票的债务人不能以自己与质押背书的背书人之间的抗辩事由对抗被背书人。

⑤ 对再背书的限制效力。

质押背书的被背书人不能再为质押背书，也不能再以背书转让该票据以实现质权。质押背书的被背书人应当可以再为委托收款背书。

6.7.4 汇票的承兑

1. 承兑的概念和特征

承兑是指远期汇票的付款人承诺在汇票到期日将无条件支付汇票金额，并将这一意思表示记载于汇票正面并签章的一种附属的票据行为。

承兑行为具有以下法律特征：承兑是一种附属的票据行为；承兑行为是远期汇票的付款人所为的票据行为；承兑行为是以无条件支付汇票金额的意思表示为内容的票据行为；承兑行为是一种要式行为。

2. 承兑的分类

（1）正式承兑与略式承兑

这是根据承兑的方式为标准所作的分类。正式承兑又称完全承兑，是指付款人在汇票正面记载“承兑”字样并签章的行为。略式承兑，是指仅由付款人在票面上签名，而不作任何文义记载的行为。

（2）单纯承兑与不单纯承兑

这是根据承兑有无限制为标准所作的分类。单纯承兑也称为一般承兑，是指付款人完全依照汇票上记载的文义进行承兑，不附加任何限制。不单纯承兑也称为限制性承兑，是指付款人对汇票上记载的文义加以变更或限制后进行的承兑，包括部分承兑和附条件承兑两种。

3. 承兑行为的适用范围

在我国，远期汇票必须承兑。具体来说，银行汇票均为见票即付，因而无须承兑，而商业汇票则必须承兑。

4. 承兑的款式

承兑的款式，是指票据法对付款人在进行承兑行为时的记载事项所作的要求。根据我国《票据法》的规定，承兑的记载事项分为绝对应当记载的事项、相对应当记载的事项和记载使承兑无效的事项。

（1）绝对应当记载的事项

绝对应当记载的事项是付款人为承兑行为时必须记载否则将使承兑行为无效的事项，包括承兑文句和承兑人签章两项内容。

所谓承兑文句，是付款人承诺汇票到期无条件付款的意思表示。承兑人签章，原则上要求必须与汇票上所记载的付款人的名称一致。

（2）相对应当记载的事项

相对应当记载的事项，是指承兑人应当进行记载，如果没有记载，则由法律进行推定的事项。依我国《票据法》的规定，承兑日期属于相对应当记载的事项。

（3）记载使承兑无效的事项

记载使承兑无效的事项，是指承兑人不得记载，否则会使承兑行为无效的事项。我国《票据法》中规定的承兑行为，仅限于正式承兑和单纯承兑，承兑是一种严格的要式法律行为。凡是付款人在承兑记载中含有部分承兑或附条件承兑内容的，都将导致承兑行为无效。

5. 承兑的程序

汇票的承兑，作为一项制度，是由持票人与付款人共同完成的。从程序上来讲，基本可以分为持票人提示承兑、付款人承兑汇票及付款人交还汇票三个步骤。

（1）持票人提示承兑

① 提示承兑的概念。

提示承兑，是指持票人依法向付款人实际出示和交付汇票，并请求付款人在汇票上记载其愿意在汇票到期日无条件付款的意思的行为。提示承兑行为的提示人是汇票的持有人；被提示人是汇票上记载的付款人。

② 提示承兑的期间。

定日付款或出票后定期付款的汇票，持票人应当在汇票到期日前向付款人提示承兑，见票后定期付款的汇票，持票人应当自出票日后 1 个月内向付款人提示承兑。如果持票人未在上述期间内提示承兑，持票人将丧失对前手的追索权。

（2）付款人承兑汇票

汇票的持票人在法律规定的提示承兑期间内提示承兑后，付款人应当在法定时间内作出承兑或拒绝承兑的决定。对汇票承兑的，必须按票据法规定的款式进行记载，在汇票的正面记载“承兑”字样并签章。

（3）付款人交还汇票

当承兑期间届满，无论付款人是否承兑，均应将汇票交还给持票人。

6. 付款人拒绝承兑

付款人拒绝承兑，是指在收到持票人提示承兑的汇票后，在法定期间内付款人不同意到期付款并出具拒绝承兑证书的意思表示。付款人有权利拒绝承兑。但必须出具拒绝证明，未出具拒绝证明的，应当承担由此产生的民事责任。

7. 承兑的效力

（1）承兑对付款人的效力

汇票的付款人一经承兑，即由汇票的关系人变成汇票的债务人，而且是汇票上的第一债务人，承担汇票到期无条件付款的义务。

（2）承兑对持票人的效力

对汇票的持票人来说，承兑具有确认和保全其票据权利的效力，使持票人所享有的票据权利由期待权转变为现实权。

（3）承兑对出票人和背书人的效力

付款人一经承兑，出票人和背书人均免于受由于汇票被拒绝承兑而引起的期前追索。

6.7.5 汇票的保证

1. 保证的概念与特征

汇票的保证，是指票据债务人以外的人，为担保特定票据债务人票据债务的履行，以负担与其同一内容的票据债务为目的，在汇票上记载有关事项并签章，然后将汇票交付请求保证的人的一种附属的票据行为。

（1）汇票保证是一种附属的票据行为。汇票保证以汇票出票行为的有效为前提，出票行为的效力影响保证行为的效力，如果出票行为无效，则在该汇票上进行的保证行为也必将无效。

（2）汇票保证是以担保票据债务履行为目的的票据行为。汇票的保证人为汇票上的某一债务人保证，其目的是担保该汇票债务人所承担的票据债务得以履行，从而增加汇票的信用。

（3）汇票保证是汇票债务人以外的第三人所为的票据行为。汇票保证的目的在于增强票据信用，因此汇票保证人必须是票据债务人以外的第三人。

（4）汇票保证必须由保证人在汇票上进行。汇票是文义证券，债务人仅依票据上所载文义承担责任，所以保证必须在票据上进行，且有严格的形式要求。

【概念提示：票据保证与民法保证】

票据保证是一种票据行为，民法保证是一种民事行为，这两者差别很大。

（1）票据保证为单方法律行为，而民事保证为合同行为。

（2）票据保证为要式行为，即票据保证必须记载于票据上或其粘单上，且有法定记载事项；而民事行为则为不要式行为，可依当事人的约定，采取书面或口头形式均可。

（3）票据保证有较强的独立性，即其成立不因被保证债务无效而失去效力，即使被保证债务因实质无效，也应负责票据责任；民事保证无独立性，被保证债务消灭，保证自然失效。

（4）票据保证的保证人无先诉抗辩权，即票据债权人向保证人行使权利时，并不以先向被保证人请求履行为必要。票据债权人可直接向保证人请求履行；而民事保证的保证人有先诉抗辩权，即当债权人应先向被保证人（即主债务人）请求履行，不果时才能向保证人请求，否则保证人可拒绝履行。

（5）票据保证人为二人以上时，所有保证人对债权人负法定连带责任；而民事保证，各保证人就所负责任可以约定，并非一定是连带责任。

（6）票据保证的保证人在代被保证人清偿债务后即可代被保证人行使追索权；民事保证的保证人在清偿后只能对被保证人行使求偿权或代位权。显然，对保证人来讲，追索权比求偿权更为有利。

2. 保证的分类

（1）全部保证与部分保证

这是以保证人所担保的票据债务金额为标准所作的分类。所谓全部保证，是指保证人对票据上记载的全部金额所作的票据保证。所谓部分保证，是指保证人对票据上债务的部分金额所作的票据保证，票据保证人对于未提供保证的票据债务不承担责任。

（2）单独保证与共同保证

这是以票据保证人的人数为标准所作的分类。所谓单独保证，是指由单独一人所为的票据保证。所谓共同保证，则是指由数人共同签章作成的票据保证。

（3）正式保证与略式保证

这是以票据保证人在票据上的记载内容为标准所作的分类。所谓正式保证，是指保证人在进行票据保证时，依法完整记载全部必要记载事项并签章、交付的票据保证。所谓略式保证，则指保证人在进行票据保证时，没有记载有关保证事项，而只签章并交付的票据保证。

3．保证的款式

汇票保证的款式，是票据法要求保证人在进行保证行为时，在汇票或粘单上的记载事项。我国《票据法》将保证的记载事项分为绝对应当记载的事项、相对应当记载的事项与记载不生票据法上效力的事项三种。

（1）保证的绝对应当记载事项

保证的绝对应当记载事项，是指保证人必须在汇票或粘单上记载，否则保证行为无效的事项，包括“保证”字样、保证人签章两项内容。

（2）相对应当记载的事项

保证的相对应当记载事项，是指保证人应当在汇票或粘单上记载，但如果没有记载也不会使保证行为无效，而是由法律进行推定的事项，主要包括被保证人的名称、保证日期两项内容。

（3）记载不生票据法上效力的事项

记载不生票据法上效力的事项，是指保证人记载在汇票上不影响保证行为的效力，但也不产生票据法上效力的事项。在我国《票据法》上对保证所附条件的记载，属于不生票据法效力的记载。

4．保证的效力

（1）对汇票保证人的效力

① 保证人的责任具有从属性、独立性和连带性。

从属性体现在：第一，保证人责任的产生以保证债务存在为前提；第二，保证人责任的种类和范围取决于被保证债务的种类和范围；第三，保证人责任的性质与被保证人责任的性质完全相同；第四，被保证债务因偿还、付款或抵消、免除等原因而消灭时，保证责任也消灭；第五，保证责任的时效期间与被保证人责任的时效期间相同，当被保证人的责任因时效届满而消灭时，保证人的责任也消灭。

独立性表现在：保证行为一经合法成立即独立发生效力，不受被保证债务效力的影响。只有当被保证人的债务因汇票欠缺记载事项而无效时，保证人的责任才因此无效。

连带性体现在：一是保证人与被保证人对持票人承担连带责任；二是共同保证人之间承担连带责任。

② 保证人的权利：是指保证人在承担了保证责任后取得的票据上的权利，即可以行使持票人对被保证人及其前手的追索权。

（2）对汇票持票人的效力

汇票的保证依法成立后，汇票持票人的票据权利又多了一层担保关系。如果被保证人是承兑人，汇票到期时，持票人可以直接向保证人请求付款；如果被保证人是汇票的出票人或背书人，持票人在汇票到期不获付款时，则可以直接向保证人行使追索权。

（3）对汇票的被保证人及其前手、后手的效力

保证行为本身并不能免除任何票据债务人的票据责任，因此，保证成立后，对汇票的被保证人及其前、后手的票据责任并无影响。但是，一旦保证人承担了保证责任，履行了付款或清偿义务，则被保证人的后手即可免责；而保证人因为承担了保证责任而取得了持票人的资格，对被保证人及其前手则享有追索权，所以，被保证人及其前手仍负有对保证人清偿的义务，且不得以自己与汇票原持票人之间存在的抗辩事由对抗保证人。

6.7.6 汇票的付款

1. 汇票付款的概念与特征

所谓汇票的付款，是指汇票上记载的付款人或代理付款人根据持票人的提示请求，依法向持票人支付汇票金额，以消灭汇票关系的行为。

汇票的付款行为具有以下特征：

（1）汇票付款是由付款人或代理付款人所为的行为；

（2）汇票付款是付款人或代理付款人依法支付汇票金额的行为；

（3）汇票的付款是能够产生消灭票据关系后果的行为。

2. 汇票付款的程序

（1）持票人提示付款

① 提示付款的概念。

所谓提示付款，是指汇票的持票人向汇票的付款人或代理付款人现实地出示票据，并请求其付款的行为。

② 提示付款的期间。

持票人提示付款应当在提示付款期间内进行。所谓提示付款期间，是指提示人向被提示人出示票据并请求其付款的法定期间。见票即付的汇票，自出票日起 1 个月内向付款人提示付款；定日付款、出票后定期付款或见票后定期付款的汇票，自到期日起 10 日内向承兑人提示付款。持票人未按前款规定期限提示付款的，在作出说明后，承兑人或付款人仍应当继续对持票人承担付款责任。

③ 提示付款的效力。

对于汇票的持票人来说，首先，提示付款是其行使付款请求权的必要条件；其次，提示付款使持票人对背书人的追索权得以保全；对于汇票的付款人来说，只要持票人依照法定期限和地点向其提示了合法有效的票据，付款人就有义务在法律规定的时间内足额付款，否则，将发生迟延付款的民事责任。

（2）付款人审查

形式审查包括两方面，一是对票据进行形式审查，即从外观上审查票据格式是否合法，记载事项是否完备，有无伪造、变造情形等；二是对持票人进行形式审查，这主要是指审查汇票背书的连续性，只有连续背书的最后的被背书人才能成为形式上合法的持票人。

（3）付款人付款

① 付款的时间。

持票人直接向付款人提示付款的，必须在当日足额付款；对于商业承兑汇票的持票人通过委托

收款银行以邮寄提示方式异地委托收款的，付款人的开户银行应通知付款人，付款人应在接到通知的当日通知银行付款；付款人在接到通知之日起 3 日内未通知银行付款，银行于第 4 日支付票款。

② 付款的标的。

汇票是一种金钱证券，付款的标的只能是票面金额。依我国《票据法》的规定，付款人付款时，以支付人民币为原则，以支付外币为例外。付款人付款时必须是足额付款，即全部付款，不允许部分付款。

③ 付款的程序。

付款人付款时，首先有权要求持票人在汇票上记载“收讫”字样并签章，以证明付款人已经向持票人履行了付款义务；其次，付款人付款时有权要求持票人交出汇票，以防止该汇票被善意第三人取得而导致付款人再次付款的情形发生。

3. 汇票付款的效力

合法有效的付款行为主要发生以下两方面的效力：汇票法律关系消灭；付款人取得向出票人求偿的权利。

6.7.7　汇票的追索权

1. 汇票追索权的概念

所谓汇票追索权，是指汇票到期不获付款或期前不获承兑或有其他法定原因使持票人无法行使票据兑付请求权时，持票人在依法履行了保全手续以后，向汇票上的所有票据债务人请求偿还汇票金额、利息及其他法定款项的一种票据上的权利。

这一定义包括以下几层含义：汇票追索权是一种票据上的权利；汇票追索权的行使，以发生票据法规定的特定事由为前提；汇票追索权的行使，以持票人履行了一定的票据权利保全手续为要件；汇票追索权以持票人向所有票据债务人请求偿还汇票金额、利息及其他法定款项为内容。

2. 汇票追索权的性质

（1）汇票追索权具有选择性。这是指持票人可以自由选择行使汇票追索权的对象，而不必依照票据债务人在汇票上的先后顺序行使追索权；由于汇票上的所有债务人对持票人承担连带责任，所以，持票人既可以向票据债务人中的一人或数人进行追索，也可以同时向全体票据债务人进行追索。

（2）汇票追索权具有变更性。这是指持票人对于汇票债务人中的一人或数人已经进行了追索的，对于其他尚未被追索的汇票债务人仍可以行使追索权。

（3）汇票追索权具有代位性。持票人行使追索权，在获得相应清偿后，追索权并未消灭，而是移转给被追索人。被追索人在清偿了追索债务后，即与持票人享有同一权利，可以继续进行追索。故有学者将这一性质称为追索权的移转性。

3. 汇票追索权的种类

（1）期前追索权与到期追索权

这是以行使追索权的时间为标准进行的分类。所谓期前追索权，是指因发生法定事由，持票人可以在票据到期日前依法行使的追索权。所谓到期追索权，是指在票据到期日后，持票人因不获付款而行使的追索权。

（2）最初追索权与再追索权

这是以追索权的行使主体为标准进行的分类。所谓最初追索权，是指当发生法定的追索事由，由最后的持票人依法向票据上的所有债务人行使的追索权。所谓再追索权，是指被追索人偿付了追索权人的债务之后，依法向其前手再次行使的追索权。

4. 汇票追索权的行使要件

（1）追索权行使的实质要件

① 须有合格的追索权人。

行使追索权的持票人是汇票的最后持票人（最初追索权）或清偿了相应债务的持票人（再追索权）。

② 须存在法定的追索权行使原因。

我国《票据法》第 61 条规定了汇票追索权的行使原因："汇票到期被拒绝付款的，持票人可以对背书人、出票人及汇票的其他债务人行使追索权。汇票到期日前，有下列情形之一的，持票人也可以行使追索权：（一）汇票被拒绝承兑的；（二）承兑人或者付款人死亡、逃匿的；（三）承兑人或者付款人被依法宣告破产的或者因违法被责令终止业务活动的。"

（2）追索权行使的形式要件

① 汇票在法定提示期间进行了合法的提示。

依据《票据法》的规定，汇票持票人的追索权的行使，以持票人在法定提示期间内依法向付款人进行了承兑提示或付款提示为要件，否则将丧失对偿还义务人的追索权。

② 持票人依法取得相关证明。

依据我国《票据法》的规定，持票人在法定提示期间依法进行承兑提示或付款提示而不获承兑或付款，还必须进一步取得其兑付请求权被拒绝或不能实现的相关证明，才能行使追索权。

持票人应当取得的相关证明主要有以下五种：①拒绝证明；②退票理由书；③人民法院的司法文书；④有关行政主管部门的处罚决定；⑤其他证明。

5. 汇票追索权的行使程序

（1）拒绝事实的通知

拒绝事实的通知也可称为追索通知，是指汇票上的追索权人为了向其前手行使追索权，在规定期限内将汇票不获承兑或不获付款的事实通知其前手的行为。依据我国《票据法》第 66 条第一款的规定，持票人应当在收到拒绝承兑或拒绝付款的证明或有关证明之日起 3 日内，将被拒绝的事由通知其前手。这一通知必须以书面形式进行。

（2）确定追索对象

依照我国《票据法》第 68 条的规定："汇票的出票人、背书人、承兑人和保证人对持票人承担连带责任。持票人可以不按照汇票债务人的先后顺序，对其中任何一人、数人或全体行使追索权。持票人对汇票债务人中的一人或数人已经进行追索的，对其他汇票债务人仍可以行使追索权。被追索人清偿债务后，与持票人享有同一权利。"

汇票的持票人确定追索对象时，也要受到一定的限制。我国《票据法》第 69 条规定："持票人为出票人的，对其前手无追索权。持票人为背书人的，对其后手无追索权。"

（3）被追索人清偿

最初追索权的追索金额包括：①被拒绝付款的汇票金额；②汇票金额自到期日或提示付款日起至清偿日止，按中国人民银行规定的利率计算的利息；③取得有关拒绝证明和发出通知书的费用。

被追索人清偿后，行使再追索权的追索金额包括：①已清偿的全部金额；②已清偿的全部金额自清偿日起至再追索清偿日止，按中国人民银行规定的利率计算的利息；③发出通知书的费用。

（4）追索权人受领

追索权人在受领追索金额时，负有交出汇票、拒绝证明及出具收据的义务，这也是被追索人的一项权利。

6. 汇票追索权行使的效力

汇票追索权行使的效力，是指行使追索权对票据有关当事人所发生的法律后果。主要体现在两个方面：对追索权人而言，追索权人因行使追索权而受清偿后，其票据权利消灭。但汇票上的权利并不一定绝对消灭，而可能产生被追索人的代位权；对被追索人而言，被追索人对追索人履行清偿义务后，其票据债务消灭，同时基于清偿取得汇票，与持票人享有同一权利，可以行使再追索权。

7. 汇票追索权的丧失

汇票追索权的丧失，是指因法律规定的事由发生，使持票人的追索权归于消灭。丧失追索权的法定事由主要有持票人未在法定期限内行使和保全汇票权利和时效期间届满两种事由。

6.8 本票制度

【经典案例：本票相关问题】

甲市的 A 向某农行申请了一张本票，准备拿到乙市去做生意。该本票上记载的内容有：出票日期是 2012 年 3 月 5 日；金额 5000 元；“本票”字样；无条件支付的承诺；出票地为甲市某农行所在地。A 将此本票背书转让给了乙市的 B，B 又转让给了同市的 C。

（1）该本票的出票行为有效吗？为什么？若欠缺某些事项，又是哪些？

（2）若该本票为一张有效的本票，那么此本票必须在什么时候提示见票？

（3）若该本票为一张有效的本票，而该本票上并未记载付款地，那么《票据法》上对此是如何规定的？C 能否在乙市向乙市的农行申请付款？

（4）假设 C 在 2012 年 6 月 1 日拿着该票赶到甲市向某农行请求付款，某农行应不应该付款？若某农行拒绝付款，C 能否向 B 行使追索权？

（5）如果 B 将该本票转让给 C 的时间是 5 月 20 日，会产生什么后果？

6.8.1 本票概述

1. 本票的概念和特征

本票是出票人签发的，承诺自己在见票时无条件支付确定的金额给收款人或持票人的票据。

我国《票据法》中所称的本票，特指银行本票，是银行签发的，承诺自己在见票时无条件支付确定的金额给收款人或持票人的票据。

本票作为票据的一种，具有票据的共同特征，与汇票、支票及其他国家的本票相比，具有以下特征：本票是自付票据；本票没有承兑制度；我国的本票仅限于见票即付的银行本票。

2．本票的分类

（1）学理上的分类

① 记名本票、指示式本票与无记名本票。

这是以本票对权利人的记载方式为标准所作的分类。所谓记名本票，也称抬头本票，是指在本票上明确记载收款人的名称或姓名的本票。所谓指示式本票，是指本票上记载的收款人名称或姓名后面载有“或其指定人”字样的本票。所谓无记名本票，是指本票上不记载收款人的名称或姓名，或将其记载为“持票人”或“来人”字样的本票。

② 银行本票与商业本票。

这是以出票人的身份为标准所作的分类。银行本票是指出票人是银行的本票。商业本票是指出票人为银行以外的企业、单位或个人的本票。

③ 即期本票与远期本票

这是以本票上记载的到期日的不同为标准所作的分类。即期本票是见票即付的本票，持票人自出票日起可以随时请求出票人付款。远期本票是指持票人只能在本票上记载的到期日到来时才能请求出票人付款的本票，包括定期本票、出票后定期付款的本票和见票后定期付款的本票。

④ 国内本票与涉外本票。

这是以本票是否具有涉外因素为标准所作的分类。国内本票是指不具有涉外因素的本票。涉外本票是指具有涉外因素的汇票。

（2）我国《票据法》中本票的分类

① 定额银行本票与不定额银行本票。

这是以本票上记载的金额是否固定为标准对银行本票所作的分类。定额银行本票的金额，已由本票的印制部门事先印制于本票正面，签发时不必再另行填写。不定额银行本票则并未印有本票金额，而是由出票银行根据当事人的约定在出票时按规定填写。

② 现金本票与转账本票。

这是以付款方式为标准对银行本票所作的分类。用于转账的是转账银行本票。用于支取现金的，是现金银行本票。

6.8.2　本票不同于汇票的法律规定

1．本票的出票

（1）本票出票的概念

本票的出票，是指出票银行根据企业或个人的申请，依法签发本票并将其交付给收款人的票据行为。

（2）本票出票的款式

① 绝对应当记载的事项。

我国《票据法》第 76 条规定了 6 项绝对应当记载的事项。分别是：表明“本票”的字样，即本票文句；无条件支付的承诺，即支付文句；确定的金额；收款人名称；出票日期；出票人签章。

② 相对应当记载的事项。

我国《票据法》第 77 条规定了付款地与出票地两项相对应当记载的事项。

③ 可以记载的事项。

出票人可以在本票上记载“不得转让”字样，记载有这一内容的本票不得转让。

④ 记载不生票据法上效力的事项。

这是由出票人记载的票据法规定以外的事项，依票据法规定，这些事项不发生票据法上的效力，但若符合其他法律的规定，则可发生其他法上的效力。这类事项的记载适用票据法对汇票的规定。

⑤ 不得记载事项。

这是指依《票据法》规定，行为人不应当记载在票据上的事项，包括记载本身无效的事项和记载使票据无效的事项记载本身无效的事项，也称为无益记载事项，是指票据法规定不得记载，当事人仍予以记载，则该记载本身无效，但并不因此影响票据或票据上其他票据行为的效力。记载使票据无效的事项也称为禁止记载事项或有害记载事项，是指法律规定不得记载的、与票据的必要记载事项内容相抵触的事项，此类事项一旦记载，将导致票据无效。

（3）本票出票的效力

① 对出票人的效力。

本票出票的效力在于，使出票人成为本票的付款人或主债务人，负有无条件支付本票金额的绝对付款义务，这一义务只能因时效届满而消灭，在时效期限内，出票人的付款义务始终存在，即使持票人未在法定提示付款期限内进行提示，也不影响出票人的付款义务。

② 对收款人的效力。

本票的出票行为成立后，使本票上记载的收款人取得本票的付款请求权和追索权。

2．本票的付款

（1）本票的付款人

本票为自付证券，出票人就是付款人，不存在另外的付款人。因此，本票的持票人只能向出票人或其代理付款人进行付款提示，而不能向其他银行提示付款。

（2）本票的付款期限

《票据法》第 79 条规定：“本票自出票日起，付款期限最长不得超过 2 个月。”出票人不在此期限内提示付款，则丧失对出票人以外的前手的追索权。

【经典案例分析：本票相关问题】

（1）无效；欠缺绝对必要记载事项中的出票人签章和收款人名称。

（2）2012 年 5 月 5 日之前。

（3）以出票人的营业场所为付款地；不能。

（4）可以付款；不能。

（5）本票超过付款提示期限的，不得背书转让，背书转让的，背书人应当承担本票责任。

6.9 支票制度

【经典案例：支票相关问题】

某进出口公司委派采购员刘某到某棉区采购棉花，签发支票一张，其金额和收款人处授权刘某根据棉区采购的实际情况填写，但明确告知支票的金额最多可以填写30万元，否则将超出公司目前在银行的存款额。支票的用途栏写明“采购棉花”。该公司还给刘某出具了明确的法定代表人授权委托书和公司营业执照副本。然而，刘某听信个体户叶某之言，企图利用短短的时间差，先做一笔彩电批发生意，赚取相当利润后再赴棉区采购棉花，于是，该二人将支票金额填写为183万元，收款人栏写上叶某的商号，再由叶某以商号名义背书给“某五金交电批发公司”。所购买的彩电转手成功后，全部款项被刘某和叶某卷逃。当“某五金交电批发公司”将叶某提交的支票送银行结算时，因进出口公司账户上存款额不足而被退票。

【问题】

（1）该支票是否有效？为什么？

（2）刘某与叶某应当承担何责任？为什么？

（3）依该情形，银行能否对某进出口公司处以空头支票的罚款？

6.9.1 支票概述

1. 支票的概念和特征

支票是出票人签发的，委托办理支票存款业务的银行或其他金融机构在见票时无条件支付确定的金额给收款人或持票人的票据。

支票作为票据的一种，具有所有票据所共有的特征，与汇票和本票相比，还具有自己的特征：支票的付款人仅限于银行及其他法定金融机构；支票是见票即付的票据。支票没有承兑制度；支票的出票人与付款人之间必须存在资金关系。

2. 支票的分类

（1）学理上的分类

① 记名支票、无记名支票与指示式支票。

这是以支票对收款人的记载方式为标准所作的分类。记名支票是在支票上明确记载收款人名称的支票；无记名支票是在支票上不记载收款人名称，或者将收款人记载为“来人”或“持票人”的支票；指示式支票是在支票上记载的收款人名称之后记载有“或其指定人”字样的支票。

② 一般支票与变式支票。

这是以支票当事人资格是否兼充为标准所作的分类。所谓一般支票，是指支票关系的三方当事人互不兼充的支票；所谓变式支票，是指支票关系的三方当事人存在资格兼充的支票，主要分为对己支票、指己支票和付受支票三种。

③ 普通支票与特殊支票。

这是以支票的付款有无特殊规定为标准所作的分类。普通支票是指在付款上没有特殊规定的支票；特殊支票是指在付款上存在特殊规定的支票，主要包括保付支票和划线支票。

（2）我国票据法中的支票分类

我国票据法根据支付方式的不同，将支票分为普通支票、现金支票、转账支票与划线支票四种。

① 普通支票，是指支票上未印制“现金”或“转账”字样，持票人依法可以请求付款人以现金方式付款，也可以请求付款人以转账方式付款的支票。

② 现金支票，是指支票上印制有“现金”字样，持票人依法只能请求付款人以现金方式付款的支票。

③ 转账支票，是指支票上印制有“转账”字样，持票人依法只能请求付款人以转账方式付款的支票。

④ 划线支票，又称为平行线支票或横线支票，是指票据权利人或义务人在支票的正面划两条平行线，或者在平行线内记载特定银行等金融机构，付款人仅得对该特定银行或金融机构支付票据金额的一种特殊支票。

6.9.2　支票不同于汇票的制度

1. 支票的出票

（1）支票出票的概念

所谓支票的出票，是指由出票人作成支票并将其交付给收款人的行为。

（2）支票出票的款式

① 绝对应当记载的事项：支票字样、支票文句、确定的金额、付款人名称、出票日期和出票人签章 6 项。缺少其中任何一项，支票无效。

② 相对应当记载的事项：付款地和出票地等。

③ 可以记载的事项。例如，出票人可以在支票上记载“不得转让”字样，则支票不得转让；出票人可以依双方约定在支票上记载支付的货币种类，则付款时应以支票上记载的货币支付。

④ 记载不生票据法上效力的事项。支票的记载不生票据法上效力的事项适用于对汇票的法律规定。

⑤ 不得记载事项。这是指依《票据法》规定，行为人不应当记载在票据上的事项，包括记载本身无效的事项和记载使票据无效的事项。记载本身无效的事项也称为无益记载事项，是指票据法规定不得记载，当事人仍予以记载，则该记载本身无效，但并不因此影响票据或票据上其他票据行为的效力。

截至目前，票据所附各条件的法律效力有必要做一小结，参见表 6-2。

表 6-2　票据所附条件的法律效力总结

票 据 行 为	所附条件的法律效力
背书附条件的	所附条件无效
承兑附条件的	视为拒绝承兑
保证附条件的	所附条件无效
支票另行记载付款日期的	该记载无效

（3）支票出票人与付款人之间的资金关系

支票与汇票同属于委托票据，但是支票与汇票不同的是，支票的出票人必须与其委托的付款人之间存在一定的资金关系。也正是由于这种资金关系的存在，才使付款人不必经过承兑而负有付款义务。

我国《票据法》第 88 条规定："支票的出票人所签发的支票金额不得超过其付款时在付款人处实有的存款金额。出票人签发的支票金额超过其付款时在付款人处实有的存款金额的，为空头支票。禁止签发空头支票。"

（4）支票出票的效力

① 对出票人的效力。

支票出票对出票人而言，使其承担了担保支票付款的义务。

② 对付款人的效力。

支票的出票，对付款人而言，使其承担见票付款的义务。

③ 对收款人或持票人的效力。

支票出票后，收款人或持票人取得票据权利，有权在法定提示付款期间内向付款人请求付款并受领支票金额；如果付款人拒绝付款，则依法取得追索权；收款人或持票人也有权依法对支票进行转让。

2．支票的付款

（1）支票的付款提示期限

我国《票据法》第 92 条第一款规定了支票的提示付款期间："支票的持票人应当自出票日起 10 内提示付款。异地使用的支票，其提示付款期限由中国人民银行另行规定。"

（2）支票付款的程序

支票付款人对支票的审查有两点与汇票、本票不同：一是审查出票人在支票上的签章是否与其预留银行的签章相符，银行与出票人约定使用支付密码的，同时应当审查支付密码是否正确；二是付款人在付款时应当审查支票是否为空头支票，只有出票人在付款人处的存款足以支付支票金额时，付款人才于持票人提示付款的当日足额付款。

【经典案例分析：支票相关问题】

（1）该空白支票出票时虽欠缺必要记载事项，但后来经补记，已经具备有效票据的外观，故应当属于有效支票。其中，补记权被滥用，但不影响票据的效力。

（2）本案中的空白支票，实际上在票据法学上可以称为"未完成票据"，而刘某则是公司以普通方式授权补记（最后完成签署）之人。但刘某故意签发空头支票，骗取资金，应当依法承担刑事责任。叶某作为同犯应一并追究其刑事责任。另外，他们对某进出口公司应承担赔偿责任。

（3）银行有权对某进出口公司处以空头支票的罚款。《票据法》明确规定禁止签发空头支票。《支付结算方法》规定中对空头支票的处罚并未区分故意还是过失。

在进行了票据的基本介绍以后，有必要对三种票据进行比较，详见表 6-3。

表 6-3　票据比较

	汇　　票	本　　票	支　　票
信用功能	基于出票人和付款人信用，除见票即付，还可另行指定到期日，为信用证券	《票据法》上本票限于见票即付，为支付证券	见票即付，属支付证券
基本当事人	出票人、付款人和收款人	出票人（付款人和出票人为同一个人）和收款人	出票人、付款人和收款人 出票人与付款人之间必须先有资金关系，才能签发支票
对出票人资格的要求	具完全民事行为能力即可	只能为银行	必须使用本名、提交合法身份证件开立支票存款账户，存入足够支付的款项，并预留本名的签名样式和印章样式
对付款人资格的要求	银行汇票付款人为参加“全国联行往来”的银行；商业汇票付款人为商品交易活动中接受货物的当事人或与出票人签订承诺委托协议的银行	与出票人为同一银行	有从事支票业务资格的银行或其他金融机构
绝对必要记载事项	“汇票”字样、无条件支付的委托、确定的金额、出票日期、出票人签章、付款人、收款人名称	“本票”字样、无条件支付的承诺、确定的金额、出票日期、出票人签章、收款人名称	“支票”字样、无条件支付的委托、确定的金额（可授权补记）、出票日期、出票人签章（必须与在银行预留印鉴的印章和签名式样一致）、付款人名称
付款期限	见票即付者，自出票日起 1 个月内；定日付款、出票后定期付款、见票后定期付款者，自到期日起 10 日内	出票日起 2 个月内	同城支票为出票日起 10 日内；异地适用的支票，付款提示期由中国人民银行另行规定
权利消灭时效	见票即付者自出票日起2年内有效；远期汇票自到期日起 2 年内有效	自出票日起 2 年内有效	自出票日起 6 个月内有效

【引导案例分析】

（1）乙公司不享有票据权利，无权要求甲银行承担票据责任。首先，根据《票据法》第 20 条的规定，出票是指出票人签发票据并将其交给收款人的票据行为。甲公司虽然签发了汇票，但是汇票在向乙公司交付前被遗失，故甲公司并未完成出票的票据行为，乙公司也未实际持有该汇票。乙公司据以主张权利的是汇票的复印件，但是该复印件上没有出票人的签章，汇票无效，并且甲银行虽然在复印件上的持票人栏盖章，但是未承兑，另附的甲银行说明函不具有票据上的效力，所以乙公司不能享有票据权利，无权要求甲银行承担票据责任。

（2）乙公司可以向甲公司行使利益返还请求权。《票据法》第 18 条规定，持票人因超过票据权利时效或因票据记载事项欠缺而丧失票据权利的，仍享有民事权利，可以请求出票人或承兑人返还其与未支付的票据金额相当的利益。本案中，乙公司因票据无效丧失了票据权利，但是对甲公司的债权并未丧失，乙公司与甲公司之间的债权债务关系是票据原因关系，属民法调整，乙公司可以根据民法的有关规定向甲公司主张债权。

自测题

一、单项选择

1．单位、个人、银行在票据上签章时，必须按照规定进行，下列签章不符合规定的是（　　）。

A．单位在票据上使用该单位的财务专用章加其法定代表人或授权的代理人的盖章

B．个人在票据上使用该个人的签名

C．银行本票的出票人在票据上只使用经中国人民银行批准使用的该银行本票专用章

D．商业承兑汇票的承兑人在票据上使用其预留银行的签章

2．下列选项中，属于票据权利消灭的情形有（　　）。

A．持票人对前手的再追索权，自清偿日或者被提起诉讼之日起 1 个月未行使

B．持票人对前手的追索权，在被拒绝承兑或被拒绝付款之日起 3 个月未行使

C．持票人对支票出票人的权利，自出票日起 3 个月未行使

D．持票人对本票出票人的权利，自票据出票日起 2 年未行使

3．如果持票人将出票人禁止背书的汇票转让，在汇票不获承兑时，下列有关出票人票据责任的表述中，正确的是（　　）。

A．出票人不负任何票据责任

B．出票人仍须对善意持票人负偿还票款的责任

C．出票人与背书人对善意持票人负偿还票款的连带责任

D．出票人与背书人、持票人共同负责

4．对背书人记载“不得转让”字样的汇票，其后手再背书转让的，将产生的法律后果是（　　）。

A．该汇票无效

B．该背书转让无效

C．背书人对后手的被背书人不承担保证责任

D．背书人对后手的被背书人承担保证责任

5．下列情况中，汇票持票人可以行使追索权的是（　　）。

A．前手破产　　B．承兑人破产

C．前手以外的背书人破产　　D．保证人破产

6．见票后定期付款的汇票，持票人向付款人提示承兑的期限为（　　）。

A．到期日前　　B．出票日起 10 日内

C．出票日起 1 个月内　　D．出票日起 2 个月内

7．汇票的保证人在汇票上或者粘单上未记载被保证人的名称，未承兑的汇票，（　　）为被保证人。

A．持票人　　B．出票人　　C．承兑人　　D．付款人

8．2006 年 4 月 7 日，甲向乙签发一张本票，乙持票后将该本票背书给丙，丙又背书给丁。丁于 6 月 9 日向甲提示付款，因手续欠缺，未得到付款。丁可以向（　　）行使追索权。

A．甲　　B．乙

C．丙　　D．甲乙丙中的任何一个、数人和全体

二、多项选择

1．根据《票据法》的规定，在票据代理中，如果代理人超越代理权限的，则（　　）。

A．票据代理无效

B．在权限范围内的代理行为继续有效

C．超越代理权限的部分由被代理人承担票据责任

D．超越代理权限的部分由代理人承担票据责任

2．下列票据中，经票据权利人申请并提供担保，人民法院可以依法采取保全措施和执行措施的有（　　）。

A．持票人恶意取得的票据

B．记载有“不得转让”字样而用于贴现的票据

C．记载有“不得转让”字样而用于质押的票据

D．应付对价而未付对价的持票人持有的票据

3 下列各项中，可以导致汇票无效的情形有（　　）。

A．汇票上未记载付款日期　　B．汇票上未记载出票日期

C．汇票上未记载收款人名称　　D．汇票金额的中文大写和数码记载不一致

5．下列有关票据背书的表述中，正确的有（　　）。

A．背书人在背书时记载“不得转让”字样的，被背书人再行背书无效

B．背书附条件的，背书无效

C．部分转让票据权利的背书无效

D．分别转让票据权利的背书无效

4．下列选项中，汇票不得进行背书转让的有（　　）。

A．汇票被拒绝承兑的　　B．汇票被拒绝付款的

C．超过付款提示期限的汇票　　D．记载“不得转让”字样的汇票

5．下列情况中，属于票据伪造的有（　　）。

A．甲以乙的名义出票　　B．甲以乙的名义在票据上更改付款日期

C．甲以乙的名义在票据上更改票据金额　　D．甲以乙的名义在票据上签章背书

三、名词解释

汇票　　票据抗辩限制　　背书　　承兑

四、案例分析

1. 杨某伪造一张220万元的银行承兑汇票，该汇票以丁公司为出票人，以甲公司为收款人。杨某将这张伪造的银行承兑汇票以甲公司的名义背书转让给乙公司，乙公司又背书转让给丙公司。丙公司持这张伪造的汇票到商业银行申请贴现。商业银行未审查出这张汇票的真假，予以贴现200万元，商业银行通过同城票据交换给建行，建行以联行往来转让给农行。农行认为这张票据可能有问题，于是在收到汇票后立即向公安机关报案。经查明乙公司在商业银行开立结算账户，曾买过25张银行承兑汇票（全是空白汇票），这份伪造汇票是其中的一张。后又查明，不法分子杨某系乙公司的职工，参与者还有农行职工朱某。因此，农行将汇票退还给商业银行，而商业银行以多种借口拒收汇票。问：

（1）本案中杨某处于什么地位？应承担何种责任？

（2）本案中丁公司和甲公司处于什么地位？应承担何种责任？

（3）本案中丙公司处于什么地位？如果其持票要求贴现时遭拒付，可以行使哪些权利？

（4）本案中乙公司处于何种地位？应承担何种责任？

（5）本案中商业银行处于何种地位？应承担何种责任？

2. 甲企业和乙企业于2004年5月1日签订买卖合同，合同标的额为100万元。根据合同约定，乙企业于5月10日提交全部货物，甲企业验收合格后，于2004年5月20日提交乙企业一张出票后1个月付款的银行承兑汇票，汇票金额为100万元，出票日为5月20日，承兑人、付款人为建设银行。6月10日乙企业在与丙企业的买卖合同中将该汇票背书转让给丙企业，乙企业在背书时在汇票上记载了“不得转让”字样，丙企业已支付对价。6月20日，丙企业在与丁企业的买卖合同中将该汇票背书转让给丁企业，丁企业已支付对价。丁企业要求丙企业提供票据保证，在丙企业的请求下，戊企业作为丙企业的保证人在汇票的正面记载“保证”字样并签章，但未记载保证日期。2004年6月28日，持票人丁企业向建设银行提示付款，但建设银行拒绝付款。丁企业同日提取拒绝证明后，6月29日，丁企业向乙企业发出追索通知，乙企业以自己在背书时曾记载“不得转让”为由表示拒绝。6月30日丁企业向保证人戊企业发出追索通知。要求戊企业支付汇票金额、相关利息和费用共计108万元，戊企业以丁企业尚未向丙企业进行追索，且追索金额超出汇票金额为由表示拒绝。7月10日，丁企业向丙企业发出追索通知，丙企业以丁企业未在取得拒绝证明的3日内发出追索通知已丧失对丙企业的追索权为由表示拒绝。2006年7月1日，丁企业向甲企业请求行使票据权利，甲企业以丁企业已丧失票据权利为由表示拒绝。

（1）持票人丁企业可以向哪些票据当事人行使追索权？

（2）乙企业拒绝持票人丁企业的理由是否成立？为什么？

（3）保证人戊企业拒绝持票人丁企业的理由是否成立？为什么？

（4）丙企业拒绝持票人丁企业的理由是否成立？为什么？

（5）甲企业以票据权利消灭为由拒绝持票人丁企业的理由是否成立？为什么？

（6）丁企业的民事权利是否消灭？为什么？

第7章 证券法

引导案例

丁某在某证券公司营业部开立账户，从事证券投资。某日，丁某发出以10万元价格卖出本账户A公司股票1000股的指令，但由于该营业部内交易员小王操作不慎，将丁卖出指令敲成买入，以每股10元的价格为丁某购入A公司股票1000股，当日该股票收盘价是10.20元。并且由于丁某账面资金不足，小王向营业部经理汇报后，给丁某透支了营业部其他客户保证金3000元。次日，该股即下跌，开盘价为9.8元，最高价为10.18元，收盘价为9.75元，交易员小王在10.15元卖出1000股A公司股票后，将透支的3000元归还。当日，丁某发现这一事件，即提出索赔。

问题：

(1)该案中小王有哪些违反《证券法》的行为？小王应直接承担相应的责任吗？为什么？

(2)丁某应向谁索赔？从《证券法》角度看，他的索赔依据是什么？

学习目标：

掌握股票上市交易的基本规定、证券发行及交易的条件、禁止证券交易行为及上市收购制度；

理解证券发行及交易的一般规则；

了解证券概念及分类、证券法的基本原则、相关的证券机构。

7.1 证券与证券法概述

7.1.1 证券概述

1. 证券的概念

证券，简而言之是记载并代表一定权利的凭证，如股票、债券、汇票、本票、支票、提单、仓单、船票、机票、入场券、存折、邮票等。证券有两种权利：一是证券所有权，是持有人对构成证券的物质的所有权；另一种是证券权利，是指持有人依证券上记载的内容而享有或行使的权利。

相关知识

证券与证书

证书是记载一定的法律事实或法律行为的文书，如出生证、死亡证、结婚证、借据、合同书。证券是资产凭证化的结果，它的作用是便于融资和财产的交易，降低交易成本，满足资本需求者的资金需求。

2. 证券的分类

（1）有价证券和无价证券。这是依据证券是否可以作为一种财产流通、具有一定价值和价格来划分的。

① 有价证券是指代表一定财产权利，并可以依法转让的证券。

广义的有价证券包括资本证券（股票、债券）、货币证券和商品证券（仓单、提单）。资本证券是指随着借贷资本产生的，表明权利人索取与其出资的资本额相应利益的权利凭证，主要指股票、债券，由公司法、证券法调整。货币证券是指因商品买卖而发生的，表示索取与商品等值的货币的证券，发挥货币的支付手段作用，主要指商业票据（汇票、本票、支票），由票据法调整。商品证券是指代表一定商品的有价证券，主要指提单、仓单，由物权法和海商法等调整。

狭义的有价证券仅指资本证券。本书及《证券法》所指证券皆指狭义的有价证券。

② 无价证券是指不能作为财产使用，也不能流通，仅代表特定功能的书面凭证。例如证据作用的证据证券，又如只表明持有人能够行使一定的权利，实现一定的目的或利益，义务人向持有人履行义务即可免责的资格证券。从权利角度可视之为资格证券，从义务角度可视之为免责证券。

（2）设权证券和证权证券。这是依据证券形式与证券权利之间的关系来划分的。

① 设权证券是指具有创设证券权利功能的证券，证券一经签发，证券权利即产生，如货币证券；

② 证权证券是指证明证券权利的证券，如资本证券。

（3）实物证券和簿记证券。这是依据证券的表现形式不同来划分的。

① 实物证券是指按照一定的格式印制的具有实物形态的特定纸张载体的证券，传统意义上的证券大多是实物证券；

② 簿记证券是指由证券发行人按照法定格式制作的，记载证券权利人享有对应证券权利的书面名册，它通过记账方式将证券持有人持有的证券品种和数额记载于账册内，具有无纸化特点。

（4）记名证券和不记名证券。

这是依据证券是否记名来划分的。

① 记名证券是指证券票面记载有权利人的姓名或名称的证券，记名证券可以通过背书或其他方式进行转让，遗失或毁损时可以挂失，并公示催告。

② 不记名证券是指证券票面不记载权利人姓名或名称的证券，其一般交付方式为转让，遗失或毁损时，不予挂失。

（5）上市证券和非上市证券。这是根据证券是否在证券交易所挂牌交易进行的划分。

（6）我国《证券法》上的证券。

根据《证券法》第 2 条的规定："股票、公司债券、政府债券、证券投资基金、证券衍生品种及国务院依法认定的其他证券的发行和交易适用证券法。"

① 股票；

② 公司债券；

③ 政府债券；

④ 证券投资基金；

⑤ 国务院认定的其他证券。

3．证券的特征

（1）证券是财产性权益凭证：不表彰人身权。

（2）证券是收益性权利凭证：股票以股利为其收益，包括股息和红利；债券以利息收入为其收益。

（3）证券是一种可转让的权利凭证。

（4）证券是一种要式凭证，需满足书面形式，符合法定的格式要求。

（5）证券是占有性权利凭证，也称不可分性，行使权利需以占有为前提，而权利的移转需以交付为要件，不能举出其他证据予以证明权利。

7.1.2　证券法概述

1．证券法的概念

广义的证券法除《证券法》外，还包括其他法律中有关证券管理的规定、国务院颁发的有关证券管理的行政法规、证券管理部门发布的部门规章、地方立法部门颁布的有关证券管理的地方性法规和规章等。狭义的证券法指《中华人民共和国证券法》。

2．证券法的特征

（1）以强制性规范为主；

（2）具有较强的技术性；

（3）体现了实体法与程序法的结合。

3．我国证券立法

根据《证券法》第 2 条的规定："股票、公司债券、政府债券、证券投资基金、证券衍生品种及国务院依法认定的其他证券的发行和交易适用证券法。"《证券法》未规定的，适用《公司法》和其他法律、行政法规的规定。政府债券、证券投投资基金份额的上市交易适用《证券法》，其他法律、行政法规有特别规定的，适用其规定。证券衍生品种发行、交易的管理办法，由国务院依照《证券法》的原则规定。我国《证券法》主要对股票、公司债券的发行与交易作出了规定。

4．证券法的调整范围

（1）证券的发行制度；

（2）证券交易中的有关权利义务关系；

（3）证券经营机构和证券交易所；

（4）证券监管机构的法律地位及其职权等。

5. 证券法的基本原则

（1）公开、公平、公正原则；

（2）自愿、有偿、诚实信用原则；

（3）守法原则；

（4）证券业与其他金融业分业经营管理为主。混业经营另作规定的原则；

（5）政府统一监管与行业自律原则；

（6）国家审计监督原则。

7.1.3 证券市场及其主体

1. 证券市场

证券市场是指证券发行与交易的场所，可分为证券发行市场和证券交易市场两个大类，详见图 7-1。

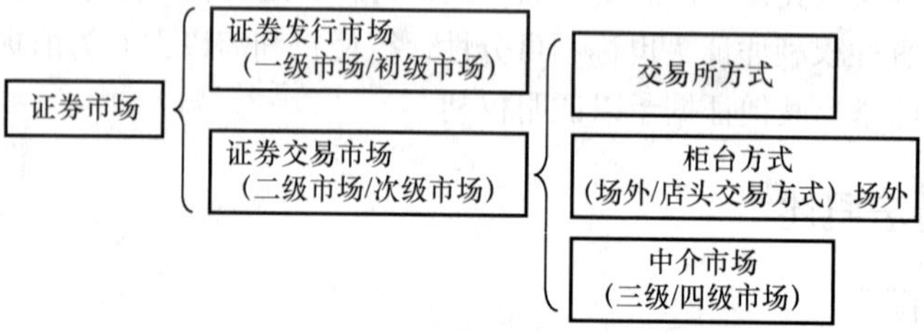

图 7-1 证券市场分类

（1）证券市场的概念

证券是多种经济权益凭证的统称，因此，广义上的证券市场指的是所有证券发行和交易的场所。狭义上，也是最活跃的证券市场，指的是资本证券市场、货币证券市场和商品证券市场，是股票、债券、商品期货/期权、股票期货/期权、利率期货/期权等证券产品发行和交易的场所。

（2）证券市场的分类

证券发行市场又称为“一级市场”或“初级市场”，是发行人以筹集资金为目的，按照一定的法律规定和发行程序，向投资者出售新证券所形成的市场。证券交易市场又称为“二级市场”或“次级市场”，是已发行证券通过买卖交易实现流通转让的市场。发行市场和流通市场相互依存、相互制约，是一个不可分割的整体。发行市场是流通市场的基础和前提。流通市场是证券得以持续扩大发行的必要条件。此外，流通市场的交易价格制约和影响着证券的发行价格，是证券发行时需要考虑的重要因素。

根据所服务和覆盖的上市公司类型不同，分为全球市场、全国市场、区域市场；根据上市公司规模、监管要求等差异，分为主板市场、二板市场（创业板或高新企业板）等。此外，还可以将证券市场分为股票市场、债券市场、基金市场和衍生工具市场等。

【概念提示：一板、二板、三板和新三板市场的区别】

新三板与一板、二板市场都是全国性统一的证券市场，一板市场通常指主板市场（含中小板），二板市场则指创业板市场。相对于一板市场和二板市场而言，有业界人士将场外市场称为三板市场。三板市场的发展包括老三板市场（以下简称“老三板”）和新三板市场（以下简称“新三板”）两个阶段。老三板即 2001 年 7 月 16 日成立的“代办股份转让系统”；新三板则是在老三板的基础上产生的“中关村科技园区非上市股份公司进入代办转让系统”。但它们还有很大的区别，主要表现在以下方面。

（1）服务对象不同。

一板：主板，比较成熟、在国民经济中有一定主导地位的企业。中小板：发展成熟的中小企业。

二板（创业板）：主要服务于成长型的、处于创业阶段的企业，特别是那些具有自主创新能力的企业，更强调科技含量、成长性、创新性。

新三板：主要为创新型、创业型、成长型中小企业。

（2）股票的代码不同。

一板股票前三位代码：主板沪 A 股：（600）、沪 B 股：（900）。深 A 股：（000）、深 B 股：（200）。中小板：深（002）。

二板股票前三位代码：创业板：深（300）。

新三板股票代码：挂牌公司普通股票证券代码首两位代码为 83、87、88。挂牌公司优先股票证券代码首两位代码为 82。两网公司及退市公司 A 股股票证券代码首三位代码为 400、退市公司 B 股股票证券代码首三位代码为 420。股权激励期权证券代码首三位代码为 850。要约收购证券代码首三位代码为 840。

《全国中小企业股份转让系统证券代码、证券简称编制管理暂行办法》（以下简称《暂行办法》）已于 2013 年 12 月 30 日发布。目前，与《暂行办法》实施相关的准备工作已经完成，全国中小企业股份转让系统交易支持平台即将上线。《暂行办法》于 2014 年 5 月 19 日起正式实施。《暂行办法》正式实施前已挂牌的挂牌公司普通股票或尚未挂牌但已分配证券代码的拟挂牌公司普通股票，继续使用 43 开头的证券代码。

（3）上市条件不同（略）：总的来说，一板严于二板，二板严于三板。

（4）公司性质定位不同：一板、二板市场的上市公司是公众公司，三板中的退市公司也是公众公司。新三板挂牌公司和两网公司都是非公众公司，只是为了与非挂牌企业相区分，也有人称其为准公众公司。

（5）市场性质不同：北交所新三板股票挂牌与沪深交易所股票上市是类似的概念，到北交所叫股票挂牌，到沪深交易所叫股票上市，它们除了表面称谓不同以外，还存在性质上的不同：公司挂牌是指在全国中小企业股份转让系统中公开发行股票和转让股票的行为；公司上市是指通过证监会核准可以在证券交易所公开发行股票和转让股票。虽然这两个市场都是全国统一的证券市场，但前者只是证券市场的场外市场，后者是证券市场的场内市场，两个市场的交易规则和程序都是有根本区别的。所以，“新三板”规范说来叫公司挂牌或股票挂牌，不宜叫公司上市或股票上市，目的是区分两个市场的不同。但人们习惯将新三板挂牌与上市联系在一起也未尝不可，因为它们都是去市场交易，只不过市场不同而已，所以，我们没有必要在这方面进行纠缠。

2. 证券市场主体

证券市场主体涉及发行人、投资人、证券交易所、证券公司、证券登记结算机构、证券交易服务机构和证券业协会。

（1）发行人

证券发行人是指为筹措资金而发行债券和股票的政府及其机构、金融机构、公司和企业。证券发行人可分为债券发行人和股票发行人。

（2）投资人

证券投资人是证券市场的资金供给者，主要有机构投资者和个人投资者。个人投资者是证券市场最广泛的投资者。机构投资者主要是证券公司、共同基金等金融机构和企业、事业单位、社会团体等。

证券投资主体购买证券的目的是待一定时期后取得股息和利息，并期待证券增值，为此他们在购买证券后相当长的时间内持有证券，这种行为被认为是投资行为，这类投资主体被称为证券投资者或长期投资者。

（3）证券中介机构

证券中介机构是指依法通过专业知识和技术服务，向委托人提供公证性、代理性、信息技术服务性等中介服务的机构。

（4）证券交易所

证券交易所是为证券集中交易提供场所和设施，组织和监督证券交易，实行自律管理的法人。交易主体必须是会员，投资者应当委托证券公司进行证券交易。由证券公司提出交易申报，由登记结算机构根据成交结果进行证券和资金的清算。证券交易所的职权如下：

① 为集中交易提供保障，维护交易所的正常交易秩序，公布证券交易行情；

② 审核股票和债券的上市、暂停上市和终止上市；

③ 决定临时停市和技术性停牌；

④ 对证券交易实行实时监控，有异常情况时向证券监管机构报告，对出现重大异常交易情况的证券账户限制交易；

⑤ 对上市公司和有关交易主体的信息披露义务进行监督；

⑥ 制定交易规则；

⑦ 对于证券交易人员违反交易规则的行为，可以进行处分或处罚。

（5）证券公司

证券公司，也称证券商，是从事证券经营业务的组织。证券公司的设立条件如下。

① 股东：主要股东有持续盈利能力、信誉良好、最近三年无重大违法、违规记录，净资产不低于 2 亿元。

② 资本：经纪类和咨询顾问类公司注册资本不低于 5000 万元；承销和保荐、证券自营、资产管理，经营任何一项为 1 亿元，2 项以上业务的应为 5 亿元，并且为实收资本。

③ 管理层、从业人员具有从业务资格。

④ 风险管理和内控制度完善，场所和设施合格。

证券商的业务范围如下。

① 经纪业务：接受投资者委托代为买卖证券，成交后收取佣金的证券业务；

② 证券投资咨询、证券财务顾问；

③ 承销和保荐；

④ 证券自营、资产管理。

（6）证券登记结算机构

证券登记结算公司的性质为证券交易提供登记、存管与结算服务的公益法人。

（7）证券交易服务机构

证券服务机构种类包括投资咨询、财务顾问、资信评级、资产评估、会计审计机构，业务资格应经行政许可。

（8）证券业协会

证券业协会是证券业的自律性组织，是社会团体法人。中国证券业协会的会员分为团体会员和个人会员，团体会员为证券公司。《证券法》规定证券公司应当加入证券业协会。个人会员只限于证券市场管理部门有关领导及从事证券研究及业务工作的专家，由协会根据需要吸收。

（9）证券监管机构

中国证监会为行政机关，统一行使对证券市场的监管权：

① 立法权；

② 审批和核准权；

③ 监督管理权；

④ 查处证券违法行为和采取强制措施。

7.2 证券的发行和上市

7.2.1 证券发行

1. 证券发行的概念

证券发行是指证券的发行人按照法定的条件和程序向社会公众出售证券并由购买者购买证券的法律行为。中国证券法只调整公开发行。在证券发行方式上，国外证券法也接受投资者身份标准的分类方法，但通常采取“公募发行”和“私募发行”的概念。

公开发行又称公募，是指发行人通过证券经营机构向发行人以外的社会公众就发行人股票作出的要约邀请、要约或销售行为。我国证券法规定：“公开发行是指向不特定对象发行证券，向特定对象发行证券累计超过 200 人的，法律、行政法规规定的其他发行行为。”

2. 公开发行的方式

（1）上网定价发行

主承销商利用证券交易所的交易系统，由主承销商作为股票的唯一“卖方”，投资者在规定时间内，按照现行委托买入股票的方式进行股票申购。主承销商在“上网定价”发行前应在证券交易所设立股票发行专户和申购资金专户。申购结束后，根据资金到位情况，由证券交易所主机确认有效申购。

当有效申购总量等于该次股票发行量时，投资者按其有效申购量认购股票；当有效申购总量小于该次股票发行量时，投资者按其有效申购量认购股票后，余额部分按承销协议办理；当有效申购总量大于该次股票发行量时，由证券交易所主机自动按照每 1000 股确定为一个申购号，连续排号，然后通过摇号抽签，每一中签号认购 1000 股。

（2）全额预缴款、比例配售、余额即退

投资者在规定的申购时间内，将全额申购款存入主承销商在收款银行设立的专户中，申购结束后转存冻结银行专户进行冻结，在对到账资金进行验资和确定有效申购后，根据股票发行量和申购总量计算配售比例，进行股票配售，余款返还投资者的股票发行方式。

（3）全额预缴款、比例配售、余额转存方式

是“与储蓄存款挂钩方式”和“全额预缴款、比例配售、余额即退方式”的结合，与“全额预缴款、比例配售、余额即退方式”不同的是，申购余款转为存款，利息按照同期银行存款利率计算。

（4）配售股票

公司股本在 4 亿元以上的公司，可在对一般投资者采取上网发行的同时，对法人（战略投资者和一般法人）配售部分股票。发行人与承销商应在规定的发行价格区间内，通过召开配售对象问答会等推介方式，了解配售对象的认购意愿后，最终确定网下配售的发行价格。配售对象分为战略投资者和一般法人投资者。

3．证券发行的审核制度

（1）注册制

注册制又称申报制或形式审查制，即政府对发行人发行证券事先不进行做实质性的审查，仅对申请文件进行形式审查。美国和日本采取这种做法。

（2）核准制

核准制又称实质审查制，欧洲大陆法系国家采取这种做法。该制度规定发行人发行证券，不仅要公开全部的可供投资者判断的资料，而且要符合证券发行的实质条件，发行者获得证监会的批准后，才能发行证券。我国采用核准制。

4．证券发行的申请与核准相关制度

（1）保荐

保荐，就是有资格的保荐人推荐符合条件的公司公开发行和上市证券，对所推荐的证券发行人和上市人所披露信息的质量和所作出的承诺提供法定的信用担保，并对证券发行人和上市人持续训示、督促、指导和信用担保的行为。发行人申请公开发行股票、可转换公司债券，如果向不特定对象发行证券或法律、法规规定，应当聘请具有保荐资格的机构担任保荐人。保荐义务的履行主要体现在发行辅导、尽职推荐发行、尽职推荐上市和尽职持续督导四个阶段。

（2）信息公开制度

发行人申请首次发行股票的，在提交申请文件后，应当按照证监会的规定预先披露有关文件。证券公开发行前应当予以公开发行信息，并置备于指定场所供公众查阅，信息公开前任何知情人均不得公开或泄露该信息。

（3）发行审核委员会制度

发行审核委员会要公正地对待所有的发行申请人。有利害关系的要回避，不得接受任何馈赠和私下接触，及不得持有发行的股票或债券。

（4）证券监督管理机构核准

证券监督管理机构应当在受理证券发行申请文件之日起三个月内作出核准或不核准的决定，但不包括补充、修改文件时间。

（5）发行核准的撤销

证监会或国务院授权部门对于不符合发行条件或发行程序的，应当予以撤销，尚未发行证券的，停止发行。已经发行尚未上市的，撤销后发行人应当按照发行价加算同期银行存款利息返还证券持有人；保荐人应当与发行人承担连带责任（过错推定责任），发行人的控制股股东、实际控制人有过错的承担连带责任。

5．股票发行

（1）设立发行

股票发行是指符合条件的发行人以筹资或实施股利分配为目的，按照法定的程序，向投资者或原股东发行股份或无偿提供股份的行为。股票发行分为发起设立发行和募集设立发行。发起设立不涉及公众，《公司法》所规定的发起设立条件就是其发行股票的条件。在募集设立时，应符合证券法的规定条件：①公司的生产经营符合国家产业政策；②公司发行的普通股只限一种，同股同权；③发起人认购的股本数额不少于公司拟发行股本总额的百分之三十五；④在公司拟发行的股本总额中，发起人认购的部分不少于人民币三千万元，但是国家另有规定的除外；⑤向社会公众发行的部分不少于公司拟发行的股本总额的百分之二十五，其中公司职工认购的股本数额不得超过拟向社会公众发行的股本总额的百分之十；公司拟发行的股本总额超过人民币四亿元的，证监会按照规定可酌情降低向社会公众发行的部分的比例，但是，最低不少于公司拟发行的股本总额的百分之十五；⑥发行人在近三年内没有重大违法行为；⑦证券委规定的其他条件。

（2）新股发行

我国《证券法》第 13 条规定，公司公开发行新股，应当符合下列条件：①具备健全且运行良好的组织机构；②具有持续盈利能力，财务状况良好；③最近三年财务会计文件无虚假记载，无其他重大违法行为；④经国务院批准的国务院证券监督管理机构规定的其他条件。

上市公司非公开发行新股，应当符合经国务院批准的国务院证券监督管理机构规定的条件，并报国务院证券监督管理机构核准。

根据《证券法》第 15 条的规定，公司对公开发行股票所募集资金，必须按照招股说明书所列资金用途使用。改变招股说明书所列资金用途的，必须经股东大会作出决议。擅自改变用途而未作纠正的，或者未经股东大会认可的，不得公开发行新股。

6．公司债券的发行

公司债券是指公司依照法定程序发行的，约定在一定期限还本付息的有价证券。公司债券是公司债的表现形式，基于公司债券的发行，在债券的持有人和发行人之间形成了以还本付息为内容的债权债务法律关系。因此，公司债券是公司向债券持有人出具的债务凭证。

（1）首次发行公司债券的条件

我国《证券法》第 16 条规定，公开发行公司债券，应当符合下列条件：①股份有限公司的净资产不低于人民币三千万元，有限责任公司的净资产不低于人民币六千万元；②累计债券余额不超过公司净资产的百分之四十；③最近三年平均可分配利润足以支付公司债券一年的利息；④筹集的资金投向符合国家产业政策；⑤债券的利率不超过国务院限定的利率水平；⑥国务院规定的其他条件。

公开发行公司债券筹集的资金，必须用于核准的用途，不得用于弥补亏损和非生产性支出。

上市公司发行可转换为股票的公司债券，除应当符合第一款规定的条件外，还应当符合《证券法》关于公开发行股票的条件，并报国务院证券监督管理机构核准。

（2）再次发行公司债券的条件

再次发行公司债券除了应当符合首次发行公司债券的条件外，还应当遵守《证券法》关于再次发行公司债券的限制性规定。根据《证券法》第 18 条的规定，有下列情形之一的，不得再次公开发行公司债券：①前一次公开发行的公司债券尚未募足；②对已公开发行的公司债券或其他债务有违约或延迟支付本息的事实，仍处于继续状态；③违反本法规定，改变公开发行公司债券所募资金的用途。

7.2.2 证券的承销

证券承销是指证券发行人向不特定人发行时委托具有证券承销资格的证券承销商，按照承销协议由证券承销商向投资者募集资本并交付证券的行为和制度。证券承销是间接发行证券的一种方式。发行人有权自主选择承销的证券公司。承销的方式有两种：代销和包销。

1．证券代销

证券代销是指证券公司代发行人发售证券，在承销期结束时，将未出售的证券全部退还给发行人的承销方式。期满如果没有能够发行出去的证券达到拟公开发行的 70%的，为发行失败，发行人应当按照发行价加算同期银行存款利息返还证券持有人。

在证券代销方式下，证券发行人承担证券未售出的全部责任，证券公司则无须承担发行失败的风险。

以代销方式发行证券时，证券发行人通常是信誉很好或发行成功率较高的公司，或者证券公司拥有良好的客户群，按照证券发行人和证券公司的共同预期，几乎可以完全避免证券发行失败。否则，不宜采取证券代销方式。在国外证券实践中，证券代销是一种适用范围广泛的证券承销方式，在私募发行中更为常见。在我国，证券代销主要用于公司债券发行，不宜广泛适用于股票发行。

2．证券包销

证券包销是证券公司将发行人的证券按照协议全部购入或者在承销期结束时将售后剩余证券自行购入的承销方式。在证券包销中，证券公司积极促销显然会减少证券公司的资金占压，包销协议约定证券公司承担积极促销的义务，有利于证券发行人的利益，也有助于提高证券发行人的知名度和声誉。

3．承销团承销

由几家证券公司一起组成的证券承销的临时组织就叫承销团。《证券法》规定，向社会公开发行的证券票面总值超过人民币 5000 万元的，应当由承销团承销。

承销团至少由两个以上的承销商组成，至于究竟需要几家承销商组成承销团，取决于证券发行规模、发行地区。在承销团中起主要作用的承销商是主承销商。主承销商是代表承销团与发行者签订承销合同的实力雄厚的大证券公司，一般由竞标或协商的方式确定，其任务主要是负责组建承销团，代表承销团与发行者签订承销协议等文件，决定承销团成员的承销份额等。

承销团的成员确定后，主承销商应负责与其他承销商签订分销协议，明确承销团各个成员的权利和义务，包括各成员推销证券的数量和获得的报酬及承销团及其合同的终止期限等。

证券承销组成承销团有很多优点，主要是能够满足数额较大，或者数额特大的证券发行的需要，可以分散承销风险、提高证券发行速度等。

7.2.3 证券上市

1. 证券上市的概念

证券上市是指证券发行人在其证券依法发行后，按照法定程序将其证券在证券交易所进行交易的法律行为。证券上市是连接证券发行与证券场内交易的桥梁。

2. 股票上市的条件和程序

（1）股份有限公司申请股票上市，应当符合下列条件：

① 股票经国务院证券监督管理机构核准已公开发行；

② 公司股本总额不少于人民币 3000 万元；

③ 公开发行的股份达到公司股份总数的 25%以上；公司股本总额超过人民币 4 亿元的，公开发行股份的比例为 10%以上；

④ 公司最近 3 年无重大违法行为，财务会计报告无虚假记载。

证券交易所可以规定高于上述规定的上市条件，并报国务院证券监督管理机构批准。国家鼓励符合产业政策并符合上市条件的公司股票上市交易。

（2）股票上市的程序

① 聘请保荐人。

申请股票上市交易，应当聘请具有保荐资格的机构担任保荐人，由保荐人来对上市申请人进行上市保荐。

② 申请。

申请人应向政权交易所提出上市申请，并按《证券法》第 52 条的规定报送如下文件申请股票上市交易，应当向证券交易所报送下列文件：a. 上市报告书；b. 申请股票上市的股东大会决议；c. 公司章程；d. 公司营业执照；e. 依法经会计师事务所审计的公司最近 3 年的财务会计报告；f. 法律意见书和上市保荐书；g. 最近一次的招股说明书；h. 证券交易所上市规则规定的其他文件。

③ 审核同意并签署上市协议。

国家鼓励符合产业政策并符合上市条件的公司股票上市交易。股票上市交易申请经证券交易所审核同意后，由交易所与上市申请人签订上市协议。

④ 公告有关文件。

3. 公司债券上市的条件和程序

（1）公司债券上市交易条件：

① 公司债券的期限为 1 年以上；

② 公司债券实际发行额不少于人民币 5000 万元；

③ 公司申请债券上市时应符合法定的公司债券发行条件。

申请公司债券上市交易，应当向证券交易所报送下列文件：a. 上市报告书；b. 申请公司债券上市的董事长决议；c. 公司章程；d. 公司营业执照；e. 公司债券募集办法；f. 公司债券的实际发行数额；g. 证券交易所上市规则规定的其他文件。申请可转换为股票的公司债券上市交易，还应当报送保荐人出具的上市保荐书。

（2）公司债券上市的程序

① 聘请保荐人。

债券上市交易，应当聘请具有保荐资格的机构担任保荐人，由保荐人来对上市申请人进行上市保荐。

② 申请。

申请公司债券上市交易，应当向证券交易所报送《证券法》第58条规定的文件。

③ 审核同意并签署上市协议。

公司债券上市交易申请经证券交易所审核同意后，由交易所与上市申请人签订上市协议。

公司债券上市交易申请经证券交易所审核同意后，签订上市协议的公司应当在规定的期限内公告公司债券上市的有关文件，并将该文件置备于指定场所供公众查阅。

相关知识

证券上市与证券交易

证券上市与证券交易有密切的联系，证券上市是证券交易的前提，没有证券的上市，就没有可交易的证券，同时，证券交易是证券上市的目的，证券上市就是为实现证券的流通。在我国，上市与交易的包括股票（A股、B股、境外上市股）、基金、债券（含可转换债券）三种。从市值和市场份额角度相比较，股票是市场上的核心证券，基金与债券的比重甚低。与此相对应，证券上市与交易中的违法犯罪也主要是股票上市与交易中的违法犯罪。

4．证券上市的暂停与终止

（1）股票上市的暂停和终止

股票上市暂停：当上市公司出现影响股票正常交易的情况时，为了维护投资者的合法权益和交易秩序，而暂时停止该股票的交易，待该情况消除后再恢复正常交易。分以下两种情况。

① 客观事件：公司股本总额、股权分布发生变化，不再具备上市的条件；公司最近三年连续亏损。

② 违法行为：公司不按照规定公开其财务状况，或者对财务会计报告作虚假记载；公司有重大违法行为。

股票上市的终止（即摘牌）由证券交易所决定。

（2）债券上市的暂停和终止

债券上市的暂停：公司有重大违法行为；公司情况发生重大变化，不符合公司债券上市条件；发行公司债券所募集的资金不按照核准的用途使用；未按照公司债券募集办法履行义务；公司最近两年连续亏损。

债券上市的终止由证券交易所决定，主要有以下情形：

① 违法和违约行为后果严重；

② 亏损、不符合上市条件、所募集的资金不按照核准的用途使用，在限期内没有消除的；

③ 公司解散、被宣告破产。

相关知识

证券上市的优点与缺点

证券上市具有两面性:一方面具有其绝对的优越性，另一方面也有其缺点。

优点是：①可以开辟新的融资渠道，融资范围广泛；②提高公司知名度；③促进公司股权分散化，防止股权过于集中；④增加公司资产流动性；⑤分散风险；⑥按规定必须建立规范的管理体制和财务体制，这样能促进公司管理水平的提高。

缺点是：①管理层为了迎合投资者的需求会有短期行为，申请上市和维持上市要花费很大的费用；②提高透明度的同时也暴露了许多机密；③导致控制权分散或恶意控股，甚至被收购；④上市时，股价定得过低，对公司是损失。

7.3 信息公开制度

7.3.1 信息公开制度概述

1. 信息公开制度概念

信息公开制度是指在证券的发行和上市交易过程中，将与证券的发行和影响证券交易价格的重要信息进行公开的法律制度。只有将证券发行和商事交易中的信息公开，才可以降低市场主体的博弈成本，保证市场交易的公正。

2. 信息公开的基本要求

信息公开的基本要求是真实、准确、完整、及时。

3. 证券发行信息公开的种类

（1）证券发行的信息公开

以招股说明书为核心，招股说明书主要包括：

① 公司的名称、住所；

② 发起人和发行人简况；

③ 筹资的目的；公司股本总额、每股面值、发行前的每股净资产和发行结束后每股预期净资产值，发行费用和佣金；

④ 所筹资金的运用计划及收益、风险预测；

⑤ 经注册会计师审核出具审核意见的公司下一年的盈利预测文件；

⑥ 重要的合同，涉及公司的重大诉讼事项；

⑦ 公司董事、监事名单及其简历；

⑧ 财务报告和由 2 名以上注册会计师及其所在事务所签字、盖章的审计报告。

（2）证券上市信息公开

此系证券上市之初的信息公开，公开的内容包括：上市报告书、股东大会决议、公司章程、经审计的最近 3 年或公司成立以来的财务会计报告；法律意见书和证券公司的推荐书。

（3）持续信息公开

证券上市后公司的持续信息披露形式，包括中期报告、年度报告和临时报告。

① 中期报告

② 年度报告

中期报告与年度报告的比较详见表 7-1。

表 7-1　中期报告与年度报告比较

比较点	中期报告	年度报告
时间	每一会计年度的上半年结束之日起 2 个月内	每一会计年度结束之日起 4 个月内
内容	（1）公司财务会计报告和经营情况； （2）涉及公司的重大诉讼事项； （3）已发行的股票、公司债券变动情况； （4）提交股东大会审议的重要事项	（1）公司财务会计报告和经营情况； （2）已发行的股票、公司债券情况，包括持有公司股份最多的前十名股东名单和持股数额； （3）公司的实际控制人； （4）公司概况
共同规定	（1）董事、高级管理人员对公司定期报告签署书面确认意见； （2）监事会应当对董事会编制的公司定期报告进行审核并提出书面审核意见	

③ 临时报告。发生可能对上市公司股票交易价格产生重大影响、而投资者尚未知道的重大事件时的公告。包括重大决策和重大风险的报告。公司重大决策，如经营方针的重大变化、重大投资行为和重大资产购置；订立重要合同。重大风险如公司发生重大诉讼，股东大会、董事会会议被依法撤销或宣告无效，公司涉嫌犯罪；发生重大债务或重大亏损、重大债务的违约情况；外部经营条件发生重大变化。

4. 信息公开义务主体

（1）证券发行人、上市公司；

（2）上市公司董事、监事、高级管理人员对上市公司的信息披露的真实、准确、完整承担义务；

（3）承销的证券公司、保荐人的核查义务；

（4）发行人、上市公司的控股股东、实际控制人不得滥用控制权使得信息出现虚假记载、误导性陈述或重大遗漏。

5. 违反信息公开义务的民事责任

（1）责任属性。发行人、上市公司与投资者之间存在着合同关系，其责任类似于违约责任。承销的证券公司、保荐人责任类似于保证人的责任。上市公司董事的责任称作特殊法定责任。

（2）民事责任的归责原则

① 《证券法》明确了发行人和上市公司的责任是无过错责任；

② 发行人、上市公司的董事、监事、高级管理人员，证券发行的承销的证券公司、保荐人承担的责任过错推定责任；

③ 发行人、上市公司的控制股股东、实际控制人责任是过错责任；

④ 对于中介机构的过错推定归责。

（3）请求权主体

《证券法》未作明确规定，理论上为信息的信赖者——股民或公司债债权人等利害关系人。

7.3.2　证券欺诈及其他禁止的交易行为

1．证券欺诈概述

证券欺诈，是指行为人直接或间接地使用阴谋手段，故意违反法律义务，获得利益或避免损失，并致使他人受损的行为。

证券欺诈包括虚假陈述、内幕交易、欺诈客户、操纵证券市场等。

2．虚假陈述

（1）虚假陈述概念

虚假陈述，是指信息披露义务人违反证券法律规定，在证券发行或交易过程中，对重大事件作出违背事实真相的虚假记载、误导性陈述，或者在披露信息时发生重大遗漏、不正当披露信息的行为。

（2）前置程序

所谓前置程序，是指在案件受理时，还要强调原告据以起诉的虚假陈述行为，须经中国证券监督管理委员会及其派出机构调查并作出生效处罚决定。在我国证券市场目前仍存在许多不规范的地方，虚假陈述等侵权行为时有发生，参与侵权的机构和人员在有一定的数量的情况下，如果没有民事诉讼前置程序屏障，案件数量可能很大。设置该程序，在目前法律框架下是非常必要的。更主要的是我国民事诉讼法规定，原告人提起诉讼的条件之一是必须有具体的诉讼请求和事实理由。同时，中国证监会及其派出机构，是代表国家对证券市场行使监管职权的政府机关，由其对专业性较强的市场行为作出是否违法的判断并决定处罚与否，这也是人民法院不可比拟的。

（3）诉讼形式

诉讼时可采取单独诉讼或共同诉讼。尽管这两种诉讼形式可能使受诉人民法院审判任务相应增加，但因单独诉讼（包括共同诉讼）参与人相对固定、案情相对简单、赔偿责任和赔偿数额较易确定，故而是可行的。有种意见引进了美国的集团诉讼，考虑到集团诉讼，由于诉讼参与人数可能众多，情况会很复杂，特别是各个当事人买入、卖出股票的时间、数量、价位均会有所不同，目前难以通过集团诉讼的形式来解决。同时，以集团诉讼形式处理也容易影响审判工作顺利进行，对证券市场秩序和社会稳定易产生较大影响。

在我国已结案的诉讼中，有相当数量的案件是通过诉讼调解或当事人和解方式结案的，如 ST 嘉宝案，这是中国法院首次以当事人和解方式审理结案的证券民事赔偿案件；再如 ST 红光案，这也是中国法院首次以调解方式审理结案的由刑事案件引发的证券民事赔偿案件。

相关知识

虚假陈述民事责任立法背景

自 1990 年上海、深圳先后建立证券交易所以来，中国证券市场经过 12 年的发展，取得了巨大成就。但是，沪深两地证券交易所是在为国有企业筹集资金理念支配下仓促上马的，理想观念、法律规则、自控监督机制等方面都缺乏。一些恶劣的虚假陈述行为，严重侵犯了广大投资人的合法权益。各级法院对因内幕交易、操纵市场、虚假陈述等侵权行为而引发的证券民事赔偿纠纷案件受理的不多，即便受理了也都未进入实体审理。

虚假陈述行为相对内幕交易、操纵市场较为直观和容易识别，因虚假陈述引发的赔偿案件的侵权事实也比较容易认定。因虚假信息而导致投资者的损失要大于其他侵权行为给投资者造成的损失，因此寻求司法救济的此类投资者相对较多。2003 年 12 月 26 日最高法院审判委员会第 1261 次会议讨论通过了《关于审理证券市场因虚假陈述引发的民事赔偿案件的若干规定》(以下简称《规定》)(法释〔2003〕2 号)。

3. 内幕交易

内幕交易又称内部人交易或知情交易，是指掌握公开发行有价证券公司的尚未公开的、可以影响证券价格的重要信息的人，直接或间接地利用该信息进行证券交易，以获取利益或减少损失的行为。

证券交易活动中，涉及公司的经营、财务或对该公司证券的市场价格有重大影响的尚未公开的信息，是内幕信息。构成内幕信息的条件包括尚未公开和可以对证券市场的价格产生重大影响等。

根据《证券法》第 75 条的规定，下列各项信息皆属内幕信息：①《证券法》第 67 条第二款所列重大事件；②公司分配股利或增资的计划；③公司股权结构的重大变化；④公司债务担保的重大变更；⑤公司营业用主要资产的抵押、出售或报废一次超过该资产的百分之三十；⑥公司的董事、监事、高级管理人员的行为可能依法承担重大损害赔偿责任；(7)上市公司收购的有关方案；⑧国务院证券监督管理机构认定的对证券交易价格有显著影响的其他重要信息。

4. 操纵证券市场

操纵证券市场是指任何单位或个人以获取不正当利益或转嫁风险为目的，利用其资金、信息等优势或者滥用职权，制造虚假繁荣、虚假价格，诱导或致使投资者在不理解事实真相的情况下作出错误的证券投资判断，扰乱证券市场秩序的行为。操纵证券市场实质上是对不特定人的欺诈行为。根据《证券法》第 77 条第一款的规定，操纵证券市场行为的类型包括：

(1)单独或通过合谋，集中资金优势、持股优势或者利用信息优势联合或者连续买卖，操纵证券交易价格或者证券交易量；

(2)与他人串通，以事先约定的时间、价格和方式相互进行证券交易，影响证券交易价格或证券交易量；

(3)在自己实际控制的账户之间进行证券交易，影响证券交易价格或证券交易量；

(4)以其他手段操纵证券市场。

5. 欺诈客户

欺诈客户是指在证券交易中，证券公司及其从业人员从事的违背客户真实意思表示、损害客户利益的违法、违规行为。我国《证券法》第 79 条第一款规定了欺诈客户行为的表现方式：

(1)违背客户的委托为其买卖证券；

(2)不在规定时间内向客户提供交易的书面确认文件；

(3)挪用客户所委托买卖的证券或客户账户上的资金；

(4)未经客户的委托，擅自为客户买卖证券，或者假借客户的名义买卖证券；

（5）为牟取佣金收入，诱使客户进行不必要的证券买卖；

（6）利用传播媒介或通过其他方式提供、传播虚假或误导投资者的信息；

（7）其他违背客户真实意思表示，损害客户利益的行为。如证券公司违反我国《证券法》第 143 条的规定，在办理经纪业务时接受客户的全权委托而决定证券买卖、选择证券种类、决定买卖数量或者买卖价格的行为；等等。

7.4　证券交易

7.4.1　证券交易概述

1. 证券交易的概念

证券交易是指证券权利人所进行的证券权利转让和担保的法律行为。

2. 证券交易方式

（1）现货交易

现货交易，是指证券交易双方在成交后即时清算交割证券和价款的交易方式。现货交易为现金实物交易，即交易一方交付款额，另一方马上或在很短的时间内交付证券。在现代现货交易中，证券成交与交割间通常有一定的时间间隔。其中，证券当日交割的称为 T+0 交割，证券次日交割的称为 T+1 交割，依照交易所规定确定交割日期的为例行交割。

（2）期货交易

期货交易，是指交易双方在签订证券买卖合同后并不立即执行，而是按合同中约定的价格在未来的一个日期进行交割和清算。证券期货交易的标的物是标准化的证券合约，通过对证券合约的买卖完成。我国原来禁止证券期货交易，但《证券法》第 42 条的规定为放开证券期货交易提供了法律上的依据。我国已经于 2010 年 4 月 16 日正式推出股指期货交易。

（3）期权交易，又称选择权交易，是由期权买方向期权卖方支付期权费用后，取得是否按交易价格买进或者卖出一定数量的证券的选择权的一种证券交易方式。

（4）信用交易，又保证金交易，是指证券公司向客户借贷一定的资金或者证券进行交易的一种证券交易形式。证券法第 142 条对信用交易放松了管制。

【概念提示：期权交易与期货交易】

其一，在功能上的区别。

期权交易与期货交易都有保值和投机的功能，但是，这两种功能发挥的程度由于受到各种因素的影响，在具体表现上有相当显著的差异。第一，杠杆作用程度不一样。所谓杠杆作用，是指收益或亏损占投入资金的比例。购买期权合约的最高资金投入量是权利金，而在期货交易中，相同的收益所支付的投资多于期权交易的投资。因此，期权交易的杠杆作用大于期权交易的杠杆作用。第二，损失限定不一样。如果预期的价格走势出现相反的变化，期权投资的购买者最大的损失限定在期权支出上，而期货交易的头寸投资面临的直接损失远远大于权利金损失。

其二，在风险与收益关系上的区别。

对于期货交易者而言，在建立了期货交易头寸后，如果期货市场价格上升，那么多头持有者就会赚钱，空头持有者就会赔钱；如果期货市场价格下跌，多头就会赔钱，而空头就会赚钱。

因此，在期货交易中，风险与收益同时并存于交易双方，而且，双方的收益和损失是对等的。因此，这是一场零和竞赛，交易双方面临的潜在收益和潜在风险是无限的。

与期货交易不同，期权交易的双方在达成交易后，风险与收益并非对称存在的，一方有限，一方无限。例如，投资者预测某项金融资产的价值将上升，但为了避免预测失败，他买入看涨期权。如果价格走势确如所料，他就会执行看涨期权。而且，价格越高，潜在收益就越大。因此，在期权有效期内，潜在收益是无限的，但如果价格下跌，投资者可以放弃执行该期权，无论价格如何下跌，他最大的损失只是付出的权利金。因此，该投资者承担的风险是有限的。对于该期权的卖方而言，他所能获取的潜在收益是有限的，最大收益是权利金，而承担的风险是无限的，无论价格涨到什么程度，只要买方依照期权合约的规定要求执行，卖方就要以事先约定的敲定价格相应地建立与买方相对应的空头交易头寸。

7.4.2 证券交易的场所

证券交易依其是否在证券交易所进行而分为（如果是则为）场内交易和（如果否则为）场外交易。

1. 证券交易所

根据我国《证券法》第 40 条的规定，证券在证券交易所上市交易，应当采用公开的集中交易方式或者国务院证券监督管理机构批准的其他方式。在证券交易所进行的交易，其特点如下：

（1）交易场地集中，设备齐全，手段先进；

（2）在证券交易所交易的证券必须经过审批或核准；

（3）交易时间是定期的；

（4）在证券交易所交易的证券必须达到最低交易额或是其倍数的整数；

（5）证券交易所仅仅是组织者，其自身不能参与证券交易。

2. 场外交易场所

场外交易场所是指证券交易所以外的合法交易场所。在场外交易场所进行的证券交易称为场外交易。场外交易的对象包括：上市公司的非流通股票、非上市的公司债券、主板退市公司的股票等。

场外交易的特点包括：

（1）由许多家独立的证券公司分别设立，设备简单、经营分散，以非集中竞价方式交易；

（2）券商既是交易的组织者又是参与者；

（3）场外交易是不定期的、非频繁发生的；

（4）交易方式有相对买卖（一对一买卖）、拍卖、标购（价高者得）等，统称柜台交易（OTC）、直接交易等；

（5）交易的数额没有最低额的限制，但一般都是大宗买卖。

7.4.3 禁止交易行为

1. 操纵市场行为

操纵市场行为是指某个组织或个人或一系列的共同行动人，违背证券交易市场的自由交易规则，人为干预交易价格，以获取利益或减少损失的行为。

（1）联合操纵；

（2）连续操纵交易（连续买卖）；

（3）相对委托，又称合谋；

（4）洗售：进行所有权非真实转移的交易。

冲洗买卖的手法一般有：

（1）行为人通过委托同一证券经纪商，相互申报买进和卖出，并作相应交易，但无证券和资金的实际交割；

（2）行为人同时委托两家证券经纪商，通过一家证券商买进，另外一家证券商卖出，而证券所有权未发生实质转移；

（3）由一人卖出一定数量股票，另有同伙买进相同数量的股票，续而退还证券给对手，取回资金。

2．编造、传播虚假信息

禁止国家工作人员、传播媒介从业人员和有关人员编造、传播虚假信息，扰乱证券市场。

3．内幕交易

内幕交易又称知情者交易，指内幕信息的知情人和非法获取内幕信息的人，以获取利益或减少损失为目的，自己或建议他人，或泄露内幕信息使他人利用该信息进行证券发行、交易的行为。

4．欺诈客户行为

（1）行为主体：为证券公司及其从业人员。

（2）欺诈行为：违背客户的委托；挪用客户资金或证券；私自买卖客户账户上的证券或假借客户名义进行买卖；为谋取佣金诱使客户进行不必要的交易。

【经典案例：中国首例证券内幕交易民事赔偿案】

2004 年 6 月 24 日。天山股份重组，大股东新疆屯河投资股份有限公司与中国非金属材料总公司（简称中材公司）签署了《股份转让协议书》，将其所持天山股份部分股权转让给中材公司。这对天山股份投资者来说是个大利好，6 月 29 日，天山股份、新疆屯河、中材公司发布公告披露上述股权转让事项。但在重组协议签订之前，陈建良已知悉上述内幕信息，并利用其控制的两个资金账户及其下挂的三个证券账户，从 2004 年 6 月 21 日起买卖天山股份股票，至 2004 年 6 月 29 日上述信息公告前，合计买入 164.6757 万股，卖出 19.5193 万股。

庭审焦点一：原告损失是不是被告违规行为所致。

本案原告是广东投资者陈宁丰，2004 年 6 月 21～29 日前后曾买卖天山股份股票，并产生了一定的经济损失，而此时正值被告陈建良被证监会认定的内幕交易期间，因此陈宁丰认为是被告的违法行为造成了天山股份股票非正常波动，使自己蒙受损失。

庭审焦点二：投资损失应该如何计算。

2007 年证监会出台办法，规定内幕交易敏感期从内幕交易形成开始，至内幕交易公开并对市场无显著影响结束，他把这一段时间定为计算亏损的“合理期间”，在本案中是 2004 年 6 月 21 日～29 日，把原告陈宁丰在此期间的投资赢利和亏损相加，再加上股票交易印花税、佣金及利息等损失，共计损失 9383.68 元。

有关内幕交易的理论不同，内幕交易的适用对象也不同。例如采信赖责任理论，认为内幕交易适用于大股东和控制人；采临时内部人理论的，内幕交易还适用于律师、会计师等。一般而言，内幕交易的主体为：

（1）公司内部人；

（2）准内部关系人；

（3）收购上市公司的投资者；

（4）非法获得内幕信息人员。

所谓内幕信息，是指对证券的市场价格有重大影响的未公开信息。包括：

（1）公司的财务、经营信息；

（2）公司发生的重大事件、重大决策和重大人事变动。例如，1998 年北大方正集团试图协议收购延中实业，北京大学决定由下属校办产业通过股市参股延中实业。当时任北大方正副总裁的王某利用这一内幕信息在南方证券翠微路营业部以 10 元每股买入，以 20 元卖出，获利 61 万元。

相关知识

内幕交易的民事责任实务

内幕交易行为给投资者造成损失的，行为人应当依法承担赔偿责任。

（1）关于原告

理论界和实务界主要有两派观点。一种观点认为，根据禁止滥用内幕信息的理论，从事内幕交易者所获得的利益（包括现实的收益或所试图避免的损失）从另一方面说就是与内幕交易者从事相反交易当事方所遭受的损失，因此一切在内幕信息公布之前与内幕交易者从事相反交易的善意投资人均有权提起民事赔偿诉讼；另一种观点则认为，根据信用义务理论，内幕交易者仅对与其进行直接交易的当事方承担信用义务，故违反信用义务的后果仅局限于直接交易方，相应地，赔偿范围也仅局限于直接交易方遭受的损失。前者要求的期间范围过于宽泛，在内幕交易进行之后与内幕信息公布之前的这一时间段一般较为漫长，期间与内幕交易者从事相反方向交易的投资者不胜枚举，进行这样的诉讼即便在集团诉讼制度较为成熟的西方国家也难以承受，更何况由于此期间、人数的不确定性，使内幕交易行为人不可能预见到在此期间从事相反交易的投资者所遭受的损失额度。后者将起诉资格局限于直接对手方的做法固然简便易行，但在证券集中竞价交易的制度下，技术上根本无从查知与内幕交易者进行直接交易的对手方，不具备可操作性，且对内幕交易的惩戒力度也不够。

1981 年美国联邦第二巡回法院在威尔逊诉康泰通信公司案（Wilson v. Comtech Telecommunications Inc.）中找到了一个折中的解决办法。主审法官认为，悉数将与内幕交易者从事相反交易的善意投资者纳入原告范围，势必导致原告人数失控，使案件审理几乎不可能正常进行，因此有必要对善意投资者的范围做合理的限制。主审法官主要从时限上做了限制，认为必须是与内幕交易者“同时”为相反方向交易的行为人方可成为合格的原告。

（2）因果关系

早期美国法院认为原告若想依据 1Ob-5 规则提起内幕交易民事赔偿私诉，必须证明被告具有故意、信息的重大性、原告对被告的信赖及被告不当行为与原告损失之间的因果关系。后来法院认识到，严格执行传统的侵权损害赔偿诉讼标准将会使证券私诉陷入因果关系论证的泥潭，使中小投资者得不到应有的保护。因此，美国法院借鉴了在虚假陈述案件中常用的欺诈市场理论来处理内幕交易的因果关系问题。

投资者只要证明其所投资的证券价格受到了欺诈行为的影响而遭受不公平的后果，即可认为投资人的损失与欺诈行为之间存在因果关系。要证明交易因果关系存在，可以采用转化的方法转化为对其他相关事实的证明，具体应包括：内幕交易人进行了内幕交易行为、投资人与内幕交易是同时相反交易者、理性的投资人如果知道内幕信息的存在便不会以所交易的价格进行交易等，如原告提出以上方面的证据而被告无法证明原告的损失是由其他因素造成的，便认定因果关系存在。

内幕交易民事责任中，关于因果关系的抗辩一般应当包括：第一、原告明知或应当指导存在内幕信息而交易的情形，此时原告因知道内幕信息；第二、原告的损失是由系统风险、行业风险及社会经济政策等因素造成的；第三，不存在因果关系的抗辩，如果被告能够证明原告的损失是由其他因素造成的。

（3）赔偿金额的计算理论上有三种方法

① 实际价值计算法，即赔偿金额应为受害人进行证券交易时的价格与当时证券的实际价值的差额。但由于证券的实际价值难以确定，故此方法无法操作。

② 实际诱因计算法，即内幕交易者只对其行为所造成的证券价格波动负赔偿责任，对其他因素引起的那部分证券价格波动不负赔偿责任。但由于影响证券价格的因素颇多，很难确定各种不同因素对证券价格的影响及影响程度。

③ 差价计算法，即赔偿金额应为证券交易时的价格与内幕交易行为暴露后一段合理时间内的证券价格的差额。这一方法为许多国家的证券法所采用。

7.5 上市公司的收购

7.5.1 公司收购概述

1. 公司收购的概念

上市公司收购，本书中的公司收购是专门指的股权收购（acquisitions，stock acquisitions），即收购人以现金、股票或其他有价证券，或者法律许可的其他形式为对价，向目标公司的股东购买其所持有的目标公司的部分或全部股份/股权，并最终获得目标公司的控制权的行为。

2. 上市公司收购的法律特征

（1）收购标的的证券化；

（2）收购目的的明确性，公司收购局限于收购者意欲或计划持有的股票达到目标公司发行在外的股票总数之一定比例者，如 5%、10%、20%；

（3）收购方式的公开性，根据国外的证券法理论，收购绝大多数仅仅指公开的要约收购，而不包括私下的协议收购；

（4）收购行为的规范化。

3．上市公司收购的分类

（1）友好收购和敌意收购：根据收购得到目标公司管理层合作划分。

（2）善意收购和恶意收购：根据收购人的收购动机所作的区分。

（3）自愿收购和强制收购：是收购人根据自己的意愿在选定的时间内进行的收购还是法律强制进行的收购。

4．上市公司收购的法律原则

（1）信息公开原则

① 首次披露义务。

② 持股增减变化披露义务。

③ 公开收购要约。

《证券法》第90条："收购人在依照前条规定报送上市公司收购报告书之日起十五日后，公告其收购要约。在上述期限内，国务院证券监督管理机构发现上市公司收购报告书不符合法律、行政法规规定的，应当及时告知收购人，收购人不得公告其收购要约。

收购要约约定的收购期限不得少于三十日，并不得超过六十日。

相关知识

提前警告制度

所谓提前警告制度，是指任何人获得某一公司有投票权的股份或基于这些股份之上的权利/权力达到一定数量或程度而未进入法律规定的强制要约收购阶段时，必须公开一定的信息。提前警告制度也被称为持股预警披露制度（Early Warning Disclosure System），其主要功能在于：一是通过披露上市公司大股东的大宗股份买卖行为，防止其从事操纵市场的行为，为中小投资者利益的保护提供了良好的法律基础；二是使目标公司及时了解这种具有收购基础或具有市场敏感性的交易，以对可能发生的收购产生合理预期，以图避免收购要约的突然发布给目标公司的股东和管理层带来的措手不及。

（2）股东平等待遇原则

① 收购要约人必须向除与一致行动人以外的其他所有目标公司的股东发出收购要约。

② 按比例收购规则。

③ 收购要约人必须向所有受要约人支付相同的对价。

（3）目标公司经营者忠于股东利益原则

未经股东大会批准不得采取任何可能导致收购失败或令股东没有机会权衡收购要约利弊等阻挠行动。禁止目标公司的经营者擅自采取反收购措施。

（4）维护公共利益的原则

① 收购方应当审慎收购。

② 反垄断。

相关知识

慢走规则

所谓慢走规则，是指投资者在其所持有的股份达到法律规定的比例时，在法定期限内不得再买卖该种股票的规则。慢走规则的基本目的是控制投资者买卖目标公司股票的节奏，或使投资者买卖股票的行为依法发生停顿，这对于防止投资者滥用特殊优势与地位操纵证券市场、保护目标公司和公众投资者的利益，具有非常重要的作用。

《证券法》第 86 条第一款规定，通过证券交易所的证券交易，投资者持有或通过协议、其他安排与他人共同持有一个上市公司已发行的股份达到 5%时，应当在该事实发生之日起三日内，向证监会、交易所报告。

《证券法》86 条第二款："投资者持有或通过协议、其他安排与他人共同持有一个上市公司已发行的股份达到 5%后，其所持该上市公司已发行的股份比例每增加或者减少百分之五，应当依照前款规定进行报告和公告。在报告期限内和作出报告、公告后二日内，不得再行买卖该上市公司的股票。"

相关知识

预防性反收购措施

（1）毒丸

"毒丸"（Poison Pill）计划是美国著名的并购律师马丁·利普顿（Martin Lipton）于 1982 年发明的，正式名称为"股权摊薄反收购措施"，最初的形式很简单，就是目标公司向普通股股东发行优先股，一旦公司被收购，股东持有的优先股就可以转换为一定数额的收购方股票。这样收购方即使在收购成功后，也可能像吞下毒丸一样遭受不利后果，从而放弃收购。

在最常见的形式中，一旦未经认可的一方收购了目标公司一大笔股份（一般是 10%~20% 的股份）时，毒丸计划就会启动，导致新股充斥市场。一旦毒丸计划被触发，其他所有的股东都有机会以低价买进新股。这样就大大地稀释了收购方的股权，继而使收购变得代价高昂，从而达到抵制收购的目的。美国有超过 2000 家公司拥有这种工具。

"毒丸"计划一般分为"弹出"计划和"弹入"计划。"弹出"计划通常指履行购股权，购买优先股。譬如，以 100 元购买的优先股可以转换成目标公司 200 元的股票。"弹出"计划最初的影响是提高股东在收购中愿意接受的最低价格。如果目标公司的股价为 50 元，那么股东就不会接受所有低于 150 元的收购要约。因为 150 元是股东可以从购股权中得到的溢价，它等于 50 元的股价加上 200 元的股票减去 100 元的购股成本。这时，股东可以获得的最低股票溢价是 200%。在"弹入"计划中，目标公司以很高的溢价购回其发行的购股权，通常溢价高达 100%，就是说，100 元的优先股以 200 元的价格被购回。而敌意收购者或触发这一事件的大股东则不在回购之列。这样就稀释了收购者在目标公司的权益。"弹入"计划经常被包括在一个有效的"弹出"计划中。"毒丸"计划在美国是经过 1985 年德拉瓦斯切斯利（Delawance Chancery）法院的判决才被合法化的，由于它不需要股东的直接批准就可以实施。

（2）反收购条款

反收购条款又可称为"驱鲨剂"（Shark Repellent）或"豪猪条款"（Porcupine Provision）。所谓"驱鲨剂"是指在收购要约前修改公司设立章程或做其他防御准备以使收购要约更为困难的条款。而"豪猪条款"则是指在公司设立章程或内部细则中设计防御条款，使那些没有经过目标公司董事会同意的收购企图不可能实现或不具可行性。

（3）金降落伞

"金降落伞"（Golden Parachute）是指目标公司通过与其高级管理人员签订合同条款，规定目标公司有义务给予高级管理人员优厚的报酬和额外的利益，若公司的控制权发生突然变更，则给予高级管理人员以全额的补偿金。目标公司希望以此方式增加收购的负担与成本，阻止外来收购。与之相对应的还有一个“锡降落伞”，是在金降落伞以外再规定目标公司员工若在收购后第二年被解雇，可以要求一定数量的补偿性遣散费。通过上述方式在保障有关管理人员优厚待遇的同时，增加公司被收购的难度。

（4）白衣骑士

“白衣骑士”（White Knight）是指在面临外界的敌意收购时，目标公司寻找一个友好的支持者，作为收购人与恶意收购者相竞争，以挫败收购行为。该友好的收购人即为白衣骑士，而敌意收购人则可以称为黑马骑士，以形容其秘密收购目标公司股票进行股份袭击的特征。通过白衣骑士战略，目标公司不仅可以通过增加竞争者而使买方提高收购价，甚至可以通过“锁位选择权”给予白衣骑士优惠的条件购买公司的资产、股票等。

（5）帕克曼式防御

该称谓来源于20世纪80年代初期美国一种流行的电子游戏。在该游戏中，程序设计的电子动物相互疯狂争斗，期间每一个没有吃掉敌手的动物都将遭到毁灭。受此启示，美国反收购中出现了“帕克曼式防御”，即指目标公司在受到敌意收购的进攻后，采取种种积极措施，以攻为守，对收购者提出反向的收购要约，以收购收购者的方式牵制收购者，或者以出让公司部分利益、部分股权为条件，策动一家与公司关系密切的友好公司出面收购收购方股份，达到反收购的效果。

7.5.2 上市公司收购的种类

1. 要约收购

（1）要约收购的概念

要约收购是指收购者（投资者）以取得目标公司的控制权为目的，在证券交易场所外以高于交易所的价格向该公司的全体股东发出要约，购买其全部或部分股份的交易行为。

（2）要约收购法律规则

① 强制收购要约义务触发点规则。

② 一致行动人（persons Acting in Concert）规则。

1993年9月29日，宝安上海公司持有延中实业股票4.56%，而1993年9月28日，宝安华阳保健公司和深圳龙岗宝灵电子灯饰公司所持延中公司股票分别达到4.52%和1.57%，三者同为深圳宝安集团的子公司，而宝安上海公司直至9月30日所持的延中公司股票已达到16%时才公告。

③ 按比例收购规则。

④ 收购的监督规则：收购人应向监管机构、交易所报告收购报告书。

2. 协议收购

（1）协议收购的概念：收购人不通过证券交易所而是通过私下协议的方式取得目标公司股票。

在我国证券市场的现实背景下，协议收购上市公司有着重要的意义：通过上市公司国有股和法人股的协议转让，为限制流通股份的交易提供了渠道，有利于盘活国有资产，促进企业机制转化；有利于为 H 股、红筹股公司的海外上市创造条件。

（2）协议收购报告制度。

（3）强制发出收购要约规则。

（4）豁免发出强制收购要约规则。

《收购办法》第 26 条规定：有下列情形之一的，收购人可以向中国证监会提出免于以要约方式增持股份的申请：

（一）收购人与出让人能够证明本次转让未导致上市公司的实际控制人发生变化；

（二）上市公司面临严重财务困难，收购人提出的挽救公司的重组方案取得该公司股东大会批准，且收购人承诺 3 年内不转让其在该公司中所拥有的权益；

（三）经上市公司股东大会非关联股东批准，收购人取得上市公司向其发行的新股，导致其在该公司拥有权益的股份超过该公司已发行股份的 30%，收购人承诺 3 年内不转让其拥有权益的股份，且公司股东大会同意收购人免于发出要约；

（四）中国证监会为适应证券市场发展变化和保护投资者合法权益的需要而认定的其他情形。

3. 上市公司收购的法律后果

（1）收购人持有目标公司股票转让的限制；

（2）目标公司所发行的股票上市终止，其他仍然持有目标公司股票的股东有权要求收购人以收购要约同等的条件出售其股票，收购人应当收购；

（3）目标公司类型的变更和解散。

7.6 证券投资基金

1. 投资基金的概念及其种类、性质

（1）投资基金的概念

投资基金是一种利益共享、风险共担的集合证券投资方式，即通过发行基金单位，集中投资者的资金，由基金托管人托管，由基金管理人管理和运用资金，从事股票、债券等金融工具投资。英国和我国香港称之为“单位信托投资基金”，美国称为“共同基金”，日本则称为“证券投资信托基金”。

（2）证券投资基金的种类

① 基金按组织形式不同可分为契约型基金和公司型基金；

② 封闭型基金和开放式基金；

③ 股票基金、债券基金与其他基金。

（3）基金的性质

基金是信托财产，不具有法人地位，基金持有人的个人债务不能对基金主张清偿，除非处理基金本身的信托事务时发生的债务、费用和税款。性质体现在以下几个方面。

① 证券投资基金是一种集合投资制度。

证券投资基金是一种积少成多的整体组合投资方式，它从广大的投资者那里聚集巨额资金，

组建投资管理公司进行专业化管理和经营。在这种制度下，资金的运作受到多重监督。

② 证券投资基金是一种信托投资方式。

它与一般金融信托关系一样，主要有委托人、受托人、受益人三个关系人，其中受托人与委托人之间订有信托契约。但证券基金作为金融信托业务的一种形式，有自己的特点。例如从事有价证券投资的主要当事人中还有一个不可缺少的托管机构，它不能与受托人（基金管理公司）由同一机构担任，而且基金托管人一般是法人；基金管理人并不对每个投资者的资金都分别加以运用，而是将其集合起来，形成一笔巨额资金再加以运作。

③ 证券投资基金是一种金融中介机构。

它存在于投资者与投资对象之间，起着把投资者的资金转换成金融资产，通过专门机构在金融市场上再投资，从而使货币资产得到增值的作用。证券投资基金的管理者对投资者所投入的资金负有经营、管理的职责，而且必须按照合同（或契约）的要求确定资金投向，保证投资者的资金安全和收益最大化。

证券投资基金是一种证券投资工具。它发行的凭证即基金券（或受益凭证、基金单位、基金股份），与股票、债券一起构成有价证券的三大品种。投资者通过购买基金券完成投资行为，并凭之分享证券投资基金的投资收益，承担证券投资基金的投资风险。

2. 投资基金的募集、管理和运作

（1）募集

由基金管理人募集，经证券监管机构核准。

① 封闭式基金，募集期为 3 个月，封闭式基金在募集期募集的资金达到 80%的，该基金方可成立。

② 开放式基金，3 个月的募集期达到 2 亿元的，基金方可能成立。如华安创新、南方稳健成长、华夏成长等开放式基金。

（2）投资运作

基金的投资组合不得从事承销、贷款和担保业务，从事无限责任的投资或买卖其他基金份额：

① 1 个基金投资于股票、债券的比例不得低于该基金资产的 80%；

② 1 个基金持有 1 家上市公司的股票不得超过该基金资产净值的 10%；

③ 同一基金管理人管理的全部基金持有一家公司发行的证券不得超过该证券的 10%；

④ 1 个基金投资于国家债券的比例不得低于该基金资产净值的 20%。

禁止投资如下行为：①基金之间相互投资；②向基金管理人或托管人出资（或买卖其股票）；买卖其控股或有重大利害关系的公司的股票；③基金不能用于担保、资金拆借、贷款和承担无限责任的投资。

（3）基金收益分配

基金收益分配应当采用现金形式，每年至少 1 次，基金收益比例不低于基金净收益的 90%。

3. 基金持有人的权利

（1）作为委托人享有的权利

基金设立不成功时请求归还财产的权利；

转让或申请回赎其持有的基金份额的权利；

参与分配清算或剩余基金财产的权利。

（2）作为受益人的权利

① 分享基金财产收益的权利（包括利息、投资和股利）；

② 要求召开基金份额持有人大会的权利；

③ 表决权；

④ 信息获得权；

⑤ 损害赔偿请求权。

【引导案例分析】

（1）小王由于工作不慎给客户进行了误操作，违反谨慎原则。小王擅自动用客户证券账号买卖股票，违反客户指令权威性原则。在此情况下违规为客户融资，小王虽向营业部经理作了汇报，但我国证券公司目前不允许开展融资融券业务，小王和营业部经理明知故犯，小王应直接承担相应法律责任。

（2）丁某应向证券公司索赔。依据是我国《证券法》规定证券公司必须按照客户意愿开展经纪业务。证券公司作为法人组织，丁某和证券公司为代理关系，公司（包括小王在内）应承担责任。

自测题

一、单项选择

1．股票从性质上看，是一种（　　）证券。

A．物权证券　　B．债权证券

C．综合权利证券　　D．既是物权证券又是债权证券

2．证券交易价格是通过（　　）得以确定的。

A．证券商与投资者协商　　B．一级市场上的公开竞价

C．证券供求双方共同作用　　D．发行公司与证券商协商

3．向社会公开发行的证券票面总值超过人民币（　　）元的，应当由承销团承销。

A．五千万　　B．一亿　　C．二亿　　D．三亿

4．持有一个股份有限公司已发行的股份（　　）的股东，应当在其持股数额达到该比例之日起三日内向公司报告。

A．百分之三　　B．百分之五　　C．百分之十　　D．百分之十五

二、多选择题

1．有价证券是指标有票面金额、证明持有人有权按期取得一定收入并可以自由转让的凭证，这种是（　　）凭证。

A．所有权凭证　　B．资本凭证　　C．货币凭证　　D．债券凭证

2．证券具有收益性，有价证券的收益表现为（　　）。

A．利息收入　　B．红利收入　　C．买卖证券的差额　　D．印花税

3．证券市场的纵向结构关系是由（　　）构成的。

A．一级市场　　B．股票市场　　C．二级市场　　D．基金市场

4．按交易的期限不同，我们可以把金融市场分为（　　）。

A．货币市场　　B．现货市场　　C．期货市场　　D．资本市场

5．证券市场上的自律性组织包括（　　）。

A．证券登记结算公司　　B．证券交易所

C．证券业协会　　D．证监会

三、名词解释

证券公司　　证券交易所　　承销团　　上市公司收购

四、案例分析

2012年9月，四达股份有限公司获得省证券监督管理办公室批准，再次发行股票，其中包括8000万元境内上市外资股（B股）发行额度和3000万元内资股（A股）发行额度。为保证本次B股和A股发行符合要求，四达股份有限公司董事会拟定了一份新股发行方案。该方案要点如下。

（1）四达股份有限公司将计划分次发行B股和A股。B股于2013年1月20日以前发行完毕，A股将于2013年9月30日之前发行完毕。B股和A股发行相隔8个月左右。

（2）四达股份有限公司将聘请日本的证券经营机构作为发行B股的主承销商，由其单独在境外组成承销团进行承销，同时聘请境内的证券经营机构作为A股的主承销商，由其视A股预期销售总金额情况主持组成境内承销团进行承销。

（3）四达股份有限公司发行的B股和A股在深圳证券交易所上市，其中B股以日元标明面值，既可以用外汇认购、买卖，也可以用人民币认购、买卖。

根据本例提供的事实，请分别回答以下问题：

（1）四达股份有限公司计划分5次发行B股和A股，且前后间隔为八个月左右，是否符合有关规定？为什么？

（2）四达股份有限公司拟聘请境外、境内证券经营机构承销B股和A股的方案是否符合有关规定？为什么？

（3）本题第3个要点的表述是否有错误？为什么？

第 8 章 保险法

引导案例

2011 年 3 月，某厂 55 岁的机关干部赵某因患胃癌（亲属因怕其情绪波动，未将真实病情告诉本人）住院治疗，手术后出院，并正常参加工作。8 月 24 日，赵某经吴某推荐，与之一同到保险公司投保了简易人身险，办妥有关手续。填写投保单时没有申报身患癌症的事实。2012 年 5 月，赵某旧病复发，经医治无效死亡，赵某的妻子以指定受益人的身份到保险公司请求给付保险金。保险公司在审查提交有关的证明时，发现赵某的病史上载明其曾患癌症并动过手术，于是拒绝给付保险金。龚妻以丈夫不知自己患何种病，未违反告知义务为由抗辩，双方因此发生纠纷。

问题：保险公司应如何处理？

学习目标：

掌握保险合同的类型、保险合同的效力、财产保险合同与人身保险合同、保险业监督管理制度等基本内容；

理解保险的原理，理解责任保险的原理；

了解我国保险法的现状。

8.1 保险法概述

8.1.1 保险的概念与特征

1. 保险的概念

根据我国《保险法》第 2 条规定“本法所称保险，是指投保人根据合同约定，向保险人支付保险费，保险人对于合同约定的可能发生的事故因其发生所造成的财产损失承担赔偿保险金责任，或者当被保险人死亡、伤残、疾病或达到合同约定的年龄、期限时承担给付保险金责任的商业保险行为。”

2. 保险的特征

总体来说，保险由三大要素构成：危险的存在；多数人参加保险；损失的填补。同时，保险又体现出如下特点。

（1）保险以约定的危险作为对象。

（2）保险以危险的集中和危险的转移作为运行机制。对于保险人来讲，是将社会中大量存在的、分散的，由每个社会单位（法人、其他组织、家庭、个人）所承担的危险集中保险人这里；而对于投保人（被保险人）来讲，则是将本应由其独立承受的危险转移给保险人，并通过保险人的经营行为，转移给全体投保人（被保险人），由大家分担危险后果。

（3）保险以科学的数理计算为依据。保险是运用概率理论，通过个别事故发生的偶然性，进行科学的概括、总结来发现其发生的必然性，从而把握各类危险的发生规律，预测保险责任范围可能造成的损失后果。

保险业正是以概率论为依据来确定保险的险种、保险责任范围及与危险发生的频率、损失程度相适应的保险费率，维持保险活动正常、稳定地运行和发展。

（4）保险以社会成员之间的互助共济为基础。保险是一种转移危险、共同分摊危险的方法。对参加保险的成员来说，通过众多成员的定期的、小额的保险费支出，来弥补个别成员的不定期的、巨大的事故损失；这些参加保险的众多成员，表面上没有任何关系，相互之间也不了解，但通过保险制度，他们之间实际上建立了互助共济关系。

（5）保险以经济补偿为目的。"无损失，无保险"。保险的机能在于进行损失补偿，危险事故所导致的损失必须是在经济上能够计算价值的，否则，保险的赔偿将无法实现。在财产保险中，对于危险事故所造成的损失，可以通过估价等方法确定。人身保险通常采取定额保险的方式。

保险可以保障个人经济生活的安定，维持固定的收入，提高个人的信用；能够保障企业生产经营的稳定，提高企业的信用，维持企业的利润，促进企业的发展。可以消除社会隐患，分散危险，实现整体安全。但是保险也可能诱发赌博行为，经营不当时会危及社会稳定，可能诱发投保人、被保险人或受益人的保险欺诈行为，产生严重的道德风险。

相关知识

保险制度的起源与发展

现代保险起源于古希腊的船舶和货物抵押贷款的商业习惯，即"海上借贷"制度。船东或货主在航行中遇到经济困难，可以以船舶或货物作抵押，向金融业者融通资金，代价是支付高于普通借贷的利息，利息额高达本金的三分之一或四分之一，由贷款人承担危险。如果船舶或货物在航程中遭遇海难，依据其受损害程度可免去借贷人部分甚至全部债务；如果航运平安归来，则应将本利一并归还。后来冒险借贷发展为一种空头买卖契约。按此契约，如果船货安全抵达目的地，则契约无效；如果中途发生危险，则买卖契约成立，由"资本主"支付给船货主人一定金额。危险负担费由船货所有人于契约订立时以定金的形式支付给"资本主"。这与现代保险相似。

继海上保险之后出现的是火灾保险。16世纪德国出现了专门承保火灾损失的互助保险组织"火灾基尔特"，1676年46个"火灾基尔特"合并成立了汉堡火熔炉保险社。火灾保险的大规模发展则起因于1666年9月2日皇家面包房烘炉过热起火引起的伦敦大火。大火延续五昼夜，市内448亩地区，有373亩化为瓦砾，13200户住宅付之一炬，数万名居民无家可归，惨痛万状。受伦敦大火的启发，伦敦牙科医生巴蓬于1667年出资设立了世界上第一家火灾保险公司。

而 1710 年以发明灭火器而闻名的查理士·波文创立的“伦敦保险人公司”（后改称为太阳火灾保险公司——Sun Fire Office）一直延续到现在，是英国现存保险公司中最老的公司。

8.1.2 保险法的概念与立法特点

1．保险法的概念

广义的保险法是指以保险为规范对象的一切法律规范的总称，既包括商业保险法，也包括社会保险法，狭义的保险法是指以保险合同形成的商事保险关系为调整对象的法律规范的总称，仅指商事保险法。我国现行《保险法》取狭义的保险法概念。

2．保险法的立法特点

在我国，既有专门的保险立法，如《中华人民共和国保险法》、《保险公司管理规定（试行）》、《保险代理人管理规定（试行）》和《保险经纪人管理规定（试行）》等，又有在其他法律当中进行规定的保险特别法，如《海商法》等。因此，我国的保险法律体系包括两类，即保险法和保险特别法。同时，我国采用的保险立法方式是将保险业法与保险合同法合二为一。例如，《中华人民共和国保险法》既调整国家与保险业的关系，又调整保险当事人之间的关系。

3．保险法的渊源

保险法的渊源是指根据保险法的效力来源划分的保险法的不同形式。就我国现行法而言，保险法的渊源主要有以下几种。

（1）法律。法律是指由全国人大及其常委会制定颁布的具有法律效力的规范性文件。我国现行有关保险的法律主要有《保险法》和《海商法》。

（2）行政法规。指由国务院制定颁布的具有法律效力的规范性文件。在《保险法》生效前后，国务院都出台一些相关的保险行政法规，如 1983 年的《财产保险合同条例》、1985 年的《保险企业管理暂行条例》、2002 年 2 月 1 日实施的《外资保险公司管理条例》、2004 年 5 月 1 日施行的《道路交通安全法实施条例》、2006 年 7 月 1 日施行的《机动车交通事故责任强制保险条例》等。

（3）部门规章。指由国务院有关部委制定颁布施行的具有法律效力的规范性文件。

（4）司法解释。是指由最高人民法院制定的，针对审判实践中具体适用保险法律有关问题而做出的解释。最高人民法院曾针对审判实践中适用保险法的若干具体问题或个案做出过一些司法解释。

（5）国际条约或惯例。我国《民法通则》第 142 条第 2、第 3 款规定：“中华人民共和国缔结或者参加的国际条约同中华人民共和国的民事法律有不同规定的，适用国际条约的规定，但中华人民共和国声明保留的条款除外。中华人民共和国法律和中华人民共和国缔结或者参加的国际条约没有规定的，可以适用国际惯例。”

8.1.3 保险法的基本原则

1．最大诚信原则

（1）最大诚信原则的基本含义

英国《1906 年海上保险法》首先将此原则确定下来。该法第 17 条规定：“海上保险契约是建立在最大信守诚实的基础上成立的契约，如果任何一方不遵守最大信守诚实，他方的宣告契约无效。”随后各国保险法相继仿效。我国《保险法》第 5 条明确规定“保险活动当事人行使权利、履行义务应当遵循诚实信用原则。”保险合同被称为最大善意的合同和最大诚信的合同。保险危险的不确定性、保险市场的信息不对称性等多种因素决定了无论保险合同的订立，还是保险合同的履行，都应建立在最大善意和诚信的基础上。最大诚信原则不仅适用于保险合同中的投保人、被保险人、受益人，而且适用于保险人、保险辅助人。如果说如实告知义务、危险增加的通知义务、保险合同中的保证条款、欺诈性索赔的禁止等是对投保人、被保险人或受益人最大善意和诚信的基本要求，那么，保险条款的说明义务、弃权、失权、禁止反言、及时和公平理赔、保险组织法和监管法的有关规定则体现法律对保险人最大善意和诚信的要求。最大诚信原则的意义在于，建立以信息交换平衡为目的的制度体系，防范保险人和被保险人各方利用保险谋取不正当利益。可以说，为保证保险制度的良性发展，整个保险合同法的制度设计，都必须以最大诚信原则为核心。

（2）最大诚信原则的主要体现

① 告知义务。告知义务是指投保人、被保险人在订立保险合同时，应向保险人或保险代理人披露与保险标的有关的、影响保险人决定是否承保或提高保险费率的信息。告知义务在性质上属于先合同义务。

根据我国《保险法》第 17 条的规定，投保人、被保险人应在保险合同订立时，即应在保险合同成立之前，而非保险合同成立之后，履行告知义务。告知义务履行的方法可以是书面的，也可以是口头的，但通常是书面的。我国《保险法》第 17 条规定：“投保人故意隐瞒事实，不履行如实告知义务的，或者因过失未履行如实告知义务，足以影响保险人决定是否同意承保或者提高保险费率的，保险人有权解除保险合同。投保人故意不履行如实告知义务的，保险人对于保险合同解除前发生的保险事故，不承担赔偿或者给付保险金的责任，并不退还保险费。投保人因过失未履行如实告知义务，对保险事故的发生有严重影响的，保险人对于保险合同解除前发生的保险事故，不承担赔偿或者给付保险金的责任，但可以退还保险费。”

② 危险增加的通知义务。危险增加的通知义务是指在保险合同成立后，当保险标的上的危险状况或危险程度明显超过当事人双方订立合同时的预期时，投保人或被保险人有义务及时通知保险人。

如实告知义务针对的是保险合同订立时保险标的上的危险状况，危险增加的通知义务针对的则是保险合同成立后保险标的上明显增加的危险状况。通知义务违反的后果则是保险人终止合同，并对合同终止前因保险标的危险程度的增加而发生的保险事故拒绝承担保险责任。

③ 弃权。弃权是指保险合同的一方当事人放弃他在合同中的某项权利，并且通常指保险人放弃解除权、终止权、拒赔权等合同权利。保险人弃权的意思表示可以是明示的，也可以是默示的。保险人弃权一旦构成，就在保险人与投保人、被保险人或受益人之间产生一定的法律后果。例如，投保人有违反义务或条件的情形，保险人知道或应当知道，本可主张解除合同，但以明示或默示的方式放弃了解除合同的权利，则当保险事故发生时保险人就不得再以投保人违反义务或条件为由主张解除合同，拒绝赔付。投保人有违反义务或条件的情形，保险人知道或应当知道，本可拒绝赔付，但以明示或默示的方式放弃了拒绝赔付的权利，则保险人不得再以投保人违反义务或条件为由拒绝赔付或赔付后请求被保险人或受益人返还其所受领的给付。

④ 禁止反言。由于保险合同以双方当事人的善意为基础，因此，该原则也适用于保险案件。基于善意信赖保险人的行为或意思表示而投保的人，于保险事故发生时，其依据合同所享有的权利不致落空。

禁止反言的法律后果在于，保险人不得以其陈述错误或虚假为由，主张保险合同解除或无效，对被保险人或受益人的赔付请求进行抗辩，拒绝承担其应当承担的保险责任。

【经典案例：告知义务】

某年，4 月 1 日，范某为妻子李某投保了 150 万元的人寿保险，缴纳了保险费，受益人是范某自己。4 月 2 日，保险公司签发了正式的保险单，约定承担保险责任期间为 4 月 10 日至次年的 4 月 9 日。某年，5 月 1 日，妻子李某出外探亲，由于飞机失事，妻子李某死亡。于是，范某向保险公司索赔。保险公司认为：根据保险公司投保的有关规定，合同金额巨大的保险合同应该报总公司批准，并且要提供体检结果。范某为妻子李某投保的保险合同，违反了保险公司关于订立保险合同的有关规定，所以，该合同不发生法律效力。最后，作出拒赔决定。范某不服，起诉于法院。法院经过审理认为：该保险合同违反了保险公司的有关投保规定，故保险合同无效，保险公司应该返还保险费，驳回范某的诉讼请求。后保险公司与范某私下协议，给予范某一次性通融赔付 100 万元。范某没有上诉。请问在本案当中保险公司是否应当承担相应的保险责任?

【经典案例分析：告知义务】

在本案中，关键的问题是，保险公司内部的规定对投保人是否具有约束力。保险公司内部的有关规定是保险公司指导保险业务、规范内部管理制度的一系列规章制度，一般情况下，这些规章制度是由保险公司内部的管理人员掌握的，投保人并不知晓。如果这些规章制度已经明确体现在保险合同中，明确告知了投保人，这些规章制度对投保人应当具有约束力，因为它们已经成为保险合同的一部分。否则，它们对投保人是没有约束力的。在本案中，保险公司没有向投保人说明保险公司的内部规定，保险合同中也没有写明有关规定，因此，该规定不应该对投保人有约束力。保险公司应当承担相应的保险责任。

2．损失补偿原则

（1）损失补偿原则的含义

损失补偿原则是指在保险期限内保险标的上发生约定的保险事故时，保险人应当按照保险合同的约定对保险事故造成的损害给予补偿，以实现投保人投保的目的和保险的经济补偿职能。

发生保险事故的被保险人借助于保险人的经济补偿，有利于弥补损失、恢复生产、稳定生活。另外，只有受到实际损害的被保险人才能获得保险补偿，被保险人不能从保险中获得大于损失的利益。有利于对重复保险、超额保险进行相应的规范，防范投保人、被保险人的道德风险和赌博行为。

（2）损失补偿的范围

损失补偿的范围主要包括实际损失、施救费用和其他费用。实际损失是指保险事故发生时，保险标的所遭受的实际经济损失。在财产保险中，保险人的最高赔付金额以保险金额为限。实际损失数额小于保险金额的，保险人按照实际损失数额赔付。

施救费用是指保险事故发生后被保险人为防止损失或减少保险标的的损失所支付的必要

的、合理的费用和有关诉讼支出，但最高不超过保险金额的数额。其他费用是指施救费用之外的保险人或被保险人为了查明保险事故的性质、确定保险标的的损失所支付的检验、估价、出售等费用。我国《保险法》第 49 条规定："保险人、被保险人为了查明和确定保险事故的性质、原因和保险标的的损失程度所支付的必要的、合理的费用，由保险人承担。"第 51 条规定："责任保险的被保险人因给第三者造成损害的保险事故而被提起仲裁或诉讼的，除合同另有约定外，由被保险人支付的仲裁或者诉讼费用及其他必要的、合理的费用，由保险人承担。"

（3）损失补偿原则的相关规定

① 保险代位求偿权。保险代位求偿权是指在损失补偿保险合同中，如果第三人就保险事故的发生所引起的损失对被保险人负有民事赔偿责任，那么，保险人在赔付了被保险人的损失后，于赔付的限额内依法取得的对第三人请求赔偿的权利。我国《保险法》第 45 条第 1 款作了相关规定。保险代位求偿权是保险人依法取得的法定权利，无须经被保险人的同意或转让，即可以自己的名义直接向第三人行使保险代位求偿权。

② 重复保险与超额保险。根据我国《保险法》第 41 条第 3 款的规定"重复保险是指投保人对同一保险标的、同一保险利益、同一保险事故分别向两个以上保险人订立保险合同的保险。"我国《保险法》第 41 条第 1 款规定："重复保险的投保人应当将重复保险的有关情况通知各保险人。"第 2 款规定："重复保险的保险金额总和超过保险价值的，各保险人的赔偿金额的总和不得超过保险价值。除合同另有约定外，各保险人按照其保险金额与保险金额总和的比例承担赔偿责任。超额保险则指保险金额大于保险价值的财产保险。"我国《保险法》第 40 条第 2 款规定："保险金额不得超过保险价值，超过保险价值的，超过的部分无效。"

3．保险利益原则

（1）保险利益的含义

保险利益是指投保人或被保险人对保险标的具有法律上承认的利益。投保人或被保险人对保险标的不具有保险利益的，保险合同不具有法律效力。《保险法》第 12 条规定："人身保险的投保人在保险合同订立时，对被保险人应当具有保险利益。""财产保险的被保险人在保险事故发生时，对保险标的应当具有保险利益。"例如，如果被保险人在保险事故发生前对保险标的具有保险利益，在保险事故发生时已不具有保险利益（如被保险人把自己的一辆汽车投保，后又将汽车转让给他人，转让后发生保险事故，汽车毁损），那么该被保险人并未因保险事故遭受损失，当然也就不应给予补偿。所以，财产保险应当要求保险事故发生时被保险人具有保险利益。

保险利益能够避免赌博行为。保险利益原则要求投保人或被保险人对其投保的保险标的具有合法的利害关系，一个人不能对其缺乏合法利益的保险标的投保任何保险。如果一个人对其投保的保险标的除了领取保险金的利益，别无其他任何合法利益，那么，他对该保险标的就没有保险利益。没有保险利益的保险合同是无效的合同。保险利益能够减少道德风险。投保人或被保险人如果对保险标的缺乏保险利益，那么他有可能在利益驱使下，故意制造事故，骗取保险赔款。

（2）财产保险与人身保险的保险利益

《保险法》规定，无论是财产保险，还是人身保险，当事人所签订的保险合同的效力必须以保险利益的存在为前提。保险利益必须是可保利益，是投保人和受益人对保险标的具有法定利害关系及由此涉及的经济利益。可保利益是合法利益，在财产保险中投保人必须对保险标的拥有所有权、处分权或合法占有权；人身保险中投保人对被保险人必须具有一定的亲属血缘关系或被保险人认可的事实。人身保险与财产保险的保险利益比较详见表 8-1。

表 8-1 人身保险与财产保险的保险利益比较

	人身保险合同	财产保险合同
保险利益的意义	投保人对被保险人不具有保险利益的，合同无效	被保险人对保险标的不具有保险利益的，不得向保险人请求赔偿保险金
保险利益的范围	人身保险的投保人对下列人员具有保险利益： （1）本人； （2）配偶、子女、父母； （3）前项以外与投保人有抚养、赡养或扶养关系的家庭其他成员、近亲属； （4）与投保人有劳动关系的劳动者。被保险人同意投保人为其订立合同的，视为投保人对被保险人具有保险利益	财产保险合同的保险利益应具有以下三个条件之一： （1）被保险人对保险标的享有物权； （2）基于合同； （3）依法应承担民事赔偿责任
保险利益的时效	投保人在保险合同订立时，对被保险人应当具有保险利益	被保险人在保险事故发生时，对保险标的应当具有保险利益

① 财产保险利益的基本条件为：是合法利益，也就是法律上承认的利益，包括投保人根据法律拥有或占有的财产，以及根据有效合同占有他人的财产；是经济上的利益，即投保人对于其财产现在享有的利益或预计享有的利益；是确定的利益，即该利益是可以通过金钱计价的，无论是现在拥有的利益，还是将来可以恢复的利益，都是具有市场价值依据的。

② 人身保险利益的基本条件为：投保人对本人、配偶、子女、父母，以及与投保人有抚养、赡养或扶养关系的家庭其他成员、近亲属具有保险利益，这些家庭成员和近亲属与我国《继承法》上规定的第一继承顺序者和与名列第一继承顺序者相同；被保险人同意投保人为其订立保险合同的，视为投保人对被保险人具有保险利益，在此同意是指被保险人以书面承诺同意投保人为自己投保，如果没有被保险人的书面承诺，该保险合同就没有法律效力。

《保险法》第 31 条第 2 款规定的“被保险人同意投保人为其订立合同的”，根据国内外的保险实践，主要有：第一，合伙人相互之间。因为他们一般对合伙债务承担无限连带清偿责任。第二，债权人对债务人。无担保物权也并不占有标的物的一般债权人，与债务人之间形成债权、债务关系，若债务人死亡，又无遗产，债权人的债权实现将失去可能性。因此债权人对债务人就债权数额具有人身保险的可保利益。第三，雇用人与受雇人。雇用人与受雇人之间存在着经济利益关系。

【经典案例：保险利益】

德国金泰戈尔有限责任公司承租中国瑞其销售有限责任公司一座楼房经营，为预防经营风险，德国金泰戈尔有限责任公司将此楼房在中国保险公司投保 500 万元。中国静安保险公司同意承保，于是，德国金泰戈尔有限责任公司交付了一年的保险金。9 个月后德国金泰戈尔有限责任公司结束租赁，将楼房退还给中国瑞其销售有限责任公司。在保险期的第 10 个月该楼房发生了火灾，损失 300 万元。德国金泰戈尔有限责任公司根据保险合同的约定向中国静安保险公司主张赔偿，并提出保险合同、该楼房受损失的证明等资料。中国静安保险公司经过调查后拒绝承担赔偿责任。

问题

（1）该楼房可否投保？

（2）德国金泰戈尔有限责任公司提出赔偿的请求有没有法律依据？

（3）中国静安保险公司拒绝赔偿的法律依据何在？

【经典案例分析：保险利益】

（1）该楼房可以投保。我国《保险法》第 11 条明确规定："投保人对保险标的应当具有保险利益。投保人对保险标的不具有保险利益的，保险合同无效。保险利益是指投保人对保险标的具有的法律上承认的利益。保险标的是指作为保险对象的财产及其有关利益或人的寿命和身体。"德国金泰戈尔有限责任公司拥有对该楼房的承租权，所以具有保险利益，承租的楼房可以投保。

（2）德国金泰戈尔有限责任公司提出赔偿的请求没有法律依据。德国金泰戈尔有限责任公司提出赔偿的请求没有法律依据，因为其租赁法律关系已经结束，对原来使用的楼房不再具有保险利益。

（3）中国静安保险公司拒绝赔偿的法律依据《保险法》第 11 条第 3 项的规定。德国金泰戈尔有限责任公司提出赔偿的请求时，对原来使用的楼房不再具有保险利益。中国静安保险公司拒绝赔偿的法律依据是《保险法》第 11 条第 3 项的规定：保险利益是指投保人对保险标的具有法律上承认的利益。

4．近因原则

（1）近因原则的含义

英美法系叫近因原则，大陆法系叫因果关系，即保险事故与损失的发生之间具有直接因果关系时，保险人才承担保险责任，该原因即为近因。根据最高院的解释，近因是指造成承保损失起决定性、有效性的原因。各国保险法都以近因原则为保险法的基本原则，但对其解释仍然有相当大的分歧。近因不是时间和空间上与损失结果最为接近的原因，而是指促成损失结果的最有效的、起决定作用的原因。英国《1906 年海上保险法》第 55 条第 1 款率先对近因原则作出了规定"根据本法规定，除保险单另有约定外，保险人对以承保危险为近因的损失承担赔偿责任，但对非以承保危险为近因的损失不承担赔偿责任。"我国《保险法》虽未明文规定近因原则，但有关保险理赔的规定，如第 23 条、第 24 条、第 25 条等都体现了这一原则，保险实务上也一贯遵循这一原则。

近因原则避免了被保险人或受益人为谋取不当利益而提出不合理的索赔，也可以防止保险人以损失原因是远因为借口，解除保单项下的责任，逃避其应承担的赔付责任。

（2）近因的认定

原因与结果的联系具有复杂性，此时两个以上的原因可能连续发挥作用、间断发挥作用或同时发挥作用，如何确定承保损失的近因变得异常复杂。约翰·T.斯蒂尔将近因认定的方法归纳为逆向法和顺向法两种。逆向法是指从损失开始，逆着事件链的方向，在事件链的每一个环节都自问一句"为什么事件会发生"只要事件链不中断，就能一直追溯到最初的事件——近因。顺向法是指从最初的事件开始，顺着事件链的方向，在事件链的每一个环节都认真思考一下，合乎逻辑地发展的下一个事件可能是什么，如果答案把我们从第一个事件依次引向下一个事件，直至最后的事件，那么第一个事件就是损失的近因。如果在这一过程的某一阶段上，链上的两个环节之间没有明显的联系，事件链就会中断，损失的近因就不是第一个事件，而是另外的事件。

当单一原因导致承保损失时，这一原因就是近因。保险人是否应承担赔付责任取决于这一原因是否属于承保危险。因此，只有当同时存在多个致损原因，损失可能归咎于其中一个或数个原因时，通常才需要适用近因原则。

【经典案例：近因原则】

2013 年 12 月，宏兴甘鲜果品有限责任公司与哈尔滨隆兴有限责任公签订了一份购销合同。哈尔滨隆兴有限责任公司购买宏兴甘鲜果品有限责任公司一批柑橘，共计 5000 篓，价值 90 000 元。铁路运输，共 2 车皮。宏兴甘鲜果品有限责任公司通过铁路承运部门投保了货物运输综合险，保费 3500 元。2013 年 12 月 25 日，保险公司出具了保险单。2014 年 1 月，到达目的地以后，收货人发现：一节车厢门被撬开，保温棉被被掀开 2 米，货物丢失 120 篓，冻坏变质 240 篓。直接损失 6480 元。当时气温为零下 20 度。宏兴甘鲜果品有限责任公司向保险公司索赔。保险公司同意赔偿丢失的货物 120 篓，拒绝赔偿被冻坏的 240 篓。认为造成该 240 篓损失的原因是天气寒冷，不在货物运输综合险的保险责任范围内。于是起诉至法院。

请问：法院应如何判决？

【经典案例分析：近因原则】

本案中，盗窃是前因，棉被破损是后因，天气寒冷是后因。天气寒冷冻坏货物是盗窃的必然结果，合理的连续、自然延续的结果。法院认为：冻坏的原因是盗窃，不是天气寒冷。判保险公司全额赔偿，并负担诉讼费。

8.2 保险合同

8.2.1 保险合同概述

1．保险合同的概念和特征

（1）保险合同的概念

根据我国《保险法》第 10 条规定："保险合同是投保人与保险人约定保险权利义务关系的协议。"

（2）保险合同的特征

保险合同是双务、有偿合同。保险合同是双方当事人互享权利、互负义务的合同，属于双务合同。被保险人或受益人所获得的保险赔偿或给付是以投保人交纳保险费为对价的；相应地，保险人所收取的保险费则是以今后可能赔偿或给付保险金为对价的。

① 保险合同为诺成合同。保险合同是基于投保人和保险人双方意思表示一致而成立的合同。根据《保险法》第 13 条第 1 款的规定，投保人提出保险要求，经保险人同意承保，保险合同成立。保险人应当及时向投保人签发保险单或其他保险凭证。根据《保险法》第 14 条的规定，保险合同成立后，投保人按照约定交付保险费，保险人按照约定的时间开始承担保险责任。因

此认为，保险合同的成立必须以投保人交付保险费为条件，因而是实践性合同这样的看法是缺乏法律依据的。

② 保险合同是典型的格式合同。在签订保险合同的过程中，保险人将其拟定的保险合同格式条款提供给投保人，投保人处于被动地位，对于该格式条款，一般情况下仅表示是否接受。

③ 保险合同是射幸合同。在保险合同中，投保人交付保险费的义务是确定的，但保险人是否承担保险赔偿责任则是不确定的，是机会性的。只有当特定的、不确定的危险发生时或在合同约定的给付保险金的其他条件具备时，保险人才承担给付保险金的义务。危险发生的偶然性决定了保险合同的射幸性质。

④ 保险合同是非要式合同。保险合同的成立取决于投保人与保险人之间的合意，即双方就保险合同的条款达成一致，而无须采用或履行特定方式，所以，保险合同属于非要式合同。保险人签发保单或其他保险凭证的行为是履行合同的行为，而非合同成立的要件。

2．保险合同的分类

（1）财产保险合同与人身保险合同

根据保险标的的性质不同，保险合同可以分为财产保险合同与人身保险合同。在我国《保险法》中，财产保险合同与人身保险合同是保险合同的最基本的分类。财产保险合同是以财产及其有关利益为保险标的的保险合同。保险标的既包括有形财产（房屋、机器、船舶等），也包括无形财产（责任、信用、保证等）。有形财产保险和无形财产保险的不同除保险标的的不同外，无形财产保险在签订保险合同时没有超额的问题，所以，无形财产保险只是约定保险金额，没有保险价值。人身保险合同是以人的寿命和身体作为保险标的的保险合同。包括人寿保险合同、伤害保险合同和疾病保险合同。财产保险合同与人身保险合同的保险标的和种类区别见表8-2。

表8-2　财产保险与人身保险的标的和具体种类

	人身保险合同	财产保险合同
保险标的	人的寿命和身体	财产及其有关利益
具体种类	人寿保险、健康保险、意外伤害保险	财产损失保险、责任保险、信用保险、保证保险

（2）损失补偿性保险合同与定额给付性保险合同

根据保险金给付的性质不同，保险合同可以分为损失补偿性保险合同与定额给付性保险合同。损失补偿性保险合同是指以补偿被保险人的经济损失为目的的保险合同。它以被保险人的经济损失为前提，无损失则无补偿。财产类保险大多为损失补偿性保险，但并非全部。如古玩、字画等不易确定价值的财产、船舶保险等采用定值保险方式的保险合同，其性质不是损失补偿。定额给付性保险合同是指不以实际经济损失的发生为前提，只要约定的保险事故发生，保险人即应给付约定数额的保险金，以满足被保险人或受益人的经济需求的保险合同。定额给付性保险合同都是人身保险合同，但并非所有人身保险合同都是定额给付性保险合同，凡是损失补偿性的人身保险合同，都不是定额给付性保险合同。死亡保险合同、年金保险合同、残疾收入保障保险合同、重大疾病保险合同等人身保险合同属于定额给付性保险合同。

（3）原保险合同与再保险合同

根据保险责任的次序不同，保险合同可以分为原保险合同与再保险合同。原保险又称第一次保险，是指保险人在保险责任范围内直接由自己对被保险人负赔偿责任的保险。再保险又称分保或第二次保险，是原保险人为减轻或避免所负风险把责任的一部分或全部转移给其他保险人的保险。再保险的目的主要是分散风险、扩大承保能力、稳定经营。根据《保险法》第 28 条的规定，保险人将其承保的保险业务，以承保形式，部分转移给其他保险人的，为再保险。

再保险合同的内容受原保险合同的制约。再保险人的保险责任以原保险人的责任为限，再保险合同的保险金额不得超过原保险合同的保险金额，再保险合同的有效期限亦不得超过原保险合同的有效期限。原保险合同失效时，再保险合同也同时失效。但再保险合同失效时，原保险合同并不因此而失效。再保险接受人不得向原保险的投保人要求支付保险费。原保险的被保险人或受益人不得向再保险接受人提出赔偿或给付保险金的请求。再保险分出人不得以再保险接受人未履行再保险责任为由，拒绝履行或迟延履行其原保险责任。

（4）单保险和复保险

根据保险人的人数划分，保险可分为单保险和复保险。单保险是指投保人对于同一保险标的，就同一保险利益、同一保险事故与 个保险人订立保险合同的保险。复保险或称重复保险，是投保人对于同一保险标的、同一保险利益、同一保险事故分别与两个以上的保险人订立保险合同，且保险金额超过保险价值的保险。根据《保险法》的规定，重复保险的投保人应当将重复保险的有关情况通知各保险人。重复保险的各保险人赔偿保险金的总和不得超过保险价值。除合同另有约定外，各保险人按照其保险金额与保险金额总和的比例承担赔偿保险金责任。重复保险的投保人可以就保险金总和超过保险价值的部分，请求各保险人按比例返还保险费。

8.2.2 保险合同的主体

广义上的保险合同主体包括保险合同的当事人，即投保人和保险人，而且包括保险合同的关系人，即被保险人和受益人。狭义上则仅指保险合同的当事人。

1. 保险合同的当事人

（1）投保人。投保人是指与保险人订立保险合同，并按照合同约定负有支付保险费义务的人。根据《民法通则》关于民事行为能力的规定及保险合同的特点，投保人应为完全民事行为能力人，限制民事行为能力人、无民事行为能力人不应作为投保人。限制民事行为能力人与保险人订立保险合同的，须经其法定代理人追认，才能产生法律效力。投保人对保险标的须有保险利益并负有缴付保险费的义务。

（2）保险人。保险人是指与投保人订立保险合同，并按照合同约定承担赔偿或给付保险金责任的保险公司。保险人是依法成立并允许经营保险业务的法人。保险人在保险合同成立时有权向投保人请求缴付保险费。保险人必须依法组织、管理和使用保险金。在我国，保险人主要采取有限责任公司和股份有限公司的组织形式，保险合作社这种组织形式在保险实践中虽有存在，但并不多见，并受到很多限制。

2. 保险合同的关系人

（1）被保险人。根据《保险法》的规定，被保险人是指其财产或人身受保险合同保障，享有保险金请求权的人。被保险人必须是保险事故发生时遭受损失的人。

在财产保险中，被保险人必须是保险标的的所有人或其他权利人，如享有财产经营管理权、使用权、抵押权的人；在人身保险中，被保险人除了是保险标的的所有人外，同时也是保险标的。被保险人应当是具有民事权利能力的人。财产保险合同的被保险人可以是自然人、法人或非法人团体，人身保险合同的被保险人则以自然人为限。被保险人必须是享有赔偿或给付请求权的人。在财产保险中，由于只是财产上的毁损灭失，被保险人可自己行使赔偿请求权；在人身保险中，尤其是人寿保险中的死亡保险，被保险人无法行使给付请求权，因此法律规定可由受益人享有给付请求权。

（2）受益人。受益人是指人身保险合同中由被保险人或投保人指定的享有保险金请求权的人，投保人、被保险人可以为受益人。被保受益人是享有保险金请求权的人，受益人的保险金请求权属于其固有权，因此其应领取的保险金不能作为被保险人的遗产。受益人是由投保人或被保险人在保险合同中指定的。人身保险的受益人由被保险人或投保人指定。投保人指定受益人时须经被保险人同意。投保人为与其有劳动关系的劳动者投保人身保险，不得指定被保险人及其近亲属以外的人为受益人。被保险人为无民事行为能力人或限制民事行为能力人的，可以由其监护人指定受益人。被保险人或投保人可以指定一人或数人为受益人。受益人为数人的，被保险人或投保人可以确定受益顺序和受益份额；未确定受益份额的，受益人按照相等份额享有受益权。

8.2.3 保险合同的订立

1．保险合同订立的程序

保险合同的订立一般要经过保险人或保险代理人的劝诱、投保人的投保、保险人的核保、承保四个阶段。保险承诺也叫承保，即接受投保人在投保单中提出的全部条件。承诺可以由保险人，也可以由保险人的代理人作出。所作出的承诺，必须是无条件的。有的国家规定了承诺的期限，如瑞士的《保险合同法》规定，要约具有 14 天的约束力；如被保险人需做身体检查时，该要约的有效期为 4 个星期，保险人的逾期接受不构成对投保人的约束。

保险公司通过业务员或代理人向客户发放宣传材料等，不属于要约，属于要约邀请。保险人一旦承保，保险合同即告成立。

2．保险合同订立的形式

保险合同订立的形式，即保险合同订立的凭证，在保险实务上，主要表现为投保单、暂保单、保险单和保险凭证等。但保险合同并非只能采取书面形式，根据我国《保险法》第 13 条的规定，在保险人同意承保到保险人签发保险单或其他保险凭证之前的这段时间，当事人之间实际上已经存在保险合同关系。

（1）投保单。投保单，投保单是投保人的书面要约。投保单经投保人据实填写交付给保险人就成为投保人表示愿意与保险人订立保险合同的书面要约。

投保单是由保险人事先准备的、具有统一格式的书据。投保单的内容通常包括以下项目：投保人、被保险人、受益人的名称和住所、保险标的及其地址、投保的险别；保险金额或责任限额、保险费和保险费率、保险期限、免赔额或免赔率、特别约定、投保人声明等。有些险种在投保时除了填写投保单外，还要填写风险询问表或健康告知书。投保人应依投保单和风险询问表、健康告知书所列项目逐项认真如实填写，并亲自签名盖章，注明填写的年月日。投保单的填写，无论是出于投保人的主动，还是出于保险人或其代理人的邀请，均不影响投保单的要约性质。

一个完整的投保单经投保人填具后，如果其内容被保险人完全接受，并在投保单上加盖承保印章，保险合同即视为成立。因为要约一经受要约人承诺，合同即告成立。即使这时保险人尚未出具保险单，保险合同也已经成立。

（2）暂保单。又称“临时保单”，指保险人或其代理人在同意承保风险而又不能立即出具保险单或保险单证时，向投保人签发的临时保险凭证。暂保单不同于保险单，但在有效期限内在保险单作成并交付之前，具有与保险单相同的效力。暂保单的内容比保险单简单，仅载明被保险人的姓名或名称、保险标的、承保险种、保险金额、保险期限等主要事项，有关保险责任、责任免除当事人的权利和义务等内容则以保险单的规定为准。

暂保单的法律效力通常与正式保单完全相同，但有效期较短。在暂保单载明的有效期内或正式保单签发前，如果发生约定的保险事故，保险人应依约承担保险赔付责任。当正式保单交付时，暂保单即自动失效。正式保单签发前，保险人也可以终止暂保单的效力，但须提前通知投保人。

签发暂保单不是订立保险合同的必经程序，但在以下情况下可使用暂保单：保险代理人在争取到有关业务而尚未向保险人办妥保险单手续之前；保险公司的分支机构接受投保后，未获公司批准之前；在当事人双方已就保险合同的主要条款达成协议，但尚有某些条件需要继续协商时；保险人在出具保险单或保险凭证前，可先出具暂保单，作为出口贸易结汇的凭证之一，证明出口货物已经办理保险。

（3）保险单。保险单简称“保单”，是《保险法》中列举的投保人与保险人之间订立的正式书面保险合同的一种。保险单由保险人根据国家保险监督管理机关制定的基本条款和保险费率制定，它由保险人签发给投保人。保险单是被保险人在保险标的因保险事故发生损失时向保险人提出索赔或请求给付赔偿金的依据和凭证。在保险业产生的初期，保险单的内容完全由当事人自由协商确定，但随着后来保险业务的迅速发展，受保险习惯、保险法律和协会条款等影响，保险单的内容出现了标准化的趋势，并逐渐形成各种标准保单。

（4）保险凭证。保险凭证也称“小保单”，是保险人向投保人签发的证明保险合同已经成立的书面凭证，是一种简化了的保险单。其法律效力与保险单相同，只是内容较为简单。在保险凭证上不附印保险合同的条款，仅记载投保人或被保险人的姓名或名称、保险凭证号、保险险种、保险金额、有效期限等主要内容。

保险凭证通常在下列情况下使用：保险人承揽团体保险业务时，由于其出具的保险单一般由团体负责人保管，所以保险人须对团体的成员分别签发保险凭证作为他们参加保险的证明。在运输货物保险中，通常除了签订预约保险合同外，还应对每一笔运输货物单独出具保险凭证。对于机动车辆第三者责任险等强制保险，为便于被保险人随身携带，供有关部门检查，保险人通常出具保险凭证。

（5）其他书面协议。其他书面协议是指投保人和保险人不采用上述形式订立的书面保险合同，是订立保险合同的辅助形式。投保人和保险人或其代理人应当在协议上签字或盖章，并注明签字或盖章的日期和地点。

8.2.4 保险合同的内容

保险合同的内容，就是保险合同所约定的当事人的权利与义务，并主要体现在保险合同的具体条款上。

1. 保险合同条款

根据保险合同条款的性质不同，可将其分为基本条款和特约条款。

保险合同的基本条款又称为普通条款，是指保险人在事先准备或印就的保险单上，根据不同险种对保险合同当事人权利和义务等基本事项的规定，构成了保险合同的基本内容。

根据我国《保险法》第 18 条的规定，保险合同应当包括下列基本条款①保险人名称和住所。保险人名称指作为承保人的保险公司的全称，住所是指保险公司所在的地址。②投保人、被保险人名称和住所，以及人身保险的受益人的姓名和住所。③保险标的。保险标的指作为保险对象的财产及其有关利益或人的寿命和身体健康。保险标的决定了保险的险种，并且是判断投保人或被保险人是否有保险利益存在的根据；④保险价值。保险价值是指保险标的的价值，对财产保险而言，保险价值是确定保险金额的依据。保险金额不得超过保险价值；超过的部分无效，被保险人不得对超过保险价值部分请求赔偿。保险金额低于保险价值的，除合同另有约定外，保险人按照保险金额与保险价值的比例承担赔偿责任。⑤保险责任和责任免除。保险责任是指约定的保险事故或事件发生后，保险人所承担的保险金赔偿或给付责任。保险责任须明确保险人所承担的风险范围，即保险人可能承保的危险。构成可保危险须符合下列五个条件：可能性、合法性、偶然性、确定性、未来性。责任免除是指保险人不负责赔偿或给付责任的范围，也即是一般合同所指的不可抗力事件的范围和对方当事人的过错的范围。⑥保险期间和保险责任开始时间。保险期限对确定投保人的保险利益有无、保险危险的发生与消灭与否、保险费的交纳期限和合同是否已经生效等重大事项的确定都有重要的意义，保险期间通常有两种计算方法，第一种是按日历上的年月日计算。在我国保险实务上，中长期的人身保险合同通常规定，保险合同自保险人同意承保、收取首期保险费并签发保险单的次日开始生效。除另有约定外，合同生效的日期为保险人开始承担保险责任的日期。如果保险人签发保单的日期为 2004 年 3 月 6 日，保险期间为 1 年，则其保险期间自 2004 年 3 月 7 日 0 时起至 2005 年 3 月 6 日 24 时止。

保险合同的特约条款又称为附加条款，是指保险合同当事人双方在基本条款的基础上所附加的、用以扩大或限制基本条款的特别约定，构成了保险合同的补充内容。但无论基本条款还是附加条款，一旦写入保险合同，就对当事人具有同等的法律约束力。

【经典案例：保险条款的解释】

2012 年，绿色食品有限责任公司委托铁路部门承运 500 吨水蜜桃，又向保险公司投保了货物运输保险。保险合同中规定，对保险标的如下情况，保险公司不承担赔偿责任：被保险货物自有的缺陷、被保险人的故意或过失行为、运输过程中发生的盗窃损失、其他不属于保险责任范围的损失。但是，在保险合同中，没有规定水蜜桃因腐烂造成的损失是否属于保险责任。货物到达目的地时发现，三分之二的水蜜桃已经腐烂。经过技术监督部门对水蜜桃腐烂原因的鉴定，结论是：并非是货物本身的缺陷，而是由于装载不当及气温异常所致。绿色食品有限责任公司提出索赔申请。保险公司予以拒绝。保险公司认为：货物损失确实存在，但是，根据保险合同，该损失不属于保险责任范围。随后，绿色食品有限责任公司起诉于法院，请求保险公司承担赔偿责任。

问题：保险公司是否当该承担赔偿责任？

【经典案例分析：保险条款的解释】

保险公司应该承担赔偿责任。根据我国保险法第 30 条的规定，“对于保险合同的条款，保险人与投保人、被保险人或受益人有争议时，人民法院或仲裁机关应当作有利于被保险人和受益人的解释。”还有第 17 条的规定，“保险合同中规定有关于保险人责任免除条款的，保险人在订立保险合同时应当向投保人明确说明，未明确说明的，该条款不产生效力。”

2．保险合同条款的解释原则

受理保险合同纠纷的法院或仲裁机关，在合同条款含义模糊时，为确定当事人的权利与义务，依法对保险合同条款及其相关资料所作的具有约束力的解释。关于保险合同的解释原则见图 8-1。

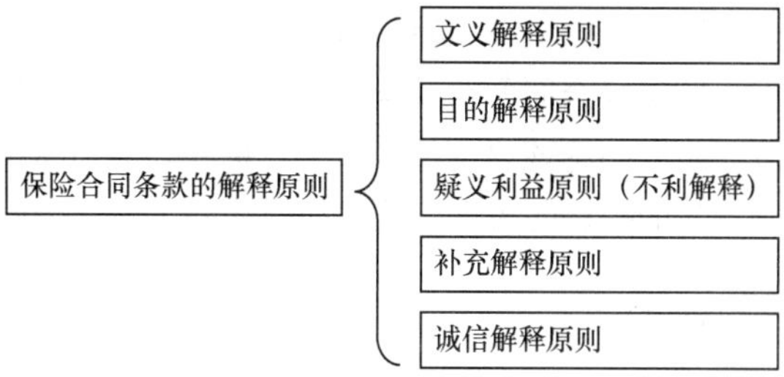

图 8-1 保险合同条款解释原则

（1）文义解释原则。文义解释原则，即按合同条款通常的文字含义并结合上下文来解释。保险合同的基本条款是保险人事先统一印制的，为了满足不同投保人的需要，往往要在保单中加批注。批注中，手写的、打印的均有效，还可加贴条款或进行更改。如果前后条款内容有矛盾或相抵触，后加的批注、条款优于原有的条款。保险合同更改后应写明批改日期，如果未写明日期，条款发生矛盾，应该以手写的批注优于打印的批注，加贴的批注应该优于正文的批注来解释。

（2）目的解释原则。目的解释是指应从签约背景、条款上下文、合同整体等方面，进行合乎逻辑的分析和推理，以探明当事人订约的真实意愿，确保这种意愿的实现。当保险合同正文上的条款、边页上的条款和附页上的条款出现矛盾，或构成保险合同的一套文件对相同事项的规定因笔误等原因产生矛盾时，法庭应遵循目的解释原则，确定以哪一个条款或词语为标准，哪一个具有优先的效力。

（3）疑义利益原则。疑义利益原则是指如果合同条款能够合理地作出一种以上的解释。那么，法庭将采用不利于该条款的拟定方，而有利于仅仅是该条款的接受方的解释。根据《保险法》的规定，采用保险人提供的格式条款订立的保险合同，保险人与投保人、被保险人或受益人对合同条款有争议的，应当按照通常理解予以解释。对合同条款有两种以上解释的，人民法院或仲裁机关应当作有利于被保险人和受益人的解释。保险合同通常属于格式合同，条款由保险人事先拟定，因此，疑义利益解释原则又被称为不利于保险人的原则。

【相关知识：疑义利益原则】

疑义利益原则也叫有利解释原则，有利解释原则起源于 1536 年英国的一个判例：1536 年 6 月 18 日，一承保海上保险的英国人里查德·马丁将其保险业务扩大到人身保险，并为他的一位嗜酒的朋友威廉·吉朋承保了人寿保险。保险金额2000英镑，保险期限为12个月，保险费80英镑。被保险人吉朋于1537年5月29日死亡。受益人请求保险人马丁依约给付保险金2000英镑，但马丁声称吉朋所保的12个月，系以阴历每月28日计算的，不是日历上的12个月，保险期限已于公历5月20日届满，因而他无须支付保险金。但受益人坚持要按公历计算。

最后法院判决，双方存在争议时应作有利于被保险人的解释，马丁有义务给付保险金。

（4）补充解释原则。如果使用了其他解释方法之后仍无法确定保险合同条款或词语的真正含义，弥补其缺陷，明确当事人的权利和义务，法庭可以接受合同以外的证据，对合同进行补充解释。这些证据包括合同双方的行为、商业习惯与惯例等。

（5）诚信解释原则。保险合同是最大诚信合同。保险合同的当事人应当实事求是、讲诚信、守信用，以善意的方式全面履行合同义务。韩国商法第638条之2条第3款有保险合同的拟制成立，即保险人收到投保人的保险合同要约及全部或部分保险费后承诺该要约之前，若发生保险合同所规定的保险事故，除有拒绝该要约的事由外，保险人应当承担保险合同上的责任。但是，应当接受体检的人身保险的被保险人未接受体检时除外。

8.2.5 保险合同的效力

1. 保险合同的成立与生效

（1）保险合同的成立

保险合同的成立是指合同双方当事人就保险合同条款达成一致的意思。根据《保险法》第13条的规定，在受要约人作出承诺之时，合同即告成立。

（2）保险合同的生效

保险合同的生效是指保险合同开始对合同当事人产生法律效力。保险合同是不要式合同和诺成性合同，只要当事人双方就保险合同的条款达成一致的意思表示，无论是否签发暂保单、保险单或保险凭证，无论是否缴纳保险费，保险合同均告成立。

保险合同的生效应具备一定的要件。生效的一般要件包括当事人具有相应的行为能力、意思表示真实、内容不违反法律和社会公共利益。保险合同的特别生效要件，因财产保险合同和人身保险合同而不同。财产保险合同的被保险人应对保险标的具有保险利益，这不仅是财产保险合同的特别生效要件，也是财产保险合同效力维持的要件。至于保险单的签发和保险费的交付，除非合同特别约定其为生效要件，否则，并非保险合同的特别生效要件。人身保险合同的特别生效要件主要有：投保以死亡为给付保险金条件的人身保险，应经被保险人书面同意并认可保险金额，父母之外的投保人不得为无民事行为能力人投保以死亡为给付保险金条件的人身保险，父母为其未成年子女投保的人身保险的死亡给付的保险金总和不得超过保险金的管理部门规定的限额。当事人可以约定，保险单的签发、首期保费的缴纳为人身保险合同的特别生效要件。

一般情况下，依法成立的保险合同自其成立时即具有法律约束力。但由于保险合同可以约定特别生效要件，因此，保险合同的生效时间与成立时间并不一定相同。具体而言，保险合同的生效时间主要有以下几种情形：保险合同自成立时生效；保险合同自保单送达时生效；保险合同自投保人投保并缴纳首期保费时生效；保险合同自合同明确约定的日期生效。

2．保险合同的无效

（1）无效的含义

保险合同的无效是指已经成立的保险合同因违反法律的强制性规定或公序良俗，在法律上自始不产生法律效力。保险合同的无效与保险合同不成立不同。保险合同不成立是指保险合同欠缺成立要件，也就是说，在当事人之间尚不存在保险合同，保险合同无效则是指已经成立的保险合同严重欠缺生效要件，因此，自始不能按照当事人合意的内容赋予其法律效力。

保险合同的无效也不同于保险合同的失效。保险合同的失效是指已经生效的保险合同因某种原因丧失法律效力，保险合同的无效则是保险合同自始不产生法律效力。

（2）保险合同无效的法定情形

根据我国《保险法》的规定和保险法的一般原理，保险合同无效的原因主要有以下几种法定情形：保险合同成立或生效时，保险标的已不存在，或保险标的上的危险已经发生且不为当事人双方所知；财产保险合同中被保险人对保险标的自始欠缺保险利益；不定值保险合同中，保险金额超过保险价值的；投保人为他人投保以死亡为给付保险金条件的保险合同，未经被保险人书面同意，并认可保险金额的；父母为其未成年子女投保以死亡为给付保险金条件的保险合同，保险金额超过保险监督管理部门规定的限额的；人寿保险合同的被保险人年龄不实，且投保时其真实年龄超过保险人规定的年龄限度的违法的承诺。例如，保险人对被保险人自保险合同成立之日起不满 2 年的期限内发生的自杀给付保险金的承诺是违法的承诺。同样，保险人也不得对被保险人因故意犯罪导致的伤残承诺给付保险金；投保人以自己为受益人，为谋害被保险人而恶意投保的人寿保险合同亦是合同无效的情形。

3．保险合同的变更

保险合同的变更是指在保险合同存续期间，其主体、内容、效力发生变化。保险合同的变更，既有双方合意变更，也有单方有权变更。从我国《保险法》的上看，保险合同变更的原因主要有以下一些，保险标的的转让、受益人的变更、保险人的变更；保险危险的明显增减，保险危险的明显减少，保险标的的保险价值明显减少或增加，保险合同成立后保险标的的保险价值明显减少，投保人申报的被保险人年龄不真实，宽限期届满后投保人仍未缴纳当期保费。

保险合同变更仅对将来发生效力，原合同不再继续履行，但已经履行的部分仍然有效，不产生恢复原状的后果，当事人应按照变更后的合同继续履行。

4．保险合同的解除

保险合同的解除是指在保险合同关系有效期内，当事人依据法律规定或合同约定，提前消灭保险合同的权利义务的行为。只有享有合同解除权的当事人才有权请求解除合同，第三人无权请求解除合同，非经解除权人请求，受理保险合同纠纷的法院或仲裁机构也不得依职权径行解除当事人之间的保险合同。我国《保险法》第 15 条和第 16 条分别对投保人和保险人解除保险合同作了原则性的规定，对投保人解除保险合同采取了比较宽容的态度，对保险人解除保险合同采取了较为严格的态度。

保险合同的解除可以出于以下情形：投保人违反如实告知义务，影响保险人决定是否同意承保，或对保险事故的发生有严重影响的；被保险人违反过去事项或将来事项的保证条款，保险合同订立的基础不复存在的；保险合同成立后、保险责任开始前，投保人得解除合同；根据保险合同的约定，在保单送达后的犹豫期内，投保人得解除合同；保险法律或保险合同规定的其他原因。

保险合同的解除后，保险合同自始消灭。尚未履行的，不再履行；正在履行的，停止履行；已经履行的，恢复原状，但法律或合同另有规定的除外。一方有过错的，承担损害赔偿责任。

5. 保险合同的终止

（1）保险合同终止的含义

保险合同终止是指保险合同生效后，由于某些情况的发生，导致保险合同暂时失去效力。保险合同的终止不同于保险合同的解除。保险合同终止后合同的效力消灭，保险合同的解除则溯及消灭合同的效力。保险合同的终止不同于保险合同的中止。保险合同的中止是指保险合同生效后，因某种法定或约定事由的发生，保险合同的效力暂时停止或中断，当该事由消失后，保险合同的效力自动恢复或经申请并为保险人同意后恢复。保险合同的终止则是指保险合同的效力不可逆转的消灭，根本不存在恢复的可能。

（2）保险合同终止的法定情形

根据《保险法》的规定，发生如下情形，保险合同终止：投保人不履行如实告知义务，影响保险人决定是否提高保险费率的；被保险人虚构保险事故，或以伪造、变造的有关证明、资料，夸大损失程度，向保险人索赔的；被保险人故意制造保险事故的；被保险人未按照约定履行其对保险标的的安全应尽的责任的；保险标的上的危险程度明显增加，投保人未通知保险人，或虽通知保险人，但不同意保险人提高保险费的合理要求的；保险责任开始后，投保人在法律或合同不禁止的前提下要求退保的；投保人或被保险人违反将来事项的保证条款的；投保人逾期不缴纳保险费，经保险人催促仍不缴纳，或保费缴纳的宽限期届满的。

保险合同终止后，合同未履行的，不再履行；正在履行的，停止履行；已经履行的，仍然有效，对于保险合同的终止有过错的一方应承担相应的损害负赔偿责任。

8.2.6 保险索赔与理赔

1. 保险索赔

（1）保险索赔的概念

保险索赔是被保险人或受益人在保险事故发生后或保险合同中约定的事项出现后，根据保险合同，在法定期限内请求保险人给予经济补偿或给付保险金的行为。

（2）保险索赔的时效

索赔时效即索赔权人就保险事故造成的损害向保险人提出赔偿请求权的最长期间。

人寿保险的索赔时效为自知道或应当知道保险事故发生之日起 5 年；其他保险的索赔时效为自知道或应当知道保险事故发生之日起 2 年。

（3）保险索赔的程序

保险索赔是保险理赔的先决条件，主要包括如下一些程序。

① 出险通知。我国《保险法》第 22 条第 1 款规定：“投保人、被保险人或者受益人知道保险事故发生后，应当及时通知保险人。”出险通知有助于保险人及时开展事故调查，迅速查明损失原因和损失程度，发现或减少保险欺诈，准确认定保险责任。有助于被保险人得到保险人的及时协助，采取适当的救助措施，减少损失或避免损失的进一步扩大。根据我国《保险法》第

22 条规定：出险通知的义务主体应是投保人、被保险人、受益人。投保人、被保险人或受益人应按照保险合同条款规定的形式履行出险通知义务。投保人、被保险人或受益人可以各种方便、快捷方式进行通知，书面、口头或电话、传真均无不可。出险通知的内容通常包括被保险人的姓名或名称、地址、保单号码、出险日期、出险原因、损失程度等，保险人是否应对该保险事故承担保险责任，投保人、被保险人或受益人不必在出险通知时证明。出险通知应在保险合同规定的时间内作出，合同未规定的，应在合理时间内作出。合理时间的起点应为投保人、被保险人或受益人实际知道保险事故发生后。

② 提出索赔请求。提出索赔请求是被保险人或受益人向保险人请求赔偿或给付保险金的行为。索赔申请是出险通知后一个重要的索赔程序，如果被保险人或受益人不提出索赔申请，保险人则没有义务主动赔付或给付保险金。我国《保险法》第 23 条规定："保险事故发生后，依照保险合同请求保险人赔偿或给付保险金时，投保人、被保险人或受益人应当向保险人提供其所能提供的与确认保险事故的性质、原因、损失程度等有关的证明和资料。"

索赔申请应当在法律规定的索赔时效期间内提出，对于超过索赔时效的索赔申请，保险人有权拒赔。

③ 积极施救、整理，防止损失扩大。

④ 接受检验。

⑤ 提供索赔单证。

⑥ 领取保险赔偿金或保险金。

⑦ 协助保险方向造成保险事故依法承担责任的第三方追偿。

2．保险理赔

（1）理赔的概念。

理赔是指基于被保险人或受益人提出的索赔请求，保险人根据合同和有关索赔资料，审理保险赔偿，审核确定保险赔偿责任，以决定是否支付保险金的行为。

保险理赔是一项具体实现经济补偿或给付的工作，通过保险理赔可以检验承保业务和风险管理的质量，发现保险条款、保险费率和减灾防损工作的不足，为改进保险条款、提高承保业务质量、完善风险管理提出意见和建议。

保险理赔是保险人履行经济补偿或给付义务的过程，保险人应当信守合同条款，忠实地履行合同义务。保险理赔人员在处理赔案时，态度要积极，不论是出险通知、索赔申请的受理，还是事故调查勘验和定损赔付，都要讲究速度，不能随意拖延。保险理赔应当坚持实事求是的原则，保险理赔人员只有经过广泛、深入的调查研究和全面细致的分析论证才能查清事实真相，确定责任归属，提出正确的理赔方案。

（2）保险理赔的程序

① 出险受理。保险理赔人员收到出险通知时，应了解通知人姓名、联系电话、与被保险人的关系、被保险人的名称或姓名、保险险种、保险单号码、事故发生的时间、地点、目前的损失、采取的施救措施等情况，将上述情况记录在案。

② 立案检验、现场勘验。保险人收到被保险人或受益人的赔偿或给付保险金的请求后，应查对有关索赔单证、资料后予以立案，并派人到出险现场，了解事故原因、损失大小。应当及时作出核定，对属于保险责任的，在与被保险人或者受益人达成有关赔偿或者给付保险金额的

协议后 10 日内，履行赔偿或给付保险金义务。保险合同对保险金额及赔偿或给付期限有约定的，保险人应当依照保险合同的约定，履行赔偿或给付保险金的义务。

③ 审核责任。保险人在对事故进行调查和对各项单证加以审查后，决定是否承担保险责任及承担责任的大小。我国《保险法》第 24 条规定："保险人收到被保险人或受益人的赔偿或给付保险金的请求后，应当及时作出核定，并将结果通知被保险人或受益人。"

④ 计算、确定并支付保险金。保险人经审核认为索赔请求属于保险责任的，应当依法或依合同约定及时计算并确定保险金数额，并及时支付保险金。保险人自收到赔偿或给付保险金的请求和有关证明、资料之日起 60 日内，对其赔偿或给付保险金的数额不能确定的，应当根据已有证明和资料可以确定的最低数额先予以支付；保险人最终确定赔偿或给付保险金的数额后，应当支付相应的差额。

⑤ 赔款给付。根据我国《保险法》第 24 条的规定，对属于保险责任的，在与被保险人或受益人达成有关赔偿或给付保险金额的协议后十日内，履行赔偿或者给付保险金的义务。

"保险合同对保险金额及赔偿或者给付期限有约定的，保险人应当按照保险合同的约定，履行赔偿或者给付保险金的义务。""保险人未及时履行前款规定义务的，除支付保险金外，应当赔偿被保险人或者受益人因此受到的损失。""任何单位或者个人都不得非法干预保险人履行赔偿或者给付保险金的义务，也不得限制被保险人或者受益人取得保险金的权利。"受益人之间或受益人与第三人之间就保险金的领取发生纠纷的，保险人可以将保险金提存，待纠纷解决后，再由有权领取的人领取。

8.3 财产保险合同

8.3.1 财产保险合同的概念和特征

1. 财产保险合同的概念

财产保险合同，是指投保人与保险人之间所达成的，由投保人缴付保险费，保险人对于投保的物质财产及其有关利益因保险事故造成的损失承担赔偿责任的保险合同。根据我国《保险法》第 92 条第 1 款规定："财产保险业务，包括财产损失保险、责任保险、信用保险等保险业务。"狭义的财产保险合同是指与责任保险、信用保险等保险合同相对应的，以有形财产为保险标的的财产保险合同。

2. 财产保险合同的特征

财产保险合同是以各种有形财产或无形财产为保险标的的保险合同。人身保险合同则以被保险人的寿命和身体为保险标的。财产保险合同是补偿性合同，根据承保财产的价值确定保险金额。在财产保险合同中，当保险事故发生导致被保险人遭受经济损失时，保险人按照合同约定补偿被保险人的经济损失，使其恢复到保险事故发生前的经济状况，并通过保险代位规则防止其获得大于损失的利益、财产保险合同强调保险标的因保险事故致损时的保险利益；财产保险合同是短期性合同。人身保险合同可以是短期的，但通常是长期的，有些甚至是终身的。

8.3.2 财产保险合同的主要种类

1. 财产损失保险合同

财产损失保险合同是指投保人与保险人达成的，由保险人对于承保的处于合同约定的固定地点的有形财产（动产和不动产）及其产生的特定利益因发生保险事故所造成的损失承担保险责任的保险合同。我国保险公司现在开办的（企业）财产保险、家庭财产保险和涉外财产保险等都是在火灾保险基础上扩展而来的，在保险实务中称为财产损失保险。保险实务中常见的企业财产保险合同、家庭财产保险合同、工程保险合同、运输工具保险合同和货物运输保险合同等，都属于财产损失保险合同。

【经典案例：财产保险合同】

李某新建楼房竣工，并于 2012 年 4 月 1 日在保险公司为该楼房投保家庭财产保险，保险金为 50 万元。2012 年 12 月，李某将该楼房出租给田某，田某用该楼房储存化学药品。李某没有将此情况通知保险公司。2013 年 2 月 2 日，化学药品起火，该楼房全部烧毁。田某逃走。李某要求保险公司赔偿损失。保险公司经核实，发出拒绝赔偿通知。

【经典案例分析：财产保险合同】

李某没有尽通知的义务，保险人不承担赔偿责任。在投保人与保险人签订保险合同时，保险人是依据当时的保险标的危险状态和危险程度收取保费、承担保险责任的。如果在事后保险标的危险程度增加了，就意味着保险人所承担的风险随之增加，在这种情况下，保险人应当有权要求增加保险费或不再继续承保，否则，保险人的利益就会受到损害。鉴于这种情况，我国保险法第 36 条规定，“在合同有效期内，保险标的危险程度增加的，被保险人按照合同约定应当及时通知保险人，保险人有权要求增加保险费或解除合同。被保险人未履行前款规定的通知义务的，因保险标的危险程度增加而发生的保险事故，保险人不承担赔偿责任。”

2. 责任保险合同

责任保险合同是指以被保险人依法应当向第三人承担的民事赔偿责任作为保险标的的一种财产保险合同。按照承保的方式不同，责任保险可分为单独承保的责任保险和承保基本责任或附加责任的责任保险。单独承保的责任保险是以责任性质区分的，并各自签订专门的责任保险单。如公众责任保险、产品责任保险、雇主责任保险和职业责任保险等。承保基本责任或附加责任的责任保险则不单独订立专门的保险单，而以构成各种财产保险的组成部分或以附加责任方式承保，如汽车第三者责任、船舶碰撞责任、旅客责任、油污责任、海洋石油开发保险的油污责任、飞机保险的第三者责任、旅客责任、建筑和安装工程保险的第三者责任保险等。

3. 信用保险合同

信用保险合同是指保险人对被保险人所从事的商品销售或商业贷款业务活动提供保险，当债务人不履行法定或约定义务未对被保险人清偿时，由保险人负责赔偿的一种财产保险合同。在信用保险实务中，主要有国内信用保险合同、出口信用保险合同、投资信用保险合同等。

国内信用保险合同是指国内的商品出卖人和贷款人因商品买受人和贷款接受人的信用危险，致使货款和贷款不能收回时，由保险人依约定给予赔偿的一种财产保险合同。

出口信用保险合同是在中国外贸企业和银行从事商品外销或者贷款业务的活动中，债务人不履行合同义务时，由保险人对债权人的经济损失给予赔偿的一种财产保险合同。

投资信用保险合同又称政治风险保险，是指承保海外投资者由于东道国实行国有化、征收等政治原因不能收回投资成本及利润而造成投资损失时的赔偿责任的一种信用保险合同。其承保对象一般为海外投资者，承保机构多为政府特设机构，承保范围只限于投资者的直接投资，承保风险仅限于政治风险。

4．保证保险合同

保证保险合同是由保险人为被保证人的行为（作为或不作为）对第三人（权利人）所造成的经济损失承担赔偿责任的一种财产保险。

保证保险合同分为确实保证保险合同与诚实保证保险合同两大类。

确实保证保险合同是指投保人向保险人交纳保险费，保险人在被保险人不履行义务而使权利人遭受损失时，承担赔偿责任的保险合同。其主要类型有合同保证保险合同、司法保证保险合同、许可证保证保险合同、存款保证保险合同和贷款保证保险合同。

诚实保证保险合同又称为忠诚保证保险合同、雇员忠诚保险合同，是指投保人向保险人支付保险费，保险人在因被保险人的雇员的不诚实行为而受到损失时承担保险责任的保险合同。

保险实务中常见的诚实保证保险合同有贷款保证保险合同、产品质量保证保险合同、建筑工程保证保险合同、完工保证保险合同、雇员忠诚保险合同忠诚等。

8.4 人身保险合同

8.4.1 人身保险合同的概念与特征

1．人身保险合同的概念

根据我国《保险法》第 52 条的规定，人身保险合同是以人的寿命和身体为保险标的的保险合同。人身保险合同是投保人与保险人通过订立人身保险合同，约定投保人按时交纳一定的保险费，在被保险人或受益人因疾病或遭受意外事故而致伤残或死亡时，或在保险期满时，保险人一次或按期向其支付医疗费或保险金的一种法律制度。人身保险是一种定额给付性质的保险，投保人投保多少金额，当条件满足时，保险人必须承担多少给付的责任，无须调查损失的有无和大小。我国《保险法》第 92 条规定："人身保险业务，包括人寿保险、健康保险、意外伤害保险等保险业务。"

2．人身保险合同的特征

（1）定额给付性。人身保险的保险标的不能用具体的金钱价值予以确定，人身保险的保险金额只能由投保人和保险人协商确定一个固定的数额，以此作为保险人给付保险金的最高限额。

（2）保险标的的非财产性。

（3）保险费不得强制请求。投保人不按照人身保险合同的约定支付保险费，保险人不得以强制方式要求投保人支付保险费。投保人在应当支付保险费时，可以选择缴纳保险费以维持合同，也可以选择不缴纳保险费以终止合同。

（4）储蓄性。人身保险合同的保险金额较小，性质接近储蓄，社会需求量和弹性都较大，投保人对保险费率的变动较敏感，因此人身保险要借助多种形式广泛促销。

（5）保险期限的长期性。

8.4.2　人身保险合同的分类

（1）根据保险期限的不同，人身保险合同可分为长期保险合同和短期保险合同。

（2）根据保险金给付的性质不同，人身保险合同可分为给付性人身保险合同与补偿性人身保险合同。

（3）根据投保方式的不同，人身保险合同可分为个人人身保险合同和团体人身保险合同。

（4）根据保险危险的不同，人身保险合同可分为人寿保险合同、意外伤害保险合同与健康保险合同。

① 人寿保险合同：人寿保险合同是以被保险人的死亡或生存为保险事故的人身保险合同。人寿保险的基本内容是投保人向保险人缴纳保险费，当被保险人在保险期限内死亡或生存到一定的年龄时，保险人向被保险人或其受益人给付保险金。人寿保险是人身保险中最基本、最主要的种类。

② 人身意外伤害保险合同：以被保险人因遭受意外伤害造成死亡或残疾为基本保险责任，可附加被保险人因遭受意外伤害需要医疗或收入损失的保险责任。

③ 健康保险合同：以被保险人因疾病需要医疗或造成残疾或收入损失等为保险责任的人身保险合同。

8.4.3　人身保险合同的常见条款

1．保险合同当事人条款

（1）保险人不得同时兼营财产保险业务和人身保险业务。但是，经营财产保险业务活动的保险公司经国务院保监会批准，可以经营短期健康险和意外伤害险业务。保险公司只能在被核定的业务范围内从事保险经营活动。

（2）投保人在订立合同之时与被保险人存在保险利益。

（3）被保险人只能是自然人，并且应当符合规定的年龄限制、身体条件等要求。

《保险法》第 33 条规定："投保人不得为无民事行为能力人投保以死亡为给付保险金条件的人身保险，保险人也不得承保。父母为其未成年子女投保的人身保险，不受前款规定限制，但是死亡给付保险金额总和不得超过保险监督管理机构规定的限额。"

2．保险金额和保险费条款

人身保险合同的保险金额由投保人和保险人协商约定，但为了防止道德风险的出现，保险人往往会对人身保险合同的保险金额加以限制。保险费可以根据合同约定一次缴纳或分期缴纳。但是，投保人不按约定履行交付保险费义务的，可以导致人身保险合同效力的中止或解除。

3．不可抗辩条款

不可抗辩条款又称不可争议条款。它通常是指自合同成立之日起或复效之日起经过一定期间，保险人将不得以投保人在投保时的误告、漏告或隐瞒事实等为由，主张合同无效或拒绝给付保险金。

4. 年龄误告条款

在保险实务中，因为各种原因可能导致投保人对被保险人年龄的不实告知。如果投保人在投保时错误地申报了被保险人的年龄，保险金额将根据真实年龄予以调整。被保险人的真实年龄大于误报年龄，致使欠缴保险费的，投保人应按被保险人的真实年龄补缴保险费，或者在给付保险金时按照实付保险费与应付保险费的比例支付。被保险人的真实年龄小于误报年龄，致使多交保险费的，应按真实年龄退还其多交部分的保险费。根据我国《保险法》第54条规定："投保人申报的被保险人年龄不真实，并且其真实年龄不符合合同约定的年龄限制的，保险人可以解除合同，并在扣除手续费后，向投保人退还保险费，但是至合同成立之日起逾二年的除外。"

【经典案例：人身保险合同】

2011年5月20日，汪先生为其女投保人寿保险，保险金为5万元，保险费为200元。保险合同规定被保险人的最低年龄为16周岁。汪小姐1985年9月出生，因此在投保时汪小姐尚不满16周岁。为了顺利投保，汪先生将女儿的出生日期填写为1985年4月，从而同保险公司签订了人寿保险合同。2012年，汪小姐因意外事故落水身亡。而后汪先生向保险公司提出索赔申请。保险公司经过调查发现，汪先生在投保时存在谎报年龄的情况，于是作出不予赔付的决定，并且发出了拒绝赔付通知书。请问，保险公司是否有权解除该保险合同？

【经典案例分析：人身保险合同】

保险公司有权依据保险法和保险合同解除该保险合同，在扣除手续费之后，退还保险费。本案中，涉及被保险人的年龄、保险费率、保险合同成立的问题。人寿保险是以人的生死为保险标的的，以人的生死作为保险金给付的条件，所以，年龄对于保险合同是事关重要的。我国《保险法》第53条规定，"投保人申报的被保险人年龄不真实，并且其真实年龄不符合合同约定的年龄限制的，保险人可以解除合同，并在扣除手续费后，向投保人退还保险费，但是自合同成立之日起逾二年的除外。投保人申报的被保险人年龄不真实，致使投保人支付的保险费少于应付保险费的，保险人有权更正并要求投保人补交保险费，或者在给付保险金时按照实付保险费与应付保险费的比例支付。投保人申报的被保险人年龄不真实，致使投保人实付保险费多于应付保险费的，保险人应当将多收的保险费退还投保人。"汪小姐在订立保险合同时不满16周岁，而且，保险事故发生又是在2年之内，所以，保险公司有权依据保险法和保险合同解除该保险合同，在扣除手续费之后退还保险费。

5. 保险受益人条款

保险受益人是指在人身保险合同中于被保险人死亡时有权领取保险金的人。受益人是人身保险的条件满足时享有保险利益的人。人身保险的受益人由被保险人或投保人指定，投保人指定受益人时须经被保险人同意，以免诱发或产生道德风险。被保险人为无民事行为能力人或限制民事行为能力人的，可以由其监护人指定受益人。

我国《保险法》第22条第3款规定："受益人是指人身保险合同中由被保险人或者投保人指定的享有保险金请求权的人。"第61条规定："人身保险的受益人由被保险人或者投保人指定。""投保人指定受益人时须经被保险人的同意。""被保险人为无民事行为能力或者限制民事行为能力人的，可以由其监护人指定受益人。"法定受益人，即在投保人、被保险人未指定保险受益人或者指定的保险受益人先于被保险人死亡或者丧失保险受益权、放弃保险受益权时，由法律推定的享有领取保险金权利的人。我国《保险法》第 64 条规定：“被保险人死亡后，遇到下列情形之一的，保险金作为被保险人的遗产，由保险人向被保险人的继承人履行给付保险金的义务：（一）没有指定受益人的；（二）受益人先于被保险人死亡的，没有其他受益人的；（三）受益人依法丧失受益权或者放弃受益权，没有其他受益人的。”

保险受益权的内容，除保险合同另有约定外，原则上应以保险金请求权和受领权为限，即保险受益人在被保险人死亡这一保险事故发生后请求和受领保险人给付死亡保险金。根据我国《保险法》第 65 条第 2 款规定：“受益人故意造成被保险人死亡或者伤残的，或者故意杀害被保险人未遂的，丧失受益权。”

在人身保险合同实务中，如果投保人为谋害被保险人而恶意购买保单，并在获得保单后故意谋杀被保险人，则已非丧失保险受益权的问题，而是保单无效的问题。保险人不仅对谋杀被保险人的保险受益人没有给付保险金的义务，而且对其他无辜的保险受益人也无须承担任何保险责任。

6. 自杀免责条款

自杀一般是指被保险人故意终结自己生命的行为，但不包括意外事故或心态失常而导致的过失自杀。我国《保险法》第 66 条规定：“以死亡为给付保险金条件的合同，被保险人自杀的，除本条第二款规定外，保险人不承担给付保险金的责任，但对投保人已支付的保险费，保险人应按照保险单退还其现金价值。”“以死亡为给付保险金条件的合同，自成立之日起满两年后，如果被保险人自杀，保险人可以按照合同给付保险金。”

【经典案例：自杀免责条款】

小明（7 岁）是某小学一年级学生。2008 年 8 月的一天，甲因父母感情不和，经常吵架闹离婚，心生绝望，乘父母外出上班时自杀身亡。父母回家时，发现小明已经死亡。2007 年 11 月，小明所在的学校为全校学生投保了学生平安意外伤害保险，年交保险费 20 元，意外伤害保险金额为 10000 元。2008 年 12 月，小明的父母作为受益人持相关证明到人寿保险公司申请理赔。保险公司以被保险人投保后两年内自杀属于免责范围拒绝赔偿。甲的父母不服诉之法院。请问：该案应如何处理？

【经典案例分析：自杀免责条款】

根据我国《保险法》第 66 条的规定，以死亡为给付保险金条件的合同，被保险人自杀的，如果合同自成立之日起未满两年，保险人不承担给付保险金的责任，但对投保人已支付的保险费，保险人应按照保险单退还其现金价值。所以，保险公司可不赔偿，但是应按照保险单退还其现金价值。

7. 宽限期条款

在人身保险合同中，因为保险期限较长，投保人可能由于各种原因而耽误了续期保费的交纳。如果因此导致保单失效或效力中止，就会使被保险人非常容易失去保险保障，或者不得不反复申请复效。为了避免人身保险合同因此而失效或中止，同时也为了保全保险业务，保险人自愿将宽限期条款纳入保单之中。宽限期条款是人身保险合同的法定条款。

根据《保险法》第 36 条的规定，合同约定分期支付保险费，投保人支付首期保险费后，除合同另有约定外，投保人自保险人催告之日起超过三十日未支付当期保险费，或者超过规定的期限六十日未支付当期保险费的，合同效力中止，或者由保险人按照合同约定的条件减少保险金额。被保险人在前款规定期限内发生保险事故的，保险人应当按照合同约定给付保险金，但可以扣减欠交的保险费。

宽限期条款允许投保人在保费到期日后的一段约定期限内交纳保费。在该期限内，保单仍然有效，保费仍可交纳。如果被保险人在此期限内出险，保险人仍须给付保险金，但可扣除应交而未交的保费，甚至利息及宽限期内的应交保费。

8. 复效条款

在长期的人身保险合同中，投保人因超过宽限期未能交付保险费而导致合同效力中止时，在一定期限内，若被保险人具备可保条件并补交中止期间的保险费本息，经过申请得到保险人同意后，可使原保险合同恢复效力。

保单复效以保单效力中止为前提。只有在保单中止，即投保人因于宽限期内未交付到期保费而致保单效力暂时停止时，才存在保单复效问题。

复效必须由投保人向保险人正式提出申请；复效申请的时间不得超过复效申请的保留期限，各国一般规定为 2 年，我国《保险法》对此未作明确规定，在我国人身保险合同实务中，保单中的复效条款则多规定为“自本合同效力中止之日起二年内，投保人可填写复效申请书，并提供被保险人的健康声明书或本公司指定的或认可的医疗机构出具的体检报告书，申请恢复合同效力。”投保人应补交所有未交纳的到期保费及其自到期日至复效日的利息。如果投保人于保单效力中止之前尚有保单贷款，则于保单复效时应还清其贷款及其利息。复效申请必须得到保险人同意。对保单效力中止之日起至保单复效前发生的保险事故，保险人不承担保险责任。

9. 不丧失价值条款

在长期人寿保险合同中，投保人交纳保费到一定期限后，每一张保险单里都含有现金价值。人身保险费交给保险人后，其中一部分用于支付保险人的费用，剩下的大部分积存了一定的责任准备金。投保人有权选择有利于自己的方式来处理这种现金价值。我国《保险法》第 59 条第 2 款规定：“保险人依照前款规定解除合同，投保人已交足二年以上保险费的，保险人应当按照合同约定退还保险单的现金价值，投保人未交足二年保险费的，保险人应当在扣除手续费后退还保险费。”第 65 条规定：“投保人、受益人故意造成被保险人死亡、伤残或者疾病的，保险人不承担给付保险金的责任。投保人已交足二年以上保险费的，保险人应当按照合同约定向其他享有权利的受益人退还保险单的现金价值。”第 66 条第 1 款规定：“以死亡为给付保险金条件的合同，被保险人自杀的，除本条第 2 款规定外，保险人不承担给付保险金的责任，但对投保人已支付的保险费，保险人应按照保险单退还其现金价值。”第 67 条、第 69 条则分别对被保险人因故意犯罪致其自身伤残或死亡、投保人解除合同时，保险人退还保险单的现金价值或退还手续费作了规范。在我国人身保险合同实务中，长期性的寿险保单都包含了不丧失价值条款，并附有现金价值表，说明现金价值的计算方法。这些条款都是关于不丧失现金价值的规定。

8.4.4　人身保险合同的主要种类

1. 人寿保险合同概述

（1）人寿保险合同的概念与特征

人寿保险合同是以被保险人的生命为保险标的、以被保险人在保险期间内的生存或死亡为保险危险的人身保险合同。

人寿保险合同具有以下一些特征：人寿保险合同的保险标的是人的生命；人寿保险合同的保险危险是生死；人寿保险合同的保费采取均衡保费制；人寿保险合同具有储蓄性。

（2）人寿保险合同的分类

按照保险危险的不同，人寿保险合同可以分为生存保险合同、死亡保险合同和生死两全保险合同。

生存保险合同是以被保险人生存至保险期间届满或约定年龄为保险金给付条件的人寿保险合同。如果被保险人在保险期间内死亡的，则保险人的保险金给付责任消灭，也不退还保险费。死亡保险合同是指以被保险人在保险有效期内死亡为给付条件，此险种可分为定期死亡和终身死亡两种保险方式，其中定期死亡保险合同约定如果被保险人在合同有效期间死亡可获得保险金，如果仍然生存，保险人不再承担保险责任，也不退还保险费。两全保险合同又称混合保险，是一种以被保险人的生命为保险标的、以生存或死亡为保险事故的人寿保险合同。具体而言，被保险人在保险期限内死亡或生存至保险期限届满时，保险人均应按合同约定支付保险金。

人寿保险合同按其有无利益分配可分为分红人寿保险合同与不分红人寿保险合同。

分红人寿保险合同又称为利益分配寿险合同，是指保险公司在每个会计年度结束后，将该会计年度该类保险的可分配盈余按一定比例，以现金或增值红利的方式分配给保单所有人的一种人寿保险合同。购买分红保险后，投保人不仅可以获得保险保障，而且可以获得保险公司的经营利润。分红保险的红利主要来自实际死亡率与预定死亡率的差异、实际利息率与预定利息率的差异、实际营业费用与预定营业费用的差异。红利给付金额取决于保险公司的实际经营业绩。不分红人寿保险合同又称为无利益分配寿险合同，是指投保人交纳保费后，只能获得保险保障，不能参加营业盈余分配的寿险合同。

2. 人身意外伤害保险合同

（1）人身意外伤害保险合同的概念与特征

人身意外伤害保险合同是指在保险期间内被保险人因意外造成身体的伤害，并以此为直接原因致使其残疾或死亡时，保险人按约定向被保险人或其受益人给付保险金的保险合同。

人身意外伤害保险合同意外伤害保险合同属于定额给付保险合同。但是，意外伤害保险合同不具有储蓄性，有关人寿保险合同的保险条款不适用于意外伤害保险合同；人身意外伤害保险合同保险危险为意外伤害；被保险人的职业危险程度越高，其保险费率也越高；人身意外伤害保险合同保险期限较短。其保险期限一般不超过一年，短的甚至只有几十分钟、几个小时，长的也不过三到五年而已。

（2）人身意外伤害保险合同的分类

根据投保方式的不同，人身意外伤害保险合同可分为个人意外伤害保险合同和团体意外伤害保险合同。个人意外伤害保险合同是指以个人名义投保，一份保单只承保一个被保险人的意外伤害保险合同。团体意外伤害保险合同是指以团体名义投保，一份保单承保一个团体的所有成员或不少于一定比例的成员的意外伤害保险合同。团体意外伤害保险合同在保险责任、给付方式上均与个人意外伤害保险合同相同。但在保单效力上有所不同，团体意外伤害保险合同中的被保险人一旦脱离投保团体，保单效力对该被保险人即刻终止，投保团体可以为其办理退保手续，而保单效力对其他被保险人依然有效。

根据承保风险的不同，人身意外伤害保险合同可分为普通意外伤害保险合同和特种意外伤害保险合同。普通意外伤害保险合同是指保险人仅承保被保险人因一般的意外伤害而致残疾或死亡的风险的保险合同。它通常采用短期保险的形式，以一年或不到一年为期。特种意外伤害保险合同是指以特定时间，或特定地点，或特定原因所导致的意外伤害为承保风险的保险合同。

根据保险人承担的保险责任不同，人身意外伤害保险合同可分为意外伤害残疾死亡保险合同、意外伤害医疗保险合同、综合意外伤害保险合同和意外伤害误工保险合同。

意外伤害残疾死亡保险合同，是指保险人对被保险人因意外伤害所致残疾或死亡承担给付残疾保险金或死亡保险金的保险合同。其保障项目为被保险人因意外伤害而造成的残疾和死亡。当被保险人因意外伤害而残疾时，保险人根据被保险人残疾的不同程度，按照合同约定的比例给付残疾保险金，当被保险人因意外伤害而死亡时，保险人给付被保险人的受益人死亡保险金。

意外伤害医疗保险合同是指保险人对被保险人因意外伤害需要医治而发生的医疗费用支出，在保单约定的保险金额限度内承担保险金给付责任的保险合同。在保险期间内，被保险人不论一次或多次因意外伤害而需要医院治疗，保险人均应按照保单约定给付保险金，但累计给付不超过保险金额。

综合意外伤害保险合同是综合意外伤害残疾死亡保险和意外伤害医疗保险的保险合同。保险人既对被保险人因意外伤害所致的残疾或死亡承担残疾保险金或死亡保险金的给付责任，也对被保险人因意外伤害所支出的医疗费用承担医疗保险金的给付责任。

意外伤害误工保险合同是指保险人对被保险人因意外伤害暂时丧失劳动能力而无法工作时，承担停工保险金给付责任的保险合同。其目的在于为被保险人因意外伤害所致收入的减少提供保险保障，维护依靠被保险人的收入生活的人的利益。保险人通常在保单条款中规定了停工保险金的最长给付期。

3. 健康保险合同

（1）健康保险合同的概念

健康保险合同是指以被保险人的身体作为保险标的，对被保险人因疾病等保险事故导致其身体受到伤害或者死亡所引起的费用支出或者损失予以保险赔偿的人身保险合同。

健康保险以人的身体健康为保险标的，以疾病、生育、意外事故等原因造成的残疾和死亡损失及发生的医疗费用为保险事故。健康保险涉及许多医学上的技术问题，承保标准和保费确定要素非常复杂。健康保险合同一般为短期保险合同，期限一般为 1 年。

（2）健康保险合同的种类。

健康保险合同一般可一分为医疗保险合同、疾病保险合同、收入保障保险合同。医疗保险合同是指为被保险人因疾病需要治疗时支出的医疗费用损失提供保险保障的保险合同。疾病保险合同是指被保险人因疾病、分娩而造成死亡或伤残的，保险人依合同约定给付保险金的健康保险合同。收入保障保险合同，是指对被保险人因疾病或意外事故致残，完全或部分丧失工作能力时，保险人定期给付收入保险金的保险合同。

【引导案例分析】

在本案中，龚某不知自己已患有胃癌。仅从其没有声明自己患胃癌的角度看，并不算违反告知义务。但是，龚某对自己几个月前住过院、动过手术的事实（这一事实对保险人来说无疑是很重要的）是不可能不知道的，他却没有加以说明，问题的关键恰恰在这里。因为根据保险法的一般理论，告知义务要求告知内容是对事实的陈述，而非准确地阐明观点。它并不苛刻地要求投保人的告知完全准确无误，只要在投保人认知范围内尽最大可能地履行了这项义务即可。也就是说，在被保险人确不清楚自己到底患何种病的情况下，倘若他对病情作了感知性陈述，尽管这种陈述不一定与事实相符（如患有胃癌，家属等善意地告诉他得的是胃病，他申报患过胃病），他在义务履行上也是绝无瑕疵的，但是如果他隐瞒或虚假陈述了就医或治疗等方面的事实，则犯有未适当告知重要事实的过错，应当承担违反告知义务的不利后果。保险人是有正当理由拒绝赔偿的。保险人因此获得抗辩权，拒绝给付保险金。

自测题

一、单项选择

1．根据《保险法》的规定，人身保险投保人对下列哪一类人员具有保险利益？（　　）

A．与投保人关系密切的邻居　　B．与投保人已经离婚但仍一起生活的前妻

C．与投保人有劳动关系的劳动者　　D．与投保人合伙经营的合伙人

2．杜某与其妻陈某经法院判决于 2007 年离婚，其女随陈某生活。2008 年杜某为其母购买了一份人寿保险，并经其母同意指定自己为受益人。杜某无其他亲属。一日，杜某与其母外出旅游遭遇车祸，其母当场死亡，杜某受重伤住院两天后亦死亡。对于人寿保险金，下列哪一选项是正确的？（　　）

A．因已无受益人，应归国家所有　　B．应当支付给杜某的前妻陈某和女儿

C．应当支付给杜某的女儿　　D．因已无受益人，应归保险公司所有

3．李某与保险代理人张某洽谈车辆保险事宜，谈妥后李某即与张某签署了盖有保险公司印章的合同并缴付了保费，但张某表示需将保费交回公司后才能签发保单。后李某发生保险事故向该保险公司索赔，保险公司称张某已离职，且其未将保险合同和保费交回公司，故保险公司不能赔偿。对此，下列哪一选项是正确的？（　　）

A．保险公司应当支付保险金，保费由保险公司向张某索赔

B．李某应当向张某索赔车辆损失

C．李某向保险公司补缴保费后可以获得保险赔偿

D．待保险公司找到张某追回保费后，李某可以获得赔偿

4．陈某将自己的轿车投保于保险公司。一日，其车被房东之子（未成年）损坏，花去修理费 1500 元。陈遂与房东达成协议：房东免收陈某 2 个月房租 1300 元，陈某不再要求房东赔偿修车费。后陈某将该次事故报保险公司要求索赔。在此情形下，以下哪一个判断是正确的？（　　）

A．保险公司应赔偿 1500 元　　B．保险公司应赔偿 200 元

C．保险公司应赔偿 1300 元　　D．保险公司不再承担赔偿责任

二、多项选择

1．张某为甲和乙投保的保险合同均约定为分期支付保费。张某支付了首期保费后，因长期外出，第二期超过60日未支付当期保费，这有可能引起什么后果？（　　）

A．合同效力中止　　B．合同终止

C．保险人有权立即解除合同　　D．保险人按照约定条件减少保险金额

2．根据《保险法》的规定，下列哪些保险合同，在保险责任开始后，合同当事人不得解除合同？（　　）

A．房屋保险合同　　B．货物运输保险合同

C．车辆保险合同　　D．运输工具航程保险合同

3．2002年3月18日张某购置了一辆别克车，向保险公司投保当年的车辆损失险，保险金额为20万元。其子小张因经常乘坐他人及张某的车，知道一点驾驶常识。5月20日，张某因病住院，小张偷拿了其父的钥匙驾车外出游玩，不慎翻车。小张受了伤，轿车完全报废。下列关于张某轿车毁损赔偿问题的表述中哪些是正确的？（　　）

A．张某有权请求保险公司予以赔偿

B．张某无权请求保险公司赔偿

C．保险公司如果赔偿，可以对小张行使代位请求赔偿的权利

D．保险公司如果赔偿，不可以对小张行使代位请求赔偿的权利

4．李某于1999年10月在某保险公司投保简易人身保险30年期1份，约定保险费每月10日分期交付。2001年6月10日李某因下岗无力按期交付保险费，8月10日仍未交付。8月15日外出时遇车祸身亡。保险人应选择的处理方式是（　　）。

A．李某虽未按时交付保险费，但是保险人仍应按已交付保险费占全部保险费的比例支付保险

B．因未按时交付保险费而使合同效力中止

C．虽未交足2年保险费，但应在扣除手续费后退还保险费

D．因合同成立不足2年而退还保险金

三、名词解释

保险利益　　近因原则　　代位求偿权　　超额保险

四、案例分析

2012年4月，某乡政府为该乡农户向当地保险公司投保了家庭财产保险，保险费为每户7.5元，保额为每户2500元，并且保险双方特别约定：保费分两次交付，11月份交清。保险公司遂向乡政府签发了保单并加盖了公章。后来，保险公司曾多次向乡政府催讨保费未果。当年7月，一场历史罕见的特大洪灾冲垮了该乡的防洪大堤，淹没了全乡的农田和房屋，农户损失惨重。灾情发生后，乡政府迅速向保险公司索赔，而保险公司则以该乡未交保费为由予以拒赔。由于事关重大，乡政府上诉到法院，法院最终该如何判决？

第 9 章 海商法

引导案例

中国籍 A 海轮在从釜山到上海的航行途中与日本籍 B 海轮在公海发生碰撞，事故导致 A 船受损 10 万美元，B 船未受损。A 船所属海运公司向上海海事法院申请扣押了停泊在上海港的 B 船并对其所有人提起损害赔偿诉讼。

问题：

（1）上海海事法院对本案管辖权的依据何在？

（2）上海海事法院应该依据何种法律适用规则处理本案？

（3）若本案双方过错程度无法判定，双方各自承担的赔偿金额为多少？为什么？

（4）上海海事法院应在多长期限内审结本案？

学习目标：

掌握海商法的概念、特征和分类，并重点掌握船舶物权、船舶碰撞；

理解海难救助、共同海损；

了解船舶的取得、登记、管理，船员的调度、职责、权利和义务，客货的运送，船舶的租赁。

9.1 海商法概述

9.1.1 海商法的界定

1. 海商法的含义

海商法是调整特定的海上运输关系和船舶关系的法律规范的总称。海商法具有如下特征。

（1）专业性。专业性体现在航海技术和航运业务两个方面，这些都极具专业性。

（2）特殊性。许多法律制度大多是海上运输所特有的，这些法律制度不是建立在普遍适用的民事法律基本理论的基础之上的，而是基于海上特殊风险，为适应这种风险的特殊要求，从实践中总结、提炼的法律制度。

（3）海商法是国内法，一般具有较强的涉外性。海商法调整的关系大多数是涉外关系或具有涉外因素的关系，其表现形式除了国内法之外，还包括国际条约和国际航运惯例。海商法的效力范围，可及于本国海域的外国船舶、外国海域的本国船舶，甚至外国海域的外国船舶。

2．海商法的调整对象

海商法的调整对象是指调整海上运输中发生的、与船舶有关的特定社会关系。关于海商法的调整对象，国际上没有统一的观点，各国的立法也有很大的差异。一般来说，海商法调整如下两类社会关系。

（1）海上运输中发生的特定社会关系

① 有关海上运输的合同关系。包括提单、租船合同、拖航合同、旅客运输合同、救助合同、保险合同等。

② 海上侵权关系。如船舶碰撞、油污损害责任等。

③ 海上特殊风险产生的社会关系。海上特殊风险产生的社会关系，主要是指围绕海滩救助、共同海损、海事赔偿责任限制和海上保险所产生的民事权利义务关系。

（2）与船舶有关的特定社会关系

与船舶有关的特定社会关系，主要包括船舶的法律地位、船舶物权（包括船舶所有权、优先权、抵押权和留置权）、船舶安全、船舶管理诸多关系。

9.1.2 海事法律规范

1．海事法律规范的种类

海事法律规范既包括实体法规范也包括程序规范。因海事法律多涉及跨国之间的法律适用，所以海事法律规范还包括冲突规范。所谓冲突规范又称法律适用规范、法律选择规范，有的国际条约中称“国际私法规范”，它是由国内法或国际条约规定的，指明不同性质的涉外民商事法律关系应适用何种法律规范的总称。

2．海事法律规范的适用效力

（1）空间效力

海事法律规范在一国主权管辖和支配的领域上生效，其空间效力范围中主要包括一国的领水和国家管辖下的水域。包括领陆内的江河湖泊、界河和界湖、内海、领海和历史性水域，以及国家管辖范围内的海域、毗连区和专属经济区等。

（2）时间效力

海事法律规范的时间效力，是指法律规范在什么时间范围内具有保护力和约束力。它包括生效、终止和溯及力等问题。

法律制定、颁布以后，何时开始生效施行，要根据该法律的性质和实际需要来决定。在我国，通常有四种情况：从法律公布之日起生效；法律公布后间隔一段时间才生效；比照相关法律以确定本法的生效时间；法律公布后经过试行，再由制定机关修改补充，正式公布施行。

海事法律规范终止生效的情况主要有以下几种：新法律代替了同类的原有法律，旧法律即失去效力；法律因完成了自己的历史任务，或因其赖以存在的特定条件消失而自然失效；相应的国家机关颁布专门的决定或命令，宣布废除某项法律，从宣布之日起或从决定、命令规定的生效日期起，该项法律即终止生效；法律制定时即规定了生效的期限，期限届满，该法律自然失效。

法律规范的溯及力：又称法律溯及既往的效力或法的追溯力，是指某一规范性文件颁布后，对它生效以前发生而未经最后处理的案件是否适用。如果适用，就具有溯及力；如果不适用，就不具有溯及力。

目前，世界各国在法律溯及力问题上所采取的做法主要有以下几种：从旧原则——新法律没有溯及力；从新原则——新法律有溯及力；从轻原则——比较新法律和旧法律，哪个法律对行为人的处罚较轻，就按哪个法律处理；从新兼从轻原则——新法律原则上溯及既往，但旧法律对行为人处罚较轻时，则从旧法律；从旧兼从轻原则——新法律原则上不溯及既往，但新法律对行为人的处罚较轻时，则从新法律。这一做法，较其他做法更加公正、科学，因而为绝大多数国家所接受。

（3）适用船舶范围

海商法是以船舶作为调整重心的。一般来说，海商法适用于在海上航行的商务船舶。同时，适应着各种海商活动的不断发展，海商法规定的船舶适用范围普遍趋向于日益扩大，涉及用于商业目的的各种海上浮动装置。

（4）对人的效力

根据我国《海商法》的规定，我国海事法律规范对人的效力包括：①我国公民和航运企事业单位、机关和团体；②居住在我国领域内的外国人、无国籍人、外国航运企事业组织和团体；③申请在我国解决海事争议的并适用我国法律作为准据法的外国人、无国籍人、外国航运企事业组织和团体。

9.1.3　海事法律关系

海事法律关系，是指由海商法律规范确认和调整的，具有海事权利和海事义务内容的社会关系。海运市场上的各种活动无不以海事法律关系的形式予以表现，以便实现海商法的调整机制。

海事法律关系是存在于人与人之间的社会关系，是一种思想社会关系，是由国家强制力保障实现的社会关系，是以海事权利和海事义务为内容的社会关系。

1．海事法律关系的主体

（1）海商法中民事法律关系的主体

海商法中的民事法律关系的主体主要是自然人、法人、国家和国际航运组织。在英美海事诉讼和保全措施的诉讼法律关系中，还将船舶作为民事法律关系的主体。

（2）海商法中行政法律关系的主体

海商法中涉及很多航运等行政管理法律关系，其法律关系的主体包括：国家航运行政机关；海运企业和事业单位（主要包括中国各远洋公司、海运公司、外运公司、理货公司、船舶检验局、商品检验局、卫生防疫站、边防检查站和交通管制中心等）；与海上运输和船舶管理有关的公民。

2．海事法律关系的客体

因海事法律关系涉及的法律关系不同，其客体有所不同，海事民事法律关系的客体主要有物、行为和人身权益；行政法律关系的客体应当是具有特定意义的行为，如在海上运输合同中，承运人与托运人或旅客的权利和义务的共同指向就是经海路从一地运输货物或运送旅客到另一地的行为。

3. 海事法律关系的内容

海事法律关系的内容是由其各方主体所享有的海事权利和所承担的海事义务所组成的。权利人受到海商法规定范围的限制，义务人所承担和履行的海事赔偿义务则以海商法规定的责任限额为限。

构成海事法律关系内容的海事权利和海事义务可归纳为物权关系和债权关系两大类。船舶所有权、船舶抵押权、船舶留置权等即为物权关系。其核心内容是权利人依法占有、使用、处置权利客体——船舶，而义务人则承担着不得妨碍权利人行使权利的义务。而海上货物运输合同、海上旅客运输合同、船舶租用合同、海上托航合同、海上保险合同及各项海事赔偿制度等都属于债权关系。其基本内容均表现为权利人请求义务人履行特定行为（如运输行为）或给付一定的财产（如给付保险赔偿金或者损害赔偿款项）。

9.2 船舶物权

9.2.1 概述

1. 船舶物权的概念

船舶物权是作为民法特别法的海商法所规定的以船舶为客体的物权。

2. 船舶物权的特点

（1）特别物权性。比起其他物权，船舶物权具有其特殊性。

船舶物权法具有公共性，立法是依据一定的公共政策来确定的。

（2）客体单一性。客体只有船舶，船舶高度拟人化，船舶可以是主体，但一般诉讼时还是要找到所有人。

（3）公示方法特殊性。船舶本身是动产，但公示采用的是不动产的登记方式。

（4）优先顺序多重性。船舶物权是物权，行使时具有优先性，表现在：第一，船舶担保的物权优于一般海事债权；第二，同为船舶担保物权，内部有优先性。

3. 船舶物权的种类

以我国《海商法》的具体规定为依据，存在于我国《海商法》中的船舶物权主要是《海商法》第二章规定的船舶所有权、船舶抵押权、船舶优先权及船舶留置权。

9.2.2 船舶所有权

1. 船舶所有权的定义及特点

我国《海商法》第 7 条规定：“船舶所有权，是指船舶所有人依法对其船舶享有占有、使用、收益和处分的权利。”船舶所有权具有下列特点。

（1）以船舶为客体。船舶所有权的客体仅限于船舶，而不包括任何其他财产或物。

（2）以登记为公示方法。我国《海商法》第 9 条规定：“船舶所有权的取得、转让和消灭，应当向船舶登记机关登记；未经登记的，不得对抗第三人。”

（3）所有权人具有特殊的法律地位。各国海商法几乎均规定了所谓船舶所有人责任限制制度，赋予船舶所有人一定的特权，船舶所有人据此可以将自己对于某些海事索赔的赔偿责任限制在一定范围之内。可见，一方面船舶所有人负有许多特殊的法定义务，另一方面又享有一些法定特权。较之民法一般财产所有人而言，船舶所有人具有较特殊的法律地位。

2．船舶所有权的公示

我国《海商法》第 10 条规定："船舶由两个以上的法人或个人共有的，应当向船舶登记机关登记；未经登记的，不得对抗第三人。"我国的船舶所有权登记具有以下三个重要特征。

（1）船舶所有权变动以交付为要件。根据《物权法》的规定，动产物权与不动产物权变动的主要区别在于，动产物权变动是"自交付时发生法律效力"，而不动产物权的变动是"自记载于不动产登记簿时发生效力"。如上所述，船舶属于动产，其所有权的变动也应当以交付为依据。至于买方是否办理登记、卖方是否办理注销登记，并不影响该所有权在买卖双方之间变动的法律效力。

（2）登记产生对抗效力。在公示对抗主义模式下，船舶物权变动一经登记，就会产生对抗第三人的效力。

我国《海商法》第 9 条规定，船舶所有权规定为"应登记"，"未经登记的，不得对抗第三人"。这里的"应当登记"应该是"最好登记"的意思，而不是"必须登记"；否则，无法解释"未经登记的，不得对抗第三人"。《海商法》规定的"应当登记"是倡导人们进行登记，不遵守该倡导的，其所有权不得对抗第三人。即取得所有权，交付和登记都是船舶所有权的公示方式，只有登记才是效力最为完全的公示方式。

【概念提示：船舶所有权登记与船舶国籍登记】

我国的船舶登记有两种：一种是船舶所有权登记；另一种是船舶国籍登记。船舶国籍登记与船舶所有权相关联，船舶所有权登记是船舶国籍登记的基础，不进行所有权登记，难以进行船舶国籍登记。没有所有权证书和国籍证书，船舶不能从事经营活动。因此，船舶所有权登记对船舶管理和经营具有非常重要的意义。

3．"建造中的船舶"

"建造中船舶"的所有权，是以"建造中船舶"为客体的船舶所有权。由于"建造中船舶"所有权是以"建造中船舶"这种特殊的船舶为客体的，这决定了其必然具有一些较之一般船舶所有权不同的特点，概括起来主要表现在以下几个方面：①法律适用上准用船舶的相关规定；②虚拟的客体特定独立性，实际上并不是真正的独立；③有别于建成的船舶，船舶物权在支配、排他等基本权利内容上也具有有限性。

9.2.3　船舶抵押权

1．国际公约中"船舶抵押权"的基本特征

（1）船舶抵押权，虽是动产物权，但可作抵押登记；

（2）船舶抵押权以海船为客体；

（3）船舶抵押权是一种担保物权。

2. 船舶抵押权的定义

我国《海商法》第 11 条对船舶抵押权的定义为：船舶抵押权，是指抵押权人对于抵押人提供的作为债务担保的船舶，在抵押人不履行债务时，可以依法拍卖，从卖得的价款中优先受偿的权利。

其特征包括以下几点：

（1）船舶抵押权以担保债的履行为目的；

（2）船舶抵押权以船舶为客体，即作为债务担保物或抵押物的是船舶，而不是其他财产，船舶抵押权以抵押人提供的船舶为客体；

（3）提供的船舶不应理解为转移船舶的占有；

（4）行使的前提是抵押人不履行债务；

（5）行使的方法是依法拍卖；

（6）优先受偿的权利。

3. 船舶抵押权的取得、转移和消灭

（1）船舶抵押权的取得

《海商法》规定，“设定船舶抵押权，由抵押权人和抵押人共同向船舶登记机关办理抵押权登记，未经登记的不得对抗第三人。”

（2）船舶抵押权的转移

我国《海商法》规定，“抵押权人将被抵押船舶所担保的债权全部或部分转让他人的，抵押权随之转移。”

（3）船舶抵押权的消灭

关于船舶抵押权的消灭，我国《海商法》仅有“被抵押船舶灭失抵押权随之消灭”的规定，然而，从理论上讲，能够导致船舶抵押权消灭的原因至少还应当包括以下几种。

① 因担保的债权消灭而消灭。船舶抵押权的从属性，决定了船舶抵押权因其所担保的债权消灭而消灭。因此，导致债权消灭的一般原因，均应是导致船舶抵押权消灭的原因，如债的履行、抵消、免除等。

② 因行使而消灭船舶抵押权的行使，亦称船舶抵押权的实现。船舶抵押权实现后，不论其担保的债权是否得到全部受偿，担保该债权的船舶抵押权也就随即消灭。

③ 因抵押船舶被法院拍卖而消灭。

9.2.4 船舶优先权

1. 船舶优先权的概念

《海商法》第 21 条规定，船舶优先权，是指海事请求人依照本法第 22 条的规定，向船舶所有人、光船承租人、船舶经营人提出海事请求，对产生该海事请求的船舶具有优先受偿的权利。

根据《海商法》第 21 条的规定，船舶优先权的含义可以被概括为以下几点。

（1）船舶优先权是海事请求人所享有的一种权利。换言之，非海事请求人不享有船舶优先权。

（2）船舶优先权仅为几种法定的海事请求人所享有。具体为《海商法》第 22 条所列举的五

类海事请求的请求人。其他海事请求人不享有船舶优先权。

（3）船舶优先权针对的是“产生该海事请求的船舶”，即是一种针对当事船舶的权利。换言之，船舶优先权的客体为当事船舶。

（4）海事请求人的海事请求可以是针对（当事船舶的）船舶所有人的海事请求，也可以是针对（当事船舶的）光船承租人或船舶经营人的海事请求。换言之，针对其他人的海事请求不产生以当事船为客体的船舶优先权。

（5）船舶优先权是一种对当事船舶优先受偿的权利，即船舶优先权以优先受偿权为其主要内容。

2. 船舶优先权的特征

根据我国《海商法》对船舶优先权所下的定义及其他条款的规定，船舶优先权的法律特征可以被概括为以下几点：

（1）以法定的特殊海事债权人为权利主体；

（2）以当事船舶为客体；

（3）具有从属性，如海事请求权转移的，其船舶优先权随之转移；

（4）不以协议、登记或占有为成立要件；

（5）具有追及当事船舶的效力；

（6）具有优先受偿的内容，并且优先受偿位次很高；

（7）具有独立的时效，并因法院拍卖等法定原因而消灭；

（8）须通过法院扣押船舶的程序行使。

3. 船舶优先权的性质

船舶优先权在我国应当被确认为是一种实体权利，而且是一种以船舶为客体的物权，即船舶担保物权的一种。

船舶优先权是一种担保物权，因此应当具有物权的优先性。船舶优先权的优先性决定着其所担保的海事请求的优先受偿位次。船舶优先权的优先性主要涉及以下四个层面的问题：一是船舶优先权相对无担保债权的优先性；二是船舶优先权与其他船舶担保物权之间的相对优先性；三是担保不同类海事请求的船舶优先权相互之间的优先性；四是担保同类的不同海事请求的船舶优先权的优先性。

船舶优先权的客体仅限于船舶。

4. 船舶优先权的取得、转移和消灭

（1）船舶优先权的取得

与担保的海事请求权同时产生。

（2）船舶优先权的转移

《海商法》未规定，适用《民法》中关于债权转移的规定。

（3）船舶优先权的消灭

船舶优先权，除《海商法》第 26 条规定的外，因下列原因之一而消灭：①具有船舶优先权的海事请求，自优先权产生之日起满一年不行使；②船舶经法院强制出售；③船舶灭失。

5. 船舶优先权的行使

船舶优先权的行使须通过法定的程序实现，即船舶扣押——船舶拍卖——权利登记——价款分配。

9.2.5 船舶留置权

1. 船舶留置权的概念

船舶留置权，是指造船人、修船人在合同另一方未履行合同时，可以留置所占有的船舶，以保证造船费用或修船费用得以偿还的权利。船舶留置权在造船人、修船人不再占有所造或所修的船舶时消灭。

2. 船舶留置权的性质及特点

（1）以根据造船合同或修船合同而占有船舶的造船人和修船人为权利主体；

（2）以根据造船合同或修船合同而占有的船舶为客体；

（3）作为留置物的船舶不必须是债务人享有所有权的船舶；

（4）一般须通过法院拍卖实现二次效力。

3. 船舶留置权的取得和消灭

（1）船舶留置权的取得。船舶留置权取得的积极要件可以归纳为：

① 须造船人或修船人占有一定的船舶；

② 须根据造船合同或修船合同而占有船舶；

③ 占有的船舶须为合同另一方交付的船舶；

④ 造船人或修船人的债权与所留置的船舶有牵连关系；

⑤ 造船费用或修船费用已届清偿期。

（2）船舶留置权消灭的原因：

① 船舶留置权因物权消灭的原因而消灭；

② 船舶留置权因债权消灭而消灭；

③ 船舶留置权因权利人接受另行提供的担保而消灭；

④ 船舶留置权因丧失对船舶的占有而消灭；

⑤ 船舶留置权因延展造船费用或修船费用的清偿期而消灭。

4. 船舶留置权的效力

（1）船舶留置权担保的债权范围：船舶留置权担保的范围包括主债权及利息、违约金、损害赔偿金、留置物保管费用和实现留置权的费用。

（2）船舶留置权效力所及的标的物的范围：被留置船舶的全部。

（3）船舶留置权对造船人或修船人的效力。造船人或修船人的权利主要可以概括为以下几项：

① 占有船舶的权利；

② 就船舶变价优先受偿的权利；

③ 管理调动船舶的权利；

④ 保管留置船舶的费用和实现留置权的费用的请求权。

造船人和修船人的义务则主要表现在以下几个方面：

① 妥善维护留置船舶的义务；

② 返还留置船舶的义务，即在留置权消灭时，船舶留置权人也就失去了继续占有作为留置物的船舶的合法依据，因此应当返还被留置的船舶。

（4）船舶留置权对船舶所有人或合同另一方的效力。

（5）船舶留置权的优先受偿效力：船舶优先权先于船舶留置权受偿，船舶抵押权后于船舶留置权受偿。

（6）船舶留置权的实现：船舶留置权的实现须具备以下条件：

须给债务人一个履行债务的“宽限期”。须债务人于“宽限期”内仍不履行债务。只有在合同的另一方，即债务人，在上述“宽限期”届满时仍不履行债务，即出现债务人逾“宽限期”仍不履行债务的情况时，造船人或修船人才得实现以所留置船舶的变价优先受偿其债权的效力。

【经典案例：船舶留置权】

双方当事人如下。

上诉人：Hills Dry Dock and Engineering Company Lt（以下简称为 H 公司），是卡地夫市的一家船舶修理公司。

被上诉人：Credit Maritime et Fluvail de Belgigue（以下简称为 C 公司），是法国船舶“Colorado”的抵押权人。

H 公司对“colorado”进行修理后，没有取得相应的报酬，于是对船舶提起了对物诉讼（action in rem），船舶被拍卖了 6000 英磅。而法国的 C 公司早已在“Colorado”轮设定了 41 000 英磅的抵押，并向法庭提出了一项动议，要求法庭判定 H 公司和 C 公司的受偿顺序。

【经典案例分析：船舶留置权】

本案中，IIill 法官听取了有关解释法国法的证据之后认为，抵押权人应先于对物诉讼的修理人受偿。

他认为，获得索赔的条件是，索赔方或者对财产有着某种权利，或者有法令赋予他对物诉讼的权利。因此，法庭首先要查明索赔方是否有这种索赔的权利，其后才能决定他的索赔是否比其他索赔更具有优先性。

Hill 法官首先确认了 H 公司和 C 公司都有索赔的权利。而后，通过法国律师提供的证据，Hill 法官查明法国抵押权人拥有物权（jus in rem），这种权利虽然不包括占有权，仅是一种可通过法律程序扣押和拍卖船舶的权利，但它依附于财产，不随其所有权的变更而变更。无论船舶属于何人，抵押权人都可以对船舶行使该权利。它在本质上是一种财产权利。因此，H 法官认为它与英国法下的抵押权没有什么不同。因此，他判定法国抵押权人优先于船舶修理人受偿。

9.3　船舶碰撞

9.3.1　船舶碰撞的概念与种类

1. 船舶碰撞的概念

船舶碰撞，是指船舶在海上或与海相通的可航水域发生接触造成损害的事故。船舶因操纵不当或不遵守航行规章，虽然实际上没有同其他船舶发生碰撞，但是使其他船舶及船上的人员、货物或其他财产遭受损失的，也适用船舶碰撞的规定。

直接碰撞，就是出于某种原因使各艘船舶相互之间发生实际接触，即各船的某个组成部分同时占据同一空间而产生力学上的作用与反作用对抗，最终导致一船或多船损害的海上事故。

直接碰撞的构成要件：

① 船舶要有接触；

② 有损害；

③ 碰撞发生在船舶间；

④ 发生在海上或与海相通的可航水域。

间接碰撞，就是船舶之间没有发生实际接触，但由于某种原因而造成船舶损害的海上事故，多数表现为浪损。

间接碰撞的构成要件：

① 一方有过失；

② 无接触；

③ 有损害；

④发生在海上或与海相通的可航水域。

2．船舶碰撞的种类

（1）单方过失责任、双方过失责任和双方无过失责任；

（2）过失碰撞、不可抗力或意外事故碰撞和故意碰撞。

9.3.2 过失碰撞

1．过失的概念

船舶碰撞的过失标准采用的是客观标准，即在驾驶船舶、管理船舶过程中，具有通常技术和谨慎从事的航海人员，应该预见碰撞损害的发生而没有预见，或者应该防止碰撞损害而没有防止损害的发生或扩大，在此种情况下所做出的行为或不行为，即构成船舶碰撞中的过失。

2．过失的分类

（1）实际过失

通过举证证明一方在驾驶船舶或管理船舶方面犯有某种或某些具体的过失，就是船舶碰撞的实际过失。

（2）法律推定过失

船舶碰撞法中的法律推定过失原则，其内涵是，如一船违反法定航行规则，除非该船能证明在当时情况下，背离航行规则是必要的，或者违反规则在当时条件下不可能导致船舶碰撞损害的发生，否则，法律便推定违反航行规则的船舶犯有造成碰撞损害的过失。

（3）事实推定过失

船舶碰撞法律中的事实推定系指船舶发生碰撞，如果受损一方能够证明其遭受损害的事实及其他符合一定要求的基本事实，法庭就可以从这种基本事实推断出另一方犯有过失的假定事实。除非另一方能证明损害是不可避免的，或者自身没有过失，或者有过失并没有造成损害结果，否则便应负损害赔偿责任。

3．过失的确定

（1）确定碰撞过失的一般原则

① 驾驶船舶过失。指船舶开航后，船长、船员在船舶航行或停泊操纵上的过失行为。表现为驾驶人员违反国际的或地方性的避碰规则和违反良好船艺的要求，没有保持正当瞭望、没有以安全航速行驶等造成的船舶碰撞事故。

② 管理船舶过失。指船舶在航行中，船长、船员等因为没有尽到对船舶应有的注意，而维持船舶性能和有效状态上的过失。

（2）确定碰撞过失的特殊原则

① 最后机会原则。

最后机会原则也称“过失中断”，指在一船犯有过失后，另一船仍有一定的机会运用合格航海人员通常所具有的技术和谨慎小心去避免碰撞，但犯有过失没有这样做，则前一船的过失不能构成碰撞的原因。这一原则到了 21 世纪有了发展，两船发生碰撞，如果双方都有疏忽，都要对碰撞负责。

② 宾夕法尼亚规则。

该规则产生于 1874 年美国最高法院对“宾夕法尼亚”一案所做的判决。这一规则实质上是法律推定过失，后来人们就称为有名的“宾夕法尼亚规则”。根据这一规则，一旦船舶违反航行避碰规则，就推定此行为是造成船舶碰撞的原因，违章船舶要解脱责任，必须证明此违章不是碰撞的原因。后来这一原则有了修改，要求违章船舶不仅要证明违章不是造成碰撞的原因，还要进一步证明违章不会造成碰撞。该规则的目的在于强制人们遵守航行规则，但它给违章方提出了沉重的举证责任，规则作用逐渐减弱。

③ 双方疏忽等效原则。

该原则是指碰撞当事双方的疏忽（过失）一直持续到碰撞时刻，且每一方的疏忽都能导致碰撞的发生，此时各承担 50%的碰撞责任，因为很难区分谁的责任为主要或次要。平分过失具有一定的合理性，我国海商法和海事实践采取该原则。

4．特殊作业中的过失

（1）沉船所有人的过失

沉船所有人得知船舶沉没后，应在合理时间内给沉船做出妥善的标志。他应一直保持这种标志清晰醒目，直到沉船被打捞或委付为止。

（2）拖航作业中的过失

拖船与被拖船碰撞，单方原因造成的，则过失方负责；双方互有过失，按过失比例负责。由于拖船或被拖船的原因造成对第三方（无过失）碰撞，拖船与被拖船负连带责任，但不影响拖船与被拖船相互之间按比例追偿。由于三方均有过失造成的碰撞，拖船与被拖船视为一个整体，与第三方按过失比例赔偿，然后拖船与被拖船之间再视具体情况，或单方赔偿，或按过失比例赔偿。

（3）引航作业中的过失

同船长过失造成的船舶碰撞一样，其船舶所有人应对损害负责。少数国家引航当局对引航员的过失引起的损害，象征性地给予赔偿。

（4）救助作业中的过失

因救助方的过失造成被救助船损失的扩大，或增加救助作业的难度，则救助方要承担经济责任。结果是救助报酬的减少或免除，甚至反过来给予被救助船以赔偿。

9.3.3 船舶碰撞损害赔偿

1. 船舶碰撞损害赔偿的要件

船舶碰撞损害赔偿的要件与民法中民事侵权责任损害赔偿的要件基本是一致的，即：过失、碰撞事实、损害事实、过失与损害的因果关系。船舶碰撞并不要求“违法行为”要件，因为，不可抗力造成的船舶碰撞并不存在违法行为。一起碰撞案发生之后，受害方首先要证明对方有过失，如果原告方只能证明自己有损害，却不能证明被告有过失，或者虽然能证明被告有过失，但没有发生碰撞或没有损害，或者过失并不是造成损害的真正原因，此时，船舶碰撞损害赔偿仍不成立。只有上述四个要件同时得到满足，才发生船舶碰撞损害赔偿问题。

2. 船舶碰撞损害赔偿的基本原则

（1）恢复原状原则

恢复原状原则是指，碰撞损害赔偿应使索赔方尽量接近索赔事故发生之前的状况，往往体现为对受害方的金钱补偿。长期以来，各国在处理船舶碰撞案件时均以此作为衡量受害方追偿权范围的标准，英美法称之为“完全赔偿权”。因为按照该原则处理船舶碰撞案件，可以实现法律的公正性，既能够制裁过失方的法律过错，又能够保护受害方的合法利益。

运用该原则处理船舶碰撞案件时，应当注意两个问题：一是该恢复原状的含义不同于民法；二是恢复原状仅适用于船舶碰撞造成的财产损害，而不适用于船舶碰撞造成的人身伤亡。

（2）直接损失赔偿原则

1985 年《碰撞损害公约草案》第 5 条规定：“除本公约另有规定外，碰撞直接造成的损害方可追偿”，这是碰撞损害赔偿普遍遵守的原则。这里的损害要注意两点：①损失必须是碰撞的直接后果；②损失必须是继碰撞事故之后立即发生的及可以合理预见的后果。

（3）受损方尽力减少损失原则

在船舶碰撞中，受损方有义务采取一切合理措施尽力防止和减少损失的发生和扩大，否则，由此扩大的损失不能列入赔偿范围。在适用该原则时，应注意：①受害方是否采取了合理的措施尽力减少损失，属于事实问题；②受害方采取合理措施，取得了避免或减少过失方的行为造成的损失的客观效果；③受害方未采取合理措施而支出的费用应列入赔偿范围。

3. 船舶碰撞损害赔偿的计算

（1）船舶损失的赔偿范围

船舶损失的赔偿范围涉及船舶的全部损失和部分损失。

全部损失的赔偿范围：包括船舶的价值损失；船期损失；船上其他财产的损失；船员工资、遣返费用和其他合理费用；合理的救助费用；利息损失。

部分损失的赔偿范围：合理的修理费用和附带费用；合理的船期损失；其他合理费用；船上货物和其他财产的赔偿范围。因船舶碰撞造成的船上货物和其他财产的损失属于赔偿的范围，包括：货物或其他财产灭失或损害导致的价值损失；货物迟延交付的损失；渔船捕捞的鱼货损失；渔船的捕捞设备、网具、渔具损失；旅客的行李、物品的损失及请求权人作为承运人而依约为旅客保管的物品的损失；船员的个人生活必需品；对上述财产进行救助、打捞等所产生的费用属于赔偿范围。

（2）船上人员人身伤亡的赔偿范围

人身伤亡损害赔偿的请求权人应是伤残者本人或死者的遗属。伤亡者所在单位可以支持伤残者或死者遗属向法院起诉，却并非请求权人。请求权人在行使权利时，应服从有关国家国内法的限制性规定。对船舶造成的人身伤亡的损害赔偿，有过失的各方船舶均应承担连带赔偿责任。

伤残赔偿范围：收入损失；医疗护理费；安抚费；其他必要费用；

死亡赔偿范围：收入损失；医疗护理费；安抚费；丧葬费；其他必要费用。

9.3.4　船舶碰撞造成油污损害的赔偿问题

船舶碰撞案件，如果造成油污损害，将由两种不同的法律制度来调整：船舶碰撞法和油污损害赔偿法。

1. 船舶碰撞并造成油污损害产生两种侵权法律关系

船舶碰撞案件同时造成海洋环境污染损害，通常引起两种侵权法律关系：一是碰撞双方（或多方）的侵权法律关系；二是油污加害方与油污受害方的侵权法律关系。确定碰撞方的侵权责任依据的是碰撞法，确定油污损害的民事责任适用的是油污民事责任公约或国内相应法规。

2. 适用两种法律制度的区别

（1）责任主体不同

船舶碰撞的责任主体是对碰撞负有责任的过失方，不论过失大小，只要有过失，就是责任主体。全部过失承担全部责任，部分过失承担部分责任，无过失不承担责任。油污损害的责任主体是油污的加害方。

（2）责任基础不同

碰撞侵权责任实行“过失责任”，油污侵权责任则实行“严格责任”。

（3）责任限制不同

对适用 CLC 公约的漏油船舶而言，一起碰撞案可能涉及两个责任限额：人身伤亡和财产损害（如《1976 年海事赔偿责任限制公约》）、油污民事责任（如 1992 年 CLC 公约）。而对非漏油的碰撞方只有一个限额：人身伤亡和财产损害，且财产损害包括对漏油方的油污责任。

（4）从因果关系分析，碰撞与油污损害之间不存在必然的因果关系。因为油污损害是由油类的污染特性决定的，碰撞能否造成污染损害取决于船载货物或燃油，不取决于碰撞本身。

3. 连带责任问题

各船舶承担连带责任的条件：①碰撞各船均漏油或漏油船舶不明；②每艘船舶漏油程度不清。法律中的连带责任是一种比较重的责任，只有在证明以上两个条件时方可对各船舶适用连带责任。

4. 船舶碰撞造成的其他侵权损害

目前，国际《1971 年海上核材料运输民事责任公约》已经生效，如果《1996 年有毒有害物质国际公约》（96HNS）（草案）、《1998 年残骸打捞国际公约》（草案）、《2001 年燃油污染损害民事责任国际公约》(通过)也获得实施，当船舶碰撞造成核污染、残骸打捞费、燃油污染时，也将出现类似上述情况，碰撞法律与这些公约形成两种独立的法律制度，分别调整两种不同的侵权关系。

9.4 海难救助

9.4.1 海难救助概述

1. 海难救助的概念

海难救助(Salvage at Sea)又称海上救助，是指对遭遇海难的船舶、货物和客货运费的全部或部分，由外来力量对其进行救助的行为，而不论这种行为发生在任何水域。实施救助的外来力量可以是从事救助工作的专业救助人，也可以是邻近或过往的船只。

2. 海难救助的性质

就狭义救助概念而言，救助方与被救助方之间发生的民事法律关系属何种性质的学说主要有：①无因管理说；②准契约说；③不当得利说；④特殊事件说等。其中，无因管理说较为普遍接受。

3. 海难救助的形式

(1)纯救助

纯救助是指船舶遇难后，未曾请求外来援救，救助方自行救助的行为。如果救助获得成功，救助方有权获得救助报酬。

(2)合同救助

合同救助是指以“无效果，无报酬”为原则的救助协议进行救助的一种形式。

(3)雇佣救助

雇佣救助，又称实际费用救助，传统《海商法》也视其为合同救助的一种形式。这种救助以救助方所使用的人力和设备按时计付报酬。

9.4.2 海难救助成立的要件

1. 被救物必须为法律所承认

(1)救助的标的是物，不包括对人的救助。即人命救助无报酬请求权。

(2)救助标的是法律所承认的(Objects Recognized by Law)。换言之，不是法律承认的救助标的——海上特有财产，则无救助报酬请求权。

2. 被救物处于危险之中

(1)危险发生于海上或与海相同的可航水域。

(2)危险必须是真实存在或不可避免的。

(3)危险不考虑起因。

3. 救助行为必须是自愿的行为

自愿救助(Voluntary Salvage)是指救助方或被救助方在发生救助法律关系时，其作为或不作为完全出于自愿，即救助行为必须是非义务性的，不能是基于法律约束的救助，如渔政部门的救援就不在此列；也不能是基于双方或多方合同约束的救助。

4．救助效果问题

国际公约和各国海商法对海难救助的一项重要原则就是“无效果，无报酬”原则，这是海难救助法律所特有的原则。也就是说，救助作业没取得效果的，救助方无权请求救助报酬。救助人尽了最大努力使遇险船舶或其他财产免于遭难而得以安全保存，就是取得了效果。

9.4.3　救助报酬

1．救助报酬请求权的当事人

（1）债权人：实施海难救助的人。

（2）债务人：被救助船舶所有人、货物、运费所有人或其他海上获救财产的所有人。

2．救助报酬的原则

（1）救助报酬金额不得超过获救财产的价值。

（2）救助方有过失，报酬将予以减免，以致赔偿。

3．救助报酬金额的确定

救助报酬通常都以金钱支付，其数额应由救助方和被救助方协议确定，协议不成时，提请受理争议的机构确定，如仲裁裁决或法院裁定或判决。

4．被救船船长在救助作业中的地位和应注意的事项

（1）船长有权代表船、货双方签订救助合同，并应及时签订救助合同。

（2）船长的救助义务。船舶发生事故，危及船上人员和财产安全时，船长应当组织船员和旅客尽力施救。船长认为船舶的沉没、毁灭不可避免，可以作出弃船决定；但是，除紧急情况外应当将弃船决定报船舶所有人同意。弃船时，船长必须采取一切措施，首先组织旅客安全离船，然后安排船员离船，船长应当最后离船。

（3）正确行使“禁止救助权”。在救助作业实施之前，船长对救助方要有所选择，选择救助方须考虑技术水平、报酬高低、信誉情况及友善关系等。当救助作业结束时，船长应及时作出明确而合理的停止救助的指令。

（4）注意与确定报酬金额有关的因素。船长应当注意与确定救助报酬有关的诸因素，做好记录，这是对日后仲裁或诉讼有重要意义的证据材料。

9.4.4　有关海难救助的国际公约

1.《1989 年国际救助公约》

（1）《公约》产生的背景

考虑到《1910 年救助公约》在无效果无报酬原则和无偿救助人命原则方面的不利因素，鼓励保护海上环境和救助人命，国际海事组织通过了该公约。著名的“阿莫柯•卡地兹”（Amoco Cadiz）案件对本公约的产生具有直接的重要作用。

（2）《公约》的主要内容

① 扩大了救助标的的范围：船舶、财产、环境救助、人命救助。

② 扩大了公约的适用范围：公约适用于在一缔约国提起的有关公约所辖事项的诉讼或仲裁。

③ 增设了特别补偿条款：如果一船或其船上货物对环境构成了损害威胁，救助人对其进行了救助作业，但根据第 13 条所获得的报酬少于按 14 条可得的特别补偿，他有权按本条规定从该船的船舶所有人处获得相当于其所花费用的特别补偿。

④ 明确了船长有权代表船、货双方签订救助合同。

⑤ 增加了一些新条款。

2. 船东互保协会特别补偿条款（SCOPIC）

（1）SCOPIC 条款产生的背景

为了解决油轮救助的问题，作为传统的“无效果无报酬”原则的例外，在油轮救助上采用了“安全网”条款。

（2）SCOPIC 条款的主要内容

① 救助方可在其选择的任何时间书面通知船舶所有人使用 SCOPIC 条款。

② 船舶所有人（实务中，是船东互保协会）应在收到 SCOPIC 条款书面通知后两个工作日内，向救助方提供银行或互保协会的满意担保，担保数额为 300 万美元，包括利息和费用。

③ “最初担保”提供后，经合理计算，认为担保数额不足或超出 SCOPIC 酬金，当事方可重新协议，增加或减少担保数额，如就担保人、担保形式、增加或减少担保额不能达成协议，就此有关的任何争议应提交仲裁解决。

④ 如果船舶所有人未在两个工作日内提供担保，救助方可在通知船舶所有人后撤销使用 SCOPIC 条款。

⑤ SCOPIC 酬金取决于使用的时间和材料，按给出的费率表计算所得费用的总和：人工、拖轮和其他船艇、可携式救助设备、实际支付的费用加上 25%的奖励。

⑥ 即使救助的当事方就 SCOPIC 条款已达成协议，也不影响救助报酬按 1989 年公约第 13 条计算，且 SCOPIC 酬金仅在高出救助报酬时支付其高出部分。

⑦ 救助方和船东均有权终止 SCOPIC 条款。

⑧ SCOPIC 酬金高出第 13 条救助报酬的部分不应列为共同海损费用，应由船舶所有人单独承担。

⑨ 任何因使用 SCOPIC 条款或因适用此规定的救助作业而产生的争议，应依主协议的规定提交仲裁解决。

（3）启用 SCOPIC 条款的几个具体问题

① SCOPIC 条款不是独立存在并独立实施的条款，它是作为主协议（如 LOF2000）的补充条款来实施的。

② 启用 SCOPIC 条款不考虑船货对环境的威胁。

③ 启用 SCOPIC 条款是有风险的。

④《海商法》176 条的适用性。

9.5 共同海损

9.5.1 共同海损概述

1. 共同海损的概念

所谓共同海损（General Average），是指在同一海上航程中，当船舶、货物和其他财产遭遇共同危险时，为了共同安全，有意而合理地采取措施所直接造成的特殊牺牲、支付的特殊费用，由各受益方按比例分摊的法律制度。

2. 共同海损的构成要件

（1）同一海上航程中的财产遭遇了共同危险

船舶和货物在同一海上航程过程中必须同时面临危险，该危险涉及船货的共同安全，如果不及时采取措施，船货就不可避免地有灭失的可能。这种危险必须是客观的、真实地存在着，不是主观推断出来的危险。

（2）采取的措施必须是有意而合理的

船长为了使船舶和货物摆脱共同的危险而有意采取合理措施。

（3）作出的牺牲或支出的费用必须是特殊的

所谓特殊，是指超乎正常运营情况下的损耗和费用，是船长在应尽义务外所采取的措施造成的损失，不是海上危险造成的损失。

（4）采取的措施必须有效果

有效是指船长采取的措施保证了船货的安全，排除了险情，避免了更大的损失。一般认为，只要最终保证的船货的安全，即使只是部分财产获救，该损失也会列入共同海损。

9.5.2 共同海损的表现形式

1. 共同海损的牺牲

共同海损的牺牲是指共同海损措施所造成的船舶、货物等财产本身的损失，这种牺牲包括船舶、货物、运费及船舶其他财产的牺牲。

（1）抛弃货物（Jettison）；

（2）扑灭船上火灾所造成的损失；

（3）割弃残损物（Cutting Away Wreck）所造成的损失；

（4）有意搁浅所致的损害（Damage Done by Voluntary Stranding）；

（5）机器和锅炉的损害（Damage to Engines and Boilers）；

（6）当作燃料而使用的货物、船用材料和物料（Cargo，Ship’s Materials and Stores Used for Fuel）；

（7）在卸货等过程中造成的损害（Damage to Cargo in Discharging）。

2. 共同海损的费用

共同海损的费用包括如下几项：

（1）救助报酬；

（2）搁浅船舶减载费用及因此而受的损害（Expense lightening a ship when ashore，and consequent damage）；

（3）避难港费用；

（4）驶往和停留在避难港等地所消耗的燃物料；

（5）修理费用；

（6）代替费用；

（7）垫款手续费和保险费；

（8）共同海损损失的利息；

（9）理算费用。

9.5.3 共同海损与当事人过失的关系

1．托运人过失导致的共同海损

由托运人过失导致共同海损，托运人应负责赔偿。即使托运人无过失，也应分摊共同海损损失和费用。值得注意的是，在发生共同海损时，不论是否涉及船舶所有人的过失，船方都应宣布为共同海损。如果货方拒绝分摊共同海损，船方还可以由参加的船东保赔协会予以赔偿。但倘若船方不宣布为共同海损，就视为放弃了请求分摊的权利，保赔协会也会拒绝赔偿。

2．承运人过失导致的共同海损

导致共同海损事故的原因可能是自然灾害、意外事故和其他特殊情况，如果该事故是由承运人的过失引起的，对共同海损的分摊就要具体讨论承运人的过失情形。

（1）承运人可以免责的过失导致的共同海损

承运人可以免责的过失，是指承运人虽然主观上有过错，但依据法律规定，承运人可以免除赔偿责任的一种过失。

（2）承运人不可免责的过失导致的共同海损

不可免责的过失是指海上货物运输合同和有关法律规定的免责范围之外的过失。如果承运人未能使船舶适航或运输中发生其他不可免责的过失导致共同海损，其他各收益方无须分摊共同海损的牺牲和费用。因为这些不可免责的过失是造成事故的直接原因，共同海损不能成立。

9.5.4 共同海损时限与担保

1．共同海损时限

共同海损时限（Time Limit of General Average），是指共同海损发生后，宣布共同海损和提供有关材料的期限。关于宣布共同海损的时间，《北京理算规则》规定，如果船舶在海上发生事故，各有关方应在船舶到达第一港口后的 48 小时内宣布，如船舶在港内发生事故，则应在事故发生后的 48 小时内宣布。

关于提供有关共同海损损失的证明材料，应在有关方收到材料 1 个月以内提供，全部材料应在航程结束后 1 年内提供。如有特殊情况，应在上述期限内向中国国际贸易促进委员会海损理算处提出申请，经理算处同意，可以适当延长时间。如果有关方不按上述规定办理，共同海损理算处可以根据情况不予理算或根据已有材料进行理算。

2．共同海损担保

共同海损担保（General Average Security），是为确保共同海损分摊，经有关方的请求而由各受益方作出的保证行为。在海运实践中，通常根据船方的要求，由货方提供共同海损的担保。共同海损担保经常适用的方式有以下几种。

（1）由货方提供海损保证金

共同海损保证金，是由收货人在提货之前，向船方提供的保证履行共同海损分摊义务的现金担保。共同海损保证金的处理方法是存入特定银行的特别账户，由共同海损理算人决定该保证金的使用。保证金可能产生的利息也应列入履行分摊义务的范围，而超过最终确定的共同海损分摊金额的保证金及其利息部分应当返还给交付者。

（2）由货物保险人提供海损担保函

海运实践中，收货人为了能够及时提取货物，可以要求其货物保险人为其向船舶所有人出具共同海损担保函。在该担保函中，货物保险人就收货人履行共同海损分摊义务向船舶所有人提供担保责任。共同海损担保函，根据货物保险人所提供的担保责任的范围，分为限额担保函和无限额担保函。

（3）签署海损协议书

共同海损中的船舶所有人与货物所有权人就共同海损的分摊和给付事宜签署的协议书，对双方当事人具有法律约束力。各方当事人应当按照该协议书的约定内容予以履行。

（4）签署不分离协议书

不分离协议书，是指在共同海损事故发生之后，涉及需转船运输货物时，由船货双方签署的，约定共同海损分摊的权利和义务不因货物的转运而受影响的协议书。不分离协议书适用于船舶所载运的货物，在共同海损事故发生后需要他船转运的情况下，用以避免转运货物的所有权人以船货分离、已不存在共同安全利益为由拒绝承担共同海损分摊义务，保护船舶所有人的利益。

（5）行使货物留置权

当货方拒绝参加共同海损分摊，并拒不提供共同海损担保时，船舶所有权人有权对于尚处于其控制之下的属于该货主的货物予以留置，并依法予以拍卖，以所得价款抵偿该货主所应当分摊的共同海损损失金额。

9.5.5　共同海损理算

1．共同海损理算的概念

共同海损理算是指由国家认可的具有一定资格的专业机构或人员，按照理算规则，对共同海损的损失和费用、各受益方的分摊价值及各方应分摊共同海损的数额所进行的审核和计算工作。

（1）海损理算人

海损理算人是专门从事共同海损理算的机构或理算师。国际上有海损理算师协会，各国理算机构和理算师大部分都使用该协会的名义。

（2）共同海损理算书的效力

共同海损理算书（G/A Adjustment）是由接受委托的海损理算人对共同海损案件进行调查研究和审核计算以后所编制的理算报告。理算书的内容一般包括：事故情况概述、共同海损损失和费用划分表、共同海损分摊表和共同海损收付结算表。此外，还附有必要的证明文件。由于理算机构属于一种民间组织，此种机构所提供的理算书只为各受益方分摊共同海损提供一个科学依据，并无法律拘束力，有关当事方若对理算结果有争议，还可提请仲裁或起诉。

2．共同海损的理算方法

（1）共同海损损失金额的确定

共同海损的损失金额是指共同海损措施给船货或其他财产造成的财产损失和支付的费用的总和。

① 船舶损失金额：有船舶单独海损损失金额和共同海损损失金额之分。

② 货物损失金额：指由海损事故造成的货物本身的损失金额。

③ 运费损失金额：指由于货物的损失而给承运人带来的运费的损失。

（2）共同海损分摊价值的计算

共同海损分摊价值是指船舶、货物和运费的所有人，因共同海损措施而分别受益的价值。共同海损应由受益方按照各自的分摊价值比例分摊。共同海损分摊价值包括：

① 船舶分摊价值；

② 货物分摊价值；

③ 运费分摊价值。

（3）共同海损分摊金额的确定

共同海损分摊金额是指由于共同海损措施而受益的船舶、货物、运费等，根据各自受益财产价值应承担的共同海损损失的数额。在共同海损理算中，首先应以共同海损损失总额除以共同海损分摊价值的总额，再乘以百分之百，得出共同海损百分比，然后分别乘以船舶、货物、运费等分摊价值，就可以算出各自的分摊金额。

【经典案例：抛货损失与共同海损】

A公司和B船从外地购糖，并投保海上贸易运输保险水渍险。运单上没有注明同意将白砂糖配置在甲板上的约定，但船东将部分白砂糖配载在甲板上，航行中，遭遇八级大风巨浪，甲板上的白砂糖歪至一边。为了保持平衡，船方决定将甲板上的部分糖抛至海中，到港后发现除了抛弃部分，还有部分白砂糖受潮、包装受损、短量，于是，A向保险公司索赔。经调查，发现B船由渔船改装，抗风等级为八级，但初检适航证书已过期。

请问：抛弃白砂糖造成的损失是否属于共同海损？

【经典案例分析：抛货损失与共同海损】

研究共同海损的概念和构成要件发现：虽然船货正遭受共同危险，抛货也是为了解除船货的共同危险而采取的措施，但实际上，B抛货是因为货物配置不当及船舶不适航造成的，因此应由船方承担赔偿A损失的责任。不属于共同海损的损失。

9.5.6 共同海损理算规则与共同海损制度的发展趋势

1．共同海损理算规则

（1）《约克–安特卫普规则》

2004年《约克–安特卫普规则》由四组不同性质的条文组成，全文共32条，其中的主要修改之处有：

① 规则 6 将大部分救助报酬排除在共同海损之外；

②“规则”规定，船舶在避难港停留期间的船员工资和给养不得被认作共同海损；

③ 规则 14 将临时修理费用确认为共同海损，但应减除船方因此而被节省的费用；

④ 规则 20 规定对共同海损费用不再给予手续费；

⑤ 规则 21 规定，对共同海损费用采用浮动年利率计算利息；

⑥ 规则 23 增加了索赔共同海损分摊请求权的时效规定。

《约克–安特卫普规则》不是国际公约而只是一种国际惯例，但由于该规则在很多问题上基本统一了欧美各国海损理算的做法，并曾取得国际法协会的认可，因此已被国际海运、贸易和保险界所接受，在海洋运输提单、租船合同和保险合同中约定采用。目前，它的适用范围比较广泛，国际上凡是载运国际贸易商品的海轮发生共同海损事故一般都按照《约克–安特卫普规则》进行理算。《约克–安特卫普规则》自产生以来历经多次修改，现行有效的有 1877 年、1890 年、1924 年、1950 年、1974 年、1994 年和 2004 年规则。

（2）《北京理算规则》

《北京理算规则》是《中国国际贸易促进委员会共同海损理算暂行规则》的简称，该规则于 1975 年 1 月 1 日公布实施，是中国国际贸易促进委员会海损理算处进行共同海损理算的主要依据。规则包括前言和 8 条规定，即①共同海损的范围；②共同海损理算的原则；③共同海损损失金额的计算；④共同海损的分摊；⑤共同海损利息和手续费；⑥共同海损担保；⑦共同海损时限；⑧共同海损理算的简化。

【经典案例：共同海损的原则】

一万吨货轮载货驶往国外港口，航行中发生碰撞事故，船体严重受损，船舶处于危险之中。船长此时签订了救助合同，使船舶获救、拖入锚地。由于船舶损害严重，验船师提出必须进坞进行永久性修理后方可继续航行，但是进附近的修船坞必须卸载所有货物。船东面临的选择有：①将货物卸下，对船舶进行修理，修理完成后，将货物重新装船，继续航程；②对损坏部分进行临时性修理，在航次结束后再进行永久性修理；③将货物用代替船转运到目的港，船舶留在避难港完成修理。由于船体损坏严重，临时性修理不能完成航程，考虑港口费用和其他费用损失后，选择了用代替船运货至目的港，船舶要完成修理。救助人在取得救助担保后，由各受益人按各自比例支付了应摊报酬；船东宣布了共同海损，并在理算师的协助下收取了共同海损担保，并在理算后收取了全部垫付的共同海损费用。

2. 共同海损制度的发展趋势

目前的共同海损理算和分摊是在海上保险制度下进行的，理算工作既费力又费钱，理算程序也很复杂，给各有关方增加了不少额外工作。但共同海损这项古老的法律制度在短期内还不能废除。鉴于共同海损理算确实比较烦琐、费时，采用适当的措施对其加以简化，将是一个必然的趋势。国际海运事业是不断发展变化的，共同海损制度随着社会的发展，为适应新的环境条件，也需要不断改进。

【引导案例分析】

（1）上海海事法院为船舶扣押地法院，对该案有管辖权。

（2）依据法院地法，即中国《海商法》处理本案。

（3）5 万美元。理由：过失程度的比例无法判定的，船舶碰撞各方平均负赔偿责任。

（4）一年。

自测题

一、单项选择

1．我国《海商法》中规定的船舶优先权担保的海事请求项目不包括（　　）。

A．船员工资请求　B．引航费交付请求　C．救助报酬请求　D．燃油费用请求

2．两船碰撞，引起一船所载货物的灭失的损失额应按货物的（　　）计算。

A．装船时的价值　B．装船时的价值+运费

C．目的地的价值　D．装船时的价值+运费+保险费

3．依据中国《海商法》，下面关于涉外海事关系的法律适用的说法正确的是（　　）。

A．船舶所有权的取得、转让和消灭，适用合同当事人选择适用的法律，合同当事人没有选择，适用与合同有最密切联系的国家的法律

B．船舶碰撞的损害赔偿适用双方当事人选择适用的法律

C．国际条约优先适用，但中华人民共和国声明保留的条款除外

D．以上均对

4．某货轮在航行途中，A 舱失火，船长误以为 B 舱也同时失火，命令同时对两舱喷水救火。A 舱共有两批货，甲批货物全部焚毁，乙批货物棉织被单全部水浸，B 舱货物也全部遭水浸，则（　　）。

A．A 舱乙批货与 B 舱货都属于单独海损

B．A 舱乙批货与 B 舱货都属于共同海损

C．A 舱乙批货属于共同海损，B 舱货属于单独海损

D．A 舱乙批货属于单独海损，B 舱货属于共同海损

5．确定救助报酬时，应当（　　）。

A．先考虑船舶和其他财产获救的价值

B．首先考虑救助的风险

C．首先考虑救助所用的时间支出的费用

D．应当综合考虑《海商法》第 180 条所规定的十项因素

二、多项选择

1．中世纪海商法的三大基石是（　　）。

A．《罗得海法》　B．《奥列隆惯例集》　C．《海事裁判例》

D．《维斯比海法》　E．《海上货物运输法》

2．海商法的调整对象为（　　）。

A．内河运输中发生的法律关系　B．海上运输中发生的法律关系

C．与船舶有关的法律关系　D．与海运有关的商事关系

E．与政府公用船舶有关的法律关系

三、名词解释

船舶留置权　　特别补偿　　海难救助　　共同海损

四、案例题

1．我国 A 公司与某国 B 公司于 1999 年 11 月 20 日签订购买 5 2500 吨化肥的 CFR 合同。A 公司开出信用证规定，装船期限为 2000 年 3 月 1 日～3 月 10 日，由于 B 公司租来运货的“孔雀号”在开往某外国港口途中遇到飓风，结果装货至 2000 年 3 月 20 日才完成。承运人在取得 B 公司出具的保函的情况下签发了与信用证条款一致的提单。“孔雀号”于 3 月 21 日驶离装运港。A 公司为这批货物投保了水渍险。2000 年 3 月 30 日“孔雀号”途经达达尼尔海峡时起火，造成部分化肥烧毁。船长在命令救火过程中又造成部分化肥湿毁。由于船在装货港口的延迟，使该船到达目的地时赶上了化肥价格下跌，A 公司在出售余下的化肥时价格不得不大幅度下降，给 A 公司造成很大损失。问：

（1）途中烧毁的化肥损失属什么损失，应由谁承担责任，为什么？

（2）途中湿毁的化肥损失属什么损失，应由谁承担责任，为什么？

（3）A 公司可否向承运人追偿由于化肥价格下跌造成的损失，为什么？

（4）承运人可否向托运人 B 公司追偿责任，为什么？

2．甲所有的某船在海上航行过程中遭遇危险，请求乙救助，约定按获救价值的 15%给付救助报酬，后船舶与货物均获救，船舶获救价值为 200 万，货物获救价值为 100 万元（假定货主对此无异议，已支付），后船舶在另一港口因船舶所有人之前拖欠船舶修理费 50 万元，被船舶修理人起诉。船舶被法院扣押，后法院依法拍卖船舶。为此法院发公告，以下债权人进行了债权登记：

（1）船员的 5 个月的工资（其中海难救助之前的 3 个月工资共计 6 万，海难救助之后的 2 个月工资 4 万）；

（2）碰撞码头造成的码头损坏计 20 万元（发生在海难救助前）；

（3）海难救助报酬 30 万元。

再后，船舶拍卖的款项扣除法院的拍卖费用及诉讼费，剩下 150 万元。

问此案的债权人就 150 万元的款项如何受偿？理由是什么？

第 10 章 电子商务法律法规

引导案例

韩某有一天在网上浏览，发现一辆二手帕萨特汽车起拍价只有 10 元人民币，他想可能是网站在搞什么促销活动，就参加了竞拍。几轮下来他成功了，成交价是 116 元。网站通过电子邮件进行了确认，并给他发来了电子合同。韩某根据网站提供的电话与卖主联系，卖主是一家卖二手车的汽车经销公司，也收到了网站发来的那份电子合同，但是该公司坚决不同意交车，理由是这份合同无效，因为：第一，汽车的底拍价是 10 万元而不是 10 元，在网站上显示的 10 元底拍价是由于其工作人员输入失误造成的；第二，他们认为 116 元就把车卖了，这样一个合同是不公平的。韩某的手上有三份证据：一份是网络公司给他发来的电子确认书，第二份是电子合同，另外还有一份整个交易过程的证据。经多次交涉无果，韩某最后只好把汽车经销公司告到法院。

问题：

（1）这个网上竞拍的电子合同是否有效，为什么？

（2）本案反映出电子商务活动中的法律规范存在哪些问题？

学习目标：

掌握电子商务法的基本概念、性质和特征；

理解电子合同法与普通合同法的制度区别；

了解数据电文与电子签名法律制度的基本制度。

10.1 电子商务法概述

电子商务是指通过互联网完成商业活动，在网络世界中形成有别于传统商业的新环境，被称为“虚拟”世界。来自全世界的企业和个人通过网络缔结交易，而无须谋面和使用笔墨，瞬间即可以完成寻找交易对象、缔结合同、支付等交易行为。这种交易环境和手段的改变，使得在传统交易方式下形成的规则难以完全适用于新环境下的交易，因此需要有新的法律规范，并创造适应电子商务运作的法制环境。

10.1.1　电子商务法（E-Commerce Law）的基本内涵

电子商务是广泛采用新型信息技术或网络技术并将这些技术应用于商业领域后的结果。商业行为在因特网环境下形成的独立的调整对象孕育了新的部门法——电子商务法。电子商务法作为独立的法的部门，有其独特的调整对象，即电子商务交易活动中发生的各种社会关系。由于电子商务活动的发展变化异常迅速，而人们对它的认识需要有个过程，并且由于认识的角度不同，电子商务存在广义与狭义之分，相应地电子商务法也分为广义的电子商务法和狭义的电子商务法。

1．广义的电子商务法

广义的电子商务法，是与广义的电子商务概念相对应的，指所有调整以数据电讯方式进行的商事活动的法律规范。

广义的电子商务法的内容极其丰富，至少可分为调整以电子商务为交易形式和调整以电子信息为交易内容的两大类规范。前者如联合国的《电子商务示范法》（亦称狭义的电子商务法），后者如联合国贸法会的《电子资金传输法》、美国的《统一计算机信息交易法》等。电子商务的形式性规范，与以电子信息为内容的实体性规范之间的关系，犹如诉讼法与实体法。其形式规范可以一部法典或法律而制定，但其实体性规范由于涉及面极广，无法以统一的法典或单行法律予以囊括，而只能分别以单行法律、法规，甚至是判例的形式出现，也可能融合在其他部门法的规范之中。

2．狭义的电子商务法

如果从联合国及世界各国以“电子商务法”或“电子交易法”命名的法律文件的内容上分析，其间存在着明显的共性，即它们所解决的问题都集中于诸如计算机网络通信记录与电子签名效力的确认、电子鉴别技术及其安全标准的选定、认证机构及其权利义务的确立等方面。这些实质上都是解决电子商务交易的操作规程问题的规范。这些均与狭义的电子商务概念相对应。

为此，狭义的电子商务法是指：调整以数据电文为交易手段而形成的因交易形式所引起的商事关系的法律规范的总称。

从目前国际与国内电子商务及电子商务立法实践来看，多偏重于从狭义角度理解和使用电子商务法的概念，为此，本书也采用狭义电子商务法概念。

【相关知识：电子商务的范围】

电子商务涵盖的范围很广，一般可分为企业对企业（Business-to-Business，即 B2B）、企业对消费者（Business-to-Consumer，即 B2C）、个人对消费者（Consumer-to-Consumer，即 C2C），企业对政府（Business-to-Government）、线上对线下（Online To Offline）、商业机构对家庭消费（Business To Family）、供给方对需求方（Provide to Demand）、门店在线（O2P 商业模式）8 种模式，其中 ABC 分别是代理商（Agents）、商家（Business）、消费者（Consumer）。主要的有企业对企业（Business-to-Business）、企业对消费者（Business-to-Consumer）两种模式。消费者对企业（Consumer-to-Business，即 C2B）也开始兴起，并被一部分人认为是电子商务的未来。

电子商务是一个不断发展的概念。IBM 公司于 1996 年提出了 Electronic Commerce（E-Commerce）的概念，到了 1997 年，该公司又提出了 Electronic Business（E-Business）的概

念。但中国在引进这些概念的时候都翻译成电子商务，很多人对这两者的概念产生了混淆。事实上这两个概念及内容是有区别的，E-Commerce 应翻译成电子商业，有人将 E-Commerce 称为狭义的电子商务，将 E-Business 称为广义的电子商务。E-Commerce 是指实现整个贸易过程中各阶段贸易活动的电子化，E-Business 是利用网络实现所有商务活动业务流程的电子化。

10.1.2 电子商务法的性质

1. 电子商务法的调整对象

调整对象（Adjustment Object）是立法的核心问题，也是一法区别于另一法的基本标准。根据电子商务的内在本质和特点，电子商务法的调整对象应当是电子商务交易活动中发生的各种社会关系，而这类社会关系是在广泛采用新型信息技术并将这些技术应用到商业领域后才形成的特殊的社会关系，它交叉存在于虚拟社会和实体社会之间，有别于实体社会中的各种社会关系，且完全独立于现行法律的调整范围。电子商务是利用电子手段而开展的商务活动，所以电子商务法的调整对象应当包括技术领域与商务领域。

（1）电子商务法所涉及的技术范围

电子商务是通过电子手段传递信息的，如通过因特网进行的自由格式的文本传递、以电子数据交换方式进行的通信、计算机之间以标准格式进行的数据传递；利用公开标准或专有标准进行的电文传递。电子商务法在考虑比较先进的通信技术（如电子数据交换和电子邮件）的同时，也应考虑到适用于不太先进的通信技术，如电传、传真等，并且任何通信技术均不应排除在电子商务法范围之外，未来技术发展也必须顾及。

（2）电子商务法所涉及的商务范围

从本质上讲，电子商务仍然是一种商务活动。因此，电子商务法需要涵盖电子商务环境下的合同、支付、商品配送的演变形式和操作规则；需要涵盖交易双方、居间商和政府的地位、作用和运行规范；也需要涵盖涉及交易安全的大量问题；同时，还需要涵盖某些现有民商法尚未涉及的特定领域的法律规范。

2. 电子商务法是独立的法的部门

电子商务关系是因互联网在经济活动的应用而产生的一种新型社会关系，这种新型社会关系交叉存在于实体社会和虚拟社会之间，具有独特的性质。传统法律能够调整其中的一部分内容，而对于另一部分因使用数据电文等网络交易手段产生的一系列新问题，如网络通信记录与电子签字效力的确认、安全标准与电子认证机构的确立、网站及在线交易主体的设立与市场准入、电子合同的订立与证明、电子产品交付与电子支付等，建立在传统书面形态下的法律体系是难以调整的，必须制定新的专门法。因此，电子商务法并不应当试图去构建所有的网络贸易秩序规则，而应当将重点放在因交易手段和方式的改变而产生的特殊商事法律关系的调整上。也就是说，电子商务法是调整网络贸易中产生的、传统法律难以调整的商事关系的规则。电子商务法以其独立的、特有的调整对象，使之成为一个独立的部门法。电子商务法是一个非常庞杂的法律体系，涉及许多领域，即包括传统的民法领域（如合同法、著作权法等），又有新的领域（如数字签名法、数字认证法等）。为此电子商务法应对有其独特的调整对象和适用领域。

10.1.3　电子商务法律关系

在电子商务中，诸多的参与者由于参与的目的和参与的方式不同，形成了不同的经济关系。通过相关的电子商务法律法规的调整，确立它们之间的权利义务关系，从而形成了不同的电子商务法律关系。

1．电子商务法律关系的概念

电子商务法律关系是指由电子商务法律规范所确认的电子商务活动中的当事人之间具有权利义务内容的经济关系。

法律关系一般由主体、客体、内容三个要素构成。电子商务法律关系的构成要素自然也包括电子商务法律关系主体、电子商务法律关系客体和电子商务法律关系内容。电子商务法律关系必须同时具备这三个基本要素，缺一不可。如果变更其中的任何要素，均会对电子商务法律关系产生影响。

2．电子商务法律关系主体（Subject）

电子商务法律关系的主体是指电子商务的各方参与者是享有权利、承担义务的当事人。在一个电子商务法律关系中一般存在着两个或两个以上的主体，其中权利的享有者称为权利主体，义务的承担者称为义务主体，但一般情况下，当事人都有双重身份。

电子商务法律关系主体主要包括电子商务交易者、电子商务服务提供者、电子商务认证机构、电子商务监管者等。以上几类当事人参与电子商务法律关系，必须按照相关的法律法规取得相应的主体资格。

（1）电子商务交易者（Traders）

电子商务交易是指通过网络进行的商业活动，其最基本的主体就是电子商务交易者。电子商务交易者是电子商务交易中就商品或服务进行直接交易的各方，即商品或服务的提供者和消费者，也就是商品或服务的卖方和买方当事人。电子商务法律的重要任务就是确保电子商务交易各方身份的真实性与合法性。

（2）电子商务服务提供者（Service Provider）

在电子商务交易中，商品或服务的买卖双方是通过数据传输的形式进行交易协商及履行的，双方互不谋面，因此交易的实现必须依靠第三方的参与。电子商务服务提供者在买卖双方的交易活动中发挥着重要作用，缺少了这些服务机构，电子商务活动就无法真正开展，因此电子商务服务提供者也是电子商务法律关系中不可或缺的主体之一。常见的电子商务服务提供者包括：网络服务提供商（ISP）、网络接入提供商（IAP）、在线服务提供商（OSP）、应用服务提供商（ASP）和网络内容提供商（ICP）。

（3）电子商务认证机构（CA）

电子商务认证机构是在开放性的电子商务中为交易双方提供身份验证的第三方机构，由一个或多个用户信任的、具有权威性质的组织实体管理。电子商务认证机构主要证明数据电文中电子签名人的身份及其信用状况，为用户的电子签名颁发电子签名认证证书，从而消除交易双方的疑虑，实现交易目的。它不仅要对进行电子商务的交易双方负责，还要对整个电子商务的交易秩序负责。

3．电子商务法律关系客体（Object）

电子商务法律关系的客体，是指电子商务法律关系主体享有的权利和承担的义务所指向的对象。

在电子商务法律关系主体之间，为达到一定的商务目的而形成了相应的法律关系，这种目的就是电子商务法律关系的客体。例如，有的是为了取得一定的财物，有的是为了提供一定的劳务或完成一定的工作，有的是为了获得一定的智力成果。电子商务法律关系客体包括：

（1）实体商品（Physical Products）

现实生活中的任何有形商品或物品，包括动产和不动产，均可以通过电子商务进行交易。只不过目前通过网络进行交易的实体物品多集中在图书、音像制品和标准化商品领域。有形商品的电子商务交易要依赖传统方式进行配送或交付。

（2）数字化商品（Digitalized Products）

在网络中进行物流传递的商品是数字化商品和信息商品。消费者可以通过网络直接下载数字化商品或信息，如电子书刊、软件和游戏等。这种数字化产品和信息的交易可以通过网络完成信息流、资金流和物流的全过程。

（3）网上服务（Online Services）

网上服务行为指通过网络向消费者提供某种信息或服务，如网上旅游网站、网上法律咨询、网上远程教育等在线行为。

4．电子商务法律关系内容（Contents）

电子商务法律关系的内容是指电子商务交易中当事人享有的权利和承担的义务。

电子商务主体在电子商务法律关系中依法享有自己为或者不为一定行为和要求他人为或者不为一定行为的权利。而各方的义务相对于权利而存在，其目的是满足权利的需要，是各方的义务主体依法或依合同的规定为实现他人的利益而必须为一定行为或不为一定行为的责任。不同的电子商务法律关系主体享有的权利和承担的义务是各不相同的。

（1）电子商务交易双方当事人的权利和义务（Rights and Obligations）

电子商务交易双方之间的法律关系实质上表现为双方当事人的权利和义务。交易双方的权利和义务是对等的。销售者的义务就是消费者的权利，反之亦然。

（2）电子商务服务提供者的法律地位（Legal Status）

电子商务服务提供者在电子商务交易中扮演着介绍、促成和组织者的角色。这一角色决定了电子商务服务提供者既不是买方的卖方，也不是卖方的买方，而是交易的中间人。它是按照法律的规定、买卖双方委托业务的范围和具体要求进行业务活动的。

（3）认证机构在电子商务中的法律地位

电子商务认证服务机构扮演着一个买卖双方签约、履约的监督管理的角色，买卖双方有义务接受其监督管理。在整个电子商务交易过程中，认证机构有着不可替代的地位和作用。

在网络交易的撮合过程中，认证机构（Certificate Authority，CA）是提供身份验证的第三方机构，由一个或多个用户信任的、具有权威性质的组织实体担任。它不仅要对进行网络交易的买卖双方负责，还要对整个电子商务的交易秩序负责。

10.2　数据电文与电子签名法律制度

10.2.1　数据电文与电子签名概述

1．数据电文的基本含义

数据电文是一个计算机通信方面的专业术语，其英文原文是 Data Message，我国通常将该词译为“数据电文”或“数据信息”。数据电文是独立于口头、书面等传统意思表达方式之外的一种电子通信信息及记录，它是一个应用于电子商务领域的具有丰富含义的概念，有必要在所使用的特定环境中理解其具体意义。

根据我国《电子签名法》第 2 条的规定：数据电文是指以电子、光学、磁或类似手段生成、发送、接收或储存的信息。

从定义可以看出，数据电文在本质上包含了以下几方面。

（1）数据电文使用的是电子、光学、磁手段或其他具有类似功能的手段

我国《电子签名法》采用了“技术中立”的立法原则，对数据电文所使用的技术手段并未加以严格的限制，凡电子、光学、磁手段或其他具有类似功能的手段生成的信息，均视为数据电文。“类似功能的手段”即“功能上等同”，这是我国电子签名立法上的前瞻性，考虑到信息技术突飞猛进的发展，数据电文不仅可以适用于现有的通信技术，还可以适用于未来可预料的技术发展。

（2）数据电文的实质是各种形式的信息

数据电文是独立于口头、书面等传统意思表达方式之外的一种电子通信信息及记录，在电子商务中是电子信息的总称。同时，数据电文本身既是信息内容又是信息载体。电子信息以数据电文的方式生成、发送、接收或储存。其具体通信传递方式有四种：传统的电信方式、封闭型的 EDI 网络、局域网与因特网的连接、开放型的互联网。

数据电文在电子商务中是独立于口头、书面等传统意思表达方式之外的一种电子通信信息及其记录，包括所有类型的、本质上是以无纸化形式生成、存储或通信的信息。由此可见，数据电文中既包括了电报、电传、传真等这些久已为人所接受的无纸化形式生成、存储的信息，又包括电子邮件、EDI、因特网数据等近年新出现及即将出现的非纸介质类信息。所以，数据电文具有高科技性、无形性、表现形式多样化、易破坏性。

2．电子签名（Electronic Signature）的基本含义

签名（Signature），一般是指一个人用手亲笔在一份文件上写下名字或留下印记、印章或其他特殊符号，以确定签名人的身份，并确定签名人对文件内容予以认可。传统的签名必须依附于某种有形介质，而在电子商务交易中，文件是通过数据电文的发送、交换、传输、储存来形成的，不依赖于有形介质，这就需要通过一种技术手段来识别交易当事人、保证交易安全，以达到与传统的手写签名相同的功能。这种能够达到与手写签名相同功能的技术手段一般就称为电子签名。

2004 年通过的《中华人民共和国电子签名法》(以下简称《电子签名法》)借鉴了国际组织与发达国家对电子签名立法的研究成果，并结合我国电子商务的实际情况，给出了电子签名的定义。

电子签名，是指数据电文中以电子形式所含、所附，用于识别签名人身份并表明签名人认可其中内容的数据。

通俗地说，电子签名包括用于识别签名人身份并表明签名人认可其中内容的程序或符号、声音等数据。签名人加密后把签名文件发送给交易对方，交易对方收到的签名文件是一堆“乱码”，需解密后验证。

由概念可以看出，电子签名应具备如下特征。

（1）电子签名是以电子形式出现的数据。

（2）电子签名是附着于数据电文的。电子签名可以是数据电文的一个组成部分，也可以是数据电文的附属，与数据电文具有某种逻辑关系，能够使数据电文与电子签名相联系。

（3）电子签名必须能够识别签名人身份并表明签名人认可与电子签名相联系的数据电文的内容。

电子签名具有多种形式，如附着于电子文件的手写签名的数字化图像，包括采用生物笔迹辨别法所形成的图像；向收件人发出证实发送人身份的密码、计算机口令；采用特定生物技术识别工具，如指纹或眼虹膜透视辨别法等。无论采用什么样技术手段，只要符合电子签名的概念，均可视为电子签名。

在电子商务活动中，电子签名主要有三个作用：

（1）证明文件的来源，即识别签名人；

（2）表明签名人对文件内容的确认；

（3）是构成签名人对文件内容正确性和完整性负责的根据。电子签名与传统商务活动中的签名、盖章作用相同，具有同样的法律效力。

10.2.2 数据电文的法律效力

在我国《电子签名法》中，通过具备有形性与可待备查性的数据电文作出的意思表示，被认为满足了传统规则对书面形式的要求，从而一般性地承认了数据电文的效力，消除了数据电文在法律上遭遇的最大障碍。法律中的种种形式要件，如书面形式、签名、原件等要求，只不过是意思表示的形式，如果信息技术能提供一种同样有效的意思表示形式，就没有理由拒绝承认它在法律上的效力。

1. 数据电文符合法定书面形式

要确定数据电文的书面形式，应当解决两个问题：一是数据电文是否符合法律、法规要求的书面形式；二是什么样的数据电文才符合法律、法规要求的书面形式。

（1）我国相关法律要求法律文件采用书面形式

在我国法律中，对书面形式有诸多的相关要求，如《仲裁法》第 16 条规定：“仲裁协议包括合同中订立的仲裁条款和以其他书面方式在纠纷发生前或纠纷发生后达成的请求仲裁的协议”;《担保法》第 38 条规定：“抵押人和抵押权人应当以书面形式订立抵押合同”。

（2）数据电文与传统的书面文件功能等同的法律规定

根据《电子签名法》第 4 条的规定，能够有形地表现所载内容，并可以随时调取查用的数据电文，视为符合法律、法规要求的书面形式。

1999 年通过的《中华人民共和国合同法》第 11 条规定："书面形式是指合同书、信件和数据电文（包括电报、电传、传真、电子数据交换和电子邮件）等可以有形地表现所载内容的形式。"该条款通过扩大解释"书面形式"，使之包含数据电文，在解决电子商务法律障碍方面进行了有益的探索。

2. 对数据电文满足原件形式的要求

书面形式文件的原件具有可阅读、复制和保存的特点，并能确保其所载的原始数据的完整性与不被改动性。但是，书面文件的特性无法完全套用于数据电文。因为数据电文的"原件"无法实现将信息固定附着于媒介物之上，所以数据电文不具有传统书面文件的原件表现形式，数据电文的收件人所收到的总是"原件"的副本。为此，应按照法律上用功能等同原则重新确定数据电文"原件"的概念。

数据电文要满足原件形式的要求，应当具备如下条件：

（1）能够有效地表现所载内容并可供随时调取查用；

（2）能够可靠地保证自最初形成时起，内容保持完整、未被更改。

3. 关于文件保存要求

根据我国《电子签名法》第 6 条的规定，符合下列条件的数据电文视为满足法律、法规规定的文件保存要求。

（1）能够有效地表现所载内容并可供随时调取查用

因为文件保存要求，必然要求文件是"书面形式"的，符合"能够有效地表现所载内容并可供随时调取查用"的数据电文，就可以视为满足了"书面形式"要求。

（2）数据电文的格式

数据电文的格式与其生成、发送或接收时的格式相同，或者尽管格式不相同，但是能够准确表现原来生成、发送或接收的内容。这里规定的完整性可以通过两种方式予以保证：一是保持数据电文形式的高度一致，即数据电文的格式与其生成、发送或接收时的格式相同，形式相同的数据电文，其内容也必定相同；二是虽不能保证形式的同一，如果能保证内容的同一，仍然可以确认其完整性。

（3）能够识别数据电文的发件人、收件人及发送、接收的时间

该条件所设定的标准实际上高于对文件保存所作的一般要求。它规定除了保存数据电文本身外，还能识别数据电文的来源，包括发件人、收件人及发送、接收的时间等信息。这样规定是为了涵盖可能需要保存的所有信息。

4. 数据电文的证据效力

（1）数据电文的可采性

所谓可采性，指在诉讼中是否允许将数据电文作为证据使用。根据证据学的一般理论，任何证据材料要作为认定事实的根据，必须具有三个特性：客观性、与待证事实的关联性及合法性。数据电文作为证据只要符合证据的客观性、关联性和合法性，那么裁判者就可以将其作为

认定事实的根据。

（2）数据电文的真实性

由于数据电文和电子签名具有很高的科技含量，司法人员在认定数据电文和电子签名的真实性方面存在着很大的难度。在司法实践中，对数据电文进行辨真，面临的挑战通常来自三个方面：数据电文在技术上很容易被篡改、处理；数据电文所依赖的计算机程序的可靠性；数据电文的制作者身份的识别。

为此，根据我国《电子签名法》第 8 条规定，审查数据电文作为证据的真实性，应当考虑以下因素：生成、储存或者传递数据电文方法的可靠性；保持内容完整性方法的可靠性；用以鉴别发件人方法的可靠性；其他相关因素。

5. 电子证据

电子证据（Digital Evidence）定义为："基于电子技术生成、以数字化形式存在于磁盘、光盘、存储卡、手机等各种电子设备载体中，其内容可与载体分离，并可多次复制到其他载体的文件。"这个定义表述了"电子证据"的三个基本特征：①无形性，以非可视的数字化为其存在形式，因而也比较容易被破坏；②不固定依附特定的载体；③便利性，可以多次原样复制。

在证据信息化的大趋势下，以计算机及其网络为依托的电子数据在证明案件事实的过程中起着越来越重要的作用。这种以新的形态出现的证据形式在证据法律实践与理论研究中被有识之士定义为电子证据。2012 年新修订的《中华人民共和国民事诉讼法》确认了电子证据的法定证据种类的地位。

6. 数据电文的归属及确认

所谓数据电文的归属，是指数据电文由谁发出，即谁是数据电文的发件人。发件人是指数据电文以其名义发送的那个人。这里所说的发件人，不一定是实际完成发送行为的人。例如，数据电文上显示该数据电文是甲发送的，但实际上这份数据电文可能是乙遵照甲的指示发送的，或是冒用甲的名义发送的。在这两种情况下，甲均可被认定为发件人。

正如书面文件可能会被他人冒名签署一样，在电子商务中也可能出现冒名发出的数据电文。如果谁是发件人不明确或有争议，应如何判断该数据电文的归属呢？为了保证法律的稳定，保护交易对方当事人的合理信赖利益，《电子签名法》第 9 条规定，在以下三种情况下，数据电文可以视为发件人发送：经发件人授权发送的，数据电文可以视为发件人发送；发件人的信息系统自动发送的，数据电文可以视为发件人发送；收件人按照发件人认可的方法对数据电文进行验证后结果相符的，数据电文可以视为发件人发送。

关于数据电文收讫，我国《电子签名法》第 10 条规定："法律、行政法规规定或者当事人约定数据电文需要确认收讫的，应当确认收讫。发件人收到收件人的收讫确认时，数据电文视为已经收到。"

（1）数据电文的发送时间的确认

数据电文进入发件人控制之外的某个信息系统的时间视为该数据电文的发送时间。

所谓"发件人控制之外的某个信息系统"，既可以是收件人的信息系统，也可以是某一中间人的信息系统。

（2）数据电文的接收时间的确认

收件人指定特定系统接收数据电文的，数据电文进入该特定系统的时间视为该数据电文的接收时间；未指定特定系统的，数据电文进入收件人的任何系统的首次时间视为该数据电文的接收时间。

另外，基于当事人意思自治原则，当事人对数据电文的发送时间、接收时间另有约定的，从其约定。

7. 数据电文的发送地点和接收地点

发件人的主营业地为数据电文的发送地点，收件人的主营业地为数据电文的接收地点。没有主营业地的，其经常居住地为发送或接收地点。

另外，基于当事人意思自治原则，当事人对数据电文的发送地点和接收地点另有约定的，从其约定。

10.2.3　电子签名的法律效力

互联网上正盛行自愿标准，这一点正是刺激互联网迅速发展的重要因素。法律也只需原则上规定，凡是能够对交易者身份予以识别的电子技术手段均可以用作电子签名的生成技术，从而对电子签名的效力予以认可就够了，而不宜将某种特定技术标准与电子签名的法律效力直接挂钩。为此，根据《电子签名法》的规定，只要电子签名符合相应的认定标准，就可以认定为可靠电子签名，承认其法律效力。

1. 可靠电子签名

可靠的电子签名应当具备的法定条件：

（1）电子签名制作数据用于电子签名时，属于电子签名人专有；

（2）签署时电子签名制作数据仅由电子签名人控制；

（3）签署后对电子签名的任何改动都能够被发现；

（4）签署后对数据电文内容和形式的任何改动都能够被发现。

可靠的电子签名具有与手写签名或盖章同等的法律效力。

2. 电子签名人的法律义务

（1）电子签名人应当妥善保管电子签名制作数据

电子签名制作数据是将电子签名与电子签名人可靠联系起来的重要手段。电子签名人应当妥善保管电子签名制作数据，一旦电子签名制作数据失密，他人有可能利用电子签名人的电子签名制作数据从事违法行为或牟取非法利益，给电子签名人和电子签名依赖方造成损失。因此，电子签名人应当妥善保管电子签名制作数据，防止丢失或为他人所窃取，以免给自己和对方当事人造成不必要的损失。

（2）电子签名制作数据已经失密或可能已经失密

电子签名人知悉电子签名制作数据已经失密或可能已经失密时，应当及时告知有关各方，并终止使用该电子签名制作数据。即便电子签名人尽到妥善保管的义务，电子签名制作数据仍然存在泄密的可能。所谓的“知悉电子签名制作数据已经失密或可能已经失密”包含两层意思：

一是电子签名人已经明确知道电子签名制作数据已失密；二是电子签名人知悉电子签名制作数据有可能已经失密。在这两种情况下，电子签名人应当做到：

① 立即停止使用电子签名制作数据。因为在电子签名制作数据已经失密或可能已经失密的情况下，电子签名人继续使用其电子签名制作数据有可能使电子签名依赖方更加难以确认电子签名的真伪，给交易安全带来更多的不确定性。

② 及时告知有关各方当事人，避免有关各方当事人因继续信赖电子签名人的签名而造成损失或损失的进一步扩大。

3. 伪造、冒用、盗用他人的电子签名的法律责任

他人的电子签名，是指未经电子签名合法持有人的授权而创制电子签名或创制一个认证证书，列明实际并不存在的用户签名等；冒用他人的电子签名，是指非电子签名持有人未经电子签名人的授权以电子签名人的名义实施电子签名的行为；盗用他人的电子签名，是指秘密窃取并使用他人电子签名的行为。关于伪造、冒用、盗用他人的电子签名的法律责任的区别详见表 10-1。

表 10-1 伪造、冒用、盗用他人的电子签名的法律责任

	概　念	刑 事 责 任	民 事 责 任
伪造	未经电子签名合法持有人的授权而创制电子签名或创制一个认证证书，列明实际并不存在的用户签名等	伪造、冒用、盗用他人电子签名构成犯罪的，依照刑法第 280 条的规定，伪造、变造国家机关的公文、证件、印章的，处三年以下有期徒刑、拘役、管制或剥夺政治权利；情节严重的，处三年以上十年以下有期徒刑。伪造公司、企业、事业单位、人民团体的印章的，处三年以下有期徒刑、拘役、管制或者剥夺政治权利	伪造、冒用、盗用他人电子签名属于侵权的民事责任，承担方式主要包括：停止侵害、排除妨碍、消除危险、返还财产、恢复原状、赔偿损失、赔礼道歉等。对于承担民事责任的几种方式，可以单独适用，也可以合并适用
冒用	非电子签名持有人未经电子签名人的授权而以电子签名人的名义实施电子签名的行为		
盗用	秘密窃取并使用他人电子签名的行为		

10.2.4 电子认证法律制度

认证，是指权威的、中立的、没有直接利害关系的第三人或机构，对当事人提出的包括文件、身份、物品及其产地、品质等具有法律意义的事实与资格，经审查属实后，做出的证明。电子认证是认证的现代方式。

1. 电子认证的基本含义

电子认证是以电子认证证书（又称数字证书）为核心的加密技术，它以 PKI（Public Key Infrastructure，公钥基础设施，即利用公钥理论和技术建立的提供网络信息安全服务的基础设施）技术为基础，对网络上传输的信息进行加密和解密、数字签名和签名验证。电子认证是电子政务和电子商务中的核心环节，可以确保网上传递信息的保密性、完整性和不可否认性，保证网络应用的安全性。电子认证的四大特性详见表 10-2。

表 10-2　电子认证的四大特性

真实性	要确保交流双方交易双方身份的真实、信息内容的真实及交流信息交易时间发生的真实
完整性	要确保交流双方交易双方的信息是完整的，没有被篡改和伪造过
机密性	确保交换数据、电文、信息的隐蔽性
不可否认性	一旦需要从第三方的角度，按照法律的要求取证，在整个交流交易的过程中，需要不可否认性

2. 电子认证过程中电子认证机构的法律责任

电子签名人或电子签名依赖方因依据电子认证服务提供者提供的电子签名认证服务从事民事活动遭受损失，电子认证服务提供者不能证明自己无过错的，承担赔偿责任。

（1）电子认证机构属于过错责任主体

基于对电子认证服务提供者的信任，民事活动中的电子签名人、电子签名依赖方才会信赖电子认证服务提供者颁发的电子认证证书。如果电子签名人或电子签名依赖方自己本身没有任何过错，只是由于信赖电子认证服务提供者提供的服务，依据电子认证服务提供者提供的电子认证服务而遭受损失的，电子认证服务提供者应当承担赔偿责任。

（2）电子认证服务提供者不能证明自己无过错的赔偿责任

我国《电子签名法》规定"电子签名人或者电子签名依赖方因依据电子认证服务提供者提供的电子签名认证服务从事民事活动遭受损失，电子认证服务提供者不能证明自己无过错的，承担赔偿责任"。也就是说，如果电子认证服务提供者能够证明自己没有过错，则不承担赔偿责任。

（3）责任范围

电子认证业务规则应当包括责任范围、作业操作规范、信息安全保障措施等事项。按照目前一些电子认证服务提供者制定的电子认证业务规则的规定，电子认证服务提供者承担赔偿责任实行的是限额赔偿，且每个电子认证服务提供者所制定的电子认证业务规则各不相同，对责任范围规定的也不同。多数是随电子认证证书申请者的性质及所交费用的不同而有所不同。

（4）电子认证服务提供者不遵守认证业务规则的行为

电子认证服务提供者应当制定、公布符合国家有关规定的电子认证业务规则，并向国务院信息产业主管部门备案。按照电子认证服务提供者制定的电子认证业务声明的规定，电子认证服务提供者应当对认证证书申请者的身份进行鉴别，如必须检查文件的复印件，包括工商执照、组织机构代码、税务登记等。认证服务提供者可以通过查询第三方数据库或咨询相应的政府机构等方式，来对申请者及其申请材料进行验证。如果电子认证服务提供者对申请者所提供的材料没有进行验证，就会影响认证证书的真实性与安全性，构成违法行为，应承担法律责任。

（5）未妥善保存与认证相关的信息

电子认证服务提供者应当妥善保存与认证相关的信息，这是电子认证服务提供者的义务。与认证相关的信息涉及电子签名人的一些个人资料，还要保证电子签名依赖方能够证实或了解电子签名认证证书所载内容及其他有关事项，电子认证服务提供者应当采取有效的措施予以保存，如应采取物理安全保障措施，免遭恶劣环境或突发事件等的破坏。如果未妥善保存信息，不能确保这些信息在规定的期限内满足查阅需要，则构成违法行为，应承担相应的法律责任。

（6）对电子认证服务提供者不遵守认证业务规则、未妥善保存与认证相关的信息的处罚

有对电子认证服务提供者不遵守认证业务规则、未妥善保存与认证相关的信息等行为的，

首先由国务院信息产业主管部门责令限期改正，即责令违法行为人在规定的期限内纠正违法行为。未在规定的期限内纠正违法行为的，则由国务院信息产业主管部门吊销电子认证许可证书，这是比较严厉的处罚。

3. 电子认证中电子签名人的法律责任

（1）电子签名人未履行告知义务和终止使用电子签名制作数据的法律责任

电子签名人作为电子签名活动中的一方当事人，除了享有法律赋予的权利以外，还应当履行法律规定的义务。为此，电子签名人应当妥善保管电子签名制作数据。电子签名人知悉电子签名制作数据已经失密或可能已经失密时，应当及时告知有关各方，并终止使用该电子签名制作数据。如果电子签名人未妥善保管电子签名制作数据，知悉电子签名制作数据已经失密或可能已经失密时，未及时告知有关各方，并终止使用电子签名制作数据，则可能使电子签名活动中的其他各方当事人因信赖所使用的电子签名制作数据而遭受损失，对于所造成的损失，电子签名人应承担赔偿责任。

（2）电子签名人申请电子签名认证证书所承担的法律责任

电子签名人向电子认证服务提供者申请电子签名认证证书，应当提供真实、完整和准确的信息。电子签名人由于提供的信息不真实、不完整、不准确，给电子签名活动的其他各方当事人造成损失的，应承担赔偿责任。

（3）电子签名人由于过错给电子签名依赖方、电子认证服务提供者造成损失应承担赔偿责任

电子签名人由于过错而承担民事责任的方式是赔偿损失。我国法律上的赔偿损失专指以金钱的方式赔偿对方的损失。侵犯财产权和侵犯人身权都可能发生这种责任。赔偿损失的民事责任，除法律有特别规定外，应当赔偿受害人的全部损失。损失除了包括财产的直接损失外，还包括间接损失，或者说是可得利益的损失。

（4）电子签名人承担赔偿责任的前提条件是主观上必须有过错

我国《电子签名法》第 27 条规定："电子签名人知悉电子签名制作数据已经失密或可能已经失密未及时告知有关各方、并终止使用电子签名制作数据，未向电子认证服务提供者提供真实、完整和准确的信息，或者有其他过错，给电子签名依赖方、电子认证服务提供者造成损失的，承担赔偿责任。"可以看出，对电子签名人承担民事责任实行的是过错责任原则。如果电子签名人主观上没有过错，则不承担赔偿责任。

10.3 电子合同法律制度

随着电子技术的发展，电子合同得以出现，其虽然也通过电子脉冲来传递信息，但是不再以纸介质为原始凭据，而是以一组电子数据（即以数据电文的形式）记载合同的主要内容。

10.3.1 电子合同的概念与特征

1. 电子合同的概念

根据联合国《电子商务示范法》及世界各国所颁布的电子商务法律规范，同时结合我国《合同法》的有关规定，电子合同的定义可以表述为：电子合同是平等民事主体之间通过电子信息

网络，以数据电文形式达成的设立、变更、终止民事权利义务关系的电子协议。也就是说，电子合同是合同的一种，其特殊性在于：电子合同是通过电子手段订立的合同，是平等主体的自然人、法人及其他组织之间通过电子手段设立、变更、终止民事权利义务关系的协议。

2. 电子合同的特征

电子合同虽然与传统合同相比没有本质的区别，仍然是合同的一种，但其载体和签订过程发生了重大变化。电子合同主要体现为以下法律特征。

（1）电子合同的订立以网络为基础

电子合同的要约和承诺均是合同双方当事人通过电子数据的传递来完成的，当事人大多是互不见面的，一方的电子数据的发出即为要约，另一方的电子数据的回送即为承诺。

（2）电子合同的内容具有易改动性和易消失性

电子合同以磁性介质保存，即合同内容等信息记录在计算机硬盘或软盘等磁性介质中，如果不对电子合同的信息采取加密和保全措施，其内容极易被截取、改动和伪造、删除，而且不留任何痕迹。

（3）电子合同具有易保存和复制性

由于数据电文可以十分方便地存储在计算机的软盘、硬盘等介质中，因此电子合同的保存和复制都十分方便，并且复制件与原件完全一致，以至于没有区分的必要，也无法加以区分。

（4）电子合同完成的自动性

有些电子合同的签订常常可以自动完成，而没有传统书面合同签订时的当事人协商一致的过程。如在电子商务中，当事人常采用自动化交易系统来自动发送、接收和处理交易订单。这些电子交易系统具有按照预定程序审单判断的功能，不仅可以执行数据电文发送、接收、确认等任务，完成合同订立的全过程，而且在许多情况下可自动履行合同。

（5）电子合同生效的特殊性

由于电子合同的载体是电信号或磁介质，其表现形式是数据电文，合同内容记录在计算机硬盘或软盘等磁性介质上，所以，合同的生效无法采取传统的签字盖章形式，而只能采用电子签名方式。《中华人民共和国电子签名法》确立了电子签名在电子合同中的法律效力。

10.3.2　电子合同的订立

合同的成立一般要经过一个磋商的过程，这一磋商过程被抽象为要约和承诺两个阶段。我国《合同法》第 13 条规定："当事人订立合同，采取要约、承诺方式。"电子合同虽然采取了数据电文的表达方式，而且其订立过程也是以电子方式进行的，即通过互联网通信缔结合同，但电子合同的订立过程仍然遵循合同订立的基本过程，即要约、承诺过程。

1. 电子合同的主体

电子合同的主体即电子合同的当事人。一般来说，电子合同的主体和传统合同的主体没有本质的区别，但在实践中很难判断电子合同主体的身份和行为能力。因为，在电子商务交易模式下，合同当事人都是体现为一种身份识别代码，即用户名。该身份识别代码将主体的信息以一组数据来体现，非常抽象和虚拟，不能具体反映当事人的情况，因此交易对象无法从该数据中相互判断对方是否具有行为能力，也无法确定发送和接收信息的一方是否为当事人自己或有无代理权。对于通过电子合同形式订立的合同在履行过程中发生纠纷或造成损失，涉及当事人行为能力的确定时，仍应当依照传统合同法和民法的规定去认定，因为电子合同所适用的法律并不是一种全新的法律制度，它只是传统法律制度在新环境下的一种融合。只要交易对象尽到了合理的注意义务，即便当事人真的不具备合同的缔约能力，也应当认定合同有效。

2．电子合同中的要约和承诺

（1）要约

在电子商务环境下，当事人一般以数据电文发出要约。要约一经生效，要约人即受到要约的拘束。要约人在要约有效期间内不得随意撤销要约或对要约内容加以限制、变更和扩张，以免影响交易安全。

要约的撤回是指要约人的要约发出后，到达受要约人之前，取消其要约从而阻止要约生效的意思表示。我国《合同法》第 17 条规定："要约可以撤回。撤回要约的通知应当在要约到达受要约人之前或与要约同时到达受要约人。"因此，应允许当事人撤回要约，我国《合同法》对要约撤回的规定是适用于电子合同的。

在电子商务交易中，要约能否撤销取决于交易的具体方式。从合同法的规定来分析，受要约人收到要约后在作出承诺之前，一般有一个考虑期限，在考虑期满前即受要约人承诺前，要约人可以撤销要约。因此，如果通过电子邮件方式订立合同，在一般情形下，要约是可以撤销的。

（2）电子合同中的承诺

承诺是指受要约人同意接受要约的条件从而订立合同的意思表示。承诺的法律效力在于一经承诺并送达于要约人，电子合同便告成立。承诺要取得法律效力，一般应满足以下条件。

因为互联网具有开放性和复杂性的特点，发送方的要约或承诺发出之后，和传统方法相比，被其他人截获的可能性更大，没有人能够保证所发出的要约或承诺绝对能够完整地按时到达收件方。因此，为了给电子交易增加一层保险，就产生了要约和承诺的送达确认即确认收讫。确认收讫是指在接收人收到发送的信息时，由其本人或指定的代理人或通过自动交易系统向发送人发出表明其已收到的通知。确认收讫通过发回的信息来证实信息是否到达及传递中有无错误和缺漏发生，当事人可以利用确认收讫制度解决发信后的不确定问题。因此，就发送人而言，确认收讫有利于减少发送人的风险，这在商业上和法律上都具有重大的价值。

联合国《电子商务示范法》中规定了确认收讫规则。我国《合同法》第 33 条也有类似的规定："当事人采用信件、数据电文等形式订立合同的，可以在合同成立之前要求签订确认书。签订确认书时合同成立。"我国《电子签名法》对数据电文的确认收讫问题也作出了相应的规定，《电子签名法》第 10 条规定："法律、行政法规规定或者当事人约定数据电文需要确认收讫的，应当确认收讫。发件人收到收件人的收讫确认时，数据电文视为已经收到。"

确认收讫不是合同订立的必经程序。在合同订立过程中是否需要设立确认收讫这一环节应由当事人自己决定，确认收讫一方面能减少风险，但同时也增加了商业成本，法律应赋予当事人自由选择的权利。

综上，电子合同与传统合同相比有很多特别之处，关于二者的区别详见表 10-3。

表 10-3 传统合同与电子合同的区别

区　别	传统合同	电子合同
合同订立的环境不同	现实世界里，交易双方可以面对面地协商	虚拟空间中，交易双方一般互不见面，在电子自动交易中，甚至不能确定交易相对人。他们的身份依靠密码的辨认或认证机构的认证
合同订立的各环节发生了变化	要约与承诺	要约与承诺的发出和收到的时间比传统合同复杂，合同成立和生效的构成条件也有所不同
合同的形式发生了变化	书面、口头形式。其中书面包括一般书面和特别书面	电子合同所载信息是数据电文，不存在原件与复印件的区分，无法用传统的方式进行签名和盖章
合同当事人的权利和义务有所不同	范围广泛、传统	在电子合同中，既存在由合同内容所决定的实体权利义务关系，又存在由特殊合同形式产生的形式上的权利义务关系，如数字签名法律关系。在实体权利义务法律关系中，某些在传统合同中不很重视的权利义务在电子合同中地重要
履行和支付	传统方式居多	更为复杂
需要的法律支持不同	主要集中在合同法	除合同法外，还包括知识产权法律、证据法

3. 电子合同的效力

电子合同生效是指已经成立的合同在当事人之间产生了一定的法律拘束力。电子合同的生效需要行为人具有相应的民事行为能力、意思表示真实、不违反法律和社会公共利益等要件。

4. 电子合同的条款

电子合同的条款应当由当事人自行约定，一般包括当事人的名称或姓名和住所、标的、数量和质量、价款或报酬、履行期限、地点和方式、违约责任和解决争议的方法等条款。

5. 电子合同责任的免责事由

免责事由分约定的免责事由和法定免责事由。根据电子合同的特征，电子合同对下列事件约定可构成免责事由。

（1）文件感染病毒

文件感染病毒可能是遭到恶意攻击所致，也可能是被意外感染。但不论是何种原因，如果许可方采取了合理与必要的措施防止文件遭受攻击，如给自己的网站安装了符合标准或业界认可的保护设备，有专人定期检查防火墙等安全设备，但是仍不能避免被攻击，由此导致该文件不能使用或无法下载，应当属于不可抗力。

（2）非因自己原因的网络中断

网络传输中断，则无法访问或下载许可方的信息。网络传输中断可由传输线路的物理损害引起，也可由病毒或攻击造成，如果该种情况属于不能避免并不能克服的事件，则可认定为不可抗力。

（3）非因自己原因引起的电子错误

例如，消费者购物通过支付网关付款，由于支付网关的错误未能将价款打到商家的账户上，由此导致的违约应认定为不可抗力。

【引导案例分析】

（1）这个网上竞拍的电子合同是有效的。

合同主体合格，韩某与汽车经销公司均为完全能力行为人；合同订立程序完整有效，要约与承诺的意思表示一致；合同内容合法；有充分的电子证据。

（2）本案反映我国电子商务活动中的法律规范存在如下问题：无统一的电子商务基本法；电子代理人规定不明确；无电子错误的法律规定；电子交易法律不配套；其他法律要修改以适应电子商务活动的需要。

自测题

一、单项选择

1．下列不属于电子证据的特征的是（　　）。

A．高度的环境依赖性　B．便利性　C．表现形式的单一性　D．易破坏性

2．我国电子签名法是（　　）年通过的。

A．2002　B．2003　C．2004　D．2005

3．零售商利用信息化手段管理其商品库存，当某种产品库存低于一定数量时，计算机即自动生成一项订货单，传送到供货商的信息系统中。由于实现自动化管理，订货单从生成、发送直到供货商的信息系统接收到该订货单，都没有人为的介入。在这个例子中，该订货单是否有效？（　　）

A．有效　B．无效

C．由零售商确认有效　D．由供货商确认有效

4．在接收人收到发送的信息时，由其本人或指定的代理人或通过自动交易系统向发送人发出表明其已收到的通知的是（　　）。

A．要约　B．承诺　C．要约邀请　D．确认收讫

二、多项选择

1．在线争议的解决方式主要有（　　）。

A．在线协商　B．在线调解

C．在线仲裁　D．在线清算

2．电子商务法的调整对象包括（　　）。

A．技术范围　B．商务范围

C．法律范围　D．业务范围

3．电子证据的特征包括（　　）。

A．依赖性　　B．便利性　　C．多样性　　D．易破坏性

4.数据电文要满足原件形式的要求，应当具备如下条件（　　）。

A．能够有效地表现所载内容并可供随时调取查用

B．能够识别数据电文的发件人、收件人及发送、接收的时间

C．数据电文的格式与其生成、发送或接收时的格式相同

D．能够可靠地保证自最初形成时起，内容保持完整、未被更改

5．在（　　）情况下，数据电文可以视为发件人发送。

A．经发件人授权发送的，数据电文可以视为发件人发送

B．电文以发件人名义发送的

C．发件人的信息系统自动发送的

D．收件人按照发件人认可的方法对数据电文进行验证后结果相符的

6．电子合同的免责事由主要有（　　）。

A．网络中断　　B．文件感染病毒

C．非因自己原因的网络中断　　D．非因自己原因引起的电子错误

三、名词解释

电子商务　　电子认证　　电子签名　　电子证据

四、案例题

中国北京 A 公司与美国纽约一家公司一直有业务来往，近年来随着计算机网络的发展，双方越来越多地通过电子邮件进行商务活动。2012 年 6 月 1 日上午，北京时间 9:00，北京 A 公司通过电子邮件向纽约公司发盘，出售 400 吨咖啡豆，每吨价格为 1800 美元。该邮件还称，本发盘的有效期为一个星期。纽约时间 6 月 1 日上午，纽约公司职员在打开公司计算机后发现了北京公司的发盘，遂派业务员汤姆负责了解同类咖啡豆的市场情况。6 月 7 日，纽约公司经过研究认为北京公司的发盘条件可以接受，电话指示汤姆发出接受通知。当时汤姆正在前往加拿大出差途中，因而汤姆至纽约时间当天晚上 8 时许在加拿大蒙特利尔市用自己携带的手提电脑给北京公司的另一个电子邮件信箱发出了接受发盘的电子邮件通知，并表示其已作好履行合同的准备。北京公司发现纽约公司发来的邮件时是北京时间 6 月 9 日上午 11:00 许，计算机显示的接收时间是北京时间 6 月 8 日上午 8:22。这时，北京公司知悉国际市场上咖啡豆的价格已经开始上涨，于是向纽约公司发出通知，将该批咖啡豆的价格提高至 2000 美元/吨。纽约公司回邮拒绝接受，要求北京公司按合同履行其交货义务。后北京公司将该批咖啡豆以 2300 美元/吨的价格卖给了美国的另外一家公司。纽约公司遂向北京法院起诉，要求北京公司赔偿其损失；北京公司则辩称，其与纽约公司之间的合同并未成立，在没有合同关系的情况下，纽约公司的索赔缺乏依据。

请问：

（1）这个案例中的要约（发盘）的生效时间？请说明理由。

（2）该电子合同是否成立？如果成立，成立的时间、成立的地点分别是什么？如果不成立，请说明理由。

（3）在电子商务中，确定电子合同纠纷管辖权的依据是什么？

参 考 文 献

[1] 王保树. 商法. 北京: 北京大学出版社, 2011.
[2] 徐卫东. 商法基本问题研究. 北京: 法律出版社, 2002.
[3] 赵万一. 商法基本问题研究. 北京: 法律出版社, 2013.
[4] 李有星. 商法. 北京: 高等教育出版社，2006.
[5] 彭金治. 经济法. 北京: 科学出版社，2013.
[6] 赵旭东. 公司法学. 北京: 高等教育出版社，2012.
[7] 施天涛. 公司法论. 北京: 法律出版社，2006.
[8] 王小能. 中国票据法律制度研究. 北京: 北京大学出版社，2001.
[9] 谢怀栻. 票据法概论. 北京: 法律出版社，2006.
[10] 赵新华. 票据法问题研究. 北京: 法律出版社，2007.
[11] 李永军. 破产法律制度. 北京: 中国法制出版社, 2000.
[12] 汤维建. 破产程序与破产立法研究. 北京: 人民法院出版社, 2001.
[13] 徐卫东. 保险法学. 北京: 科学出版社，2009.
[14] 覃有土，樊启荣. 保险法学. 北京: 高等教育出版社，2003.
[15] 李玉泉. 保险法. 北京: 法律出版社, 1997.
[16] 邹海林. 责任保险论. 北京: 法律出版社, 1999.
[17] 江朝国. 保险法基础理论. 北京: 中国政法大学出版社，2002.
[18] 司玉琢. 海商法. 北京: 法律出版社，2012.
[19] 张楚. 电子商务法. 北京: 中国人民大学出版社，2011.
[20] 范健. 商法案例分析. 北京: 高等教育出版社, 2008.